楚國興亡记

熊诚　莫夫　著

全国百佳出版社·江西人民出版社

图书在版编目(CIP)数据

楚国兴亡记 / 熊诚,莫夫著. —南昌:江西人民出版社, 2012.12

ISBN 978-7-210-05440-5

Ⅰ.①楚… Ⅱ.①熊… ②莫… Ⅲ.①长篇历史小说—中国—当代 Ⅳ.①I247.5

中国版本图书馆 CIP 数据核字(2012)第 102550 号

楚国兴亡记

作者:熊 诚 莫 夫

责任编辑:游道勤

特约编辑:王治川

封面设计:章 雷

出版:江西人民出版社

发行:各地新华书店

地址:江西省南昌市三经路 47 号附 1 号

邮编:330006

编辑部电话:0791-86898890 发行部电话:0791-86898815

网址:www.jxpph.com E-mail:jxpph@tom.com web@jxpph.com

2012 年 12 月第 1 版 2012 年 12 月第 1 次印刷

开本:787 × 1092 毫米 1/16

印张:22 字数:350 千字

ISBN 978-7-210-05440-5

定价:38.00 元

承印厂:南昌市红星印刷有限公司

赣版权登字—01—2012—540

目 录

前 言

国学大师季羡林先生曾著有一篇散文《永久的悔》,在谈及此文的写作初衷时,他说这篇文章的题目是别人出的,“题目出得好,不但实获我心,而且先获我心:我早就想写这样一篇东西了”。(引自《阅读新视觉》延边出版社出版第39页)。

我们创作这部《楚国兴亡记》也是如此。题目也是别人出的,我们两人也早就想写这样一部小说。

作者之一熊诚早在公元1986年回老家江西省新建县石埠乡上莘村祭祖时,查宗谱才发现自己竟然是楚庄王的后代。宗谱记载,其祖先为楚庄王熊侣的三世孙熊忠良,世称熊文忠。先祖熊文忠的历史年谱无从查考,仅从文忠之名,便可见他当年是享有贤名的。熊诚欣喜地把这一发现告诉了莫夫;作为熊诚的文友,莫夫从心底为熊诚是帝王之后而感到高兴(熊诚本人却不以为然,说:我还是原来的我,一切都未曾改变,也不可能因此而有任何改变)。

莫夫是湖北汉川人,他的祖先也告诉后人说:“咱们家是楚人,祖辈还做过楚国大夫哩!”而且还给他们家流传下来一首楚歌《幺妹子》,歌中唱道:“幺妹子腰细兮下湖塘,披着荷叶兮采莲花,水草绊藕兮采不动,哥哥下水兮游身旁,哥妹同心兮采莲子,莲子满筐兮载霞光。”他的祖先还说,汉川是“蛮夷”楚国的发祥之地,当初周朝天子灭商后,不封楚人,楚人自己就在“南蛮”建国,和周朝天子共同称“王”,叫“楚王”,原因就是不服周朝天子管辖。因此,在中国春秋时期出现了北有周王朝,南有楚王朝的局面。也就是那次熊诚查阅家宗谱时,家乡的父老乡亲嘱咐熊诚,一定要写一部反映楚国历史的文学作品。

我们两个楚人的后代,写《楚国兴亡记》应该是责无旁贷。于是,说干就干,在掌握材料的基础上着手构思,不久就动笔;可写到九万八千字时,问题就来了,由于没有突出重点,已经写成的九万多字简直写成了楚国编年史,交代历史发展时事无巨细,都想说个来龙去脉,结果淹没了主要的事件和人物。前面辛苦写作的近十万字,只能全部作废,另起炉灶,从头再来。这对一个年逾半百、一个已过六旬的两个老人来说,打击是巨大的!可质量不行,就得重来,不能马虎草率。这是我们写作坚守的原则。为读者创作出一部比较优秀的《楚国兴亡记》是作者的写作愿望，尽管写了近四分之一，但该废则废，这是没有丝毫商量余地的。

写作中途失败，让作者不得不冷静下来，重新谋篇布局。楚国兴亡的史料散见于诸子百家多种书籍之中，可以说是浩如烟海；我们创作小说时如何取舍，这是必须认真对待的事情：不抓住楚国从何而兴、为何而亡，平铺直叙地写、照本宣科地记，只能重蹈覆辙。

面对写得不成功的近十万字底稿，作者只能苦笑，但并不气馁，因为作者坚信“唯楚有才”；两个楚国后人，面对浩繁史料，竟写不出一部像样的《楚国兴亡记》，岂不贻笑大方？

有了失败的前车之鉴，作者重新构思，楚国前后数百年的历史，洋洋洒洒的素材也有数百万字，如再不精心挑选，就敷衍成篇，可能又会失败。

作者先前写的《楚国兴亡记》的原稿是从“楚庄王登位”写起的，不错，这应该是可以选择的一个开局，因为楚庄王毕竟是春秋五霸的霸主之一，楚国也是战国七雄的强国之一，开篇就写他，确实精彩，也能抓住读者。但问题也就接踵而至，楚庄王是如何走上霸主之位的，他前面的“父王”们是如何为他铺垫的，他走到霸主之位有哪些当代因素和自身的必然条件，不把他的“父王”们的努力和他称霸春秋的时代环境交代清楚，读者就会感到突兀，很难接受，认为是作者出于楚国情结，拔高了楚庄王的历史地位和个人作用，似有个人崇拜之嫌。

平心而论，楚庄王登上历史舞台，终成霸主时，除了他自己的许多过人之处外，应该说他的爷爷楚成王熊恽、父亲楚穆王熊商臣给他接班称霸打下了强大的物资基础（国力和军力），开辟了良好的国际环境（诸侯国公认当时楚国是强国、大国）；没有他爷爷和父王铺就的坦途，也就没有楚庄王称霸的条件；所以《楚国兴亡记》从楚成王写起。正是由于楚成王抓住历史机遇，苦心精营，又把自己的领导才能发挥到极致，才能使“南蛮”这个不入中原文化主流的小国，逐步蚕食中原各诸侯国的版图，悄悄地扩大自己的疆域，把势力范围渐渐从汉江流域向长江流域拓展。楚穆王接过父亲的接力棒，更不满足自己只是“南蛮”不开化的小国的地位，不断壮大国力与军力，向中原地区及正统文化进军，使楚国的疆土不但据有现湖南、湖北、江西、福建大部分、安徽一部分的地方，而且还扩展到现今的河南部分殷墟地区，成了继齐、晋、秦之后令诸侯们刮目相看的“大国”、“强国”，所以说，楚成王、楚穆王在使楚国强大及融入中原文化的进程是功不可没的；没有他们几代人的努力进取，即使轮到楚庄王接班，也不会是一个已呈强势、令人畏惧的楚国、一个在周室天子之下举足轻重的诸侯强国。

在写作中，常有一个问题萦绕在作者脑海：在周室消灭商纣王时，参战的各地讨殷部队中，少有楚国或楚军的记载，难道在讨伐商纣王的义军中，没有楚军，故而周天子在灭商后没有给楚分封领地、晋爵冠侯？还是楚地处南蛮僻远之所，没有或没来得及参加周室对商纣王的讨伐？据史料记载，在周室灭商前后，楚人正在由“南蛮”向汉江流域拓展，已成国家雏形，可他们竟敢在成立楚国以后以王冠名，和周武王并称为“王”，而不是以周室分封的各诸侯国的“公”、“伯”、“侯”自称，这只是不懂中原礼仪之故，还是一开始就和周朝分庭抗礼、不服周管束的反抗行径？这是至今留给历史学家的一个不解谜团。而周室在楚室称王后竟予以默许，就更加让人费解。如果说是周室日后日益衰落，而无力对楚声讨和征伐的话，还情有可原；可楚正式称王时，周室还在兴旺时期，可对楚国不申请、不呈报、自封为王的无组织、无纪律、目无周王室的放肆行径却是一言不发、置若罔闻，岂非咄咄怪事？要知道春秋时的各诸侯国都是周武王分封的，唯独后来居上的楚国对周室不理不睬，不讨封、不受封，胆大妄为、自行其是，周室却听之任之，确实让世人颇为费解。

楚国的兴旺，楚庄王当然是主角，楚悼王虽重用吴起，采取变法，曾让楚国气象为之一新，但由于吴起在楚国变法时间短暂，楚悼王逝世，吴起身亡，变法为之中止，所以说吴起的变法对楚国的兴起于事无补；楚国的兴起，主要在楚庄王当政时期，当时楚国幅员辽阔，军力强大，国力鼎盛，八方来贺。

谈楚国的灭亡，不能不谈及楚国的末代君主楚怀王。楚怀王时，楚国虽仍为诸侯强国，但已外强中干，日薄西山：政治腐败，积重难返，国力空虚，民怨沸腾。楚怀王不重江山重美人，用奸臣、佞臣、小人，而远忠臣、良将，把一个原来称霸的战国七雄，搞得衰败到连一个小小的吴国都胆敢进逼楚国郢城，险让楚国灭国。按理说，楚国素有屈氏家族作顶梁柱，还出了个才华出众的屈原，他也曾受到楚怀王的重用，但他却无力挽救楚国日渐败落的颓势，直至最后无有作为，只有投江自尽，以死明志。

楚怀王身处楚国末世，是个带悲剧色彩的君王。他是个性情中人，爱起来炽热如火，恨起来咬牙切齿。他虽然理朝无能，但面对秦国的囚禁，逼他以割让国土换取自由时，他却严词拒绝，出逃后被追回杀害，却始终不肯在割让国土的协议上签字，给楚国留下了一身浩然正气。

陈胜、吴广打着“张楚”的旗号反秦，以及后来的项梁、项羽、刘邦的消灭暴秦的战争过程，虽然也是以楚国名义进行的，而且找到了楚怀王熊槐的孙子、在乡间僻壤放羊的10岁孩童熊心，重新封为楚怀王，后又被尊封为义帝，楚国名义是存在的，但一般历史学家都把它纳入西汉历史的内容。我们创作本书时，也按惯例没有写这一段。

总而言之，泱泱大国的楚国从兴盛雄起到衰亡覆灭，给后人留下了无尽的思索、回味和唏嘘！

附：楚国世系表

祝融——陆冬——芈季连（陆冬第六子）——附阻——穴熊（之后无据可考，历经数代之后为）……鬻熊（周文王时期，季连的后代）——熊丽——熊狂——熊绎（周成王时期）——熊艾——熊䵣——熊胜——熊杨——熊渠（周夷王时期）——熊挚红——熊延——熊勇（公元前847～公元前838【下同】）——熊严（前837～前828）——熊霜（前827～前820）——熊徇（前819 ～前800）——熊□（前799～前791）——熊仪亦称若敖（前790～前764）——熊坎亦称宵敖（前763～前758 ）——熊眴亦称蚡冒（757 ～前741 ）——楚武王熊通（前740 ～前690）——楚文王熊赀（前689 ～前677 ）——熊囏亦称庄敖（前676 ～前672）——楚成王熊恽（前671 ～前626 ）——楚穆王熊商臣（前625 ～前614 ）——楚庄王熊侣（前613 ～前591 ）——楚共王熊审（前590～前560 ）——楚康王熊招（前559 ～前545 ）——熊员亦称郏敖（前544 ～前541 ）——楚灵王熊围（前540 ～前529 ）——楚平王熊弃疾【熊居】（前528 ～前516 ）——楚昭王熊珍（前515 ～前489 ）——楚惠王熊章（前488 ～前432 ）——楚简王熊中（前431 ～前408 ）——楚声王熊当（前407 ～前402 ）——楚悼王熊疑（前401 ～前381 ）——楚肃王熊臧（前380 ～前370 ）——楚宣王熊良（前369 ～前340）——楚威王熊商（前339 ～前329 ）——楚怀王熊槐（前328 ～前299 ）——楚顷襄王熊横（前298 ～前263 ）——楚考烈王熊元（前262 ～前238 ）——楚幽王熊悍（前237 ～前228 ）——楚哀王熊犹——熊负刍称王（前227 ～前223 ）被秦国所灭。

第一章 楚国兴起 熊通称王

殷末周初，祝融及后人鬻熊、熊绎、熊渠等，在汉水荆沙之地创辟榛莽，东征西讨，至东周初年，已成为幅员辽阔的方国。至熊通为君，势力日张，遂向周天子讨取楚王封号。不允，乃自称为武王，骎然与周天子分庭抗礼。

夕阳下，楚国巍峨辉煌的楚宫，层台累榭。用累石和夯土为台的建筑，重叠入云。层台上，一座顶天立地的香炉，冉冉地升起了团团白烟，缥缈于青山蓝天之间，在红日的照射下化成一片紫色的云霞。楚国首府丹阳城里，街道遍植的兰蕙，密栽着用灌木做成的藩篱，殿堂楼阁矗立在溪谷之间，清冽的秀水环抱，微风吹送兰蕙的馨香，经堂入奥！

那时的楚国生机盎然！

早在春秋战国时代，楚国就一直傲然耸立在南中国的土地上，他从西周汉江流域兴起，在长江流域壮大，犹如一个风华绝代、野心勃勃的男子，以雷霆之势跨过长江向南挺进，而后向北拓展，问鼎中原，成为疆域最大、人口最多、势力最强的国家。然而，尽管它拥有近半个中国的疆土，却始终不是周朝所分封的诸侯国。于是，苦心积虑的纷争由此演化，诸侯争霸，大肆征伐、争夺地盘的战争也愈演愈烈。而巍峨辉煌的楚宫也从此上演着权利的杀戮——山河破碎，城垣荒鞠。

据《史记》记载，楚的祖先是帝颛顼高阳的后代。高阳是黄帝的孙子、昌意的儿子。高阳生称，称生卷章，卷章生重黎。重黎为帝窖高辛氏做火正，非常有功劳，能够让天下光明和乐，帝誉命名他为祝融。共工氏作乱，帝誉命重黎诛灭他们；重黎没能将他们诛灭干净。帝誉就在庚寅这一天杀了重黎，让他的弟弟吴回作为重黎的继承者，还作火正，为祝融。所以，楚人的祖先为祝融，由于在点火方面有专长，被楚人奉为“火神”。

祝融子为陆终，陆终生有六子，这六个孩子是通过剖腹出生的。最大的叫昆吾，老二叫参胡，老三叫彭祖，老四叫会人，老五叫曹姓，老六叫季连，芈姓，楚人就是他的后代。

陆终的第六子季连聪颖过人，在楚人中身孚众望。史载：“子呼百应，举手事成。"到商朝末年至周文王的时候，季连的后人叫鬻熊，也是能"聚众南蛮，呼民荆沙"。熊氏家族在南方荆沙之地已成气候，大有和暴商抗衡之势。但鬻熊却能以弟子之礼事奉周文王，可惜他去世很早。他的儿子叫熊丽。熊丽生熊狂，熊狂生熊绎。

熊绎处在周成王的时期。周成王贤德，选拔和重赏在周文王和周武王时期的有功之臣后代，把熊绎封在楚蛮，分封给他子男爵位的土地，姓芈氏，住在丹阳（今湖北枝江），但没有给他封王。因此，楚子熊绎与鲁公伯禽、卫康叔子牟、晋侯燮、齐太公子吕伋等从理论上说都是周成王的臣子。

楚人熊绎趁着周天子山高皇帝远、管不着自己、也不愿管自己的机会，利用在荆蛮已占据的地盘，向南、向东、向西，不断地扩充自己的势力，进而把大块地盘划入楚人管辖的范围。熊绎的子孙不像中原周封诸侯国那般勾心斗角、尔虞我诈，而是在广阔天地里一心一意求发展，专心致志求扩张，很快，熊姓子孙们便占有了湖北、湖南、江西大部分，在荆建立楚国，定都丹阳，成为周朝分封的诸侯国外地盘最大的国家，尽管它并不是周天子分封的诸侯国。

楚人好战，楚国好战。他们向外扩张，不打仗不行；强占地盘，趁火打劫不打仗也不行，楚人以为"七年不用武，奇耻大辱"。

面对楚人的倔强，周朝天子采取鸵鸟政策，他既不承认"南蛮子"建立的国家，也压根没有追封他们领地的打算；说周朝淡忘了南边正兴起的这个楚国，也许言过其实，但不予重视确是真的。

周朝分封的中原各诸侯国根本瞧不起"南蛮子"的楚国，他们的国君都认为与野蛮低俗的楚国打交道是耻辱！诸侯各国君们经常取笑："楚国姓姬？姓姜？他们只是一群姓熊的蛮人嘛！与之谈之为耻，与之笑之为辱，与之交往为无形！"

周朝天子和中原诸侯国对楚国熟视无睹的状态，正合熊氏楚人的心意。诸侯国在中原斗得热火朝天，楚人在长江流域的"蚕食"也干得热火朝天，所以，楚国附近周朝分封的诸侯小国都感到了楚国的威胁，纷纷向中央政府周朝告急，说"南蛮仍猛虎，虎必伤人！望周天子勿漠视！"

可惜，周天子仍抱着不与下贱的"南蛮子"为伍的信条，继续采取鸵鸟政策！继续采取"三不方针：不问，不管，不动兵！"

楚国地盘的日益膨胀，使熊姓子孙按捺不住心头的兴奋与冲动，纷纷要求当时的楚国国君熊渠向周天子讨封！

熊渠——楚国历史上一位著名的国君。他勇力过人，胆略非凡。熊渠承继国君后，对楚人的呼号先是充耳不闻，他觉得目前的楚国国力增强、后方稳固，人民生活状况很好，何必弄一顶周朝的帽子盖在头上，碍手碍脚。可是随着子民讨封的呼号日益高涨,他再也不能无动于衷了。他想:为什么不选择有重点有选择地攻打邻国,以开拓边境呢?

一天,熊渠召集朝中大臣齐聚丹阳城头,等大臣们赶到城头时,熊渠已先到了,他那身奇异怪诞的装束让大臣们大吃了一惊,不禁面面相觑。原来,熊渠不着朝服;"免冠披发身着布衣,赤足",手执一把短刀,双目扫射着城下上千名劝进讨封的子民。

子民看见熊渠在城头上出现,讨封声此起彼伏:

"国君向周天子讨封!"

"国君应该封侯!"

突然,熊渠把短刀举向空中,城下骚动的人群安静下来,他们知道国君要发话了。

熊渠声若雷震:"我蛮夷也,不与中国之号谥!"这两句话,就是说我们是蛮子国家,不接受周朝的封号。言下之意是,我们连周朝封号都不能接受,还怎么能主动向周天子讨封呢!这实际上是否定了子民向周朝讨封的请求。

城下子民们热情一下凉了下来,熊渠见大家脸上没了笑容,话锋一转,即兴发表了慷慨激昂的演说,话虽然有些粗俗,却也正符合他豪爽不羁的个性:

"周朝瞧不起我们,咱们楚国还不理睬他呢!他中央政府有什么了不起?不就是分封了几十个诸侯国嘛!牛什么牛?我不尿他,他又能把楚国怎么样?奶奶的!老子楚国如今这大地盘,可抵十几个诸侯国了,他周天子不封,老子自己封,封什么,封楚王!我不但当楚王,我的三个儿子也要封王,老大熊康封为句王,老二红为鄂王,老三执疵为越章王!"

城下子民欢声雷动,城头上的文武大臣笑逐颜开,楚国上下一片欢腾。

可让熊渠不解的是,楚国自立为王,而且是立四个王的大动作,周天子周夷王却没有一点反应,既没应允,也没反对,依然是不管不问。

熊渠就有些纳闷了:楚国自立为王的消息,中央政权不可能不知道,他们总得有点表示吧!是赞成还是反对,总得有个话吧!可洛邑没有动静,一切照旧,风平浪静。

熊渠觉得还真邪门了:周朝政权没有反应,几十个诸侯国应该有所动作吧?是支持是反对,也应该有个态度,熊渠虽不奢望他们都来祝贺,但起码不至于这样麻木不仁,冰冰冷冷呐!

熊渠翻来覆去,昼思夜想绞尽脑汁,终于想明白了:周天子和中央集权根本就没有把楚国当回事,你就是闹得再邪乎也翻不起大浪,干脆来个不理不睬。各中原诸侯国本来就认为楚国是"野蛮部落",连成立楚国都不予承认,你现在自己称王，人家贵族能尿你？更何况周天子没发话呢，谁又会抢先表态？

熊渠想明白了，也伤感了；他终于认识到：楚国就是有再大地盘，但你不是周天子分封的贵族，不入中原文化主流，你就没有社会地位，在周朝大家庭中没有份儿，你称王没人理你，你不称王也没人理你，反正就把你撂在"南蛮"去吃虾米莲藕。

熊渠不禁一声叹息。

星移斗转，日月如梭。

周夷王过世后，轮到周厉王接班。这个周朝天子名如其人，性格刚烈，脾气暴躁。当听到朝中大臣们和各诸侯国纷纷反映楚国立王的消息时，不由得火山爆发、雷霆万丈，唾沫四溅乱骂了一通。但风雨过后，依然是风平浪静，因为国力虚弱的周朝已无力讨伐一个国土比自己还大的"南蛮子"国家，就是周厉王再厉害，也只能是图个嘴巴快活，发过火后就拉倒。

可熊渠却心虚了，因为他知道独自封王，名不正理不顺，现在又见周天子发火，说了"不能任其胡来"之类的豪言壮语，还真怕周天子和各诸侯国联合讨伐楚国；依眼下楚国的实力，是绝对抵挡不住周天子率部队讨伐的。搞不好，楚王和三个儿子的王位坐不成，楚国子民还会因此遭殃！

熊渠不糊涂，但多虑，所以他当楚王决然成不了大事。于是，他叫来三个儿子，说了一番"好汉不吃眼前亏，留得青山在，不怕没柴烧"之类的屁话，便自动把楚王和三个儿子的封号取消了。

当初熊渠封楚王轰轰烈烈，如今取消楚王封号却无声无息。轰轰烈烈也好，无声无息也好，中原大地如死水一潭，没一点动静；这让熊渠寒心，不禁凄然叹息："南蛮就不能登大雅之堂么？"

这声叹息，如空谷鸣声，穿过岁月的山重水复，任时空流转传至熊咢心里，传到楚国国君熊通心里。尽管楚国经过熊渠后几代国君的努力，楚国疆土更大、人口更多，可仍然不能称王，这让熊通心中更加焦虑。

熊通是个心高气傲的楚国之君，也是春秋时期楚国最贤明的国君。他在楚宫动荡中登上王位，野心大，点子也多，他决心把先辈熊渠称王的传统继承下来，并发扬光大，他发誓称王。汲取熊渠自立为王失败的教训，他决定走合法程序，请周天子分封，成为名正言顺的楚王！可以前世世代代都和周期老死不相往来，现在竟贸然去向周天子请封，熊通觉得唐突，也觉得可笑！如果竹篮打水一场空，搞不好还会被周天子和各诸侯国传为笑柄："南蛮子想吃天鹅肉了！"

周朝一天天衰败下来，周桓王每次出兵讨伐郑国，都被小小的郑国打得溃不成军。消息传到楚国国都丹阳，熊通终于坐不住了，他找来令尹斗伯比，商量封王的事，令尹是一人之下、万人之上的官，相当于后来历朝历代的宰相。

见到斗伯比，熊通的第一句话就是："令尹，我要称王！"

斗伯比是楚国的智多星，也是熊通的姜子牙，每遇大事难事，熊通第一个就会找他商量。

"主公，想怎么个称法？"斗伯比捏着山羊胡子，笑眯眯地问。

"祖辈自立为王，没搞成！我想走请周天子分封的路，你看可行？"熊通的两道目光像两个钩子甩到斗伯比眼前。

"主公高见。按理说，楚国幅员辽阔，人才济济，早该为王了！可当下是周朝天下，不经过周天子封号是没有权威，没有影响的。这么说吧，主公不经过周天子封王，就不正统，更不合法度。先辈不是试过，结果呢，流产了呗！"

"令尹和我想到一块了！"

"说实话，按眼下楚国实力，请周天子封王，我心里也不服，可周朝却是当今的中央，不经他认可，我们立楚国，似为大逆不道、授人以柄啊！"

斗伯比见性情急躁的熊通现在竟表现出少有的冷静，甚为喜悦，说明他对封王之事已有深思熟虑。斗伯比认为：熊通称楚王，必须走正规渠道，本来周天子和各诸侯国称楚国为不开化的"南蛮"，如果还不按周朝的规矩行事，熊通的封王之路会很艰难；而斗伯比一直就认为：具有聪明才智的熊通早就应该即位，把持朝政。

"令尹，心里想不通啊，凭什么楚国只能叫周天子封王才是正统，这于情于理都说不过去啊！"说着说着，熊通就来气。

"主公，别忘了，当今是周朝的天下，各诸侯国也是周朝的诸侯国，主公若让周天子封楚王那就是最大的诸侯国国王了！他们诸侯叫'公'、'伯'、'侯'，而大王却和周天子平起平坐，都称王，对外，我们名义上臣服周朝，实际和周朝各管各的地盘，谁也干涉不了谁，周朝形同虚设啊！"斗伯比老谋深算，即使有不同意见，但话到了嘴边也会避其锋芒，说出来的话委婉动听。

"令尹，你讲话我就爱听。你说咱们和周天子从不来往，从不进贡，现在突然去请封，会不会热脸挨冷屁股，搞不好还会被周天子轰出来！"熊通心里一热，口气温敦。

"主公，完全有这个可能！"斗伯比的脸色突然沉下来："周天子早知楚国的存在，为什么历代周朝君王不加封楚地，不加封楚国国君？说穿了，瞧不起蛮人，咱们不合中原之群啊！"

"令尹一语破的！那怎么办？"熊通心一急，脸红脖子粗，额头直冒汗。

"找接近周天子的代言人呐，替咱楚国去请封。"斗伯比胸有成竹，随口而出。

熊通的脸上布满阴云，愁眉凝结。四野静寂无声，二人沉默了片刻。熊通忧郁道："可谁愿与楚国代言呢！中原诸侯国？想都别想！咱们楚国旁边的小国，分量又不足。别看咱们楚国大，可真朋友却不多啊！"。

"可让随国给我们代言呐！"

"令尹为什么挑中了随国？"熊通不知是装迷糊还是真迷糊，反正两个眼睛发怔是真的。

"主公，随国虽是邻近楚国的小国，但他们却是周边小国中的大国，还是周天子分封的国家，是周朝王族，国君封为侯，和周朝是亲戚，和咱楚国走得也比较近，最起码对楚国没有恶感。"

"令尹，随国凭什么为我们办事？他犯得着讨好咱们么？"熊通的口气游离，大有不确定感。

"软硬兼施！"斗伯比激动得山羊胡子直抖。

"如何硬法，又如何软法？"熊通反问。

"楚国派人去和随国签两国互相承认、互相尊重边界的领土完整、互不侵犯条约；若随国签了条约，我们顺便把请他们为楚国向周天子请封的事拜托，如果他们拒绝签条约，我们就出兵打他；战胜他们随国，我们楚国是有十足的把握的，打败了的随国就更没有理由拒绝我们的请求的。"斗伯比满有把握地说。

"令尹，这个软硬兼施的办法固然好，可在楚国没有先例啊！以前，我们是想打谁就打谁，想打什么地方就打什么地方，从来不搞这种脱了裤子放屁的事情。"

斗伯比淡淡一笑："此一时彼一时，这叫先礼而后兵，也是学中原的礼数。软也好，硬也好，不都是为了随侯去洛邑为我们楚国代言嘛！"

"派谁去随国送条约文本？"

"先不送，主公先出兵，大兵压临随国边境，再派人去送条约！"

熊通大笑："这着高，实在是高，他们要是签了条约，我撤军；不签条约，我进军，进了随国，随侯是签也得签，不签也得签！令尹，你这官当得称职！我很满意！"

其实熊通心里早就想伐随，他的目的，不是要摧毁随国，而是要使随国做楚国的附庸。熊通暗下心思，决定在充分准备后开始伐随，他组建了一支能在楚随走廊驰骋的车兵，以及为兵车平整道路、架设桥梁的工兵。伐随的时间，选在随国农业歉收、随人缺衣少食之年。

不久，时机终于到来了，熊通决定给随国一点颜色看看，开始向周围开拓，悍然率兵在随国边境扎驻，与随国军对峙。

随国是周同姓诸侯国，后为楚附庸国，自从西周早期登上历史舞台始，便同楚国结下了不解之缘。那时的随国生产发达，文化先进。都城处于临河高地，在山高水险中据险而守，那盘根错节、密密匝匝的村寨以及雄伟的贵族坞垒，组成了梯次相间的强有力的社会布局，使得它在春秋早期就敢于屡抗楚锋，成为抵御楚国东进北伐、问鼎中原的前沿堡垒。

楚国派人把和平条约文本送交随国国君随侯。

随国虽和楚国是近邻，但由于随侯是周天子封的姬姓宗室诸侯，从来就把不正宗的南蛮国放在眼里，虽有交往，但也多有鄙视。随国附近的十几个小国因畏惧楚国的势力，都先后归附楚国，可唯独随侯对熊通不买账，所以，现在突然接到楚国送来的两国友好条约，实在感到有些突兀。随侯不敢怠慢，立即召集文武大臣商议，如何应对楚国的这个不寻常的动作。

随国的大夫季子说："楚国送来和平条约，可又大兵压境，哪有诚意？楚人尚武，可能醉翁之意不在酒，侯爷不得不防。"

随侯说："可楚人送来的和约是好意呀，我们没理由拒绝！如果我们不签，楚国的兵跨过一脚就进了随国，小小的随国是抵挡不住好斗的楚人的！我们附近的小国不都是被楚人征服的？"

季子仍坚持自己的意见："楚人对这些国家签了和平条约没有？没有！所以说楚人要和随签和平条约是虚晃一枪，绝没好心！主公不能掉以轻心！"

随侯点点："我知道，我知道，黄鼠狼给鸡拜年是没好心的，这里面有鬼，鬼大哩！"

一直沉默的大夫少师这时开口："主公多虑了，熊通主动和我们签订和平条约，鬼又能大到哪里去？要打随国，何必多此一举！我看这个和平条约可以签！"

季子仰着脸，忙反对："不能签，先礼而后兵的事，你怕南蛮干不出来？再说，楚人东征西讨，大夫未必没看出熊通是何居心？"

少师寸步不让："我倒想听听季大夫说说楚人是何居心？"

"楚人为何兵临随国，一边签合约，一边动兵，是何道理？"

"熊通这个人好面子，干什么事都喜欢兴师动众，他怕我们瞧不起他，不签和平条约，所以，摆出重兵，逼我们就范。"

"签条约是你情我愿的事，值得用重兵来逼吗？我若不签，楚人未必就敢动武！这是哪家的王法！简直是欺人太甚！所以，楚人和随国签和平条约只是借口，实际上就是要凌驾随国之上，从而控制随国！"

"季大夫说得轻巧，随国是周朝宗亲，是楚人敢随便欺负的？南蛮子不怕遭天谴人怒！”

“南蛮子从来不讲中原礼仪，素来独往独行，想打谁就打谁，什么时候想过后果！”

“季大夫言过其实，我看熊通还是顾忌到主公是周朝宗亲，所以才来签和平约，别的小国熊通才不会这样先礼后兵呢！”

“我看是少大夫一厢情愿！”

他俩争来争去，却没猜到熊通签和平条约的真正意图，是想请随侯去为楚国当代言人，为达此目的，软硬两手都准备了：签了，随侯要去洛邑；不签，楚国打进随国，随侯更得去洛邑。

随侯看他俩争得不可开交、面红耳赤，差点没晕过去。只好出面上前圆场：“二位别争了，你俩就是争得不下地，也搞不清熊通的真实想法，那就请少大夫代劳去趟楚营，以探虚实，再来决定我们的对策。”

少师马上表态：“主公高见！水深水浅，只有下水才知道。”

季子一听慌了，连忙劝阻：“主公，熊通善变，且狡诈，令尹斗伯比又足智多谋，少大夫去楚营，必会中计！”

少师衣袖一甩：“言过其实，你总爱言过其实！”

随侯当即派人去楚营回复，为表达随国的慎重，随国大夫少师将去楚营面见楚国之君。

听说少师要来楚营，斗伯比笑了。他心中所虑之人是季子，对少师他是不屑一顾的，他对熊通说：“随国不大不小，是汉东一带小国之首，让它放松了对楚国的戒惧，就不会总是盯着我们的武力不放；只要他们放松了对楚国的戒备，我们就可随意随时收拾他们，到那时随国就得随我们的意旨而行动了。主公，他随国的国名不好啊！国名都姓随，就只能随人摆布！”

斗伯比幽默风趣的话，引得熊通呵呵大笑。随后他隆重接待了来访的少师，言称此行来随国是真心和随侯签订和平条约，别无他意；为表示对少师的尊重，还陪同他检阅了列阵的楚军。

正说话间，一支队形松散、军纪不整、武器陈旧的楚军从眼前走过。望着楚军远去的背影，少师大吃一惊：这与民间传说的楚军大相径庭啊！特别是哪些稀稀拉拉的老弱残兵也混迹于队中，真让人不堪入目，少师心中叹道：“楚军不过如此啊！”

心里想的，少师又不能明说，只得虚与委蛇：“楚军名不虚传，强大！强大！”

熊通明知少师说的是假话，可还故意问：“比随军如何？”

“过之！过之！”少师一脸真诚，官场的人说假话都是不脸红的，这就是做官人的本事。

斗伯比借机说:“打随国如何?”

“随国危矣!危矣……”少师装得噤若寒蝉的样子,其实心里却得意地想:“就你们这些破玩意,还想打赢我的周王朝宗亲诸侯之国的随国?”

斗伯比紧接着问:“随国是不是更应该和楚国缔结友好条约?”

“应该!早该签了!”少师口里说,心里骂:“签你个头!一堆杂碎,就想上正席呀!”

斗伯比看见少师虚假的神情,暗自笑了,他深知志大才疏的少师从来瞧不起楚国,他似乎听清了少师肚子里骂的话,他要的就是这个效果。

酒足饭饱又带回来熊通的重礼,少师如实向随侯汇报了楚营之行。

随侯问:“他们签订和平条约是诚心的?”

少师:“诚心!不诚心行吗?”

随侯:“大夫何出之言?”

“主公,你是没看见楚军阵形,看了准会笑掉大牙!完全是一群乌合之众,没开化的蛮人!”

季子马上反对:“有诈!”

少师白了他一眼:“有什么诈?”

季子:“人们传说中的楚军战斗力不应如此!”

少师:“耳听为虚,眼见为实!我亲眼所见还有假?”

季子寸步不让:“倘若楚军如此,他又如何能征服周边小国?”

少师撇撇嘴:“柿子从来拣软的捏!”

随侯问:“楚军有战车多少?”

少师:“我粗略估算了一下,也就百十来乘”。

随侯又问:“兵器呢?”

少师:“全是短刀,连弓箭都少,更别说长戟和大刀了!”

季子:“这不对呀!主公,这肯定是熊通用的迷魂阵!”

少师火了:“季大夫出言要谨慎,迷魂?迷谁的魂?我是看得心明眼亮,谁也别想骗我瞒我,我想提醒季大夫注意,少师也是领兵上阵的人,什么军队有战斗力,一目了然!”

随侯见两人争得没完没了,听得不耐烦,便打断他俩的话,问:“少大夫意下如何,楚国可是兵临国界,条约倒是签不签?”

少师一口回绝:“主公不能签!”

季子忙说:“主公!不签吃亏是眼前的事!我现在发现楚人有诈,反倒觉得这个条约应该签！”

少师又瞪了季子一眼：“吃什么亏？不错，楚国消灭不少小国，可他什么时候和周天子的姬姓军队交过手，随国是皇亲国戚的部队，他们恐怕还没碰过吧！”

季子叫苦不迭：“少大夫，楚军战斗力强大的传闻绝不会是空穴来风！”

少师闻言声色俱厉，直截了当：“季大夫，要和楚国签条约，报告了周天子吗？周天子会同意吗？周天子向来是不与南蛮为伍的！你这不是叫主公为难吗？”

过了片刻，随侯问：“和楚军交战，少大夫有获胜的把握吗？”

少师谨慎地回答：“我若说有，主公也可能不信，但若把指挥随军的权力交给我，我一定打赢这一仗！楚人向来尚左轻右，熊通临阵自己的战车必放在左阵，我军只要全力攻击楚军主帅的阵地，擒贼先擒王，楚军必乱！”

随侯听后高兴起来，脸色也红润多了，一直沉闷的声调也高了许多：“少大夫言之有理！那这次就让楚人见识见识姬姓部队！大夫，你要多少人马？”

“战车一百五十乘！”

“这可是倾全国之兵啰！”

“和楚人决战，只能如此！”少师语气肯定，没有商量的余地，“为鼓舞随军士气，主公应临阵督战！”

随侯忙说：“成败在此一举，理当如此。”

季子说：“我率后军保护主公，以防万一！”

随侯连连点头：“这样更好！更好！”

拒绝签和约的文书到了楚军大营熊通的案头，熊通没想到随国——这样一个小小的诸侯国，竟然完全不把强大的楚国放在眼里，二话不说就拒绝了楚军的要求，他不由心头一怒，大吼：

“他妈的，胆子真不小，敬酒不吃吃罚酒？”

斗伯比见他气呼呼的样子，不禁笑道：“这不正中主公的圈套，咱们再出兵就有理啊！”

随国是周同姓诸侯国。然而，生产发达、文化先进、军事实力雄厚的随国则依然是楚人东进的主要障碍。一想起这些，熊通心里便没有了把握，他低头思忖了一会，不免有点心虚地说：“随国虽小，毕竟是中原姬姓诸侯，咱们楚国是第一次和中原诸侯国交战，这一仗只能打胜啊！打胜了，随侯才能听我们的，服服帖帖去洛邑替我们请封；打败了，他妈的，那楚国就没发言权了！”

斗伯比说：“主公所虑极是，但我深知少师其人，此人向来凭侥幸办事，为了想在诸侯国中出风头，不惜冒险和我一战；若打胜了，说是为随侯增了光，实际上是往少师脸上贴了金。上次他来楚营，看我军实力不济，老弱病残俱多，就胆子壮了，就想动武了！我们正好利用他的毛病，把随国灭了！”

熊通心里还在打鼓：“令尹，此战，楚军有把握打胜么？”

斗伯比显示出其抵御外敌的“汉东大国”的气魄与胆识，信心十足说：“囊中取物！志在必得！”

熊通向来对斗伯比敬重：“令尹，请献计策于我！”

斗伯比如此这般说了一番，熊通听得释然，高兴得眉开眼笑：“令尹，你太有才了！”

斗伯比沉吟一会，又正色地说：“随侯只能活捉，不能杀死！”

“那是，还要请他代言哩！对少师、季子呢？”

“主公心里早有谱了，何必问我？”

“对这两人，我举棋不定，故求教于令尹。”

“少师抓活的，是个累赘，又多费粮食，搞不好他还会拨弄事非……”。

“杀！”熊通满脸杀气，恨不得马上对随国发动大规模进攻。熊通伐随真正的目的，是要使随国做楚国的附庸。

“就按主公意思办！可季子是个顶尖人才，智谋不在伯比之下。当擒之为我所用：楚国需要像季子这样的人。”

“就按令尹说的办！我对这两人的安排就是这么想的。”

楚国的战书交给了随侯。三天之后，在随国边暇地列阵开战，少师接到楚国战书，把一百五乘战车分为两队；右队和左队，他自领左队战车，专攻楚营左阵，随侯自领右队，随后掩杀，季子带领十乘车为后军，随时接应随侯，应该说少师的战法并无大的漏洞，他的主力若把楚军左阵别说是冲垮，就是冲乱了，这一仗，随军就赢定了。

春秋时期的两军交战，主要是车战（由一匹马或两匹马拉着木制或铁制的车）搏斗，一匹马拉的车上一般配有射手一名，戟手一名，驭者一名，二匹马拉的车上有主将一名，车后跟随持刀执戟的步兵，很类似现在坦克掩护步兵的打法。判断一个国家军队战斗力的强弱，一般都看战车的多少，随国虽比楚国地盘小，但可一次出动一百五十乘战车，这可绝不是一个小数目。就连熊通这次带兵压向随国边境，也只带了一百二十乘战车，可见周天子属下的诸侯国，兵力都不弱，所以，当少师看到楚军并不像言传的那么强大，就动了决死一搏的念头。

三日之后的清晨，薄雾刚散去，少师心急如焚，快步驱车于房舍的砖瓦之上，时不时地四下张望，耳听八方。杀戮的气息开始弥漫。楚随两军便在暇地平原处列阵，少师看见熊通的战车果然在楚军左阵，而且只有战车三十乘跟随，他纵观楚营，左阵右阵及后军只有战车九十乘，比随军的一百五十乘数量是少多了，而且战车后面的步兵更是稀松散漫，刀戟不整，而反观自己的列阵队形整齐，左右军及后军列队有序，少师更加对即将进行的决战取得胜利充满了信心。

和少师的信心满满相反，此时，季子却满腹狐疑：雄心满志的熊通领兵犯境，竟只带着百十乘战车，这是无论如何也说不过去的，这其中一定有诈，正在季子动心思的时候，熊通驱车走出楚阵，用戟向少师一指，声色俱厉：

"你少师充什么英雄好汉，给脸不要脸，非要兵戎相见，战端一开，你后悔就迟了！还是签订和约为好！"

少师也驱车向前："熊通，堂堂周朝姬姓诸侯国怎能与你这无名无姓的南蛮结盟，岂不受天下人耻笑！哈哈，我看你熊通也是空有其名哟！"

熊通察觉到他的张狂，心中莫名地隐隐作痛，不禁恼怒；他强压着腹内的火："少师何出此言？"

"车不过百乘，兵不过万员，就敢跨境作战，也太自不量力了吧！你以为姬姓随国是泥巴捏的！"

蓦地，身后熟悉的声音响起，少师驱车顿住，骤然转身，熊通高大的身影就立在眼前。他冷笑两声："是不是泥巴捏的一打便知！"

少师狠瞪着身旁这个男人，心中的怒火越烧越旺，双眸在一瞬间变得殷红如血！忙命鼓手擂鼓三通，便驱车向熊通杀来。熊通也向少师杀去。两人相向驱车接近，兵器相碰，这称"合"。两人擦车而过，再把马头转过来，向对方再次杀去，这叫"回"。我们常听古书说两人杀了多少"回合"就是指这个意思。

熊通嘲弄地笑着，战斗明显不在状态；趁着一个"回"，熊通便命令楚军后撤。少师看楚军阵脚大乱，忙命令左阵战车全部向楚军左营冲过去；后阵的季子看得明白，熊通在诈败，诱少师冒进，刚想提醒随侯，不可轻率跟进，没料到随侯被眼前的楚军的"溃败"而鼓舞，忙命右队的战车向楚营压过去，季子怕随侯有失，只得带着后队尾随而去。

楚军战车敌不过随军战车，楚军步兵更是丢盔弃甲，逃不择路；车上的少师看见前面不远的熊通，亲自驭着马逃窜，便命令随军紧跟，务必紧追，生擒熊通。

这一追就追出了几十里，越过了暇地平原区，到了一个丘陵地带，随军的战车顿时慢了下来。为怕翻车缓缓而行，车后步兵的长戟长戈却成了负担，不时被丘陵地的树枝灌木挂住、勾住，半天都拉不出来，到了这时，少师感到情况不妙，忙命驭手驱车掉头，往来路撤出。

突然，丘陵地一声冲天炮响，漫山遍野的楚人在斗伯比令旗的指挥下呐喊助威，向随军杀来，他们清一色的短刀藤牌，披发赤足，喊着谁也听不懂的口号，见随军就砍。

楚人久居河网湖泊丘陵地区，十分善于单兵搏杀，特喜欢乱战、混战，战斗越乱，楚兵越勇！随军战车在丘陵地翻的翻、倒的倒，步兵在楚军的屠刀下，只有喊爹叫娘的份儿。

少师喊了一句：熊通太狡猾！便跳下了不能前行的战车，车上的射手、戟手、驭手紧护着他，拼命向原路折回。这时，他们数人只恨腿短，跑得是上气不接下气。眼看后面的楚人追上来了，少师知道没有生还的可能，与其被楚人所擒受辱，还不如自尽以保名节；可还没等他拔出腰中剑，哇哇乱叫的楚人就是一顿乱刀砍来，刹那间，少师被楚兵剁成了十几截！刀光映映，那一个个惨白的面具显得诡异万分，阴气森森。

少师一死，随军左军群龙无首，纷纷跪地求饶，熊通驱车紧追上来，制止了楚军竞相比赛的杀人游戏，分兵围住了后面尾随而至的随侯和季子。依靠人数上的优势和全歼随军左军的有利形势，没费多大劲，楚军就俘虏了随侯和季子。

当随侯和季子战战兢兢被楚军押进熊通楚军大营的军帐时，他俩都预感到必死无疑。没想到，熊通的第一句话就是："随侯受惊了！"

进入楚军大营园内，眼前一片豁然开朗，一池碧水跃入眼帘，翠绿的垂柳静静地伫立池畔，凉风拂过，千丝万缕的枝条轻轻荡漾开来。远远地，便望见曲迴的长廊连着弯弯曲曲的竹桥，一直通向湖中心一座竹建亭台，这园内最独特的也就是建在这一池碧水之上的亭台，大营园内满眼都是竹。熊通真会享受啊！连军营也这么讲究别致！随侯回过神，收回之前好奇失态的神情："主公不杀我？不灭随国？"

熊通直了直身子，大大咧咧地说："杀什么杀！灭什么灭！老子要和你们签订和约，你偏不签！你中了邪么！"

随侯在心中无奈地苦笑着，愧悔不迭："都怪我听了少师的话，没听季大夫所言……惭愧！"

季子迷糊地问："你们没打几个回合就撤，到了丘陵地怎么会突然冒出了数倍于随军的楚军，难道兵从天降！"

熊通哈哈大笑："季大夫该去问斗令尹！"

斗伯比捏着山羊胡子笑哈哈地说："哀兵拒之，诱敌深入，埋兵于丘陵，专等少师入瓮！呵呵……偏偏少师又是个喜欢入瓮的人！"

季子顿时无语。

随侯说："主公不杀我，不灭随国，我愿为主公肝脑涂地！"

熊通傲气十足:“老子不要你的肝,不要你的脑,只要和你随国签订和平友好条约。”

随侯眨巴着眼:“就这么简单?”

“我还有两条件!”

“主公请讲。”

“第一,签和约后你亲自去洛邑,替我向周天子请封!”

“不知主公想封什么?”

“封楚王!”

“这个……恐怕……哪个……”

“不行?”

“行!那第二个条件是什么?”

“第二个条件就是随侯世子和大夫季子在楚留作人质!”

所谓世子就是随侯的儿子。周朝王的儿子称太子,各诸侯国的儿子称世子。太子只有一个,而世子无数;可后来就乱套了,秦、晋、鲁、齐等诸侯国的国君的儿子也有称太子的,至于女儿早就称公主了。败军帅将,何以言勇?成了楚国俘虏的随侯,哪里还有讲条件的筹码,这两个条件只好都答应了。

熊通从随国撤军的当天,随侯就上路了。到了洛邑,随侯拜见了周桓王。由于都是姬姓的后代,又都互相沾亲带故,所以相见格外亲热,又加上各诸侯来一次周朝国都不容易,所以谈的话没完没了。

好不容易瞅住了周桓王谈话的间隙,随侯说:“我国旁边的楚国日渐壮大,周边的小国都对他望而生畏,楚国自卑自己是南蛮,不敢与周朝套近乎,更不敢与大王来往,最近,楚国国君熊通知道我和大王关系很近,说得上话,特让我到洛邑代言,楚国愿做周朝诸侯国,接受周天子的领导!”

随侯为请封顺利,没说自己被楚人打败,也先没说楚人想称王,而是先把熊通愿意臣服周朝的想法说了出来。

“很好,南蛮子很识趣啊!”周桓王微微点头。

“熊通说,大王若同意楚国成为诸侯国,就干脆把楚地封为楚国领地!”

“那是自然,那鬼地方,多一块少一块,无所谓,蛮夷之地,蛮夷之地!”

“大王,既给封地,就得给封号啊!熊通叫我向大王请封呢!”

“他想封什么?”

“他想……封……”

“他究竟想封什么?又不叫你封,有什么难开口?”

“……封楚王”。

“胡说！”周桓王勃然大怒：“天无二日，国无二主。楚国称王，我往那里摆?！本王还能名正言顺吗？熊通野心太大了，一步登王，想和本王平起平坐，胃口真是不小！你倒好，姓姬的不帮姓姬的讲话，反为姓熊的帮腔，你对得起列祖列宗吗？你对得起把随国托付给你的先人吗？你去告诉南蛮子，本王不封，坚决不封，让他等到死也不封！”

“大王，我有难处啊！”

“我不封他，你有何难！和你八竿子扯不上边嘛！”

随侯不敢说：“我的儿子还在熊通手上哩。”他只得灰溜溜地回到随都，又胆战心惊地来楚地见熊通，据实把周桓王的原话讲了一遍。

随侯话音刚落，熊通就咆哮起来：“他妈的，老子把周桓王当人，他反做鬼吓人！不把老子当王，老子自封，老子熊通就是楚王！”

斗伯比适时讲话：“咱们楚国礼仪是尽到了，请封是尊重周朝中央政权，周天子不封，主公自己称王有何不可!？”

随侯趁机讨好：“是啰！是啰！大王早该称王！”

熊通惊愕不已，下意识地咬着牙，喜得恨不能狠狠地抱头痛哭一场。于是失态大叫：“随侯，你刚才叫我什么？”

眼见大势已去，不得俯仰由人，随侯怕自己说错了话，目不斜视，对着熊通恭道：“……叫大王呀！”

“哈哈！叫得好！你是第一个叫熊通为楚王的国君，是最先承认熊通是楚王的随侯，本王要重赏你！”

“我请封未成，大王不怪罪？”随侯小心翼翼，眼下，已无须再忍。

“本王不怪！你已尽力了！”熊通说得很通情理。

“随侯不要多虑，你请不请封，我国主公都已经是楚王，随侯要喝头杯喜酒呀！”斗伯比说的不是戏言，是心里话。

这时，营外的薄雾渐渐淡了，在朦胧的光线映照下，四周显得更加谧静。随侯悬着的心这才放了下来，他这时突然觉得熊通有些可爱，虽然粗俗了些，但喜怒哀乐都写在了脸上，并不虚伪，也不狡猾，敢想敢干，难怪楚国在他领导下，地盘扩张得这么快。随侯想：“要是叫我脱离周天子称王，打死我也不敢干！”

三天之后，由斗伯比起草的楚国熊通自称楚武王的文告发向了洛邑和齐国、郑国、鲁国、晋国这些中原国家，也发向了南边的一些小国。

周桓王在洛邑最先收到熊通自立为王的文告，他把文告丢在地上，气急败坏地大叫：“反了！反了！熊通讨封不成，竟敢自立楚王！南蛮子不讲规矩，无法无天！出兵！出兵！”

周朝大夫信之般小声地说:“大王,楚国千里,战车数百乘,楚人凶蛮,非周朝所能征剿!”他心里话没说,周朝连小小的郑国都打不赢,出兵讨伐大败而归,现在出兵讨伐势大力强的楚国,不是鸡蛋碰石头么!

“那堂堂周朝就认了?”周桓王的口气缓和了下来。

“认是坏了天朝规矩,最好的办法是不理不睬!”

“那不便宜了熊通?”

“熊通日渐壮大,羽翼已丰满,周朝已奈何他不得!不理睬就是大王最强硬的态度了!让熊通占便宜,也是不得已而为之的事,只要不激反熊通对抗大王就是万幸了!南蛮子不讲理,他们要反大王还真是不可收拾!”信之般无可奈何地说。

“我真是咽不下这口气!”

“大王忍也要忍,不忍也要忍,息事宁人,方为上策!”

周桓王的一声叹息,让信之般感到有股凉风掠面。

熊通是一位既有才识又有宏心壮志的君主,他整军习武,趁着中原骚乱之机,开始了开疆拓土的历程。

就这样,自熊渠先自称楚王后又取消了封号至今,他之后十一传的继任者熊通自封楚王总算得到周王朝无可奈何的默认。从此,楚国的历史进入了一个新的阶段,也就是从这时起,楚国的历史才有比较详细的记录。从历史学的角度看,楚人经过一个多世纪的惨淡经营,至熊渠时初露峥嵘。

这也可算作是楚国的正式兴起。

第二章　息妫运筹　君臣和谐

息侯夫人息妫，风华绝代，机智过人。在蔡侯的挑唆下，楚文王吞并息国，霸占了息妫。随着时间的推移，息妫夫人接受了这一现实。在文王去世后，她悉心扶持儿子熊艰和熊恽治理国家。她设计除去了权贵令尹子元，延揽有谋略的斗谷于菟为令尹。此后，君臣和谐，楚国兴盛。

经过一连串的征战后，楚国逐步生机蓬勃，大国阵容渐呈雏形，已初露称雄之势。因此，熊通自称“楚武王”，成为天下诸侯中第一个勇于称王的国君。那一双窥视中原的黑眸，映照着诸侯之林，那目光犹如白虹贯日、云断秦岭，宛如呵壁问天、气盖河山。

楚武王熊通称王之后，周朝竟没作出任何反对的表示，既不声讨，也不出兵，连屁都没放一个。周桓王的态度无疑给楚国周边小国壮了胆。他们日夜面临楚国的威胁，面对中央政权的力不从心，也怕楚国了，于是积极地向楚国示好，纷纷向熊通表示祝贺，恭喜他成为楚国的第一位大王。

这些小国在周天子不表态的情况下，敢违规承认熊通为楚武王，这让熊通格外舒心，他让已成楚国大夫的季子给这些小国的国君都回赠了一份厚礼，摆出一副叫他们放心、谦谦有礼、强而不霸的样子；对于没有承认楚王的另一些小国，熊通则毫不客气，出兵征讨，和周朝全面对抗。

山林间，夜栖的鸟儿全被惊醒，扑腾着翅膀四处乱飞，哀叫着挣扎；熊通弓弩手在听到这一阵连绵的鼓声后，一个个就像疯了一样，握紧了手中的弓箭与火把，疯狂地呐喊着向周兵冲去，周兵如枯叶般大片地坠落在地，抽搐几下便不再动了。无数被乱箭射死的尸体，堆满了整个山林，让人寒颤不已。一时间，火把灭了，周围一片黑暗，哀号阵阵，夜色之下如鬼哭狼嚎一般。

熊通在当时的楚国诸公子中是一位铁腕人物，做出事来往往惊蛮夷而动华夏。他由于常年带兵征战，受了很重的内伤，终于积劳成疾。一日，他觉得喉间一阵腥热，一口鲜血喷了出来，撒手西去。

不久，熊通儿子熊资接班，自封楚文王。文王更爱动武，他索性把楚国都城迁至郢城（即今湖北江陵），然后就四面出击了。首先他消灭了申国，接着他又亲自领兵来打息国。息国赶快向蔡国求救,因为蔡侯的夫人是息侯的姐姐,向姐夫求救靠得住;而且蔡国紧靠息国,要救也能及时赶到。

蔡侯虽为息侯的姐夫,但却和息侯结有私仇。原来蔡侯贪恋息侯夫人息妫的美色,在利用两家走亲戚的时候,行为轻佻;他色胆包天地盯着眼前一身华服、身形纤长的息妫,见那双清澈的双眸中饱含了忧虑之色,心中惊叹:这世间,能拥有这一双美丽双眸的人除了她,便不会再有第二人。

蔡侯伺机向息侯的夫人调情,息妫只觉一窒,抬着双眸,惊愕地望着一脸淫邪的蔡侯,喉中犹如堵了一块石头,嘴角微微牵动,咬了咬唇,没有应他。蔡侯又抵死缠扰,被息妫婉言谢绝,息妫声音虽清醇柔和,但透露出的寒意却让人不寒而栗。

蔡侯仍不死心,趁息妫来蔡国探望姐姐的机会,强行留宿息妫,欲和她通奸,息妫用计溜走。回到息国后,她把蔡侯的无耻行径告诉了息侯。息侯闻之大怒,然息国实力远逊于蔡国,也只好忍气吞声。

息侯这人会动心机,设计报复。本来楚国来打息国,是头等的坏事,可他却有办法把坏事变好事,他欲借助强大的楚国为自己报私仇。于是,他派能言善辩之士,带着重金去楚营见楚文王,怂恿楚文王帮息国除掉蔡国,因为蔡国国君蔡侯向来夜郎自大,看不起楚国,叫楚文王为“南蛮子”,叫楚人为“蛮人”、“野人”;与其楚国灭了息国,不如楚息联合灭了蔡国。

楚文王早就对蔡国看不顺眼了,心里暗自愤然寻思:这个小屁国当初就不上表祝贺楚武王登位,而且一直瞧不起楚国;可恨那蔡侯也从来就没叫过楚国,而是一天到晚“南蛮子”吊在嘴边,从不离口。这点息侯并没有信口雌黄,楚国在蔡国的细作早就把这一情况告诉了楚文王;楚文王憋了一股闷气,只是迟出早出的问题;现在息侯来人要求配合楚国灭了蔡国,楚文王是求之不得。俗话说,伸手不打笑脸人,息国又求饶,又送礼,楚文王似乎觉得没有再动武的理由;但楚军已兵临息境,空跑一趟,楚文王觉得划不来,如果能把蔡侯骗来息国,把他擒获,顺便把蔡国灭了,那才划算。于是,楚文王和息侯用计,让蔡侯紧急派兵驰援。

难道蔡侯就这么听从息侯的调派?息侯觉得十拿九稳,他掌握了蔡侯的死穴,答应他解了息国之危,他想要息国什么,息国就给什么,暗示蔡侯:只要你蔡侯帮了息国的忙,你就是要他的老婆,息侯也是可能奉送的。

息侯的许诺,让蔡侯想入非非,一想起让他垂涎欲滴的息妫不久将成为自己的夫人,他就巴不得早一天出兵,也不考虑自己的实力是不是楚国的对手。为什么说“色胆包天”?蔡侯就是典型的例子。

情欲仿佛要爆裂开来，浑身犹如火烤一般，每一寸肌肤都在燃烧，这是蔡侯从来没有过的。于是乎，利令智昏的蔡侯举全国之兵，日夜兼程，向息国都城进发，等赶到息国都城时，却没见到一个楚军，只见都城一切平静，城门大开，息侯在城头安好无事，还向蔡侯喊话："蔡侯，楚文王听说蔡侯发兵救息，连夜就撤军了！"

蔡侯得意忘形地在战车上大叫："楚人就这熊样，他们国君的姓不好啊！"

息侯狡黠地大笑："就是，就是！请蔡侯进城一叙，我备有薄酒，陪蔡侯畅饮！"

"一醉方休！不过，息侯不要食言啰！"蔡侯还在做"美人梦"。

"那是自然！"息侯说得神色自然，不动声色："大丈夫一言既出，岂可轻改！"

"那就好！"蔡侯驱车进城，他领着十几乘战车刚进城内，城门便关上，埋伏城内的楚军不费多大的力，就让蔡侯成了阶下囚。当了俘虏的蔡侯知道自己被俘是拜息侯所赐，十分愤恨，望着得意洋洋的息侯，蔡侯浑身如针扎般的疼痛，额上开始不停地有汗珠滑落。

为何会突然变成这样？他不禁破口大骂。

楚文王决定杀掉蔡侯，正准备用刑时，季子赶来制止：

"大王，不能杀蔡侯！"

楚国武王、文王父子都敬重季子，特别是斗伯比离开令尹之职，隐退以后，文王就更加倚重季子了。

"季大夫，为什么不能杀？"

"蔡侯大小是一方诸侯，罪不至死，不杀他，中原各诸侯国一定会感谢大王的仁慈和威严。如是要杀了他，他们就会同心同力对付楚国，那对楚国今后的发展壮大是十分不利的。"

"季大夫言之有理，不能让中原诸侯说我们楚人只知道杀人，也要让他们瞧瞧楚人会待人，而且会讲礼仪！"

于是楚文王不但决定放蔡侯回国，还设宴送他，席间楚文王还用楚国的歌舞招待蔡侯。这些南方妹子的蛮歌舞别开生面，把蔡侯看得眼花缭乱，可见几千年前的"辣妹子"歌声已具威慑力。

楚文王酒热耳酣，得意地问："蔡侯，楚国女人和中原女人相比如何？"

蔡侯瞪大了双眼望着他，神情里是满满的不敢置信，这种时候，楚文王居然还这样问他，蔡侯心有不甘，为保全性命，便心生一计，心想：你息侯不仁，就别怪蔡某无义了。便趁机对楚文王说："大王，楚女多娇多情，不过……"他有意把话刹住。

"不过什么？"文王一愣。

"还是不说为好……"蔡侯故意吞吞吐吐。

"难道楚国女人不如中原女人？说，不说本王杀了你！"

文王脸上阴云密布，蔡侯觉察到了他身上隐藏的杀气，紧张地说："献歌楚女虽然娇美，但都比不上一人妩媚……"。

"谁？"

"大王没听说息国有天下最出色的美女？"

"你倒是快说呀！老子不喜欢你绕弯子！"

"就是息侯的夫人息妫呀……"蔡侯的目光正好撞进楚文王那双深邃的眸子里，蔡侯不由惊慌，目光急忙落向别处，余光却仍瞥见楚文王那正漾洋着浅笑的嘴唇。

息妫是一位绝色美女。蔡侯告诉他！

楚文王一听，瞪大了双眸，心动不已，一双炽热的瞳眸瞬间成了两池深潭，幻化出大片雪白诱人的肌肤，那胸前……楚文王眼睛瞪直了："怎个美法？"

"我好有一比，息妫是牡丹，刚才献歌的舞女都是狗尾巴草。"见楚文王动心，蔡侯就在楚文王面前猛夸息妫的绝世姿容。

"息妫有这么美？"

"百闻不如一见，大王一见便知！"

第二天，蔡侯离开楚营回国。当天下午，楚文王就通知息侯一家到楚营赴宴，说是为息侯献计有功而贺功。

息侯能不来么？他敢不来么？再说他压根不知道文王有什么企图，又为什么不来？于是，他毫不防备地带着息妫进了文王军营大帐。

文王刚瞅着息妫，有如触电一样，他的身体猛地一震，强装镇定，不禁在心中惊叹：我熊资见过世上顶尖漂亮女人，但没见过这么艳丽如花的女人，眼前的息妫恍如桃花女神转世啊！文王看得热血翻腾，春心荡漾，他确信蔡侯没有夸大其词，息妫貌美如花，美得让人一见就心摇神移，不能自已。

蔡侯色胆包天，楚文王是包天色胆，他要把息夫人抢到手。他行事从不拖泥带水，看见吃喝正欢的息侯，突然说：

"本王要灭掉你息国！"

息侯一听色变，吃惊地问："大王这是为何？"

"本王灭你，还需理由么？"楚文王冷冰冰地说："你和随从马上离开息都，我给你一块地方足可以养老！"

"那我的夫人呢？"息侯小声问。

“她嘛……留下！”

“我俩怎能分开呢？”息侯鼓足勇气说。

“你这癞蛤蟆还想永远占着一只美丽的天鹅？”楚文王不屑与他再谈话，手一摆，示意叫他走人。

息侯终于明白了楚文王要灭息国的原因，他一步三回头地离开了文王大帐。临出帐，他忍辱怯懦地看了息妫一眼，这算什么？连替她去讨公道的胆量都没有；他在心里责骂着自己，真正尝到了他种下的苦果。

息侯走了，楚文王便喝退左右，迫不及待地把息妫弄上床宽衣解带，息妫心里虽然不情愿，却身不由己，为了保全息侯，决定忍辱偷生，曲意逢迎；她所坚持的不是对息侯的忠贞，而是把这份忠贞留给了楚文王。也许在她的心底，那莫名其妙的息侯，早已不值得为之殉节。至于国破的忧伤，她用久久无言的青春，作为祭奠。此刻，她娴熟温柔的床上功夫，让文王骨酥肉麻、魂销魄散。楚文王精疲力竭地说：“你人美，床上功夫也了得！哈哈哈。”

息妫虽然成了楚王夫人，却始终不和楚文王说话。不管她说不说话，她从此刻起就成了楚王妃，文王怜香惜玉，色与魂授，还给她起了名：“文夫人！”

就这样，息妫成了楚王的夫人。这个弱女子一定没有想到，她的一个出场，一个眼神，竟然就决定了息国和她那可怜丈夫的命运。只可叹，生如桃花般妖娆，命运却也似二月桃花随水流！楚文王赢得何等干脆利落，挥起大袖，留下一个为美人而灭息国的背影。

息妫从此负着亡国的罪名。

其实，有没有息妫，都是一样的；蔡侯的无知无礼，息妫因美貌衍生出的祸端，息侯鲁莽轻率的报复，这一切都给了楚文王窥视中原的机会。

这样一个野心勃勃的男子见到息妫后，伟岸的心胸陡然降下尊严来。

楚宫的三千粉黛在他眼里已黯然失色。

一个娇弱的女子，要保全自己丈夫的性命，就只有含垢忍辱地面对残酷的现实。

后来，文夫人先后为楚文王生了二个儿子，大儿子熊艰，小儿子熊恽。怀熊恽之前，文夫人睡梦中吃了天上王母送的桃子，桃子刚入口，便有一道红光从口中穿过进入腹内。文夫人把梦中情景告诉楚文王，他也觉得奇怪；所以熊恽生下来后，文王夫妇认为此孩子必有来历，格外喜爱，加上熊恽从小聪明伶俐，文夫人更是把他视为掌上明珠。没想到乐极生悲，楚文王在公元前677年驾崩了。由于死得突然，文王对朝中大事来不及交代，按惯例长子接位，熊艰当了楚王，那时熊艰6岁，弟弟熊恽也就5岁。

有人会问:“正值壮年的楚文王为什么英年早逝?”这个问题说到底,归罪文夫人;文夫人进楚宫这些年,楚文王是日夜宣淫,身子骨都被文夫人掏空了。所以,男人在女人身上没节制,必是短命鬼。有人把文夫人作例子,也说美女是祸水,越美让男人越馋,越馋房事就越多,房事越多身子就越虚,于是寿命越就短,楚文王就是例子。

中国帝王少有长寿的,究其原因,除了这些帝王为国事操劳外,每天晚上他们还要为三宫六院七十二妃做“性服务”。这些宫妃好不容易轮到一次帝王的“宠幸”,无不是拿出十八般功夫把帝王整得精疲力竭方才罢手;难怪帝王们上早朝都要太监搀扶,原来他们身子骨头晚已被妃子们搞散了架。

看来帝王也不好当,不但要冒着每天骨头散架的威胁,还要冒着短命的危险!帝王这碗饭还真不好吃。

文夫人虽然从王妃一下沦为寡妇,但母以子贵,她的儿子当了楚王,她当然荣耀无比,国母的生活过了五年,她愈来愈觉得小儿子熊恽没当上楚王是屈才,她每天想起怀他之前所作的梦,就越发认定熊恽是上天给楚国派来的奇才!否则,怎么解释食桃吞光情景?她是左看小儿子顺眼,右看小儿子满意,反而认定大儿不是当楚王的料,笨头笨脑不说,还经常有一肚子坏主意,惹得自己生气。

时移世易,转眼过了五年,熊艰11岁了。他不知听了什么人的挑拨,决定要杀掉已10岁的亲弟弟熊恽。世上没有不透风的墙,文夫人立马叫熊恽去附近随国避害,毕竟随侯和楚国关系好一些,更何况自己原本是息国第一夫人,和楚王生的儿子,怎好让他去息国呢?因此,熊恽去随国,文夫人放心。

弟弟逃去随国,熊艰想出兵攻随,首先遭到文夫人反对,她的理由简单:文王的骨肉同胞不能相残。国母表了态,大臣们也都随声附和,11岁的小孩本来就没主见,只好作罢。熊艰罢手了,可文夫人不干了;你小小年纪,心肠就如此狠毒,连一个亲弟弟都容不下,今后在楚王位上还不知会干出多少伤天害理的事来。从此,文夫人下定决心除掉熊艰,把熊恽扶上楚王位。

文夫人起了这个心,就必然付诸行动,她在随国找了几个武功高手,在一个夜黑风高的晚上摸进郢都楚宫,几乎没费什么力,就让熊艰的脑袋和身子分了家。文夫人立马从随国接回小儿子熊恽接任楚王,这就是楚国历史上大名鼎鼎的楚成王。

对熊艰的死因,楚中大臣们心里明镜似的,之所以他的死和熊恽接替楚王没在楚国引起骚动,一是文夫人威望高,二是小熊艰不得人心;人们巴不得聪颖过人的老二熊恽当楚王,都觉得文夫人慧眼识人,楚国壮大有望,心里都喜之不及哩。

熊恽当楚王的当天晚上，文夫人去楚宫和熊恽作了一次长谈，沿着竹廊行进时，忽然间，传来一阵悦耳的琴声，琴韵悠扬，铮铮琮琮，清澈宛转。那是小熊恽的琴声，她嘴角微动，收回视线，对着那宫内，高兴地击掌。文夫人觉得让熊恽当楚王无比正确。

文夫人：我儿从今天开始就是楚王，你认为你凭什么能当上楚王？

熊恽：凭哥哥的心术不正和母亲的大力帮扶，及满朝文武的顺服。

文夫人：你从熊艰之死中吸取什么教训？

熊恽：当楚王得靠自己，就是尊重母亲也靠不住！

文夫人：恽儿此话何意？

熊恽：母亲念及楚国大义，不会顾及儿女私情的。哥哥就是一例，母亲的作为就告诉儿子，如果我为楚王，却祸害楚国，母亲也会把我除掉！

文夫人：说得好！你会成为青史留名的楚王！

熊恽：我会按母亲的希望去做，做一个杰出的楚王！

文夫人：你是母亲食桃吞光所生，不是凡夫俗子！

熊恽：恽儿记下了！

文夫人：你要为楚人献桃，为楚国增光！

熊恽：恽儿记下了。

一个仅十岁的孩子，和母亲对答如流，琴棋书画无所不能，而且言语十分得体，这让文夫人十分欣慰。从此，她坚信，熊恽必是楚国一代英主，她更加注意辅佐成王了。

楚成王小小的年纪，可登位做的两件事就看出他的大气魄：第一，为了楚国稳定，他决定停止向北方扩张，以防北方中原诸侯讨伐楚国。第二，向周朝进贡称臣，承认周朝中央政府权威。

楚成王的举措收到立竿见影的效果，楚成王的进贡称臣，让周王室非常满意，说“蛮夷知礼也”！欢迎楚国加入周朝，成为诸侯国的一员，并正式加封熊恽为楚成王，叫楚成王“镇尔南方夷越之乱，无侵中国。”实际上，周王室已把镇守南方的大权交给了楚国，交给了楚成王。也就是从这时候开始，楚国国王才得到了中央政权的正式认可，国君称王才合理合法。

周朝一表态，承认了楚国，中原各诸侯国也都纷纷效仿，承认楚国的贺表像雪片一样飞向郢城，当中原诸侯国国君们得知楚成王年仅 10 岁时，无不刮目相看。

周朝不仅承认了楚国，而且加封楚成王，各诸侯国纷纷发来的贺表，让千里楚国沸腾起来了，楚人奔走相告，群情振奋，人们见面都说两句话：“文夫人好，文夫人的儿子成王更好！”

时值王叔子元(文王的弟弟熊元)控制宫廷。儿子登位的举措震动朝野、威及四方，当然叫文夫人高兴，她和令尹子元商量，决定在楚国大庆，庆祝熊恽正式登位楚成王。令尹子元，早就对文夫人垂涎三尺，他虽然没有文王的心胸和霸气，却以比文王更狂妄的姿态去撩拨息妫。他满口附和，是想借机向文夫人套近乎，进而成就鱼水交欢的好事，当然他的行为还不敢太放肆，一是老令尹斗伯比，虽不理事，威望犹存，子元怕他、寒他。另外，他也惧怕成王，虽然年少，但颇有心机，他怕露骨地向文夫人示好引起成王反感，那就大事不妙了。

年轻守寡的文夫人正值盛年，当然耐不住空守楚宫的寂寞，她压抑着性欲，抵制着子元的诱惑；对于子元的暗送秋波，她早已心领神会，这时的息妫若顺从王叔，亦不叫人意外。然而她没有。她看不起子元的为人，作为一国令尹，他不尚武，文又一般，要不是斗伯比年迈退休，怎么样也轮不上他当令尹。文夫人应有的礼数克制，子元便以为文夫人春心浮动，有机可乘。

子元没完全明白文夫人的心思，他想：她之所以不主动，是瞧不起我没有哥哥文王那般有能耐啊。他决定做一两件“惊天动地”的大事威慑文夫人，让她最终放下国母的架子，投向自己怀抱。

在楚成王15岁那年，斗伯比死了，楚国军队大权就落到令尹子元手上了，为表示自己驾驭楚军的能力和讨好文夫人，他率领六百乘战军讨伐郑国，他倾楚国全部人马征讨一个小小的郑国，就是想一口气把郑国吞掉。

子元的部队到了郑国，他却没有胆量和郑国开战，他从来没带过兵，打仗心里没底。光有讨好文夫人的冲动是不行的，他也知道不能把楚国的军人命当儿戏，围了一天，没有动作。第二天，他听到郑国求救的鲁军和宋军相继赶来援救郑国，便连夜拔营溜回了楚国。他虽自称大胜郑军，可楚国上下都知道是怎么回事，楚成王心里更加清楚，只是顾及到子元是叔父辈忍而不发，文夫人更感到子元给楚国丢人现眼，连说话都不正眼看他。

子元感到情况不对，为挽回文夫人的好感，他索性公然住进了后宫，好就近天天给嫂子文夫人唱情歌，写情诗，百般挑逗，大献殷勤。

一天傍晚，回廊一侧出现两名小丫头，端着早已备好的晚膳，莲步轻盈，缓缓步来。当又一桌丰盛的佳肴出现在文夫人的眼前，她的表情微僵，似乎和他在一起，不是吃，便是喝，就是鼓瑟吹笙，天天是欢乐嘉年华。昨日那壶让她像废人一般的血红樱桃酒，她可是记忆犹新。

弟弟住进嫂子的后宫，无异于乱伦，楚国大夫斗廉实在看不过眼，找他质问：“令尹大人，你不能住在后宫，赶快搬出去，你这是乱伦胡为！”

一个大夫敢用这样的口气和令尹说话，这是子元没想到的，他大声说："我进后宫，连大王都没说不好，你算什么，敢对我挑鼻子瞪眼睛，你是不是吃错了药！"他一气之下，把大夫斗廉关了起来，此事震动楚国上下。

只到这时，楚成王才找到母亲，把事情到了不解决就会搅动朝纲的危险告诉了她。文夫人知道不由她出面，子元的胡搅蛮缠还会继续，朝廷就一日不得安宁，她只对儿子说了一句话："这件事大王就交给为娘处理，我办了他！"

从此文夫人的眼泪，只需为儿子流淌了。息妫隐没于硝烟之后，成为楚宫里一缕先王的余音；而她的儿子，从此走上强盛楚国的路。

楚成王笑了，他没多说一句话，转身离开了母后。他心里明白，母亲说"办了他"的含义，有这一句话就够了，子元就会消失，用不着他出面，更不要他动手。他知道，落个杀叔父的名声总归是不好，他不想背世人的骂名，他其实暗地里记恨着叔父，竟敢当着他的面用言语调戏他母亲，就凭这一点，子元就大逆不道，罪重九重，成王一直考虑如何向叔父下手，一时苦于不得其法；这下好了，由母亲出面办了叔父，他就省事多了。成王此时还只是不足十七岁的少年，可他的心机却十分老成，不露声色的外表下，总是不停地思索问题，大夫斗廉就曾对文夫人说过："少大王少年老成，大事可图楚国有望。"

文夫人越是觉得自己的儿子成王能成大器，她忽然想开了，心宛若受过洗涤一般，似在那冰寒的水域之间，宛如一朵婀娜柔美的出水芙蓉，一片清冷之下，流露出来的一丝暖意，让人的整个灵魂为之吸引。此时，文夫人皱了皱眉头，咬了咬唇，她已不能容忍子元在宫中胡作非为，以干扰儿子的朝政，她已痛下定决心除掉子元。

一天夜里，文夫人把斗伯比的儿子斗谷于菟叫进后宫。自熊家成为国君以来，他们斗家就掌军权，不管楚王如何更迭，斗家始终抓住军权不放，这在楚国人人皆知，世代形成了惯例。文夫人找斗谷于菟还有第二个原因，她要除掉的人是王叔，非同小可，搞不好会翻船，会危及儿子的王位。因此经办此事的人必须有威望，对成王绝对忠诚，能令行禁止，万无一失；不动则已，动则必成！而能做到这些，斗谷于菟是不二人选。

斗伯比对楚武王、楚文王两代国君的忠诚那是毋庸置疑，而斗谷于菟又是斗伯比最疼爱的儿子，临退休，把指挥楚军的大权交给了他，他最让文夫人器重的一点是，他酷像其父的为人，对年少的成王尊敬有加，虽然他比成王大十五岁，言行举止中没有显示出一点傲慢。自文夫人成了楚王妃后，她常听文王讲过斗谷于菟的传奇出生，如果说文夫人是梦呓寿桃，含光而孕，生了成王，已够传奇的；可没料到斗谷于菟是被虎喂大的，更叫人不可思议。所以，文夫人对斗谷于菟从来都是高看一等，更何况此人文武全才，是拿下子元的最佳人选。

斗谷于菟大不了文夫人几岁，夜里进后宫见先王妃子，难免有些紧张；当文夫人把叫他连夜进宫的任务告诉他时，他反而坦然了，对文夫人拿下子元的原因，他也心领神会：子元驻扎后宫，就是意图谋反，调戏国母，就是想奸淫王妃；二罪任其一项就是死罪，罪当该斩。

斗谷于菟平日对子元并无成见，只是觉得他胸无大才，占着茅坑不拉屎，可惜了令尹的职位。当然，他也听到了宫内外有关子元调戏文夫人的传阅，心中也替小成王不平。所以，当文夫人说出子元谋反必欲除之的话后，斗谷于菟没有半点犹豫，表示坚决执行王太后的指示。

第二天夜里，他只带了几个亲随悄悄闯进后宫，面对还在睡梦中的子元就是一刀，子元也真是冤，至死也不知是怎么死的；文夫人没追到手，小命却西去了。有贼心没贼胆的，终会被贼心所害。

春秋战国时期的人名起得都比较怪，字眼陌生，还叫得挺拗口，尤以斗谷于菟为甚，他是斗伯比的儿子，姓斗属自然，但为什么叫谷于菟呢！

在当时的楚国，楚人叫喂奶为吐，叫老虎为于菟，他这名字的意思是老虎喂奶喂大的孩子，斗谷于菟真是老虎喂大的？斗伯比的老婆干什么去了？这夫妻俩忍心把儿子扔进虎堆里？

风流潇洒的青年才俊斗伯比在父亲死后，随母亲到舅舅当国君的郧国暂住，和表妹（郧国国君之女）暗生恋曲，日子一久，就欲火纵焚，不能控制。当斗伯比母子离开郧国回楚国前夜，斗伯比终于和表妹产生了一夜情。第二天，斗伯比拍了屁股走人。可表妹的肚子却一天天大起来，这可急坏了她的母亲——郧国国君夫人，未婚先孕在当时也是不光彩的事情，老夫人只得让女儿藏于乡野，在人不知鬼不觉的地方生下孩子弄死了事。十二月怀胎，女儿肚里的孩子延长了两个月才生下来，老夫人一听说女儿生的是个儿子，不忍心加害无辜的小生命，便让人精心包裹，弃于野外，指望路过的好人心捡回去收养。

丢弃孩子的当天傍晚，喜欢打猎的郧国国君一回宫就对夫人说，今天遇到了一件怪事、奇事。夫人正为失去外孙而伤感，不经意地问了一句："何事让夫君如此惊讶？"国君说，他下午打猎，看见一只老虎，正欲射杀，忽见老虎正在给一个婴儿喂奶，原来是只母虎，母虎给人的孩子喂奶，这孩子命大不大？国君一时善心大发，收起弓箭退出猎场，让那只母虎放心喂奶。

夫人一听，知道母虎奶的那个孩子必是外孙，便放声大哭，并把女儿怀孕生子的前后经过说给了国君听。郧君听后，二话没说，立即带领卫队奔赴猎场，只见那只母虎还在护卫婴儿，不曾离去；看见郧君带人赶来，这才恋恋不舍地离开婴儿，向森林深处走去。

郧君抱着外孙，喜之不禁，他认定这个孩子必是大富大贵之人，女儿能生此人，也必是位及贵人，当即让斗伯比赶来郧国和女儿完婚。郧国和楚国的老百姓都知道斗谷于菟的故事，可却没人故意提及，反而津津乐道斗谷于菟是老虎喂大的，长大成人必是英雄楚国的栋梁之材，久而久之，楚国有一句夸人的话："你是虎娘养的！真英雄啊！"同时也流传下来一句骂人的话："你是狗娘养的，不是什么好东西！"

由于斗谷于菟有这样一段传奇经历，所以他成了"拿下子元"的首选之人。

楚成王在子元被杀的第二天，就在朝堂上宣布：子元谋反，已被斗谷于菟诛杀。文武百官鸦雀无声，尽管大家知道子元谋反是假，想奸淫国母是真；但此时，谁也不愿为子元叫屈，只要看看全副戎装、手按利剑的斗谷于菟，谁还会不知趣的开口呢。

文夫人协助儿子成王和斗谷于菟击杀了子元，楚国内乱遂告终结。子元死了，谁来接班当令尹？其实成王心中早有人选，但他还是先退朝征求母亲的意见。拿下子元后，文夫人也一直在为谁能当楚国令尹费心，这个位置太重要了。由于前任相国子元不理国政，一味吃喝玩乐，楚国奢靡之风盛行，至使民怨沸腾，已造成国家库府枯竭的状况。

正因为如此，文夫人一直不能下定决心确定人选，现在见儿子问自己，于是便试探地说："大王以为斗廉如何？他对大王忠诚，为人大义精明。"

楚成王慢慢说："我征求过斗廉大夫的意见。"

文夫人急着问："斗大夫怎么说？"

"他说他文不能安邦，武不能定国，非大王所盼之才。"

"他贵在自知啊！"

文夫人又问："大夫笋子如何！他是你父王的重臣，可堪重任！"

"他说老朽权当充数可以，当令尹缺才！"

文夫人听成王的口气，知儿子心中已有令尹人选，便问："大王心中已有人了？"

"母后觉得斗谷于菟如何？"楚成王这才说出心中的底牌。在他心里，斗谷于菟是治国安邦之雄才，有文韬武略之奇谋，令尹人选，非他莫属。

"我怎么把他忘了？"文夫人在心里叫，可口里却说："大王可否说出缘由？"文夫人这随口的一句话，实际是在考察儿子会不会识人，用人！在文夫人眼里，儿子才刚过十七岁啊！

"斗谷于菟是楚国上将军，力大无比，众皆莫敌！说他武可定国，母后不会有异议！”

“斗谷于菟万夫莫敌！真将军！真英雄！”文夫人赞不绝口。

“至于文，他也不比斗廉大夫差，他自幼就有老令尹斗伯比真传，博览群书，尤其刻苦；老令尹每晚规定他读书在两根蜡烛燃尽后方可就寝，他就天天坚持。一年冬天夜里，他实在困得熬不下了，他就到天井打了一盆刺骨的冷水，把双足泡进冷水里，继续提神看书。母后，您说这样的人若能帮儿理国，当是俊杰人才呀！”

“看来，大王对斗将军了解得很细呀！”

“儿要用他，必先了解他！这样儿才能驾驭他！”

“能驾驭虎娘养的人，非成王莫属！”文夫人的笑意更浓。

“母后同意斗谷于菟当令尹？”

“大王真长大了，目光神准！”

有了母亲认可，楚成王对斗谷于菟任职更加放心。第二天在朝堂便公布了任命斗谷于菟为楚国令尹，兼任上将军。此令一出，文武百官一片哗然：按资历，斗谷于菟比同朝中老臣低许多；论功劳，他比他父亲斗伯比差多了，再怎么样，楚国令尹也轮不到他。

大殿上，楚成王目光锐利地望着大臣们；他拧紧了双眉，在焦灼地等待着。看见大臣们议论纷纷，又看看斗谷于菟神态自若，不动声色，不禁在心中叫道：“好一个喜怒不形于色的老虎！”

大臣尽管议论声不绝于耳，但却无人出班奏本反对。可不少人不服气，成王倒是一眼能看出来了，心中却生起一种莫名的痛，便激动地站起身，慢慢走下王位，走到斗谷于菟的跟前，颤着唇，难掩眸中迅速闪过的一丝怒意，从斗谷于菟腰中抽出佩剑，用力向王座案头一角砍去，一角瞬间砍落，厉声说：“反斗令尹，与案角同落！”

大臣们吓呆了，愣愣地站着，半天也说不出话来，朝堂中立即寂静无声。

散朝之后，楚成王单独宴请斗谷于菟，国君独请一人赴宴，这在楚国是很破格的事，酒过三巡，成王问：

“斗将军，你知道本王为什么选你为令尹？”

斗谷于菟淡淡一笑：“大王是不是英雄相惜？”

“知我者，斗令尹也！”略停，楚成王问：“在朝堂上你面对朝臣的窃窃议论，面不改色，是否已胸有成竹？”

“因为，楚国令尹非斗谷于菟莫属！”

“为何？令尹很自信？”

“斗谷于菟文能安邦，武可定国！”

“这也是本王看中你的地方！老令尹斗伯比辅佐过本王的爹爹及父王，本王也希望少令尹也能辅佐楚国尽快强盛起来！”

“斗谷于菟当呕心沥血，万死不辞！”斗谷于菟心里一热。情绪有些激动，一时间所有话语梗在喉间，无法全数吐出。

“令尹准备从何做起？”

“大王心中对楚国之情如何看？”

“本王正要听令尹指教。”

“我觉得在楚国大力扩展疆域的时候，国内却存在着一弱一散一懒的毛病，三痼疾不除，楚国终难强大。”

“本王愿听令尹详言。”楚成王是一副毕恭毕敬的神态，这神态让斗谷于菟很舒心，能放开讲。

“这一弱是民富国穷。臣强君弱，楚国疆土的扩大，富了楚民，强了大臣势力，而削弱了中央集权。”

“令尹认为如何解决此弱？”

“楚王发布命令，命楚国所有贵族将个人的一半土地拿出来献给国家，这样土地集于中央；中央富了，大王也富了。”

“贵族们肯干吗？”楚成王的口气明显地信心不足。

“非有贵族带头不可！而且此人必是扼腕人物！”

“此人难找啊！”楚成王叹息。

“我！楚国当朝令尹，首先捐出一半土地及一半家产！谁敢不效！”国家之祸，都是因为君弱臣强所致。斗谷于菟决心以身示范。

“令尹这手真绝！贵族们谁敢不随？”楚成王以斗谷于菟为令尹，自己亦日渐成长。

“这一散就是朝中大臣及楚国各地官员办事松散，官兵也松散，这样就大大减低了各级部门的工作效率。要想根本改变这一现状，必须从朝中百官抓起！”

“如何抓？朝中百官懒松已成历朝惯习，改起来难。”

“我第一个上朝，监督大臣们，大臣们第一次迟到，警告；第二次迟到罚站罚俸；第三次迟到，减薪；第四次迟到，就没客气讲了，请出朝堂，回家种地！”斗谷於菟可谓既睿智又果敢。楚成王不由更敬佩斗谷于菟了。

“人言是事不过三，令尹是事不过四，宽严相济，好。”

“大臣们虽上朝齐整了，但大脑偷懒，整日无所事事，不动脑筋，人在朝中魂不知在什么地方，这种人绝大部分是贵族及贵族子弟，人们动不了他！”

“本王这次就要从贵族身上下手，能者上，偷懒者滚蛋！”

“如果我不称职，大王拿我下手！”斗谷于菟上任后，便治理整顿，抓纲治国，从自身做起，起到了示范的作用。

“不会！不会！令尹以身垂范，当是人杰！”

“大王，克服软懒散，都是拿贵族开刀；大王要有准备，触动了贵族的切身利益，他们不会逆来顺受的。”

“令尹看到了本王挥剑砍案角的事吧！”大王如潭水般清澈的双眸里，欣慰地笑了笑。他转过身对着他，语调一变，严厉道。

“大王有如此准备，如此胆量，楚国可兴也！”斗谷于菟连干三杯。

这时，文夫人缓缓进来，成王和斗谷于菟慌忙站起，两人都喝得耳赤面红，敞胸露怀，此刻，都慌忙整理衣服。

文夫人视而不见，径自坐下：“大王和令尹谈得很投机呀！”

楚成王只觉得自己的心在燃烧，他极力克制着自己兴奋不已的情绪，立在那一动不动：“儿王和令尹交谈国事，儿王受益匪浅！”

文夫人问：“令尹也这么看？”

“大王天资聪慧，对谷于菟言听计从，谷于菟只有竭尽肝胆，以辅成王！”

文夫人高兴击掌：“好！好！听你们二人之言，楚国有望。”

楚成王心中有说不出的高兴，强忍着要上前拥抱母亲的举动，逼着自己狠下心说：“儿王有一事请示母后。”

一时沉默了，一切都静了，只有宫殿院子里满地的残枝柳叶随风飘落在窗户之上，随着四周来回荡漾。

“刚才还敢想敢干的楚王，怎么又变得谨慎了！”文夫人的嘴角始终噙着一抹似有似无的笑意。

“我父王的叔王一辈全部以子字起名，是吗？母后。”

“不错！大王问此话何意？”文夫人抬起眼眸，余光在见着那两排高高挂着的大红灯笼时，她掠过了一抹淡笑。

“儿王想给斗令尹也起个叔王辈的名字，这样才能和他的身份作用相符！”

文夫人笑着点头：“不知大王要给斗令尹取何名？”

“叔王叫子元，斗令尹就封为子文吧！”

“那斗令尹就是大王的亚父！”

“儿王就是这个意思！”

文夫人击掌道：“正该如此！斗令尹还不快谢大王恩典！”

斗谷于菟慌忙跪倒：“斗谷于菟经受不起。”他热泪纵横，泣不成声。

文夫人看他俩相跪相拥的场面,情不自禁双目晶莹。

斗谷于菟上任后采用的重大举措,成就了楚君成王的贤明,让楚国一步一个台阶,渐渐兴盛起来。

文夫人握着手中的杯子,笑望着斗谷于菟,眼底尽现喜悦之情;她不禁给自己倒了一杯,一饮而尽。

第三章　斗智斗勇　齐楚争雄

经过楚成王君臣几十年的励精图治，楚国已成为千乘之国；而北方的齐国，齐桓公通过重用管仲，推行改革，国力日增，进而以“尊王攘夷”相号召，慑服各诸侯国，成为霸主。楚成王不服，发兵攻郑，齐桓公还以颜色，让管仲率军攻打楚之盟国蔡国。齐楚两国，厉兵秣马，大战一触即发。双方斗智斗勇，终以合议收场。然而，列国争雄局面，已悄然拉开。

丹阳城内最繁华的市集街道上，人潮熙来攘往，商贩的叫卖声高亢激昂，一副和谐安定的景象。日子匆匆一晃，不觉又过了几年。

这天，楚国令尹子文（斗谷于菟）出了大堂，便往宫殿奔去。园内深处，清新的气息让子文舒服了些许，眼前的樱花树姿洒脱开展，满树的淡红粉白，竟是娇嫩的感觉；子文感到最美的是花香飘溢，心情随着花瓣一起飞扬。

这些年，子文不负众望、施展才能，尽心尽力辅佐楚成王，他主张加强中央集权，削弱楚国贵族的势力，因此，极大地提高了楚成王的权威；他努力提高各级政权的工作效率，使楚国的各级官僚克服消极怠工、无所事事、办事拖沓的作风；他大抓农业建设，兴修水利，连续几年夺取了农业大丰收。他积极支持楚成王一门心思搞经济建设，一心一意图楚国发展，连续十五年没对外用兵。安养生息的政策，终于使楚国走上了民富国强的道路。

与楚国强盛的同时，北边暗藏玄机的周朝诸侯国齐国已成了北方各诸侯国的霸主。周武王消灭商纣之后，把建立了赫赫功勋的姜太公姜子牙封在了齐地（即今山东大部）。齐地原本富饶，再上姜太公实施了正确的管理，农业丰产，国力日渐强大，姜太公的后人，仗着太公的盛名，四处用兵，八方征战，致使齐鲁大地的各诸侯国闻之胆寒。

齐国历代国君，仗着周天子的势力和对齐国的娇宠，肆无忌惮地侵犯其他较小的诸侯国，在中原大地挑起了一场场战争，致使各小诸侯国谈起齐国，无不闻之色变。到齐桓王当齐国国君时，他重用大政治家、大军事家、大经济学家管仲，在齐国上下进行了深层次的改革，使齐国的面貌焕然一新，国力和军力在中原各诸侯国中首屈一指。齐国成了中原诸侯国中的龙头老大，也成了当时诸侯国中政治思想最为活跃的国家。

在周朝天子的支持下，齐国在北方中原地区，召开了晋、卫、宋、鲁等八个诸侯国会议，为抵御北方匈奴的进攻和防范南边蛮子可能的进犯，中原诸侯国结成联盟，这个盟主（霸主）的位置自然是齐国的；尽管中原诸侯国面和心不和，各自都心怀鬼胎，但他们都源于周室，又全部沾亲带故，联姻现象严重。所以，尽管对周天子偏重齐国有所不满，但大家在对付南北双方威胁方面的利益是一致的，故而在周天子同意齐国当中原联盟霸主时，大家也都随声附和。再说，中原的这些诸侯国的实力远逊于齐国，不点头行吗？各诸侯国的国君都在齐地和齐桓王议事，看起来都是谈笑风生，内地里却暗藏杀机；面对着自己的安全，各诸侯国的国君们谁都不会提反对意见，更何况，中原联盟只是个形式，“盟主”也不过是个荣誉称号，说穿了，也就是个摆设。不通过周天子，齐国即使是盟主，对其他诸侯国也没发号施令的权利；各中原诸侯国国君回到国内，想怎么干就怎么干，谁也管不着，周天子管不着，齐国这个“盟主”更管不着；与其在会上翻脸不同意、遭致被齐桓公扣押，倒不如送个流水人情，你好我好大家好。可他们没料到的是，齐桓公重用的管仲不是一般的人物，他的智慧硬是可以促使齐桓公借用周天子的名义，调动中原诸侯国的军力，组成联合国军，以“尊王攘夷”相号召，对凡是齐桓公看不顺眼的诸侯国发动战争，挑起一次次谈不上正义的战争烽火。

有人说汉室的曹操是“挟天子以令诸侯”的祖师爷，这真是天大的冤枉！其实挟周朝天子以令中原诸侯的开山鼻祖是齐国管仲，他尊重齐桓公，却把周天子玩弄于股掌之中，每次都是把周天子的名义用到了极致。

经周朝代表举荐，八国诸侯一致推举齐桓公做了北方联盟霸主，这让齐桓公心花怒放。他不是盲目乐观，也不是真傻，他也明知“霸主”是个“摆设”，但有没有这个“摆设”齐桓公就是认为大不相同，他完全相信自己的“仲父”（义父）管仲有办法、有能力让这个“摆设”变为向各诸侯发号施令的实权人物，以后的实践证明，管仲确实做到了这一点。

有人说，春秋战国时期是改革家辈出的时期，也有人说春秋最先的改革是秦朝的商鞅，楚国的吴起——不！真正在春秋竖起改革大旗的是管仲，而在他之前，楚国的斗谷于菟摇旗呐喊了一阵，虽没大的阵势，但也成气候，收到了成效。

齐桓公凌驾中原各诸侯国称霸的消息传到楚国郢城，楚成王不乐意，甚至有点冒火了！已到盛年的他，经过和“亚父”子文的励精图治、艰苦奋斗，已使楚国国力空前强大，论军队战斗力，楚国有战车一千三百乘，而齐国只有八百乘；

谈兵员，齐国只有六万人，而楚国却有十万之众；讲国土，楚国更不知大齐国多少倍，让楚成王不服气的是，齐桓公没和他楚成王较量就敢称“霸主”，似乎太自不量力，太狂妄了吧？

此时的楚成王雄心勃勃，正欲大展宏图，对周边的小国，他已看不上眼，早就想跟中原诸侯国较劲，经过十五年的埋头苦干，今日之楚国已雄劲有力，现在好了，齐国伸了头，成王想杀鸡给猴看，刹刹中原那些王亲国戚们的威风，就拿齐国开刀！他心里狠狠地说：“别以为我埋头了十五年，就不是华南虎了？哈哈，那你们这些中原贵族就错了！”

想打齐国，那是大事。楚成王找来亚父子文商量，纯黑的眼眸中暗彩翩然，闪着一丝让人无法捉摸的光泽。他有一种称霸天下的心理，如同初春时节，隐藏在地表之下的草根一样，在他的内心深处，开始潜滋暗长。

人心不知足，做了皇帝想外国。人对于权力的欲望是无止境的。楚成王准备开疆拓土，扩大版图，欲讨伐郑国。他憋足了劲，开口就说：“亚父，我要杀盟主！”

“大王杀谁？”子文愕然，丈二金刚摸不到头顶：“谁是盟主？”

楚成王轻轻一笑，流转的眼波中闪过一丝狡黠的光晕，只听他道：“齐桓公！那小子现在是中原诸侯联盟的盟主！在我面前称霸，想都别想！”

不知何时，楚成王举起了手中白玉酒盅，子文也跟着举起了杯中酒。子文总算听明白了，他微微挑了挑眉，之前百思不得其解，竟在一时间豁然开朗：“大王是说打齐国？”

“能不能打？就听亚父一句话！”

“能打！”子文的口气似乎不坚决。

“太好了！”楚成王挤出了一丝笑容，凝视着碗中堆满的美味佳肴，长呼了一口气。

“但不能马上打！”

楚成王头上浇了一瓢凉水：“亚父，为什么不能打？”

“十五年不用兵，不宜打大仗，应先练练兵。”子文读书明理，庄重沉静，修身治国十分谨慎。

“找谁练？”

“找郑国。郑国离齐国远，靠楚国近，就找它练！同时我们也可看看齐国和中原联盟对此事的反应。”

“听亚父的口气，对赢齐桓公没有把握？”

“在微臣回答大王的问话之前，先请大王回答老臣一个问题。”

“亚父请讲。”

“大王和齐桓公相比如何？臣与管仲相较又如何？”无论什么时候，理由都很重要——无论是正义之战，还是非法入侵。然而，齐桓公太强大，也太狡猾，子文不得不慎重。

“呃……这个，齐桓公老谋深算，常年征战，本王在战场历练不如他！但本王年轻气盛，宏志满胸，在气势上胜他一筹，更别说国力和军力强过齐国……至于亚父与管仲相比，那是各有千秋。管仲在谋，亚父在勇，二者不可匹敌！”楚成王没想到子文会提这个问题，所以答得不流畅。

“大王贵有自知之明，自身优势看得十分清楚，老臣欣慰，但老臣不如管仲，齐人称管仲为‘圣人’，他在齐国的所作所为，证明齐人对他并没叫错，如大王真要和齐国开战，老臣定当以死报国，别无他顾！”

他们两个人，如日中天，不仅权倾满朝，而且扬名他国，成为闻名遐迩的政治明星。这两个人，之所以在未来的楚国，备受国君青睐，飞黄腾达，尽享荣华富贵，不仅仅是因为他们才华出众，更为能力卓著。而子文，则是在乱世，坚定地选择站在了楚成王的一边。

“亚父何出此言？不吉利！”

“南北双雄终有一战，早打比迟打好，老臣还可为大王效力，若臣不在了，大王就少了一只胳膊，所以，只要大王现在想打齐国，老臣定当披挂上阵，以死报大王知遇之恩。”

“亚父的意思有求稳之意？”

“所以，先找郑国练练兵，郑国战斗力不弱，灭了郑国，可大长楚军志气，再与齐国决一高下！”

“亚父的步骤甚好，本王刚才说与齐军决战，也是气头上的话，他凭什么称霸？可冷静想想，还真没获胜的把握。”

“常年不征战，楚人是该练练兵了！再不打仗，老臣可能就没有用武之地了。”

“亚父，你看何人领兵去打郑国？”

“大夫兼领上将军斗廉可往！”

在所有诸侯国中，郑国受封最晚，但经过郑桓公，郑武公二代的治理后，就一跃成为中原地区面积最广、实力最强的诸侯国，成为后起居上的诸侯国。

“亚父看斗廉领战车多少前往？”

“郑国有战车一百五十乘，为打则必胜计，斗廉可领战车四百乘！”

“足矣！”

君臣的这一番对话，拉开了南北双雄战争的序幕，也激发了齐桓公与楚成王，管仲与子文之间的生死对决，这两对死对头，谁优谁劣，楚齐之间的第一次南北决斗便会见分晓。

接下来，一场暗藏杀机的大戏正式开场。

几日后，斗廉带领四百乘战车压向郑国，斗廉身先士卒，楚军人人争先，十五年没打仗的劲都憋在楚军身上，一旦把能量爆发出来，那战斗力是惊人的。楚军的战况按子文的预计顺利进行，楚军冲入郑国如入无人之境，快到郑国都城，郑国才派出大将聘们出来死拼，但他不是斗廉对手，没几个回合，便被斗廉生擒。

郑国国君一面命令死守国都，一面派人去向北方联盟的盟主齐桓公求救。

齐桓公接到郑国国君求援信，便忙找来仲父管仲商议对策。

"仲父，楚人打郑国，明摆着是冲我们来的嘛，怎么办？"

"救郑国！"管仲毫无犹豫地说。

"以前江国、黄国受楚侵犯向齐求救，仲父都没同意，这次仲父怎么就同意了。"

"以前，楚人侵犯江、黄二国，不以齐为目标，这次不同了，我正想找机会动动楚人呢，他们却自己找上门来了！"管仲说得沉稳有力。

"亚父，咱们怎么救！郑国火烧眉毛哟！"

"咱们不救郑国！"管仲突然变了主意。

齐桓公一愣："仲父刚才不是说救郑国么？怎么……"

"咱们直接打楚国！"

"对！对！齐国打楚国，他们肯定会从郑国撤军，这就等于给郑国解围！好！"

"咱们先不打楚国！"管仲说得郑重其事，不像戏言。

齐桓公一惊，似乎自己的听觉出了问题，刚才管仲还说打楚国，现在立马就变了主意，齐桓公怀疑他上了年纪，是不是思维错乱，脑袋有点痴呆！"仲父，怎么又不打楚国了？"

"咱们打蔡国！"管仲说的一本正经。

天啊！东一句西一句，让齐桓公听得是云天雾地，不得要领。齐桓公伤心啊，在关键时候，仲父痴呆了，这可怎么办！

"亚父，齐国究竟打谁？寡人听糊涂了！"

"这回肯定打蔡国！打蔡国就是打楚国，对！就是打蔡国！"

"打蔡国？为什么？远水救不了近火，这……"齐桓公的思维全被搞乱了，他哭笑不得地望着管仲，怎么看，他都像说胡话。

"蔡国离楚国近,借一步就到楚国了,这不是打蔡国就等于打楚国吗?"

"可郑国……"

"我们用北方联盟的名义,号召中原诸侯国都出兵攻蔡国,实际目标是占了蔡国灭楚国,近啊!而我们攻蔡国的理由主公比我更清楚,楚人对我攻蔡是不会提防的,等齐国联军攻下蔡国突然越过边界向楚进军,楚必然会从郑国撤军,那郑国就脱险了,楚国就危险了!"

"哎呀,仲父,你绕了这么大的一个圈子,寡人听得真累。"齐桓公的脸上依旧保持着微笑。

"主公,其实我讲的只一个意思,灭蔡国打楚国,救郑国!"

"寡人终于听明白了,打蔡国的理由齐国是充足的。"

"夺妻之恨岂能轻饶?"轻易不爱发火的管仲口气也冲起来了。

"想起那个忘不掉的蔡姬,寡人就想杀了蔡侯,他那种缺德事也做得出!"

"所以,这次趁机把他灭了!"管仲说得斩钉截铁。

齐桓公说的那个女人蔡姬,是他众多夫人中的一位,而且还是蔡侯的妹妹,长得颇有几分姿色,蔡侯看齐国势力如日中天,有心巴结齐桓公,便撮合把妹妹嫁给他为妻,齐桓公开始还很宠爱这个比他小许多的女人,但由于蔡姬平日骄纵惯了,进齐国前性子就很野,还经常搞些恶作剧,常常让人啼笑皆非。于是齐桓公和她亲热一段时日后,就疏远了她。日时一久,齐桓公竟有些讨厌她了;最后闹翻那次,是蔡姬不知天高地厚,公开顶撞齐桓公,惹得齐桓公肝火大动,一气之下,他把蔡姬赶回了蔡国。反正他后宫佳丽三千人,不愁没备用的。当时齐桓公只是"赶"走了蔡姬,而并没有"休"掉她或和她离婚的打算;他甚至还想,过了一段时间便把这个"野王妃"接回齐国,他有时还特别欣赏"野"味。

蔡侯穆公一看妹妹从齐国哭哭啼啼回来了,不能不问明原因,当得知妹妹是被齐桓公赶回来时,不由得大骂齐桓公"无道、无形",他说齐桓公"打狗也要看主人,瞧不起我妹妹就是瞧不起本侯!"他安慰妹妹决不让她当活寡妇,齐桓公既然不要她,他会给她找个更好的。

蔡侯也确实有办法,不知要了什么花招,哄得楚成王娶了他妹妹这个"二锅头"。其实楚成王看中蔡姬的另一个原因,也是听传闻说她"野味十足",楚成王的嫔妃中守规矩的女人太多了,搞得他没有了新鲜感了,所以,他要寻找"野味"刺激,破格的把蔡姬封为第三夫人。实践证明,楚成王娶这个"二锅头"是要对了,她不但性子野,在床上也"野",每每能让楚成王骨头酥松,心旷神怡。

再说这齐桓公日子久了,气也消了,火头过了,想起了蔡姬的诸多好处,便派人去蔡国接回蔡姬,去接的人空手而归,并对齐桓公说"蔡姬已是楚姬!"

从此，齐桓公和蔡穆公结下私仇，只是他赶蔡姬在前，她改嫁在后，他失礼在先，蔡姬反叛在后；他有苦说不出，火烧乌龟肚里痛，只得强忍这口气，等以后有机会再给蔡侯重重一击，他要让蔡穆公知道齐桓公不是好惹的。

没想到机会说来就真来了，楚国派兵打郑国，齐桓公采纳了管仲的意见。管仲是著名的政治家。他辅佐齐桓公，九合诸侯，一匡天下，成就了齐桓公的霸业。为救郑国、齐国打蔡国，这样齐桓公既报了夺妻之恨，也可把蔡国作为桥头堡，进攻南蛮子对手楚国，因为齐桓公和管仲都认为，齐楚终有一战，现在打，可谓一箭双雕，正是时候。

管仲建议齐桓公行使“盟主”权利，调动周朝中原八个诸侯国的联合部队去攻打蔡国；不是齐国一家，而是八国联军打蔡国，可以麻痹楚国人的警惕，他们会以为这次战争又是周朝王室内的诸侯之争，与楚国无关。

周朝天子很快批复了由管仲起草的中原联合国军进攻蔡国的报告，有了周天子赞同，齐桓公发动八国联军进攻就是天经地义的军事行动。管仲办事效率实在是高，他立即行文给八个盟国，各出一百乘战军在蔡国边境某月某日集结，各国接到齐国以周天子名义下发的作战命令，全部不敢怠慢，立即调动人马，向蔡国方向进发。

几天后，齐桓公让管仲当主帅，领三百乘战车，向蔡国杀来，再加上八个盟国各一百乘战车，中原诸侯讨伐蔡国的战车就有一千一百乘，这在当时，真可谓是个天文数字。

有人说，管仲是聪明一生，糊涂一时。

人们纷纷指责他不应用宦官竖貂当齐国军队先锋，其实管仲也有难言的苦衷：

第一，齐桓王喜欢并重用竖貂；

第二，竖貂孔武有力，武艺高强，主动请战，管仲没有不准之理；

第三，打蔡国，八国联军，一千一百乘战车，就是傻子都能打赢，何况竖貂以前还跟着齐桓公打过仗，建有战功。

竖貂虽然得宠，但不自傲，特别敬重管仲，也就是管仲可以轻易驾驭他，这大概也是管仲让他当先锋的一个原因！听话，招人喜欢，竖貂就是这样一个人。

竖貂率三百乘战车，一万名步兵浩浩荡荡杀向蔡国都城上蔡，入蔡境后，几乎没碰过到蔡军有力抵抗，纵深突破，更如无人之境，竖貂的齐军几乎兵不血刃就到了上蔡，他下令紧逼城门，不许攻城，因为从齐军踏入蔡境后，竖貂就只想占地，不准备攻城，他就是想凭气势把蔡国压垮，让蔡侯投降，为自己不虚先锋之行而大捞一把。

蔡侯见齐军不请自来，而且紧逼上蔡城门，形势十分危险，他除了让士兵紧守四门外，赶快派人向楚国求救，试图要妹夫楚成王拉他兄弟一把。把求援的人派出后，蔡侯才敢上城看看齐军阵势，只见齐军黑压压里三层外三层把上蔡围了个水泄不通，但让他纳闷的是：齐军到了上蔡怎么只围而不攻？这里面有什么鬼？蔡国小，齐军决不是来游山玩水的！可若说齐国是真打吧，依齐军的兵力，只要一个冲锋，上蔡就会陷落，可齐军为什么不冲？蔡侯是越想越有鬼，百思不得其解地回到了后宫。

先放下蔡侯在后宫忧闷不乐、心急如焚不说，只讲蔡侯派去向楚国求援的人见到了楚成王。对于齐国向蔡国进攻的情报楚成王和子文早就知道，潜伏在齐国的楚国细作（奸细）在齐军刚动时，便连夜把情报传到了郢城。

开始，楚成王和子文对这一情报并不重视，正想和齐军交战，他就来了，岂不是更好。不过，让楚成王有些费解的是，你齐国想和楚国开战，直接找楚国好了，打蔡国干什么？人说管仲是天才军事家，看来是空有其名，绕一个圈子打蔡国，像楚国绕一个圈子打郑国一样，都不过是摸对方的底，可你管仲摸楚国的底也不能像楚国那样做啊！

“抄袭！老管抄袭楚国！”楚成王自言自语。

子文匆匆忙忙进宫，一见楚成王就说：“大王，齐桓公终于动手了！”

成王搞不懂：“亚父，他打楚国就直接来呀，干嘛打蔡国？”

“不是他一家打蔡国，八个中原诸侯国的军队随后就到，占了蔡国，跨过边界就是楚国。打蔡国就是打楚国！”子文喘着气，还有点冒汗。

“齐桓公是虚晃一枪？麻痹我们的思想，然后再来个突然袭击，长驱直入？”

“大王英明！一眼看破！”

“亚父，齐楚终有一战，你看我们如何应付？”

“打，没有什么好说的，逼到家门口了，不打行吗？大王赶快让斗廉从郑国撤军，向汉江靠拢，老臣想齐楚必在汉江两岸有场决战。”

“细作说八国联军有战车一千一百乘，而楚国倾全国之兵也只有一千二百乘，还分散在楚国各地，两下兵力对比，我们不强啊！亚父。”

“大王，眼下万不能示弱，紧急调回斗廉的四百乘战车，我再率四百乘战车上阵，也不一定呈弱势，大王知道，八国联军向来是人在一起心不在一起，一国军队垮，各国军队就都垮！”

“那蔡侯的求援呢？不管了？”

“不管他！齐国灭了蔡国，必进楚境与我作战，天时、地利、人和，楚国都占了，我们就能以少胜多，更何况楚军骁勇善战那是闻名于世的，斗廉将军打郑国初显锋芒，就是最好证明！”

“亚父说得有理！只是委屈蔡侯望眼欲穿了！”楚成王一声叹息。

“打败了齐国，再扶蔡侯归位，也算对得起他了！眼下孰轻孰重，大王务必看清楚！”

“本王懂，本王心里有数！”

于是，楚成王好言安抚了蔡国来楚国求援的使者，让他转告蔡侯坚守上蔡，一定不能让蔡国都城沦陷；并表示楚国将马上出兵援救蔡国，只要蔡侯能坚守一个月，楚国的援军就到了，蔡国使者听了楚成王的话真是哭笑不得，蔡国的形势已岌岌可危，可楚成王还要蔡侯坚守一个月，蔡侯能坚守一个月，还会派使者披星戴月赶来楚国求救吗？

“全是屁话！假话！”蔡侯使者骑在马上咬牙切齿骂：“什么‘妹夫国不会见死不救’，全他妈的扯淡！楚成王你生了儿子没屁眼！”

求援使者回到上蔡，齐军并不拦他，让他进了城，他见了蔡侯便把去楚国经过讲了一遍，蔡侯傻眼了，妹夫靠不住啊！这时，他更加暗自庆幸齐军没有攻城，要不然他早作阶下囚了。

求援特使刚出王宫，主管太监慌忙进来向蔡侯报告：“城下齐使求见。”

蔡侯一惊：“齐使来干什么？……快请！”他心里琢磨，齐军围而不攻有名堂，兵临城下来特使更有名堂。所以，他没有片刻犹豫，立即接见齐使，看看来人究竟想说些什么。

齐使是员武将，全副铠甲，金光闪闪，气势不凡：“蔡侯，末将是齐军先锋官竖貂将军的副将墨子汗，奉先锋官专门派遣，特来拜见蔡侯！”

蔡侯忙命人给墨子汗看座，笑容满面地说：“将军亲临上蔡，不知有何见教？”

“末将敢问大王，齐国为何兵发蔡国？”

蔡侯双手一摊，装出一副茫然的样子：“本侯正纳闷呢，齐国为什么不打别的国家，专打蔡国？”

“蔡姬之故忘否？”

“啊……打我是为这个……”

“夺妻之恨，夺妻之耻，焉能不报，何况我家主公还是盟主，这口气可忍不下去！”

“本侯知错了……”

“马上我家主公将挥军直指上蔡，八国联军也将齐聚蔡都，战端一开，蔡国君臣俱焚，蔡国将变成一片瓦砾，我家主公可不会像先锋官那样对上蔡围而不打，而动武的结果蔡侯不知想过没有，那将是一种多么可怕的景象！”

“是啰！你们先锋官的情我心领了，他不攻上蔡是手下留情……”

“我家主公决不会手下留情！他会血洗上蔡！”

“你们不惧楚国来救我？”

“只怕蔡侯是一厢情愿，再说远水也救不了近火呀！让末将说穿吧，蔡侯早已向楚国求援，可楚国的救兵呢，他们坐山看虎斗，等着看蔡侯的笑话哩！”

“那……那依墨将军之见，本侯该怎么办？”蔡侯苦于无计，只得向异国的一个级别低得多的军官征求解困的办法。

按照竖貂事先定下的口径，墨子汗几乎没有思索：“蔡侯投降！蔡国归附齐国！”

“本王正有此意，只是没人向你家主公言明……”

“我家先锋官可为蔡侯代禀！”

“那就替本侯先谢谢竖先锋官了！”

蔡侯忙命人准备了一车金银财宝，由墨子汗押解送到城外齐营，作为正得宠的太监，竖貂并不缺钱，而且可以说富得冒油，什么珍宝没见过，可当他看到墨子汗送进先锋官大帐的这车财宝时，竖貂的血压马上升上去了，心脏跳得那个急啊，连他自己都听到了腹内有锤子敲。

收人钱财，替人消灾，竖貂深懂江湖这个规则，他马上命令墨子汗把蔡侯愿意无条件投降的想法报告了向上蔡疾进的齐桓公，离上蔡只差一天路程的齐桓公听到蔡侯愿意投降，心情十分高兴：

“蔡侯终于识相，仲父，可以接受吧！不费一刀一枪的好事，可干！”

管仲口气没有商量余地：“不能接受蔡侯投降！”

齐桓公一愣：“为何？以前征战，仲父都是乐意别人投降的呀！”

管仲语调不容妥协：“这次对蔡侯是例外！”

“仲父，何故？”齐桓公心想，不战就灭了一个国家的事，管仲都不干，是不是有病啊！

一阵沉默之后，管仲仰首，一双晶莹的眼眸看着齐桓公，扬起笑靥，朗声道：“主公，你不想想，齐国打蔡国的目的是为了偷袭楚国，如果接受了蔡侯投降，齐国就没有理由在蔡国扎驻重兵，八国联军就更没有理由进驻蔡国，这样从蔡国偷袭楚国的目的就会成为泡影；只有蔡国的战争硝烟才能迷糊楚成王和令尹子文的警觉，他们一定以为我们消灭了蔡国就会适可而止，因为他们一定料想，我们是决不敢与他们这个庞然大物对抗的，只要他们放松了戒备，我们从蔡国就近的偷袭才能得手，这个道理虽然有些绕，但确是摆得明明白白的。”

齐桓公不语，凝视着眼前这个智勇双全的才子，陷入了沉思。现在，这幽静的地方，只有他们两人，管仲的眼神，他的言行举止，与之前的那个佯装乖巧的臣子分明就是两个人，真是不简单。管仲的一席话让齐桓公顿时清醒过来。他心里思忖：方才确实是自己过于冲动了一些，若不是仲父及时提醒，本公险些犯下大错！齐桓公转身对墨子汗说："告诉竖貂，本公不接受蔡侯投降，齐军主力和联军一到，替本公把蔡国往死里打！打得蔡国越狼狈，越惨越好！"

得了齐桓公的命令，墨子快马加鞭往先锋大营赶，一五一十把齐桓公的命令传达给竖貂，他一听可急眼了，答应了蔡侯的事眼看就要泡汤，承诺的事不能兑现，有负蔡侯的那一车财宝。竖貂这人还算有良心，他让墨子汗连夜进上蔡，把齐桓公不准蔡侯投降的事，告诉了蔡侯，蔡侯一听，心里全乱了。

他喃喃地说："桓公不准本侯投降，我一家只有死路一条了……"

墨子汗试探地问："没别的办法？"

"打不赢是死，不准投降捉住，还是个死，没法子啰！"

"可以逃呀！活人不能让尿憋死！再说留得蔡侯在，就有复国日，"这是竖貂教墨子汗说的，他实在不忍心蔡侯身首分家；再说，蔡侯逃了，他向竖貂行贿一车财宝的事也就无人知晓了，竖貂坚信墨子汗是铁哥们，不会坏他的事；再说，墨子汗也分了不少财宝，足可堵他的嘴，拿人手软，吃人嘴硬，这天下人都知道。

蔡侯果然听从了墨子汗的建议，连夜带着妻儿逃出了上蔡城。

第二天一清早，蔡国王宫里不见了主子，这消息像风一样的传遍了上蔡，上行下效，蔡侯能逃，公卿大夫们就有机可乘，能躲就能藏。一时间，在蔡国上蔡官衙看不到一个当官的，连守城的门卫也跑得无影无踪了。整个上蔡成了无政府状态，好在蔡国百姓质朴，没有发生抢劫之类的事情，人们打开城门，跪在城外，高喊愿意投降之类的口号。城外的竖貂可犯了愁：进城受降违背了齐桓公的旨意，该斩；可若不进城，城内无人管理，治安出问题，他的罪也不轻。正在竖貂左右为难，拿不定主意之时，齐桓公带领齐军主力来到上蔡城边，看着蔡人让齐军进城，而齐军纷纷后退的场面，他真是啼笑皆非。

管仲是解决难题的老手也是高手，面对城门混乱的局面，他当即宣布了几条安民告示：一、齐军只是路过蔡国，并无他意，蔡人切勿惊恐；二、蔡国各级官员按原职留守，各负其责；三、齐军和即将抵达的联合军队驻上蔡城外，决不扰民。

安民告示一出，蔡人奔走相告，人们情绪慢慢安定了下来，两天后，联合军队同时到达，齐桓公在城外宴请各国国君，商议决定，三天后偷袭楚国，务必打赢对楚首战，国君们和齐桓公憧憬着即将到来的偷袭成功，尽情畅饮，直至天亮方才各回本营。

蔡侯往哪里逃呢？当然只有逃到妹夫当王的楚国安全，楚成王见到蔡侯狼狈不堪的一家人，故作惊讶地说："蔡侯何故如此？"

"大王知道齐国打蔡国了吧？"蔡侯成了丧家犬，问得有气无力。

"本王知道，你来求救，本王正要发兵救你哩，可你……"

"大王没发兵，齐桓公的先锋已兵临城下，本侯实在没有办法，只得请齐军先锋向齐桓公转告，本侯愿意投降，请息干戈。"

"你提得好，你投降了，他就会罢兵，尽管你也会受些割地赔款的损失，但比灭国好，这也是个解困办法。"面对着哀声唉气、一脸愁容的蔡侯，楚成王的口气却轻描淡写。

"人家不同意蔡国投降，非要打……"

"管仲的作派不是这样的啊！他向来强调以德服人，怎么会拒你投降？更何况齐国从姜太公姜子牙开始，就以诚待人，以善处国。齐桓公要不是诚意过人，善良超人，也不会当中原盟主呀！"楚成王真的有点惊讶了，齐国拒绝蔡侯投降是他始料不及的。

"打，我是肯定会死，还会连累家人，只有连夜出逃了……"

楚成王既像自语，又像发问："齐桓公究竟为什么不同意蔡侯投降呢？这不正常呀！"

蔡侯闷声闷气地说："是不正常……有内情。"

屋内，只剩下楚成王、蔡侯与子文三人，静的好似一根针掉在地上也能清晰入耳。一直在旁没吭气的子文问："蔡侯，什么内情？"

"打蔡国是幌子，在蔡国集结重兵就近偷袭楚国才是齐桓公的真实目的。"

子文又问："这个判断是蔡侯自己猜的，还是有可靠情报？"

"齐军的副先锋官亲口对我言。"

楚成王淡淡一笑："齐军一动兵，向蔡国进发，本王就已经猜到了他的矛头对准本王，只是没想到他采取借道蔡国偷袭本王，齐桓公想不到这个点子，准是管仲的主意！"

子文补充："除了管仲，齐国没有第二个能想出这么绝的办法，抄近道，声东击西，手段够毒的。大王，你怎么办？"

楚成王注视着子文，神情冷峻地说："齐桓公有管仲，本王有子文，他俩想做的，亚父早就想到了！本王已调集人马准备应战，又从郑国抽回了斗廉的人马！决定破袭齐军的偷袭，在楚蔡边境给点颜色让桓公瞧瞧！"

“大王，替我报仇啊……”蔡侯双手抱拳，以礼作揖。

“这个……当然。”子文迟疑了一下，语气有些敷衍。气氛有些怪异，若这僵局不由子文来打破，怕是三人要在这屋内大眼瞪小眼至明晨了。

子文安顿了蔡侯去休息，出了屋门，轻轻地将屋门带上，双眼盯着紧握的铜色门扣。一会，又返回楚成王处。楚成王和子文又磋商了一阵对付齐军偷袭的办法。此刻，子文的面部表情缓和下来，望着坐在上面的楚成王，暗暗舒了一口气。子文献计说：

“大王，我们要设法让齐桓公知道楚国已有准备，让他们放弃偷袭！要把我们知道他们偷袭楚国的消息传过去。”子文的话，给了楚成王莫大的动力。而与此同时，楚成王对来势汹汹的八国联军也心存余悸，如果楚军在战斗中不能取胜，那么楚国周围的这些小国，随时都会背楚降齐。小心谨慎的楚成王决定派遣一名特使出使齐军以试探军情。他的嘴角微微上翘，与目光正锁在他身上的子文对望了一眼之后，忧虑地说：“眼下，蔡国已被齐军占领，蔡侯又逃来郢城，无人可传啊！”

“我们自己派人送过去。”子文凝视着眼前俊朗的楚成王。

“此人必须能言善辩，且能随机应变，亚父以为谁能胜任？”

“屈完大夫，他是贵族，又是楚国四大家庭的屈姓家庭，有代表大王讲话的资格，另外，他多次出访齐国，深懂中原礼仪，和齐人打交道会得心应手。”

“屈完大夫确是合适人选。”

“让他在楚军边境等齐军来偷袭的部队，齐桓公一见屈完就知楚国早有防备了，实际上警告了齐人，切勿偷袭，切勿冒进！”

“此计甚好，亚父不逊管仲！”楚成王的脸色在烛光的映照下，有些微微泛红。

“大王，我不如他也！”子文说的是心里话，无论从政治、军事、外交、谋略，他都觉得管仲比自己强许多，正由于有这种心态，所以，他才告诫自己在和管仲斗智斗法方面，一定要小心谨慎、如临深渊、如履薄冰，绝不能行差踏错一步棋。所以有后人说：“尽管斗谷于菟不如管仲的名气，但也只有他，能和管仲一分伯仲、见个高低。”

齐桓公不管楚人叫什么“完”，他是肯定要楚国完蛋的，八国联军在上蔡城外吃饱了，喝足了，也睡够了，便拔营向楚国边境进军。

管仲是主帅，战车后面跟着各国诸侯的高级幕僚，管仲和鲁国的大夫季友谈得来，话很投机，故把他叫到自己的战车上，边聊边走。微风轻送，空气里飘拂飞扬着野蔷薇的芳香。二人达成共识；八国联军分成四路，齐军担任主攻，其他几国分三路辅攻,管仲的要求只有一个:出奇制胜!偷袭制胜!对楚国来个突然袭击!八国联军按管仲分配的偷袭目标疾进,进军速度还真是不慢,而管仲主攻的这一路更是神速,不久就挺进到楚蔡边境。

说话间,两人已驶进城墙大道内,大道穿过围绕王宫的大湖,景色宜人,这条穿湖大道可容十马并进。鲁国大夫季友看见楚国境内一切平静,似毫无察觉齐国和联军进攻动向,他感到情况不对,他觉得齐国和联军上千乘战车压向楚国边境,楚国在蔡国的细作不可能没有察觉,不可能不报告楚廷,可什么楚国边境一切正常,毫无戒备,未必齐军和联军的动作格外保密,让楚军对迫在眉睫的危险不得而知?但自齐军和联军行动以来,季友一直随军行动,他觉得管仲只是强调齐国和联军对楚国的偷袭,并没有刻意重视保密,心中纳闷,季友便对管仲说:“主帅,对面楚国平静让人觉得不正常!”

“季大夫是否多虑了?楚军没动静,正便于我军偷袭,也说明我军神速,而且保密工作做得天衣无缝!”

季友摆摆头:“主帅,齐军和联军不容乐观,这次开战的对手是楚成王和子文,那个老虎喂大的家伙智能兼备,不可小视!”

管仲不以为然地笑笑:“我这次就要见识见识这个斗谷于菟,人间的传说是真是假,一见便知,戳穿了他这个神话,楚成王就不值得多虑了!”

“主帅说得也是,迟见早见,总是要见,还是早见为好。”季友微微点头。

两人正谈话间,只见楚境大道上缓缓驶过来几辆官车,为首的一辆装饰极为豪华,季友一眼就认出了这是鲁国专为各国王公贵族做的官车,楚国闻知,还到鲁国定制了六辆,为楚国及贵族使用。

看见往边界走来的楚车,季友吃惊地说:“主帅,楚国贵族的车为什么出现在蔡楚边境,看他们不紧不慢的样子,好像已有准备。”

管仲也觉得楚车出现在蔡楚边境,绝非偶然,他马上意识到军机泄漏,楚军已经知晓,要不然贵族坐的楚车迎面而来,就无法解释,可是管仲就没想到泄漏齐军和联军机密就是他的先锋官竖貂,以往,管仲在齐国用人精确,没想讨伐楚国的先锋官却用错了人,正可谓,智者千虑,必有一失。

正在管仲思考来者何人时,豪华楚车已驶到边境。清晨过后的太阳,如火似的燃烧了起来!美丽的山地,雨时可以看见那雾色缭绕的苍茫群山,晴时可以看见那悠闲的白云围着群山。车上跳下一大夫模样的官,来人正是屈完,他身躯高大,双眸明亮犀利。

管仲瞥见他的那双大手,便更加确定来人是屈完。但凡习武之人,舞刀弄剑,武艺精熟,定会在手上留下痕迹。若虎口处有厚茧,那便是握刀或矛的结果。

此时，屈完对着管仲的车，看这车的气派，此车必定坐的是管上卿、管主帅！屈完的脑中一直盘旋着朝府上上下下但凡他见过的面孔，他因此断定豪车上坐付的一定是管上卿。管仲身边的竖貂见他打量着管仲，抢先问："你是何人？"

屈完不卑不亢，声音朗朗："本官乃是楚国特使大夫屈完！"

熟知楚国历史和内情的管仲知道屈家是楚国有名贵族，屈完又是楚国知名大夫，他既然是楚国特使，又专门等在蔡楚边境，肯定是冲着齐军行动而来，至此，管仲断定，军机已泄漏，楚军已知情，齐军和联军偷袭绝无可能，既然如此，他只得以礼相待，在车上作答："本帅就是管仲！屈大夫，管仲有礼了！"

屈完淡淡地说："管帅率齐军和八国联军远道而来，一路辛苦了，楚王叫本官在此迎候多时了。只是屈完不知，管帅为何不远千里，兴师动众，还调动了中原同盟的八国联军！"

管仲也是淡淡一笑："屈大夫是聪明人，我家主公及管某既来之，必有来之的理由，你应该心知肚明。"

屈完在心里骂：什么人呵！到现在还在装圣人？可脸上却装糊涂状："管帅高抬我了，屈完脑子转得慢，不知齐侯和管帅为何发兵楚国，说句笑话，就是齐国的公牛发情追母牛，也追不到遥远的楚国呀！可实际上，齐军却压到了楚境，还真让人犯糊涂。"

心里在骂，脸上在笑，说出来的话还神色不露，这就是外交官的本事。

管仲仰天大笑："屈大夫这个糊涂装得太拙劣，你难道不知周召康王授权先君姜太公的话么？"

"屈完孤陋寡闻，愿闻其详！"一时间，他不知所措，心狂烈地跳动着，一紧一缩。

"召康王说：五等诸侯及九州长官，你都有权征伐他们，从而辅佐周王室。"

"好像听说有这么回事。"

"召康王还给我们先君太公征讨范围，东到海边，西到黄河，南到穆陵，北到无棣。"

空气中时有时无的一种淡淡幽香飘拂飞扬，屈完双手一摊："管帅，请原谅，这下官可没听说过，周召康王给了姜太公这大权利，我家楚王也决然不知这样的传言。"

管仲深吸了一口气，瞪大了双眼，直直地望着屈完，流转的眼波中闪过丝丝的亮光，渐渐地，他的嘴角处浮现一抹奇特的笑容，那笑容竟出奇的温柔："屈大夫不承认，不等于没有这件事，各诸侯国都知道的事，楚君楚臣未必不知；你们楚国自成王起，就已经臣服周室，可你们答应进贡的茅草为什么不交，我家公主特奉周王之命，这次专门兴兵向你们征交茅草，因为周王室祭祀的供奉，没有特备的茅草酿酒。”

原来，周朝酿酒的茅草一直来自楚国，楚成王不知是疏忽还是其他原因，中断了茅草供应，管仲发兵找理由，不好意思说为了“夺妻之恨”，只好以拖欠茅草来搪塞。

屈完自知理亏，深深地闭了闭眼，脑子里乱乱的一片，沮丧地将整张脸低下去：“管帅说的中断茅草供应，致使影响周室祭祀，这是个事，在下定向楚王报告。”

为了使发兵楚国的理由更充分，管帅进一步罗织理由：“想当年，周召王南巡一去不复返，周室特派我家主公来查问此事，说楚王有暗害天子之嫌。”

屈完又笑：“管帅言重了吧，其实管帅和我都清楚，周昭王为什么没有返回洛邑，你可以去问问汉水呀！”

屈完的话让管仲无法回答，一时语噎。周召王南巡楚国，因汉水陡起风浪，打翻周昭王坐的船，昭王淹死，这件事楚国早就报告了周室，如今管仲旧事重提，屈完就知道齐人是没事挑事，反正要打你就有理由，而理由是可以找出好多条的。

屈完说完，又在心里骂：你以为楚国是蔡国，也是一颗白菜?!

就这样，楚齐第一次正面交锋，谈判虽算客气，但问题都谈清楚了，管仲搬出理由就是要打你，屈完告诉管仲，楚国早就准备，你偷袭无门。

屈完彬彬有礼向管仲告辞，临别时丢下一句话：“楚王和鄙人在楚境等管帅和联军！”

军机泄露，让管仲生气；屈完柔中带刚的语气让管仲更来气：竖貂也不看管仲脸上阴云翻滚，不合时宜地问：“主帅，还偷袭吗？”

管仲阴着脸发火：“偷袭你个头！传我的命令，偷袭改强攻，让联军改变进攻方向，向我靠拢！”

管仲及时调整战略部署，集中齐军和联军战车，向楚地进发，直抵楚地汉水北岸，安营扎寨。

楚成王当然不会示弱，早就想打你了，你却找上门来，省事多了，免得长途奔袭，就近关门打狗，于是他和子文率领楚军赶到汉水南岸对峙，南北大战，一触即发。齐桓公和管仲，楚成王和子文，同一时代的这两对黄金搭档终于展开了面对面的较量。

好戏开场。

按照齐桓公的本意，他是要命令齐军和联军杀过河去的，他根据以往和其他诸侯国交战的经历,他坚信齐国无敌,更何况还有联军助阵。

楚成王也有同样的想法,他认为八百乘楚军战车面前不会有对手(此时,斗廉的四百乘战车已从郑国前线撤回),他觉得齐军虽然久经战阵,力量强劲,但他只有四百乘战车, 而其他联军的战斗力却实在让楚成王看不上眼。在他看来,联军就是一群乌合之众,一盘散沙,只要楚军冲过河去,联军必溃不成军;联军一乱,齐军即溃,南北双雄的战斗,楚军必胜。

两国首脑信心十足,谁也没想到决战会有什么危险,可两国主帅的心思就没这样简单,他们想得复杂、长远、深邃,因为他俩要为手中数万士兵负责,对国家命运负责。

这个时候的管仲,已经把眼光放在了南面。在他的心里是把对楚偷袭作为制胜法宝,打楚措手不及是他对楚作战的策略;现在偷袭失败,他就认为对楚作战已经结束;何况,齐军从无和楚军交战的经历,谁胜谁败他还真是心中无底。他多次乘车巡视楚军在南岸的阵地,他不得不佩服子文深通兵法,列阵有序、带兵有方,只看他排的阵形,就和别国不同:战车上配的楚军射手不是神箭手不能列入其中,戟手全是楚军中的大力士,执戟有力,出手迅猛,非一般戟手能敌。再看他的步兵,全是锋利短刀、藤牌,便于近战,便于防身,从他看到楚军在江边练兵情况看,楚军个个骁勇,极善近战,混战,人自为战,这恰巧是齐军和联军的短处,也是让管仲最头疼、最担心的地方,更何况斗廉的四百乘战军急速归国,极大地加强了楚军的主力及冲击力。面对着这样一支生死不顾、一心为国的楚军部队,管仲知道取胜艰难,胜算微乎其微,他目前唯一的选择就是拖,从拖中找时机、找台阶、找借口抽身撤军,他觉得这才是明智的抉择。都说管仲审时度势、精明过人,办事从不鲁莽,南北双雄对决就是有力证明。

子文也不傻,他虽然想帮楚成王成就霸业,心里也清楚明白楚成王霸业的阻力主要来自齐国,与齐迟早有一战;但当真列阵与齐军隔江相望,子文觉得自己的想法过于简单,也有些冒进,江对面的齐军虽只有四百战车,但历经大战后的齐军战法娴熟,进退有序,攻则如泰山压顶,退则静如流水,用八百乘楚军战车打四百乘齐军战车,从数量上看有获胜的把握,但楚军却是有十五年没上战场,毕竟缺少实践经验;万一有个闪失,那楚军的主力就将丧失殆尽,后果不堪设想。另外,子文也觉得联军的八百乘战车也是不容忽视的一支力量,战斗力先不说,光把八百乘战车列阵排好,就是一股很有威慑的力量,能起到让自己人壮胆、叫敌人胆寒的作用,这对久未打仗的楚军而言,也是很有威胁的;再加上善于用兵的管仲统驭齐军和联军,这个让各诸侯国畏惧的对手,也决不会给他体面,如果楚军渡河他半途击之,楚军就没有回手之力,就有被全歼的下场,因此，他决定了对策：拖！在拖中观时局，看变化，寻对策，一句话就是不急于开战。

这样，就出现了战争史上一个十分奇怪又十分有趣的现象：十数万大军隔江对峙，既不挑战，也不主动寻战，两军还可以隔江喊话，拉家常，讲自己家乡风土人情，好像他们不是敌对之国即将死拼的士兵，反倒像是做客串门的亲戚。

两军主帅都不出战，两国士兵落得个轻松愉快，在两军无所事事中，时间从春天溜到了夏天，眼看快到秋天了，军心就浮动了，他们关心家里没人秋收，都想回家收庄稼了（那时，士兵都可以帮家人种地，春种秋收）。

军心不稳，两国主帅的借口有了，台阶也有了。于是，子文找到楚成王，力陈在汉水暂时不能战胜齐军的理由，同时指出齐军无心恋战，都想回家种地，不如给齐军一个台阶下，让他们撤军。

离开楚宫，到汉水边呆了几个月，楚成王早就烦了，打不成，就早点回吧，他早就这样想，现在亚父子文虽没说楚撤军，但他已听出了他的话意，便问："亚父，你说得有理，在汉江边久耗，也不是办法，你的意思是找个台阶让齐桓公管仲撤军，他们齐人拉的屎把汉水北边搞得臭气熏天！不过，给他们什么台阶呢？"

"我们不如承认不进贡茅草有失误，今后一定改，并和齐国签订和好条约，这样，齐桓公和管仲不是有面子了？"

"齐桓公会签吗？"

"他熬得下去吗？他熬得下去，齐国士兵熬得下去吗？"

"亚父眼若明镜，洞察秋毫，可条约由何人起草派何人去送？"

"老臣起草，还是派屈完去送。"

"这我就放心了！不过，亚父，我还是不甘心，放掉了上门的狗！"

"大王正值盛年，来日方长，以后再和齐王争长短不迟！"

"只是这次让他占了便宜！"

"我们也没吃亏啊！只是每年损失了十几车茅草，让大王心疼了！"

"我心疼个鬼！看来，周王室完了，扶都扶不起来，本王要取而代之！"

"大王有气魄！也有这个能力！"

子文起草完和平条约，屈完过江再次与齐人谈判。

管仲看了和平条约，又看到承认了不向周王室进贡的错误，十分满意，他正为撤军找不到台阶而发愁时，楚人令尹子文及时地给他送来了台阶，这样一拍即合。

齐桓公为了显示自己的军威，仍然想向楚国人显示一下联军的强大实力，便特地邀请屈完一起坐上车去看中原的各路兵马。屈完一看，果然军容整齐，兵强马壮。齐桓公还设宴招待了屈完，屈完酒足饭饱后，又带着管仲一字未改、盖上齐桓公大印的和平条约回到了南岸。

齐楚两国此时,都有较量之心,一是当权霸主,想扼制新兴大国;二是新兴大国,欲挑战霸主地位。因此,楚成王一见屈完就迫不及待地问:"谈判顺利吗?"

屈完十分高兴:"非常顺利。"

子文不放心:"齐人没提割让楚国土地吧?"

"没有,压根未提!"

"他们没提用女人换和平之类的条件?"楚成王玩笑道。

"没有,大概没顾上!"

"你再念一遍亚父的杰作。本王爱听。"

这次两强交锋,最终和平落幕,双方都达到了目的,都试探出了各自的实力与底线。对于楚国来说,楚成王更有信心和勇气向中原开拓了。

屈完望着楚成王那双期待的眼眸,一字一顿地说:

"第一,楚国错在没向周王室进贡茅草,以后每年向周天子进献茅草十车;第二,楚国愿与齐国和联军各诸侯国签订和平条约;第三,希望齐军和联军后撤三十里,以示诚意;第四,在屈完大夫押送今年的十车茅草到齐营后,齐军和联军撤军;第五,楚国再不侵犯郑国,并归还郑国被俘将领,蔡侯将在齐军撤出齐国后返回本国官复原职。"

楚成王心中大喜,不禁击掌道:"滴水不漏!亚父太有才了!"

"这都是大王指导有方!"子文笑眯眯地说。

这次与楚交锋,于齐,则更担忧了,齐桓公忌惮楚军的战斗力,因此,终齐桓公之世,没有与楚再次发生直接碰撞,对楚的一些征伐,也持默许态度;但此次交锋,齐也探出了楚的实力,楚也没有直接侵犯齐的势力范围。齐桓公心里暗自盘算,如与强楚开战,齐国也胜算不大,占不了多大便宜,但在自己有一定的实力下,该硬则硬,强者是尊重强者的,如果在强楚面前一味示弱,只会让强楚小视。楚齐强强对决,有斗争也应有妥协,相互尊重彼此利益,必要是退却、忍让,寻求双赢。思前虑后,还是收手为好。于是,便与楚达成和议。现在,还是先搞好内政,保持国力持续发展才是最终胜出之道。

尽管齐桓公在左右平衡利弊,却仍在拔营撤出楚国时,似乎心有不甘。管仲看出了齐桓公的心思,劝道:"主公,讨伐楚国,就是要他们臣服,如今他们既认错又进贡茅草,等于是承认了主公也是楚国的盟主,我们出兵的目的也就达到了!这仗还值得再打吗?"

"仲父,总是你有理!"齐桓公回过神。

齐桓公无意与楚国开战,便下令全军后撤。正当齐桓公正带领齐军和联军要撤出蔡国时，此刻的楚成王也又有些反悔，他见天色渐浓，便突发奇想欲派兵尾随突袭齐军，楚成王向子文说出此意后，子文大惊，力劝不可，他说："齐国以信待人，天下闻名，楚乃泱泱大国，岂能授人以柄以不诚不信之态。想我第一次派屈大夫去齐营谈判，管仲以礼待之。屈大夫第二次去齐营谈判，齐桓公盛情宴请。如今，齐国按约撤军，若我尾随追击，必被世人唾骂，大王不想别人骂楚人是不诚不信的南蛮吧！"

楚成王哑了，半晌才说："亚父，本王说不过你，因为你总占理！"

"大王过谦了！"子文真心诚意地说。

就这样，南北双雄第一次战争，雷声大，没雨点，兵不血刃，和平结束，算是皆大欢喜，只是出于世人意料之外，也可算战争史上的另类，姑且不称奇迹！

第四章　礼待重耳　养虎为患

晋国公子重耳因国内动乱，在狐偃、赵衰、先轸的陪同下，先是逃奔齐国，因齐国君臣不和，决定借道楚国去秦国。楚成王怀着惺惺相惜的心理，不顾上将军成得臣等的反对，对重耳一行很是厚待。危机重重中，重耳顺利脱身。不久，重耳回到晋国，即位国君，是为晋文公。晋国国力迅速增强，成为楚国强敌。

群雄逐鹿，霸权迭兴。

在各路英雄豪杰驰骋于中原大地的春秋时代，悲情公子重耳浮出历史的江湖，于风云变幻的龙争虎斗中，用非凡的远见与坚韧的毅力在险象环生中杀出了一条血路！

重耳？他是什么人？他是中国历史上诸多君主帝王行列中经历最为奇特的一位。其登场，便不同凡响。而贵为王室继承人的公子，又为什么逃难？为什么能遇到楚成王？

重耳是晋国国君晋献公的儿子，也就是俗称的世子，虽不是晋献公立的接班人（太子是申生，他是长子），但在晋国人气颇高，算是一个有声望的公子。他不飞扬跋扈，贴近民情，朝中大臣都喜欢他。他虽然不是指定的接班人，但晋国上下希望晋献公接班人最好是他。因为太子申生虽然为人孝顺、质朴、品行端正，但若作为国储，确实近似迂腐。

晋国国君晋献公看清了民意，为避免他和太子申生发生摩擦甚至争斗，就把他封在晋国蒲地，远离都城。谈起这个晋献公，史书上难有正面的记载，说他"暴戾酷杀，诛灭贵族，滥杀亲子，国无宁日。"其实，这个晋献公在晋国发展历史上，是个有作为的国君，他接班之初，国内四分五裂，贵族王公纷争，内乱内战不断，究其原因，都是王族贵族争权夺利，百姓生活苦不堪言。

晋献公上台初始，即以铁腕手段诛灭晋国公族、贵族、王族、几乎诛杀殆尽。灭掉了内乱的根源及贵族对王权的威胁。晋献公着手整军，近而扩军，使晋国军队成为一支颇具战斗力的部队，让中原各诸侯国无不为之侧目。紧接着，晋献公出兵攻击常常侵犯晋国边境的山狄小国，较多较快地扩大了晋国领土；同时他也大肆抢劫附近小国的财富，使晋国慢慢富裕起来，基本有了一个好的底子，所以在重耳历经十几年的磨难、重新执掌晋国的时候，才具备了和楚国争霸天下的基础。

晋献公接班后的所作所为，虽然被史官们贬写为“酷杀”，可他那种局面不“酷杀”行吗？然而，他的“酷杀”，却杀出了一个意欲争霸的晋国！在齐桓公死后，齐国势道中落，晋国取而代之，与楚国逐鹿中原。

重耳的悲剧命运完全拜风流父亲晋献公所赐。

晋献公贪色而且荒淫无度，特别是纳取了宠妃骊姬后，更是流连于后宫，君王宠幸的妃子若是贤妃，那这个国家就国泰民安；如果君王宠幸的妃子是“刁妃”，那这个国家就可能多灾多难了。骊姬在晋国的所作所为似乎又一次印证了“红颜是祸水”的论断。

骊姬入宫之时，晋献公就已妻妾成群，她再受晋献公宠爱，也不能进正室，只当了一个偏妃。那时，她的“刁钻”的恶习还没显露出来，可当她生了儿子奚介以后，自以为有了资本，她阴险的本性就发作了；她对太子申生是左看不满意、右看不顺眼，对世子重耳和夷吾也是百般恶心。当她的儿子长到十几岁的时候，她就再也容忍不了申生的太子地位了。

俗话说：狠毒莫过女人心，当一个女人决心要害人的时候，她是什么手段都想得出的。骊姬利用吹枕头风的机会，反复向晋献公灌输“申生表面孝顺，实则想抢班夺权”的观点，让晋献公对申生心生疑虑，最后竟发展到对太子一些极正常的举动，晋献公都觉得“极不正常”，“都是谋权篡位的征兆”。因此，他对申生心存戒备，只是碍于父子亲情，晋献公不便翻脸。

天下人都知道，假话说上一千遍，就变成了真言。骊姬就是掌握了天下人都知道的心理，成功离间了晋献公和儿子申生的关系。事情进到了这一步，骊姬马上采取了第二步，她内外勾结，利用晋献公的宠臣向晋献公大讲申生招兵买马、意欲反叛的话，并说申生欲毒死晋献公，以夺君主之位，终于把晋献公惹得火山爆发了，他忍无可忍，只得派人赐死申生；愚忠愚孝的申生，果然不是储君的料，不申辩，不喊冤，本着“父要子亡，子不得不亡”的孝顺，上吊身亡。

申生已灭，太子继位呼声很高的重耳就成了骊姬的眼中钉、肉中刺，她重金聘请武功天下第一高手去蒲地暗杀重耳；可是她低估了重耳的智商，重耳在都城有不少内线，这些内线把骊姬派武林高手要暗杀重耳的消息火速报告了重耳，重耳放弃了对抗，选择了逃亡。其实他在蒲地的实力，完全和骊姬有得一拼，但聪慧的重耳知道，骊姬的行动已经得到父亲献公的默许，和骊姬斗就是和父亲斗，内战一开，晋国必乱，晋国刚出现的生机必消失殆尽，这种让亲者痛仇者快的事，重耳决不会干；于是他乘着夜色，被迫放弃封地，接受命运的安排，选择了漫长而颠沛流离的逃亡生活。

几匹骏马风驰电掣般地奔驰着，马蹄叩击着地面，发出急骤的响声，骑马人伏身马背，逃亡中的重耳带了一帮紧跟他的朋友奔驰于晋国郊野，由大路奔进树林，掩没绿叶丛中。岔路口，跑在最前面的重耳双脚紧扣马腹，手用力一勒马缰，骏马抬起前蹄，人立扬颈，向天长嘶，前蹄落下，即刻站住。他拍拍马的脖颈，掉转马头，等候着狐偃（重耳的舅舅）与赵衰（重耳的老师）。

由于重耳平日豪爽仗义、诚信直言，先后有不少有识之士投奔他，其中有智囊狐偃，赵衰。但这个赵衰没"衰"，一直辅佐重耳登上晋文王的宝座，还当真干了一番轰轰烈烈的事业。跟随他逃亡的团队中还有以后成为春秋第一名帅的先轸（音枕），力大无穷的勇士魏抽，这几个人在蒲地是重耳的死党，他们都认为重耳才是晋国之君的最佳人选，并期望终有一天回到晋国执政；于是，心甘情愿地和他一起逃亡；重耳因此非常感激他们，在重耳当上晋文公后，这几个人理所当然地成为晋国重臣，成了楚晋争雄中晋国的顶梁柱。

他们也是楚成王、子文以及接班令尹成得臣将军的劲敌，是楚成王极想见的一班人。因为成王在和诸侯国交往中，知道了重耳的盛名及对他团队的赞誉，似乎隐约感到重耳才是楚国、是他成王真正的竞争对手；特别是在齐桓公病逝后，楚成王正为眼下缺少一个争霸的对手而倍觉寂寞的时候，重耳的出现，对成王是个莫大刺激；那帮人死心塌地地跟着他，可见他不是凡人。

一直喜欢竞争的楚成王不是把竞争对手当敌人，就是当朋友，所以当听到重耳四处逃难时，楚成王就想见见这个名满中原的"潜在"竞争对手，就是今后成不了敌人，眼下能一睹英雄风采，能成为朋友也行。这是不是成王心中英雄相惜的情结在作怪，只有楚成王心里清楚。于是，楚成王派出细作到中原四处打听重耳一行出逃的路线，想方设法要让重耳世子到楚避难，尽快见见他。楚成王就是这样一个让人难以理解的人，似乎没有竞争对手他就活得不滋润、不舒坦、活得难受。

再说重耳从晋国出逃以后，骊姬派出的武林高手一路追杀，险象环生，好在他命大，又有一帮人死心塌地相帮，他才能逃过一个个劫难。他到过卫国、鲁国、魏国、宋国等国避难。这些国家中，有的小国根本不敢收留他们，因为他们怕得罪晋献公；有的国家虽热情接待了重耳一行，但由于国内自顾不暇，没有更多的心思和能力让重耳一行长久避难，像宋国。有的小国因好奇重耳及团队的传说，想一睹风采，可收留他们后，发现他们的吃住行是一笔难以支付的开销，只好婉言送客。

没办法，重耳一行只好来到一向好客的齐国，众人昼夜兼程、伏身马背，抖缰挥鞭，坐骑急驰如飞，奔进齐城，踏上宫苑甬道，直闯殿堂。殿堂前，谍兵下了马，奔向殿阶，颤着声音高叫客到。此时，齐桓公虽然身体欠佳，但毕竟还在国君位置上，他双手伏案，伸长腰身向殿外望去，皱起的眉头紧盯着谍兵。谍兵踉跄着奔进来，跪倒丹阶下，身子起伏着，喘着粗气。城外，星光下燃起的堆堆篝火，把齐国照得如同白昼。齐桓公久慕重耳大名，便格外热情地让他们在齐国避难。

宫殿的草地上，盛开的花簇一株株，一簇簇，红的、粉的、紫的、白的、蓝的，五色缤纷，万紫千红，飞舞着成对的彩色蝴蝶。灯火辉煌的皇宫酒香四溢。令重耳这些饥一餐、饱一餐的人受宠若惊，喜上眉头。他们从此才有了个安定的避难所。

住在齐国的几年里，重耳及团队留心管仲在齐国的管理办法，农业及地税等方面的政策，以及齐国国家体制的运作及人才使用政策。重耳学到的这些齐国管理的成功经验，待到重返晋国当国君后，几乎全部照搬。不用不知道，一用就见效，经过他几年的苦心经营，晋国在晋献公已经打下了的基础上更快速发展，在齐桓公离世后，晋文公重耳就和楚成王成了南北双雄。

既然各自代表了南北的利益，自然难免一战。令重耳始料所不及的是；当年重耳是以避难者的身份和成王见面并成为朋友的，但到如今竟反目成仇，变成残酷战争的对手。人世无常，世事难料！那时，楚成王加倍殷勤招待重耳一行，重耳跟着楚成王游猎宴饮，流连在楚国湖山胜地，涤荡烦恼，一赖就是好几个月。

重耳不得不重新审视朋友的含义，是否可以这样说，世上没有永远的朋友，也没有永远的敌人，所谓国与国之间牢不可破友谊之类的话，只能是外交辞令，切勿当真。

重耳一行在齐国过得有滋有味，为什么又跑到楚国避难?

因为齐桓公死了。老国君死了，齐国的内乱就发生了，当然是齐桓公儿子们的争权夺利之争，人家斗得自顾不暇，哪有工夫管你们这些落难之人。

齐桓公死后，重耳明显感到齐国对他们的冷落，待遇也每况遇下。重耳及其团队的热脸挨上了齐国宫廷的冷屁股，别看重耳及团队是逃难者，但他们本身都是心气很高的人，哪能遭此冷遇？重耳想：三十六计，走为上计，与其被齐国赶出来，还不如自己开溜更为理智；于是，他们拒绝了齐国的假意挽留，坚决要走，离开了齐国。

往哪儿走，重耳没有方向，其舅孤偃建议他借道楚国投奔秦国，因为秦国王妃是重耳的姐姐，到那里落脚，秦穆公不会反对。为什么借道楚国，因为到秦国必先过楚国，秦楚当时国土已相接。

在齐国的楚使消息真是灵通，把重耳一行要借道楚国去秦国的情报报告了楚成王。成王决定派屈完去楚国边境迎接重耳一行，屈完有点不乐了。

“大王，重耳一落难者，值得楚国派大夫接吗？”

“人家好歹是国君的世子，让你接就委屈你了？我还要举行最隆重的国宴招待重耳，国宴还要按周礼举行！”

“大王迎接重耳的规格也太高了吧？”

“说你屈完和令尹子文差几个档次，你好像还不服气，可令尹就和本王想到了一起！”

屈完闷闷不乐地出宫，到边境接重耳去了，可他心中的疑团放不下：“接待重耳这么隆重，在楚国没有先例！子文为什么也同意？难以置信。”

长条案几堆着竹卷，楚成王伏身案几，翻看着，沉思着。楚成王心中的算盘，只有子文一人明白，因为楚成王向他讲过其中的原因。原来此时楚成王已四十有五。在子文亚父的尽心辅佐下，楚国已从强大走向强盛富饶，国力和军力早已超过中原霸主齐国。可令成王郁闷的是，中原各诸侯国虽承认你，但不尊重你，总认为楚国是缺少教养的“南蛮”，对楚国另眼相看，从来不心悦诚服。这成了楚成王一块心病，就是国势与别人认不认可形成较大落差，让成王耿耿于怀，心里极为不爽；这次，楚国就是要借欢迎重耳的机会，向中原诸侯各国及周天子展示楚国其实也是懂周礼、懂礼仪、有教养的礼仪之邦，不是没有素养的什么“南蛮”。

楚成王很想收留招待重耳一行：一方面他惊叹重耳的勇敢，另一方面也替重耳惋惜。怀着复杂的心情，他想见见重耳，也想通过重耳把他们在楚国的所见所闻，将楚国的美丽富强礼义友好传扬出去，这应该是一个绝佳机会？当然，成王也想见见这位今后的对手。在汉水，他和齐桓公隔江相望，都没答上话，他今天就是要亲眼看看未来的竞争对手才学如何！今后怎么对付？这些想法，屈完是不可能想到的。

屈完在边境接到了重耳。重耳对楚王派大夫到边境来接，很是意外，受宠若惊之余也有点忐忑不安：楚成王用这么高的礼遇迎接自己，如果自己的分寸稍有失当，必会让楚人不快，自己的楚国避难之行也会过得不安稳。

怀着好奇心情的屈完，带着人马去迎接重耳，重耳上前还礼，伸手相请。屈完双瞳炯炯，脸色凝重起来，心中感叹道：也不过如此啊！并非俊逸伟岸之人。虽然一行穿锦披缎，有车有马，不像叫花子，但也绝非楚成王讲的是“贵客”，屈完凝视着重耳，脸上露出笑意，可心里却觉得此行多余。

在赴郢城途中，重耳把自己的担心告诉了老师赵衰：“老师，楚成王在郢城用周礼设国宴招待我们，学生有些不安；想我们这些死里逃生、颠沛流离的人，除了在齐国、宋国受到礼遇外，在其他国家，我们都不受欢迎，可没想到一向被我们瞧不起的南蛮楚国，迎我们到边界，在郢城设国宴，我总感到有些于心不安。”

重耳心里不踏实，问狐偃：“舅舅，在国宴上我该怎么说？怎么做？万一失礼，那可就出大丑了！”

狐偃素有心机，这次像缺心眼：“该怎么说就怎么说，该怎么做就怎么做，别把楚成王当一国之君，就当朋友看待，越自然越放松越好！”他之所以这么说，是因为他完全掌握了楚成王的心态，成王是把重耳当朋友对待，派屈完到国境迎接和设国宴招待，都是出于好意和敬意，绝没有其他不良意图。狐偃足智多谋，赵衰老成持重，一左一右的硬是把重耳扶上了晋文公的位置。

重耳一行随屈完到郢城刚住下，就听楚成王派出的人请他们一行去参加国宴，逃难这许多年，所经过的国家国君没有一个设国宴招待过重耳及其一行，这让他们有些诚惶诚恐。

国宴是在楚宫大殿进行，楚国除楚成王亲临外，令尹子文、大将军成得臣以下大夫级的都到齐了。宫殿乐手齐奏着迎宾曲，富贵逼人的大殿里，楚成王一身红袍，犹如降临的神□一般坐在大殿内，他面露喜色友好地迎接来宾。重耳朝他微微一躬身，随众们立时跪倒一片，齐声虔诚叩拜；重耳不慌不忙地施礼，端坐于一堂。空气淡淡地凝结着，却觉清凉舒适，大殿张灯结彩，琴瑟和鸣。宫女在大殿婆娑起舞，歌声缭绕。楚成王就是要让中原这些正统文化的传人都来见识见识楚国的周礼国宴！

殿外水池，层层涟漪，燕子掠过水面，呢喃殿檐下。殿内，迎宾国宴礼乐奏响，一群宫女穿过回廊，端着装有鲜果食物的漆盘，落落大方地走进殿来！拈香燃着，插在鼎里。整只的烤乳羊摆在矮几案上，兕觥倒满了美酒。宫女翩翩起舞，重耳享受着诸侯国君的待遇，与楚成王平起平坐。

楚成王用九鼎宴请重耳及一行，几乎近似天子礼仪，美酒佳肴，殿内充满了山珍海味的肉香，兕觥相撞，一饮而尽。重耳一声不吭地喝酒，楚成王用复杂的目光盯着重耳。见重耳抿着嘴，肃然的目光亦盯着自己，便迎视着重耳，二人彼此打量着，似乎要从眼神中看出什么。

此时宴席上洋溢着欢声笑语，四周欢愉的情绪让重耳的情绪终于平静下来，楚成王真诚待客的热情一览无余，重耳身处“九献国宴”不卑不亢，神态自若，举止得当，言辞既表达了他对楚国的敬重与感激，又毫不奴颜婢膝。

宴会上，重耳的那帮朋友看得发呆，这么多年的逃难生活，重耳都没像现在这样潇洒自如，这样放得开，这样沉稳大气，面对南方大国楚成王的问话对答如流。狐偃放心了，赵衰也长舒了一口气。

夜色沉沉，高大的树影倒映庭院，阵阵劲风吹过宫殿，殿外悬挂的灯笼恍惚地摇曳，胸前挂着牛角号的戎兵，手抱长戈巡视着。

耳濡目染重耳的言谈举止，楚国令尹子文暗自赞叹，他佩服重耳的大家风度。他这种王者风范、大家气派，不禁让子文吃惊。他惊讶的是，在齐桓公病逝后，和楚成王争雄的新对手出现了，尽管重耳此刻还不是晋国国君。重耳历经磨难，逃难多国，不论遇到多大困难，他振兴晋国的雄心不改。俗话说：大难不死，必有后福。子文暗自想：晋国国君非重耳莫属，中原诸侯能与楚成王抗衡者，非重耳莫属。

大将军成得臣从国宴开始就没笑容，平日颇有酒量的他却滴酒未沾、茶饭不思。他虽为武将，却得令尹子文真传，有远见，有谋略，就因为他文武兼备；子文多次让贤，以年事已高为由，要把令尹让给成得臣。这样一个楚国令尹的后备人选，当然警惕这一批初来乍到的晋人，重耳和成王越是谈话得体、游刃有余，成得臣就越感到这帮晋人的潜在威胁！齐桓公死了，齐国没了齐桓公和管仲，只能走下坡路，其他诸侯国不值一提；而真正可怕的是像重耳这样颇懂韬略的人才，还有他的智囊团！这等人才管理一个国家，这个国家不兴盛都难。成得臣在心里暗暗发誓：我一定要替成王消灭掉这个潜在的对手。

此时，他和老令尹子文坐在一起，子文看成得臣双拳紧握、眉头紧皱，便把他的心思猜了个八九不离十；子文轻轻地把手放在他的拳头上，又轻拍两下，意在叫他少安毋躁，勿破坏了国宴的欢快气氛。他俩的这一举动，都被不动声色的狐偃看在了眼里，看到成得臣难耐的杀气，狐偃的心又提了起来。

重耳在国宴上的发挥太出色了，让人到中年的楚成王格外喜欢，甚至有相见恨晚的感觉；重耳讲的逃难列国逸闻趣事，或让成王捧腹，或让成王颔首，他虽贵为一国之君，但这些趣闻都对他是新闻，异国天地的事对他有绝对的吸引力。他突然萌发了一个奇怪荒唐的念头：假若自己也能跟重耳逃难多好，不就可以走南闯北了！他越是这样想，就越是把重耳这个朋友交定了，哪怕他是今后的对手。

越把重耳当朋友，楚成王说话就越随意，他直视重耳的目光，微微笑道："公子，如果你有一天回到晋国当了国君，你会怎样回报本王在楚国对你的款待？"

问得刁钻，古怪，让人难以回答，因为一百个人一百个答案。宴会上的人们全都鸦雀无声，每个人都盯着重耳，看他究竟如何回答。整个晚宴，他的表现堪称完美，如果这个问题回答不上，或回答不好，他的光彩就将黯然失色。晋国人紧张了，那目光就像锥子一样盯在重耳脸上，让他感到生生发疼。他和狐偃交换了一个眼神，狐偃冲他点点头，那意思告诉他：继续放开讲，照自己的思路讲，就像老婆和母亲都丢到了水里，你该去救谁就去救谁。

得到舅舅鼓励，重耳起身向成王作揖，清朗醇厚的嗓音在大殿里荡漾："大王的殷勤厚爱、隆重接待，重耳铭记在心，永生不忘。大王对我团队的褒奖，更会激励我本人和我的团队排除万难去争取胜利。大王金银如山，山珍海味应有尽有，我们晋国那些土特产，在大王眼里都是看不起的甩货，实在是没有什么报答大王的！"

楚成王哈哈一笑："重耳，你这不是没说吗？不行！你今天必须回答，搪塞不行，不回答更不行！"

重耳回问了一句："大王，重耳非回答不可？"

楚成王仍笑容满面："对！"

重耳又向楚成王作揖："大王，那重耳就直言了，如果托大王的福，重耳能重回晋国做国君，倘若不幸有一天与楚国在中原兵戎相见，重耳会避楚王三舍，如果大王还不依不饶，重耳就只有手执兵刃，和大王决一死战！"

重耳此言既出，四座皆惊，正举杯吃酒的楚国大臣们愤怒了！齐齐把目光刺向重耳，大王如此好客待你，你竟说今后会和楚国交战，良心让狗吃了！

狐偃惊悸了：这不是跟自己过不去吗，本为座上客，反说要和主人迟早兵戎相见，只有犯神经病的人才会这样说啊！公子今天怎么会狂放至此？先轸、魏抽下意识地把手按到了剑柄上。

整个国宴大厅里，剑拔弩张，异乎寻常的紧张，只有三个人面色依旧：楚成王、重耳、狐偃。

楚成王听了并不在意，却惹恼了旁边的楚国大将成得臣，此刻的成得臣，盯着重耳皱起了眉头，早已按捺不住心头的怒火，目不转睛地盯着重耳看，神态愤懑，他突然站起来径直走到重耳前，指着重耳的鼻子，怒吼：

"重耳，你也太狂妄了吧？我们楚人掏出一腔热情接待你们一行，你反而恩将仇报，向成王挑战，你如此胆大妄言，成得臣岂能容你？大王，我请求大王批准，让微臣杀了他们！"

宴会厅的气氛骤然紧张起来，先轸和魏抽紧紧地攥着剑柄，随时准备拔剑出鞘，重耳直视着成得臣的目光，笑微微地望着怒不可遏的成得臣，面不改色。

狐偃抚髯沉思，目光望着重耳，知觉告诉他，重耳胸有成竹，具备国君风范啊！

侍立远处的先轸走动着，搓着手，显得神态不安。楚成王明了成得臣一片苦心，他望望重耳，又望望成得臣。重耳的目光转向了旁边分杈的树，楚成王把目光又移向气急败坏的成得臣；众人的目光紧张地盯着楚成王，楚成王的右脚斜斜地迈出了一步，带着杀气，一下挡在了成得臣前面，沉声训斥道："你给本王坐下！你当着本王怎么和重耳公子说话？堂堂楚国上将，你才是出言不逊！公子宴会上言谈举止得体，行为恭敬，对人坦诚，而且对自己和团队充满了自信，竟敢挑衅本王，这是多么豪迈的气派，多么宏大的雄心？这样的人，本王喜欢！你却要杀了他，未必想置本王不义不诚之名？"

成得臣看自己的话反而引起楚成王发火，马上意识到自己刚才的话说过了头，知趣地坐下了。

风吹外面吹过来，满树的小花摇曳，散发着异香，弥漫大殿！

楚成王直视着重耳，心想：重耳颇有城府，且雄心博大，日后定是人中龙凤。楚成王不动声色地举杯到重耳面前，手落到重耳肩上，意味深长地说："公子，你敢和本王摆擂台，说话可要算数啊，可不能言而无信，本王还等着和你决一雌雄呢！"

重耳气定神闲，目光望着楚成王。狐偃抚髯笑了。楚成王公凝视着重耳，满面赞许的神色，手猛地拍到酒桌上，决一雌雄的心不可动摇。

狐偃和先轸为重耳的豪言壮语而倍感欣慰。他们追随重耳，是因为看到重耳有志向、有抱负、有作为，希望有一天辅佐他登上晋君之位，自己也好得到应有的待遇。

宴会散了以后，成得臣没回上将军府，却直奔令尹子文家，心里直觉得晦气，煞风景。他恨恨地骂着重耳，心有不甘地穿过曲径通幽的回廊，趋步进殿，跪地施礼，开口就说："令尹，我一定要杀了重耳！他肯定是今后楚国的头号敌人！"

子文平静地望着成得臣："上将军，你要犯上啊！"

成得臣满面铁青，气呼呼地说："我就是看不惯大王如此隆重、如此盛情地接待重耳这个逃亡者！"

"你难道没看出重耳的王者之气？"子文瞪着惊讶的眼睛。

"所以我才要杀他！"成得臣绷着脸，低声嘀咕。

"你杀了重耳，大王会怎么想？"

"应该高兴啊！消灭了潜在的对手，一劳永逸！"

"错！上将军你错了！"子文变了脸色，瞪了成得臣一眼。

"令尹，为何？"

“齐桓公、管仲死后，大王正愁没有楚国竞争对手呢，现在好不容易出现了一个，你却要杀掉他，大王今后会不会感到寂寞？大王只要一寂寞，楚国发展的步伐就要放慢许多！大王需要刺激！楚国也需要刺激！有刺激就有动力！这个道理你应该懂。”子文注目着成得臣，面如严霜，冷冷道。

成得臣愣愣地看着子文，不知所措，似懂非懂地“啊”了一声；看令尹不支持他的行动，便闷不吭声地离开了子元府。

成得臣回到自己府上，决定还是按自己的想法行事。他首先找来了正副偏将，让他们派人日夜监视重耳一行行踪，又找来府上的武林高手，随时听从他的号令，刺杀重耳及其团队。他觉得“虎”已进了楚国，就绝不能放虎归山，以后同楚国为敌，此时不灭重耳更待何时？但楚成王对重耳喜爱的态度以及令尹子文的不支持，都让他不敢放开手脚干，但他又不甘心重耳从楚国溜走，故作了以上安排。

赵衰及时发现了有人日夜监视他们一行，联想到成得臣在宴会上对重耳的态度，他就知道监视行动是成得臣所为。楚国的掌军实权人物与重耳过不去，这确实是个危险信号，他担心重耳在楚国的安危，于是找狐偃商量办法。两人一致认为，让重耳脱离危险的唯一办法是尽快离开楚国去秦国，可鉴于楚成王一腔盛情，他俩又觉得偷偷溜走有些驳楚成王的面子，再说从郢城溜出楚境也不易，最后两人商定，除加强对重耳的保卫外，伺机向楚成王提出离开楚境，走得要体面，要成得臣无话可说，还下不了手。

楚成王是更加喜欢重耳了，三日一小宴，五日一大宴，他还带着重耳一行到云梦打猎。宴请频繁，日夜相处，宾主之间无话不说，重耳把逃难列国的所见所闻，荤的素的，喜的悲的，都讲给楚成王听。成王听得很开心，他身为大国之君，经历却没有重耳广泛，心里不禁为之羡慕，也更觉得重耳今后无疑是潜在竞争对手，于是更加敬重重耳了。

子文却醉心于重耳讲的齐国经历，对于管仲如何管理齐国听得格外用心，他还叫成得臣听，不要放过重耳讲的一些细枝末节，因为他已把成得臣定为令尹接班人。可由于成得臣内心对重耳和他的团队有成见，所以不管是赴宴和打猎，他都无心听重耳高谈阔论，而只是监视重耳他们有无不轨行为，一旦抓住把柄，他好对他们一行下手，到时，即使是楚成王也无法为他们解脱。

重耳在楚成王的精心安排下，在郢城的日子过得很滋润，很舒坦；他似乎已不是逃难之人，身边已没有威胁，可他的老师赵衰不“衰”，把他眼前的危险看得明明白白：只要楚成王的思维短路，听成得臣的“忠告”，看清了重耳今后对楚国的威胁，重耳立马会成为阶下囚，甚至可能招致杀身之祸。赵衰和重耳的舅舅狐偃都认为楚国不是久留之地，必须尽快离开；可怎样离开楚国能既让楚成王高兴又不生疑呢，两人绞尽了脑汁，苦于无计，只得等待时机。那些如影相随的成得臣的心腹，让他俩讨厌，也让他俩提心吊胆；在这种环境下讨生活，重耳的这两个长辈过得实在揪心。

一天，风和日丽，秋高气爽。楚成王又一次宴请重耳及其团队，其间他无意谈到了以前依附楚国的小屁国陈国，最近又左右摇摆，欲投向齐国，真想惩罚陈国一下。楚成王也就是在席间这么无意一说，可狐偃听了却心中来计，于是他对楚成王说：

"大王，像陈国这样阳奉阴违、两面三刀、左右逢源的小屁国，大王就该出兵打他，如果不受惩罚，以后周边的小屁国都学陈国，都不太听大王指挥，那大王的威望何在？所以，大王对陈国的叛逆，必须出兵！"狐偃态度严肃、言词恳切，很为楚国和楚成王抱不平。

楚成王很敬重重耳的舅舅狐偃，认定他日后肯定是重耳当国君后的首辅大臣，此刻他听了狐偃话很是感动，一个外国人，不远千里来到楚国，还为楚国的国事着急躁心，怎能不令人感动?!

狐偃看楚成王欣赏他的建议，便进一步说："听人说，陈国军队最惧怕成得臣大将军，大王若派成得臣大将军率五百乘战车，定能把小屁陈国踏平！"

狐偃话音刚落，成得臣就一阵冷笑，扶着案几站起来，目不转睛地看着狐偃，冰冷的脸上渐渐和缓过来，露出了笑意，宽袖一挥。他心里清楚，狐偃是借故把他支去陈国，他们一行好利用楚成王好客的特点开溜，离开楚国。

狐偃的话引起成得臣冷笑，楚成王觉得奇怪，目光始终盯着成得臣，几步上前，问："上将军，谈打仗，你何故发笑？"

"大王，杀鸡焉用牛刀！再说，秋收快到了，等秋收完了，我派两个偏将把陈国踏平！"

没等楚成王表态，狐偃抢着说："成得臣大将军说得有理，打陈国，用大将军是浪费人才，重耳及其随员受大王殷切接待，感激无限，无以回报，这次我代先轸、魏抽两将军请战，让他二人各领一百乘战车出征陈国，不胜不归！"

不等楚成王答话，狐偃发问："先轸，魏抽有信心没有？"

两人响亮回答："有！"

楚成王心里震撼了：一群晋国人为楚国的事，争先恐后上阵，不怕流血牺牲，太伟大了。他望着成得臣，看他如何表态。

成得臣被狐偃的话激怒了，他在心里轰鸣：你让我带五百乘战车战陈国，但你只派你的人各带一百乘战车出征，这个晋国人眼里明摆着瞧不起我这个楚国大将军嘛，不行，不能叫晋国佬小瞧了楚国人！

狐偃的激将法见效了，他就是要激成得臣出征。

“大王，我看就不麻烦晋国人了，末将率二百乘战车出征陈国，大王静等佳音！”

楚成王等的就是这句话，楚国征服陈国，就应该楚人挂帅，让晋国人挂帅领楚国军队为楚国打仗，多丢泱泱楚国的脸啊！

狐偃高兴了，成得臣上套了，可狐偃高兴得太早了，成得臣出兵前，留下了正副偏将和全部武功高手，监视重耳及其团队的严密程度更紧了，赵衰觉得这不是个事，长此下去，只要那个环节出了疏怠，成得臣的阴谋就会得逞，再在郢城呆下去，就是坐以待毙。现在重耳有楚成王的庇护，暂且无事，可赵衰知道，世上难测君王心，伴君如伴虎；如果有一天，成王对重耳起了疑心，那重耳就大难临头了。

于是，赵衰和狐偃商定，主动出击，派人去秦国，叫秦国君派人来楚国接重耳去秦国避乱，这样名正言顺，就是楚成王想挽留重耳也开口不得了。

赵衰为什么敢叫秦朝派人来楚国接重耳，也是事出有因，因为重耳的姐姐在晋献公在世时，就嫁给了秦朝国君秦穆公，要姐夫让内弟去本国避难，理正情顺，所以，才敢这么做。

主意打定，说干就干，在成得臣率兵打陈国不久，赵衰的心腹就到了秦国，此人先找到重耳的姐姐穆姬，陈述了重耳在晋国的困境及到列国的经历。穆姬听得是一把鼻涕一把泪，她马上告诉秦穆公：弟弟有难，姐夫务必出大力相助。秦穆公是有名的“爱妻模范”，再说，他久闻重耳盛名，所以，也愿意相助。不久，便派出大臣去郢城接重耳，那时，秦楚还是友好国家，秦国还不强大，构不成对楚国的威胁，倒是楚国国君心血来潮了就给秦国一棒，秦国明明吃了亏，还得赔不是，由于秦穆公时时处处怕得罪楚成王，所以两国关系还走得很近。

楚成王看了秦朝大臣公孙枝递交的信函，此信感情充沛，接妻弟的心情迫切，为重耳报仇复国的激情澎湃，让楚成王无法拒绝，他当下安排公孙枝去宾馆休息，便找来了亚父子文和大夫屈完来商量此事。

子文说：“这次重耳赴秦，秦穆公就是看到其妻是重耳姐姐的分上，也会帮重耳成为晋国新国君，秦穆公有这个力量！”

屈完也说：“晋国国内拥护公子重耳的呼声很高，现在的晋国国君怀公是晋惠公之子，也就是重耳之弟夷吾的儿子，其实是他侄子，此人刚即位，毫无威望可言！”

楚成王说：“二位是想看到一个兴起的晋国，还是希望他们像现在一蹶不振？”

屈完试探地问：“大夫是想听真言还是想听假话？”

“本王什么时候想听假话，你屈大夫深知本王禀性，不该这么问。”

“可是……大王，今天微臣必须问。”

“屈大夫为何？”

“依大王个性，及对重耳的喜爱，都会希望重耳让晋国强盛，以便大王有竞争对手！”

“对！对！打擂台嘛！”楚成王说。

“所以说，大王想听微臣说让晋国强盛，但我要这样说，就是我说了假话。”

“你的真话呢？”

“杀了竞争对手重耳，大王一统中原！”

“你可能代表了成得臣的意见？”

“是的！成将军临出征前，给屈完留下两句话：劝大王杀了重耳！杀不成也要拘留狐偃或赵衰其中一人，让重耳回晋失去左右臂！”

子文这才开口：“大王，屈大夫说的假话正是大王想听的真话，而屈大夫所说的肺腑之言正是大王此刻最不想听之言！”

楚成王长吁一口气：“知我者亚父也！”

屈完惊讶：“大王要让公孙枝接走重耳？”

楚成王没有半点含糊：“理当欢送！”

屈完又问：“那狐偃、赵衰呢？”

“本王一个不留！”

“放虎归山虎为患！”屈完大声说。

楚成王哈哈大笑：“本王的亚父就是虎喂大的，亚父终日与本王为伴，本王还怕虎？”

子文说：“大王怕寂寞，没有对手竞争的世界最寂寞！”

楚成王叹了一口气说：“齐桓公、管仲死后，本王还真寂寞！周天子软不拉叽，各中原国又不经打，奈何！”

子文笑道：“有了重耳的晋国，一个强大的晋国，大王再不会感到寂寞了！”

楚成王长吁一口气：“本王还想轰轰烈烈干几十年啦！”

为怕重耳离开楚境时，成得臣的心腹会铤而走险，行刺重耳，子文决定亲自护送重耳一行到秦楚边境，这一下就震住了听到重耳要离开楚境后而蠢蠢欲动的成得臣的心腹们。他们决心依照成将军的交代，完成自己的使命，行刺重耳，但看到令尹随行护航，一个个都不得不缩了手，成得臣的心腹不能随时听取他的指示，只得眼睁睁地看着子文把重耳送到了秦楚边境。

子文在边境对重耳说："大王希望看到公子回国，把晋国变得强大，公子不要让楚王失望啊！"

重耳不舍地说："楚王和令尹的好意重耳心领神会，重耳有朝一日归国归位，定不负楚王和令尹所望，我坚信，由重耳领导的晋国定是和楚国抗衡的强国！"

子文感叹道："那楚王的心意达到了。"

这时，晋惠公留在秦国做人质的晋太子圉听说晋惠公病了，怕君位传给别人，便偷偷地逃回国去了。秦穆公对他本来很好，还想把自己的女儿怀嬴嫁给他。因此，秦穆公恨透了晋惠公和他的儿子，认为他们父子俩都是背信弃义的小人。当他得知重耳在楚国之后，便以穆公夫人与重耳是姐弟的关系为由，派人来接重耳到秦国去。

重耳起初还不愿意去，楚成王劝他说："我们楚国离晋国隔着好几个国家，而秦国则离晋国最近。我是真心想帮你，可是鞭长莫及，秦穆公既然肯帮助你，这是最为理想的了，他能使你很快回到晋国的。"

重耳这才拜别了楚成王，上路到秦国去了。快步奔走的脚步、急遽的马蹄、轮辗驿道，发出隆隆的响声。这响声惊天动地，这响声一如重耳急于见到秦穆公的心跳。

几只飞鸟在蔚蓝的天空下展翅高飞，飘过的云层遮住了飞鸟的身影。眨眼之间，飞鸟钻出浮云，振翅飞向苍穹间。

秦穆公非常重视人才，胸怀大志，却苦于无贤才辅佐。有人告诉他，重耳是不可多得的人才，他喜出望外，对重耳照顾的更是周到，见重耳没有妻室，就把女儿怀嬴许配给他。重耳娶了秦国的女儿，在秦穆公眼里，便已和秦国有了关系，以后，理所当然要帮重耳回国成就大业。

到了第二年，也就是公元前 637 年，晋惠公病死了，由公子圉继位，称为晋怀公。怀公知道秦穆公非常恨他，又怕秦帮助重耳回国当君王，于是就宣布了一条命令："凡是跟随重耳在外逃亡的人，限三个月内回国自首。如期归回者，官复原职，否则，诛杀其全家。"

晋怀公这么一来，引起了大臣们的不服。晋大夫栾枝暗地里派心腹到秦国去见重耳。说要组织力量起事，迎接重耳回国继位。

穆公一见时机很好，便立即决定发兵攻打晋国。秦穆公亲率大军把重耳送到黄河岸边。又派丕豹为先锋，带领百里奚、公子絷、公孙枝等护送重耳回国。

秦军兵渡黄河，接连攻占了晋国的几座城池。晋怀公派来抵抗秦军的主帅吕省见晋国势单力薄，根本不是秦国的对手，就主动率军投降，晋国国内饱受因朝廷内乱而苦不堪言的老百姓，看见秦军护送公子重耳回国，纷纷响应，起义不断，秦军势如破竹，很快逼近晋国都城绛，百姓打开城门，迎接公子重耳与秦军进城，晋怀公见大势已去，便逃到别国去了。

这样，从四十三岁就开始流亡的重耳，在他六十二岁的时候，在秦国帮助下，终于回到了晋国。回到故土，重耳混沌的老泪哗地淌下来，像解冻的河流。他扯过锦衾，整个人裹在里面，全身颤抖着；皇宫就在前面！重耳一勒缰绳，双腿微屈，纵身跳下，急步向深宫走去。那步伐、那神态，恨不能立即把晋国拥入怀中，述说着离别相思。大臣们早已迎了出来，跪在路旁，重耳抚摸着宫门，悲伤地问；身为诸侯之子，但自幼却从未享过半点诸侯之子之福；半生奔波颠沛，穷困潦倒，欲求一刻安宁，也不能得到。有父，父不能给我平静的生活；有母，母不能给我半点慈爱……

现在，一朝为君，终于可以决定自己的命运，可以做一番惊天动地的事了。

这年，在百姓的拥戴和秦军的支持下，重耳正式即位为晋国之君。这就是春秋的五霸王之一——晋文公。

晋文公在自己团队的辅佐下，全盘“齐”化，在国内各方面推广管仲路线，经过一番披肝沥胆的苦干，终于使晋成为中原最强大的国家，成为继齐桓公之后与楚国抗衡争霸的国家，楚成王的愿望实现了，成得臣的预言言中了，楚晋争霸的序幕从此拉开。

第五章　晋楚争霸　序幕拉开

楚国是晋文公争霸道路上第一个强敌。为了打败强楚，晋国以卫国不同意借道为由，发动了猛烈的攻卫战争，卫国大败；同时晋国约请齐国、秦国派出军队，希图在卫国与楚国决战。楚国没有中计，派出一支军队增援卫国的同时，另遣一支军队攻打宋国。宋都睢阳告急……

晋国绵山深处，草木茂盛，溪水潺缓地流淌，风景优美。枝头上的小鸟啾啾叫着，似乎在倾诉着什么。

勤政殿布置得庄重肃雅，两廊乐工或坐或立，弹奏着不同乐器，奏起庄重的雅乐。

晋文公登位五年，与民同乐，受到了百姓的拥戴。他轻税负、减刑罚，布施贫民、救济饥荒，使人民能安居乐业；他不断增强晋国的实力，建立起了自己的威信；他雄心勃勃，为称霸天下，要的是称霸诸侯！这期间，他和他的团队完全以管仲治齐国的办法来治理晋国，使原本就有些物质基础的晋国迅猛超过了齐国，在中原诸侯国中已成霸势。

晋文公看得明白，如今天下，周朝天子和齐国威望已日见衰落，中原诸侯国已不能与晋国抗衡，只有南边的楚国一枝独秀，日益壮大，时刻想进犯中原，必是晋国的头号对手；你就是不主动打他，他进犯中原必定打你。北边的秦国正悄悄兴起，虽构不成对晋国的威胁，但发展势头很猛；再说秦国是姐夫国，又大力帮扶重耳返国当了国君，是友好兼亲戚国家，无论是潜在还是长远，秦国都不会对晋国发动武力，一是秦国实力不济，二是感情上秦国与晋国血浓于水，亲得不能再亲。晋文公分析了当前的国际形势，决定把晋国争霸的矛头对准楚国：当今世界，楚齐晋秦四强国中，楚国国运正盛，晋文公想称霸，不打楚国打谁。

书房案几左侧，小巧的铜鼎里香烟袅袅，案几右侧，摞着捆捆竹简。案几前后左右，皆堆着束束竹简。放眼望去，就像学者的书舍。从宫廷走进书房的晋文公，捧起了竹简，出声地读着。

房外，传来脚步声，狐偃快步走向殿内，到了门前，止住脚步，探头晃脑地张望了一会儿，见先轸、赵衰几个正从半开的侧门跨进，沿着回廊，直接走到狐偃面前。几人一同到了晋文公的书房，晋文公把自己的想法告诉了他们，赵衰沉思了一会，慢条斯理地说："大王打楚国不是不可以，但暂时有难度！"

晋文公忙问："老师，你说说，打楚国有哪些难度，以便本侯早作准备。"

"楚国离晋国远，与楚作战必是长途奔袭，粮草物资运输不便，稍有接济困难，晋军必军心大乱，而楚军以逸待劳，有天时、地利、人和的优势，此战晋军获胜没有把握，更别说楚成王和成得臣是两个不易对付的对手，这是难度之一！"

魏抽沉不住气，抢着问："难度之二呢？"

他嗓子大，赵衰感到耳根震得发麻。

"楚国有恩于主公，这世人皆知，如果此时晋军攻打楚国，各国君主及老百姓必会说主公不仁不义、忘恩负义，晋军一出征，就不是正义之师，这是难度之二！"

狐偃这时说话了："赵老师没有难度之三了吧？你说的难度倒真是个事，但有法子解决，把楚军调出楚国来打，让他失去天时、地利、人和的优势，而且逼得他们打我们，我们不能不还击，这样理在晋国这一边！"

晋文公脑子转得慢半拍："舅舅主意固然好，可怎么样让楚成王听我们指挥，叫他离开本土与我开战？"

狐偃问："主公，现在楚王在哪里？"

晋文公被问得一头雾水："当然在楚都郢城？"

狐偃又问："主公，大将成得臣又在何处？"

"他在进攻宋国都城睢阳，宋襄公还向晋国求援哩！"

"那好，我们出兵打曹国！"狐偃口气坚决，不像信口开河。

晋文公不解地看着他："曹国与我国是井水不犯河水，为什么打他？"

"曹国去年末一边倒投靠楚国，就要打他！打他，他必求救于楚国，成王必会救他，这样就把成王调离楚国开战，而且是他主动在曹国与晋军开战，而不是晋军攻入楚国向成王开战，赵老师说的那两个难度都不存在了。"

晋文公大喜："舅舅，你这是一箭三雕，灭曹，打楚、救宋，舅，你太有才了！"

"主公才发现老臣有才？"狐偃打趣。

可素来心细又颇懂地理的先轸说出来的话让大家刚起的兴致又降了下来："曹国与晋国不搭界，进攻曹国必须向中间的卫国借道，刚把妹子嫁给楚成王当妻子的卫成公会答应吗？"

先轸的这句话，勾起了晋文公痛苦的记忆；想当年，重耳一行从晋国逃出，第一站就是想到卫国落脚，可当时的国君卫文公死活不答应收纳他们，要他们去别的国家避难，那段饥寒交迫的日子他们是怎么熬过来的，连重耳都觉得不堪回首，令他不胜悲凉，重耳叹了口气；“现在卫文公不在了，卫成王完全可不借道！”晋文公也有点犯愁了。

狐偃狡猾地笑：“那就更好！”

魏抽又叫了：“不借道怎么打曹国，好什么好？”

先轸恍然大悟：“正好以此为由，把卫国灭了！”

狐偃点头：“君子报仇三年不晚，主公可是过了二十五年，得报在卫国饥寒交迫之仇！我正愁向卫国借道、报仇没由头呢，不借岂不是更合各位心意，大家在卫国可都是饥肠辘辘、肚无存米、脸色如菜啊！”

魏抽双手握拳一挥：“对，卫国不借道就趁机灭了他！”

晋文公派谁去卫国借道，说来奇怪，派了太监勃勒去谈判借道。想当年，齐桓公和楚成王进行第一次南北战争，就是派太监竖貂当先锋；而今，晋文公又派太监充当外交官，为什么齐、晋国君都重用太监？一方面，历朝历代的大太监一般都是帝王身边的宠臣，用起来顺手顺心，另一方面，太监从小去势，保有童贞之身，虽少了传宗接代的根，但体内的精气神即元气优于一般男人，这样的人学武，体内保存完好的元气，往往使他们成为武林高手，所以齐、晋两国之君重用有特长又听话的太监就不足为奇了，而且，这样的人少了男女之间的绯闻，使唤他们用着省心、放心！

大国的特使到小国大都会摆出一幅傲慢自大的样子，因此，勃勒见到卫成公也不行大礼，只微微躬身，说：“成公，晋文公派特使勃勒前来借道。”

公鸭嗓子，又没胡须，卫成公正襟危坐，把来人身份猜了个准，心中顿生厌恶，心想：勃得起来吗，有东西勃吗？死太监！可嘴里却平静地说：“勃特使，晋国向卫国借道干嘛？”

勃勒双手捧着精致的盒子，里面装着名贵的宝玉，他把盒子放到案几上，抱拳道：“借道打曹国！”

勃勒赔着小心，一边说着，一边打开盒子，掀去锦帛，拿出里边的玉制奔马。卫成公看了看，心里冷笑；四条腿撑着个肚子，你送的玩意能上了天？

卫成公不傻，晋国打曹国是幌子，打妹夫的楚国才是真，心里大骂：死太监，借你个头！居心不良。活腻了！卫成公心里有气，放下玉马，两眼紧盯着勃勒，拍案站起：“借路？门都没有！”

“不借？”勃勒直起身子，一副不怕死的神态，不满地亢声道。

“不借！”

“晋文公叫你借！”抱着玉马的勃勒，身子摇晃着。

“本侯凭什么听他的！”卫成公充满杀伐之气。

“当真不借？”

“你当我说笑话?！”

“你可别后悔！”

“本侯不是吓大的！”

“你有种！”

“比你多个根！”

这句话顿时让勃勒羞愧难言，真是哪壶不开提哪壶，这不是授人以柄又是什么？你不能怪卫成公揭短。其实你应该自我安慰啊，你的精气神比他强啊，他在嫔妃的身上消耗大呀，你可挖苦他呀。勃勒可能被卫成公刚才的话气糊涂了，搓着手，一副英雄无用武之地的委屈，嘴唇张开了，却没出声，一转身，离开了卫成公。卫成公却在他身后又污言秽语地乱骂了起来。

气急败坏的勃勒向晋文公汇报了谈判经过，一直精神抖擞的晋文公，用手抚着竹简，双眼闪出神采，大怒：“卫成公不借道也就罢了，竟敢侮辱本侯爱将，是可忍孰不可忍！”

狐偃想了想，点头，一拍大腿：“卫成公蠢啊，设了套，他不钻还不行呢？朽木不可雕也！”

魏抽可没闲工夫说俏皮话，气哼哼地：“主公，打吧！灭了卫国！”

先轸也说：“卫国不借道，我们打他就有由头了，主公下令吧！”

晋文公听着他们的对话，缓缓站起，沉下脸，手攥成了拳头，猛地落到案几上：“先轸听令！”

“末将在！”先轸瞪圆周了眼睛，盯着晋文公，一副急听下文的神态。

“令你为先锋，魏抽为副将，领战车四百乘，杀向五鹿！”

先轸得令，和魏抽率领人马向卫国五鹿城杀来。大殿甬道，卫士一手执戈，一手执火把。铜钟撞响，人影匆匆。庭燎万点，火光冲天。

骏马旗迎风高飘，旗帜下先轸一马当先，督率着将士，顺着大路，扑向人来人往的城邑。顿时，叫骂声、哭喊声、打斗声响成一片。

野狼嚎叫声，窜进羊群。随后部落的人马，似野狼般的机警，扑向村落。

晋国边邑，喊杀声震耳欲聋，诸戎兵各路出击，从四面八方扰乱着。

镇守边境重地五鹿的是卫国名将公子休，在卫国，山中没老虎猴子称大王，公子休还算得上名将，可他面对的却是晋国春秋时期的第一名将先轸，那公子休这个名将就是水货了。

腾起的云烟直入空中，遮天蔽日，大地一片昏暗，奔逃的卫国百姓，呼啸着冲出的将士，战云密布。

两军在城外三十里对阵，双方的主帅是先轸和公子休，两人的战车驶出队列，虎视相对。按春秋时开战惯例，两军各擂鼓三通，主帅方可开战；于是，公子休命令卫军擂鼓，鼓声过后，晋军没有反应；公子休便命卫军擂第二遍鼓，晋军还是没有回应，公子休终于明白了：晋军是等卫军擂第三通鼓，趁卫军等回应鼓声的机会，突然掩阵杀过来！你不是等第三通鼓吗？我偏不擂，等死你！比耐心，谁没有！公子休不让卫军擂第三通鼓，晋军还是没一点反应，这打的什么仗，比耐心？公子休冷笑，你晋军也惧战啊！

两军对峙了约一个时辰，先轸终于熬不下去了，先开了口："公子休，投降吧！"

公子休哈哈一笑："投降？你白扯！谁投降你说了不算！"

先轸冷笑："请你回头看看！"

公子休不由自主地回头，不看不要紧，一看掉了魂，原来在他和先轸在城外斗谁有耐心时，魏抽已夺取五鹿，城头上飘扬的"先"字旗和"魏"字旗告诉公子休，五鹿现在姓晋不姓卫。

公子休恼羞成怒，指着先轸大骂："先轸，你算什么名将，专来阴的，投机取巧，本帅与你拼了。"

战马奋蹄，戎车急驰，正说话间，忽然，一阵阵吱嘎吱嘎作响的轱辘声震耳欲聋地向前冲来，尘土四散飞扬，五鹿城中冲出魏抽的一百乘战车，冲入卫阵中的是晋军的精锐人马，公子休那能顶得住，他早听人说过魏抽勇猛无比，现在看见他的战车像风一样呼啸着向自己冲来，心里早怯了三分。魏抽跳下车，解开缰绳，将马拉至一旁，跳到马背上，双腿一磕马肚，如同离弦的箭，快速向公子休飞奔而去。正在犹豫间，就见魏抽向自己迅猛出戟，速度之快，如闪电一般，公子休躲闪不及，拼命地向前跑着。魏抽催马从后追上来，举戟捅过去，公子休身子摇晃着，倒地气绝，一命归阴，身上的鲜血汩汩地流出来。主帅一死，卫兵们都无心恋战，纷纷逃命，魏抽的晋军在后面紧紧追杀，斩获无数，惨厉的牛角号此起彼伏。

低沉阴暗的云在纵横回旋的山峦间翻腾着，飘起的浓烟在残破的房屋上空迷漫着，僵卧的卫军尸体血流成河。晋军以零伤亡拿下五鹿，五鹿丢失，公子休战死，战线上传来的战报震动了卫都楚丘，卫成公这下可彻底清醒了：卫国和晋国对抗，就是找死！所以卫国人留下一句话：你犯贱，想找死，就找魏抽，时间一久，就变成简语："找抽！"

卫成公实在想不出对付晋军的高招，只得一面向楚国求救，一面派人向晋文公求和，没想到晋文公一口回绝了卫国求和的要求。

残垣断壁，粮仓废墟，房屋冒烟。那成片倒地的尸体，不是趴在房门前，就是横在窗户下，多是老弱病残者，显然来不及躲避。遭劫的岭邑，没有深沟高墙为屏护，在来去如风的晋军马蹄下，几乎成了废墟，没有喘气的生灵。卫成公不禁泪流满面，追悔莫及！

欢呼声由远而近，阵阵传来，满载而归的魏抽推开道贺的族人，飞马直奔晋文公大帐。晋文公登上丹阶，坐到了君位上。卫成公无法，只得再派人去向晋文公请降，卫国无条件投降，没想到又被晋文公拒绝。这下卫成公是六神无主，晋军攻陷五鹿，围逼楚丘，是企图灭了卫国？可晋军为什么不攻楚丘？按晋军的实力，他们拿下楚丘不费劲呐！卫成公想，晋文公不准卫国投降，肯定是要灭卫国，打楚丘是迟早的事，三十六计走为上，他把防守楚丘的任务交于其弟，自己脚底擦油一开溜。

其实，晋军的智囊团向晋文公出的计谋，是想暂时留下卫国和卫成公，以他们为诱饵，不断施压，迫使楚国来援，就在卫国和楚决战，减少晋军长途奔袭造成的粮草物资运输困难。

就在楚丘城外，晋文公按狐偃的计划，向当时的另外两个大国秦国和齐国发出谋求三家联合灭楚国鬼子的倡议书；结果，两国很快同意晋文公的提议，为消灭虎视中原的楚国南蛮，两国同意联合抗楚，还准备马上派出重兵到卫合围前来进攻的楚军。

得到齐昭公和秦穆公肯定的回复，晋文公灭楚的决心更大了。他通过五鹿之战，更看出了先轸的军事才能。于是拜先轸为帅，统帅晋国三军，迎战楚成王和令尹兼上将军成得臣（此时令尹子文已让贤给成得臣），先轸上任后的第一件事就是忠实执行事先制定的作战计划，给楚国在卫国挖个大陷阱，把楚王及楚军装进去！

楚成王和成得臣会上当吗？

此刻的楚成王思维非常清醒，他明知晋文公打卫而不灭卫，就是吊楚国的胃口，通过向卫国不断施压，刺激他的神经，从而驰援卫国，避免了晋军长途奔袭到楚国与楚军决战的物资运输困难。楚成王掂量了晋楚两军的实力，重耳在晋上台五年，在其团队精心配合下，能让晋国有如此规模，这是楚成王没想到的；他固然想寻找竞争对手，但当发现对手的军力及将帅的指挥才能不逊于自己的时候，楚成王并不蛮干，特别是在收到楚国在卫国的细作“先轸由先锋升任主帅”报回的情报后，楚成王更重视了。

五鹿之战，晋军的“零伤亡”，显示了先轸过人的军事才华；重耳在楚国避难时，先轸的军事才能让楚军的不少将领看到，都说自己的才干不如先轸，纷纷劝楚成王或把先轸留在楚国为楚所用，或把他杀掉。结果楚成王放虎归山，现在虎回来要咬人了，而且是先轸这只虎，楚成王不能掉以轻心。他心里清楚，成得臣勇有余，智不足，决非先轸对手，至于其他的楚将和先轸更不是一个级别，不可同论。因此现在驰援卫国，楚国确实没有取胜的把握。如果说楚成王好斗，但绝不会蛮干，不会不审时度势。但让楚成王两难的是，如果楚国见卫国危难近至灭国而不救，那今后楚国还怎能向小国发号施令，周边和中原投靠楚国的国家还怎能信服楚国！

楚成王牢记亚父子文的话：主意难定时，定要召开大臣会议，集思广益，慎决之，在此主意难下之时，楚成王召集了大臣开会，开会前，楚成王谈了自己两难的心境，请各位大臣献计献策。

听到打仗手就发痒的成得臣抢着第一个发言，红肿的眼睛看着楚成王，声调带着兴奋："大王，别顾虑那许多，打就是了！楚军向来所向无敌，大王，你看，我指挥的楚军已打到宋国的都城睢阳了，一路上宋军望风而逃！晋军没什么可惧的，先轸的智慧能大过管仲，怕也是空有其名罢了！"

大夫蔿吕臣也赶紧说出自己的看法："令尹此言差矣！晋军非宋军所能比，晋文公的气魄非宋襄公能比，先轸绝非宋将能比，咱们现在打宋国，晋国打卫国，各打各的，各有理由，如果我们现在驰援卫国，那就等于楚国直接挑起了楚晋之战，我们首先就不占理。依微臣之意，不如派人去和晋文公谈判，以和为贵。"

成得臣闻言大吼："不行！晋国人就是一群忘恩负义的狼，他们只认得打狼棍！我们救卫国，正好给这群忘恩负义的兔崽子颜色瞧瞧！"

大夫们先后发言，众说纷纭，意见不一，但说到底分为两派：主战派与主和派！成得臣和武将们主战(尽管不少武将心中没底)，不少文大夫主和，最后请楚成王裁决。楚成王没有当朝拍板，而是退朝后征询正在病中的子文的意见。

"亚父，本王现在是两难呐！"这是楚成王开口的第一句话。

"老臣知道，不救卫国，依附楚国的国家寒心，大王也不忍；可去救卫国，大王面对的是正取上行趋势的晋文公和他强劲的团队，大王取胜没有把握，所以举棋不定。"

"亚父，有没有两全其美的办法？"

"有！看晋文公这势头，晋楚终有一战，老臣依然以为迟打不如早打。如今之计是大王和得臣令尹兵分两路，令尹一半人马攻睢阳，早日攻下睢阳，这是实招；大王带一半人马救卫国，能打则打能撤就撤，想当年我们和齐桓公的第一次南北对峙不是也没打么？"略停，他喘了口气，又接着说："容老臣说句心里话，就是令尹和大王有一支队伍败了，楚国还有一半的元气未损。大王，千万不要毕其功于一役，晋文公的老狐偃及其谋士，就盼大王这么做，大王，万万不可哇！”

楚成王连连点头，不禁叫好。从子文官邸出来，楚成王叫来成得臣，两人商议决定，成得臣带一半兵力及陈国、蔡国的军队继续猛攻宋都睢阳，力争早日拿下，楚成王率一半楚军及郑国、许国的军队救卫国。

宋都睢阳，成得臣登高望城，见守卫森严，不由得长叹一声，急忙召集诸将商量攻城一事。楚军日夜攻城，意图一举拿下睢阳。

另一边，楚成王立即率兵北上救卫，尽管楚成王觉得亚父的主意不错，也按他的意见作了战斗部署，但楚成王一边进军一边心里却不踏实：他从亚父的谈话中听出了亚父的担忧，既怕他失威（不救卫国失信于各国，威望自灭），又怕他打不赢晋军，为让他摆脱目前两难的境地，讲出分头出兵的主意；亚父主意虽好，可楚成王总觉得这次楚国出兵和以往不同，他总觉得自己底气不足，是担心自己的兵力不够，还是怕自己打不赢晋军。他也说不清楚，为了让自己时刻保持清醒的头脑，他要敢于直言的蒍吕臣同行，由于心中彷徨，他命令楚军放慢进军速度，楚军虽然在动，但援卫速度迟缓。楚成王之所以这次进军如此小心，就是怕落入晋军圈套，先轸用兵诡异，开创了春秋偷袭攻城的战例，让楚成王心存疑虑，作为一国之君，他不能不为自己手下的三万士兵的安危着想。如果说楚成王比成得臣高明许多，就因为他不像成得臣那样只逞匹夫之勇，而缺少大将应具备的智谋，这也是楚成王不想让成得臣与晋军正面交锋的原因。

在向卫国楚丘进军的途中，楚成王派出了许多奸细收集晋军的情报。这时，急遽的马蹄声，打马急奔的谍兵滚下马背，跪地禀报：“齐国军队已抵达卫国，秦国军队也正在向卫国开来。”

一打三。当今世界，四个强国中有三个联合起来打楚国，这对楚国确实不是好消息，也不是好兆头。

扬起的飞尘，狂奔的马蹄声，又一军兵翻身下马，单腿跪地禀报。楚成王闻言大惊，他心里很清楚，楚军的人数和战车数已成劣势，秦晋齐三国联军的人数和战车已远远超过了楚军，这仗还打不打？楚成王在心里一直盘算，越想心中越发凉，这种心态是楚成王以前出征中很少有的，他似乎觉得齐秦晋三军正布下套子让他钻，这让楚成王越向前走越紧张，不禁心下犹豫，迟疑不决。沉吟片刻才问同行的蒍吕臣：“蒍大夫，你说这仗还能打吗？”

蒍吕臣是聪明人，一听大王的口气就知道他不想打了，想叫自己为他找不打的台阶：

“大王，这仗不能打了！先轸明摆着设了陷阱等我们跳哩！”

楚成王哼了一声，冷冷地说：“只有傻瓜才往他的陷阱跳！”

蒍吕臣急得脖子都红了，惊讶地瞪大眼睛，愣愣地看着楚成王，大叫道：“大王，您想，先轸拿下五鹿，完全可以一鼓作气拿下楚丘，他却围而不攻，既不准许卫成公求和又不许他投降，想干什么？要灭卫国？不像，先轸是把楚丘作诱饵，调集齐秦两国的部队于楚丘，三国的优势兵力在楚丘聚歼大王！”

“重耳这小子胃口不小，不但与本王比试，还想一口吃掉本王！”

“大王，是进是撤，望速决！”蒍吕臣叹口气，又进言道。

“我让先轸设的套落空！”楚成王深思道。

“大王，要撤就快撤，如果晋军正面压过来，齐军和秦军再两面包抄，大王，那楚军就不妙了！”

“先轸想引诱本王，还嫌嫩了点，撤！”楚成王灵活应变，镇定道。

蒍吕臣大喜：“大王英明！往哪撤？”

“撤往靠近成令尹的申，楚军也好成掎角之势，防止先轸再次像五鹿那样偷袭！”

蒍吕臣从心底佩服楚成王的随机应变：他爱斗，但决不蛮斗，在用心机取胜方面，他一点也不比晋文公和他的团队差，只可惜他身边少了像子文老令尹这样智勇双全的人；虽然有了个战争狂人成得臣，但他那一根筋的思维，一有仗打就不顾一切的心态，着实让楚成王不放心；可成得臣还不自省，经常在楚成王面前拥兵自重，让楚成王心生反感，几次想换掉令尹，另委他人，只是苦于他手下还没有出现超过成得臣这样的人；他虽然缺心眼，但却勇武过人，世上无人能敌，更别说他还是亚父子文所荐之人。子文给了楚成王用成得臣的四字秘诀：“用勇扼粗”！但不管怎么说，成得臣上任令尹后，除了在兵权上和楚成王闹点争权外，其他还算称职，楚成王也就没有罢他官的理由。

楚成王临时撤兵，这让晋国人大失所望，但也让他们大增了战胜楚国的信心！以前楚国打人家，有中途就撤军的吗？唯独在晋军面前撤了！南蛮也知道怕了！晋军上下一片欢呼，因为他们看到了战胜楚国的希望，在此之前，楚国是所向无敌的啊！

先轸也乐观，但并不盲目乐观，他还自责自己低估了楚成王，以为他会就范，进入秦晋齐联军的包围圈，可聪慧而狡诈的楚成王却审时度势，进军中途又撤军，不一条道走到底，不失为明智之举；他知道必须加大对楚成王的刺激，逼他与三国联军决战，从而彻底扫除对晋国威胁最大的南边这个隐患。

为了加大刺激楚成王的力度，先轸决定先让晋军穿过卫国打楚国的盟国曹国。他打曹国的方针与打卫国不同，打卫国是打而不灭，诱使楚成王上钩；打曹国则是要坚决把该国彻底消灭，这样做是让楚成王不得不来救曹国。在投靠楚国的小诸侯国中，曹国是最积极、最坚决的一个急先锋，打在曹国身上，疼在楚成王心上，灭了曹国你楚王还见死不救，楚国在投靠于己的盟国中的威信将消失殆尽。所以，先轸断定，楚成王不会再沉得住气坐视不管，他必会倾楚国之兵，前来营救曹国，这样就有机会聚歼楚军主力。

先轸的作战方案最先得到狐偃的首肯。狐偃认为开战以来，先轸的战场指挥比他预想的还要优秀，他从内心里对先轸十分满意。智多星都同意了先轸的方案，晋文公当然全力支持。于是，先轸留下齐国军队，自己则带着晋国军向曹国陶丘进军。在派谁带兵打该城的问题上，先轸犯了和齐国管仲同样的错误，派了一个太监当先锋，谁？就是前面提到的勃勒！

为什么派他？因为春秋时期他是武功第一高手！怎么评的？开了武林大会？没有。是晋国摆了擂台，请各武林高手比武，勃勒从而获胜？也没有！大概勃勒确实有两手，又加上人们言传上又添油加醋，越吹越神，勃勒就成了春秋时武功第一高手了，别人说和传都可以，可悲的是勃勒也自认为是天下第一武功高手，他主动请战，只带三十乘战车攻打陶丘，此言既出四座皆惊，这就是说勃勒只带三百晋军攻下陶丘，这有可能吗？曹军就是战斗力再差，守陶丘的兵力也不会少于三百人吧！

素来精明的先轸竟然相信了勃勒的大话，让他带三百人攻打陶丘，这里究竟是什么原因让先轸作出了开战以来的第一个错误决定，史书没说，但确是十分费解，春秋战国时期有不少战斗，形同儿戏，是令人迷糊的一件事。

勃勒打陶丘的结果是全军覆没，三百人无一生还，包括这位武林高手。

有人会说曹军的战斗力还真强？其实非也！原来曹国君曹共公听说先轸只派三十乘战车三百人打陶丘，肺都气炸了，晋国太小视人、太蔑视曹国了，你能三百人就灭了曹国？我要好好教训一下狂妄的晋国人！他知道领头的勃勒武功高强，只能智取不能力敌，他故意让陶丘城四门大开，放晋人进攻，勃勒不知是计，还以为晋军惧他的威名，望风而逃，于是，得意忘形的率部进城，他的三百人刚进城门，四门就关闭了，几千曹军铁骑拥上城头，向刚进城的勃勒的人马乱箭齐发，勃勒和他的部队还没搞清是怎么回事，就死于乱箭之中。

你勃勒就是天下第一武林高手，也敌不过飞来的如蝗乱箭，你可挡一支，拨一批，但箭如雨点，你还能往哪儿躲?！所以，齐人和晋人派太监出征，都是会出事的，因为他们缺少一条根，而没根的人，基本上都是没根基的，靠他们打冲锋，准完！

次日天亮，晋文公因为急于复仇，率领晋国大军南下，在隆隆军鼓声下，晋军的步兵排成整齐的队形向陶丘城前进，一来到了陶丘边界，就直接冲击陶丘的城门。

晋军攻击的重点在陶丘的城门，曹军弓箭手射出一阵一阵的箭雨；晋军士兵急忙举起盾牌挡住袭箭，却无法完全遮挡，仍有不少晋军士兵被箭射中。轻敌的晋军依旧保持着队形逼近陶丘城墙，原本躲在盾牌后面的攻城晋军见到晋军大部队到达，立刻冲了出来，架梯子登墙或者是搬粗木撞城门，但他们暴露在曹军的弓箭射击之下，晋军许多士卒刚冲出来就被射死了。

城头上情景惨不忍睹，曹军将三百晋军的尸体挂于城头，血肉模糊，不成人样，并在城头指着晋军的尸体讥笑。

此情此景，晋文公怒火填膺，气得大吼。先轸很伤心，他没等晋文公下令，便叫三军突袭部队，向陶丘的城门口发动强攻。曹军见晋军一大群人向自己飞速奔来，连忙下令关闭城门，但是城门那里太拥挤，慌乱的曹国士兵一时没有办法关闭城门。晋军就从洞开的城门爬了进去，砍倒守门的曹军，并死死控制住了城门。

晋军的主力部队见突袭成功，立即发起了总攻击，大批人马从城门冲了进去，与曹军在街道和城墙上展开激战。疏于防备的曹军被打得大败，陶丘很快就被晋军占领了。晋军一直冲进曹国的公宫，将还没有反应过来的一帮大臣当场抓获。

晋军刚灭掉曹国，宋国快马就来向晋文公求援：睢阳告急，楚军指日可至，请晋文公发兵救援！

救还是不救，这是摆在先轸面前的难题。先轸知道再不能出错了，每一步都必须谨慎，他说出的一番话，出乎晋文公和他们团队所有人所料，但大家又不得不佩服先轸技高一筹。可他究竟说了什么呢？

第六章　城濮大战　晋胜楚败

楚军围困睢阳，先轸提出让宋襄公请齐秦两国居中调和，楚成王不允；齐国、秦国主动约晋国与楚国开战。楚成王决定撤兵回郢都，但成得臣不甘心。斗勃提出以曹卫换宋国的议和方案，先轸表示同意，而曹卫却在这时提出与楚断交。楚成王下令三军进攻曹国。晋文公信守当年诺言，退避三舍。晋楚两军最后在城濮展开大战，晋军完胜，晋文公终成霸主。

“主公，我们不救宋国！”先轸不愧是一代名将，打仗在行，用兵更有一套，他对重耳献计。

胭红色的夕阳缓缓落下去，在接近地平线的瞬间，发出绚丽的光彩。几个人站在御院的桃花林中，夕阳映照着盛开的桃花，晃在晋文公苍老的面容上。此时，一只孤鸿，从桃林的上空飞过，发出阵阵哀鸣；那拖长的一声声悲鸣，似乎是生死永隔。晚霞没了，还有再现的时候；夕阳落了，还有再出的时候。人死了却不能复活。晋文公仰望着前面掠过的孤鸿，不禁触景生情，竟莫名伤感，一听先轸此言，倏然变色，沉声道：

“我们不救宋国，宋国如果被楚国灭了，那我们以前做的攻卫灭曹都是白瞎，以后还有谁相信本侯！”

先轸看着黑脸的晋文公，想说什么，又咽了回去。

“宋国守得住！主公别听宋襄公瞎嚷！宋军攻不倒，守城的诸侯各国军队中称第一，睢阳城坚壕深，再坚守个把月没问题，主公放心就是。如果我们现在驰援宋国，楚军若趁机对我偷袭，晋军将腹背受敌，以前取得的战果就会化为乌有！”

“那我们也不能见死不救吧！”老师赵衰发言了。

“别急，听先帅说。”狐偃心中有数，对先轸有信心。

“老师说得对！我们不能见死不救，立即派人去睢阳，让宋襄公请齐秦两国劝说大家以和为贵，劝楚退军；与此同时，我们把一部分卫国和曹国的土地划归宋国，激励宋襄公守城的斗志。依我对楚成王性格的了解，在宋国即将灭国的时候，齐、秦劝他退军，他会断然拒绝，这样楚国就彻底得罪了齐、秦二国，我们三国对楚的统一战线不但紧密形成，而且大家就可步调一致矛头对准楚国南蛮，寻机与楚国决战！”

起风了，桃叶撞击，发出簌簌的响声。先轸扶住晋文公，让他在矮几上坐下，见晋文公面色和缓过来，又侃侃谈着。晋文公对先轸的计划连连点头，决定按照先轸的计谋去做。其他人也都不住赞叹。狐偃拍着先轸的肩膀说：“先帅，老朽该退休了！好好干！”

果然，对外交策略不在行的楚成王落入了晋国的圈套之中，先轸的妙招，令晋国收到了预期的效果。宋襄公听到晋文公割让卫国、曹国的土地给他，激情无限，守城的决心更大了；受他邀请前去请楚成王撤兵的使者，不出意料地被楚成王拒绝。齐秦两个大国你楚成王不给面子，那就得破你的面子，齐昭公和秦穆公主动找晋文公，要求和楚军开战，不制止楚国向中原诸侯国开战的势头，决不退兵。

先轸希冀的目的达到了。

先轸高兴了，楚成王却着急了：他一时性急，拒绝了齐秦为宋国求和，但事后就后悔了；当楚国细作报回齐、秦、晋更紧结盟讨伐楚国的情报后，楚成王更是追悔莫及。

蒍吕臣适时地对楚成王说：“大王，三大国对付楚国，微臣以为这个仗没法打了！楚国对付一个晋国尚不能说有获胜的把握，更别说再加齐、秦！”

楚成王不想冒险，他不得不做出一个无奈地决定：“全线撤出，本王撤出申国，成令尹撤出睢阳，回郢城再议！”

蒍吕臣舒了一口气：“大王，决策英明啊！”

楚成王叹了一口气：“本王就怕已经杀红了眼的成得臣不肯撤军啊！他以为睢阳已是囊中之物。”

蒍吕臣口气游离：“不会吧？大王，令尹会不遵大王令？”

楚成王沉下脸：“他拥兵自重，有什么不敢的！”

楚成王的担心不幸被他言中了！正在加紧攻睢阳的成得臣他脾气暴躁，自尊心很强；当听说国君命令他撤退，放弃宋国，也不和晋国交战了，立刻就火了，心里极不高兴，觉得这样做实在是丢楚国的脸面。所以他立刻写了请战书，派大将斗淑（斗伯比的孙子，老令尹子文的侄子）去向楚成王请战，向楚成王请求收回撤兵的命令。他不敢骂楚王，却敢骂蒍吕臣：“奶奶的，都是那个蒍吕臣，怕本令尹立大功，在大王面前进谗言，暗算忠臣，老子偏不撤，不但不撤，还要和晋军决战，如今天下，有谁能胜过成得臣！”

楚成王一看请战书，马上来了气，说了一句：“令尹当真敢不遵王命？”

斗湫了解成得臣其实也有头脑,他想以其人之道还治其人之身,便帮成得臣说话:“成令尹想为王增辉!”

楚成王没好气地吼:“他怕是不见棺材不落泪!”

斗湫说:“临行,令尹说了晋军是不见棺材不落泪,反意。”

“他面对的是三大国联军!”楚成王还在吼。

“令尹说了一句。”

“他说什么?”

“他马踏三国联军!”

“说我狂,爱打仗,他比我更狂!”楚成王怒不可遏。

“他说以胜利报大王!”

“若败了呢?”

“他自绝于大王!”斗湫说。

“军中无戏言!”

“令尹说:大将一言既出,风都追不上!”

“斗湫,你说本王应不应该准他的请战?你可是老令尹的孙子啊,在此关键时刻,你要替本王出出主意!”

成得臣的请战使楚成王在战与不战的问题上犹豫起来。不打吧,感觉正如成得臣所说,楚国会很失面子;打吧,又对自己的后方不放心。

“大王,令尹是个战争狂人,你叫他有仗不打,他怎肯罢手,不妨让他一打。”斗湫说。

“怎谓‘不妨’?”楚成王放缓了语气。

“现已有一半楚军在睢阳,就让他带这么多兵和晋军决战!”

“你叫本王留一手?”

“象征性的给他派出东宫卫队,这样他统率的楚军占一半还强!”

“他能胜吗?他的对手可是先轸啊!”

“大王,全靠天意了,胜了,令尹有功,大王高兴,败了,大王正好让令尹走人,岂不正合大王心意。”

楚成王想了想,既然成得臣愿意去打,那就让他带一部分人马去打,输赢由他负责;自己则带主力部队回郢城,守好自己的地盘。

“知我者又是斗家人!”

当天,斗湫领着东宫卫队到睢阳向成得臣复命,成得臣见楚成王不但批准了他的请战,还调来了太子商臣的东宫卫队,十分振奋。他命令一直跟自己打睢阳的西部队为左军,由子西斗宜申将军率领,自己的族兵若敖六卒的一百八十乘战军为中军，子上斗勃率东宫卫队，陈国和蔡国盟军为右军，准备和晋、秦、齐军决战。箭在弦上，只等张弓待发，看来南北第二次大战不打是不行了。

成得臣好战，但同样不莽撞，他连忙召集手下大臣，在睢阳营中召开前敌会议。

“大战在即，各位将军有什么想法，尽管直言！”

“令尹，这一仗不一定非要打！”右军将军斗勃说话了，开口就唱反调，让成得臣很不爽。将军们都知道，成得臣爱打仗，谁要是反对他打仗，他恨你一头疱！所以，斗勃唱反调是要有一点勇气的。

“你怎么说话的？事到如今，楚王已准了本令尹请战，东宫卫队也来了，这仗怎么能不打呢，你该不是怯战吧？”成得臣气得七窍生烟，翻着白眼，口气也冲。

“令尹，你不同意无条件撤军，因为楚军已往打仗从无先例！”斗勃声调不高，口气不急不躁。

“对！令尹和楚王脸上都无光嘛！再说，有仗不打，也不是成得臣的性格和做派！”

“其实有既不开仗，又能捞面子和实惠的办法，就是令尹不打仗，也能为楚国立大功啊！”斗勃说得底气很足，好像成竹在胸。

“你说得也太玄了，不打仗也能立战功？”成得臣似乎不信天上掉馅饼的事，他没见过。

“令尹派人去晋国提条件，他们恢复楚国的盟国卫国和曹国，我们解围宋国，双方各自撤军，这样楚国面子里子都有了，既挽救了盟国，又避免了交锋。”

成得臣觉得斗勃的主意挺新鲜。于是，他问斗淑：“你们斗家主意、点子都多，你认为斗勃的提议如何？”

“不失为高招，主意不错！”斗淑认为斗勃的建议附和楚王撤军的意思，所以支持他。

“主意虽好，可晋国人不干呢？”成得臣说出疑虑，不是没有这种可能。

“先轸是个有头脑的人，他不会不干！”斗勃说得很肯定：“我们用宋国换卫、曹复国，若先轸不答应，宋国会恨他，卫、曹两国更会恨他；他在三国先失人心，就不占理，未曾开战，他就输了理，他这个仗还怎么打？先轸不傻，他会答应的，他不是常说据理开战么？”

“子上你太有才了，以前本令尹怎么没看出！”

于是，成得臣派人去晋军大营提出了以“曹卫换宋国”的方案，在晋军将领一片反对声中，先轸居然同意了，待楚使走后，先轸说出了同意的理由，让在场的所有人折服。

“我们同意了以曹、卫复国换取楚国撤军解围睢阳，这三国的国君和人民都会感激晋国有道，道义上晋国完全赢了。根据协定规定，我们让曹、卫复国，卫成公、曹共公会对晋感激不尽，我们再给他们提出条件，虽帮他们复国，但要和楚国正式断绝往来，并正式给楚成王国书，这样必大大刺激楚成王，让他觉得被我们玩弄欺骗了，激恼的楚成王必然会兴兵和我决战，我们的目的就达到了。”

楚成王刚接到成得臣以曹、卫换宋国的和平方案时，心里还很高兴，他终于觉得酷爱打仗的成得臣破天荒地放弃了战争；可高兴刚过，便接到曹、卫两国之君复国后给楚国来的绝交信，这让楚成王雷霆万丈！他责怪成得臣弄巧成拙，这倒好！和平没实现，原来的盟友现在成了敌人，偷鸡不成反蚀了米，一气之下他派蒍吕臣把曹、卫两国的绝交信带到睢阳给成得臣看，明摆着羞辱他成事不足、败事有余。

成得臣一看楚成王转交的信，真是恼羞成怒，大骂：“晋国人，老子忽悠不过你们，咱们在战场上见输赢！”

晋楚争霸的第一场大决战即将来临。

楚成王下令楚三军向曹国挺进，不和晋国人真刀真枪干一场，不解成得臣心头之恨。楚军进军速度很快，这支部队一直跟着成得臣打睢阳，很听他指挥，所以进军神速。

晋楚两军在曹国陶丘第一次对垒，面对楚军咄咄逼人的攻势，晋国人撤军了。

晋国人明明找楚军主力作战，现在楚军主力来了，晋军反而撤了，是晋军恍神怕了，还是另有其他原因？

原来撤军令是晋文公下的。他在楚国避难时曾有言在先，今后若真有可能回晋当国君而又与楚国争雄兵戎相见，他会退避三舍。晋文公退避三舍的行为其实还隐藏着自己重要的战斗部署。

按春秋时的算法，一舍是三十里，三舍便是九十里，现在他与成得臣的楚军对垒，为不失承诺。他命令晋军后撤九十里，他的命令刚出，全军震动，许多将士想不通，只有狐偃、赵衰知道是怎么回事。当元帅先轸也不明白其中原因，问晋文公何故撤军时，晋文公才讲出了当年在楚国和楚成王的约定，并讲了一番至理名言：

“打仗，关键在于是否占理，有理便士气高昂。当年，本王受了楚王恩惠，如今应该退避三舍来回报。如果楚军也退，两军相安无事，如果他们不撤反追，那就是他们无理了，无理之师必败！”

先轸听得是心服口服，晋文公以诚信待人，以理待敌，此仗是赢定了。

两军对峙的第二天，成得臣就派人去晋营下战书，不久下战书的人回报说：“晋军不见了，估计是害怕后撤了！”

面对成得臣的进攻，晋文公却下令全军后撤九十里，退到卫国去了。

成得臣欣喜若狂；本将军刚和晋军相接，晋军便闻风丧胆，没交手便主动后撤，是畏惧的表现；战端未开，便心生惧意，晋军此战必败！成得臣心高气爽，楚军更是趾高气扬，他们东征西讨从无敌手，本来就没把晋军放在眼里，现在他们更瞧不起晋军了。

晋文公后撤的行动被成得臣误认为是怯懦的举措，这就使他首先就犯了轻敌的错误，由于有了这个错误，素来精于布阵的成得臣认为晋军不堪一击，所以在以后的交战中，他都没有过细谋划，直至最后惨败身亡。

听到晋军不战而撤，成得臣下命令全线追击，穷追不舍的成得臣很快从曹国追到卫国城濮，追上了晋军，他命令三军在城濮安营下寨，准备再下战书对决。

晋楚两国的将士枕戈待旦，只等第二天血腥的朝阳升起。

一队队佩刀执戈的武士，急速地奔走着。

闪着几颗星星的夜空，不知何时漫过阴云。掩住星星的阴云越积越厚，眨眼间遮住了半弯的月儿，天地间一片暗淡。

面对气势汹汹的楚军，晋军元帅进行了有的放矢的准备，长身直立的先轸，眼睛紧紧盯住细作，目光是询问的神色。

他根据晋军细作报回来的楚军三军(左、中、右)阵势情报，精心布置出专门对付楚军三军的阵势，具体安排如下：

自领中军，前锋是三层弓箭手，其后是执戟步兵方队，再其后是他自己最精锐的一百乘族兵；

左路，由下军将军胥臣率队，而打出下军主帅栾枝的帅旗，专门对付楚军的右军；

右路，由老帅狐偃坐镇，在高坡上列阵，迎战楚军左军，而下军帅栾枝一部晋军埋伏于高坡下的树林中。

先轸比成得臣战法确实高明许多，他知道齐、秦的军队靠不住，战斗力也不知根底，故把他们摆在了晋军三军后面。主要是助助军威，壮壮军胆，并不想把他们用到晋楚战场。

双方布阵完毕，先轸看了双方阵势，就已经知道此战虽未打，但他已胜券在握:因为成得臣的右军是陈国、蔡国的部队,这种滥竽充数的阵势是成得臣布阵的软肋;先轸讥笑成得臣不懂阵法,成事不足,败事有余,把陈国、蔡国这样不经一击的部队充任右军,必然抵挡不住他的下军的巧妙攻击,楚军右阵一崩溃,楚阵自乱,三军阵形必然指挥无序,进退无方。先轸之所以不把秦齐的部队列入战斗序列,就是怕成得臣冲击齐、秦部队这个薄弱环节,现在先轸放心了,自己晋军阵形严密,可楚军却露出一大块薄弱环节,这仗楚军还能赢么?他虽然知道胜利在望,但他也许并不知道这将是一场不同寻常,意义深远的战争,是一场影响中国军事战争史的完美战例,通过此次城濮大战,晋国真正成了中原诸侯国中的霸主,而为之奋斗了一生的楚成王只能望着辽阔的中原兴叹。

一切准备就绪,先轸下命晋军:“可以开始了!”

大战开始前,成得臣依然坚信,从此必无晋矣!楚军必胜,晋军必败。他要乘胜势席卷晋国,可他做梦也没想到从晋楚两军布阵时起,楚军的败局已定了。

从晋军和楚军的实力看,晋军总兵力不过七百乘战车,当然其中有二百乘是齐、秦二国的战车;楚国的兵力尽管不是楚军全部,但加上陈国、蔡国的战车也是七百乘。

随着一阵响亮的号角声,位于北面的晋军和位于南面的楚军都几乎在同一时间离开了自己的营帐,开始在大平原上布阵。城濮的大地上战车和士兵密密麻麻,各种战旗遮天蔽日。

两军主帅驶出战车,相对而行。

成得臣率先开口大骂:“重耳及尔等小辈,无情无义,把楚王的恩惠置于脑后,进犯曹国意欲犯楚,你等如此无信,此无义之仗能胜么?”

先轸先仔细观察了楚军的部署,随即发出将令,让手持长殳和长戟的步兵组成摆出了自己特色方阵,他面不改色,声态平和:“成将军别来无恙!想我主文公当年就和楚王有言在先,如回晋国为君,定和楚国决一雌雄,又何来言而无信?文公还有言在先,如和楚军非兵戎相见,晋军将退避三舍,我们又做到了,可将军苦苦相逼,紧追不舍,从曹国追到卫国城濮,若晋军再不应战,岂不有失将军和楚王之所望?”

“我讲不过你,刀兵上见!你擂鼓三通!”晋楚两军摆好了阵形,成得臣看着人数比自己少的晋军,轻蔑地叫先轸先擂鼓。

“成将军,本帅可要攻你右阵了,勿谓言之不预!”先轸大声说,不像假话。

成得臣哈哈一笑:“你先轸别忽悠本将军,谁不知楚军崇左,你不攻左阵,别人可上你的阴当,我是谁,楚将成得臣!”

“就因为你是成得臣,我才打你右阵!”

晋军二通鼓罢，楚军正等待晋军擂第三通鼓，只见先轸手中的令旗一挥，晋军左军的胥臣率领战车，杀向右阵。

看见先轸说哪打哪，成得臣慌了神，楚军的右军是陈国、蔡国和楚国东宫太子卫队，力量最弱，因为事先成得臣排阵时估计，晋军必定先拿下楚军最难啃的部分一左阵，所以他亲率家敖兵镇守左军，迎接先轸的第一波冲击。

只听楚军军官发出一阵响亮的口令，楚军精锐的弓箭手们把弓箭朝上，朝着晋军队伍就是一阵猛射。那些箭嗖嗖地就像蝗虫一样飞来，晋军士兵连忙支起盾牌躲避。但没想到，先轸出其不意，专打楚军的最弱环节，他派出战车在两军之间来回跑动，让车上的弓箭手向楚军的方阵猛烈地还射。躲避不及的楚军被晋军落下的箭雨射死。这一手阴，也毒。况且胥臣的马均披了虎皮，披着虎皮的马在楚军右阵陈国、蔡国的部队眼里，就变成了“马虎”；这些“马虎”狂冲楚军右军，顿时让右军的马和士兵丢了魂，被“马虎”冲得七零八路，整个右军立即溃败，右军本来战斗力就差，现在见到这些“马虎”一冲，那还不只有逃跑的命？好在右军主将斗勃名如其人，“勃”起苦斗，才押住楚军右军败退阵脚。

成得臣见先轸打仗完全“没规矩”，总是来阴招，气得是七窍生烟，当斗勃向他报告：“右军已损失七八”时，成得臣气得差点从马上掉下来。

春秋时打仗，常规许多，如开战前擂鼓三通就是惯例；一方冲阵获胜，胜方并不挥军掩杀，而是让败方朝自己阵形进攻，三军均打过，最后才决定胜败。

先轸左军冲阵获胜，该常规该成得臣冲阵，成得臣戟一举，大叫：“先轸，看我冲你左阵！”

说完，便率领楚军左军向狐偃的晋军左军杀来，双方士兵和战车都加快了步伐，奋力地向对方跑去。在震耳欲聋的喊杀声中，两边的人马很快就贴在了一起，在碰撞的一瞬间，激烈的战斗爆发了，只见漫天的箭矢在四处飞舞，无数的长戟在挥舞碰撞，战场上金属碰撞的声音不绝于耳，楚军刺死了不少晋军的战马和士兵，晋军的战车也撞翻了许多楚军士兵。不断有士兵和战马惨叫着倒下。狐偃哪是成得臣对手，一来他是将军中年岁最大的，二来他的左军老弱俱多，马也不是“马虎”，成得臣几个猛攻，狐偃的左军就顶不住了，狐偃把后军变前军，立即撤退，那崩盘的速度比楚军右阵还严重，名将狐偃的兵这么不堪一击，首先引起了大将斗淑怀疑，他向成得臣提出这是晋军的诱敌之计，妄想把楚军引进晋军预设阵地，聚而歼之。

斗淑的话让成得臣警惕，别人的话他可不听，但言出斗家，他不得不重视。他也感到奇怪：狐偃一打即败，是老之故，还是计所为，为慎重，他立即下令楚军停止追击，以防晋军布阵有诈，应该说成得臣对先轸诡计是有所准备的，无奈，先轸的手段比成得臣高明多了，他叫栾枝的部队在隐藏的树林里，让马拖着树枝奔跑，弄得灰尘四起，好像狐偃的部队已逃到了树林处，而且还是一团乱糟，慌不择路，要不然，树林内灰尘不会这么大。

楚军前哨立即把这一情况报告了成得臣，其实，他和斗淑都看到了晋军狼狈逃窜的景象，他和斗淑简单商议一下，认为狐偃逃跑是事实，顾命都难，哪里谈得什么使诈?

成得臣不想错过战机，下令右翼的部队赶快追击，命令楚军左军全部向狐偃所在的树林压来！正在对成得臣下令停止追击而不予理解的楚军，听到成得臣继续追击的命令，更是不顾一切向狐偃冲来！他们眼里，吹得不可一世的名将狐偃竟是水货，这让楚军斗志倍增！

眼看就冲到了树林前的小山岗，埋伏于树林山岗间的栾枝突然从林中山地杀出，让毫无防备的楚军顿时炸了营！这时，先轸见楚军中计，下令擂动战鼓。成得臣根本没料到尘土中还埋伏着一支部队，狐偃诈败的左军复又杀回，两军奋勇争先，向楚左军杀来！

此时晋军探哨向先轸报告，左军和栾将军已和成得臣混战，战争呈胶着状态。先轸心里不由得暗自称奇：成得臣真是楚国一员虎将，对付晋军伏兵还没乱方寸，应对自如。这时，他果断命令自己的中军参战，聚歼成得臣！他这一个步骤明显违犯战争常规，可先轸是一个为了胜利完全无视战争常规的元帅，怎样能胜利就怎么打，这比成得臣墨守成规的打法不知要高明多少，两军指挥官的指挥水平的高低，直接导致了这场战争的胜败。

应该说，成得臣和楚军还真能打，明知中了栾枝埋伏，上了先轸的套，可楚军依然战法有序，特别是成得臣的族兵更是骁勇，前冲后突，如入无人之境。成得臣面对突然杀出的晋军，先是有点措手不及，但不久便压住了阵脚，在他的指挥下，楚军边打边撤，损失并不大。可当先轸的中军也发起冲锋，成得臣的一支左军实际上面对先轸全部晋军的冲击，力量的颓势立即显现，楚军阵形经不住三方打击，马上呈现混乱态势，冲在最前面的楚军战马一个趔趄掉进了壕沟之中，战车当即侧翻。后面的战车来不及刹住，撞上了前面翻到的车辆，也发生了翻车。此时，成得臣已失去了对楚军的控制，在斗淑和自己儿子成大心拼死护卫下，且战且退，看见自己平目善战的楚军现在成了晋军刀下鬼，他这才想起了楚成王的话：“成得臣是不见棺材不落泪！”

“全军完了！”成得臣脑子中这个念头一闪，指挥楚军边打边撤也没有了章法，倒是他的儿子成大心此刻还算头脑清醒，他替父下令：

“后队前变队，弓箭手押后，全线撤退。”

他的命令果然见效，晋军的进攻被遏制住了，招架无术的楚军才从晋军的重重包围中撤了一小部分出来。

晋文公就在战车上看着成得臣和一部分楚军撤走，先轸觉得这是全歼楚军的极好机会，他问晋文公："主公，现在楚军面临我三面夹击，只要猛冲过去，一定让成得臣全军覆没，您下令吧！"

晋文公摆摆头："算了，让成得臣逃吧！这也算我们回报了楚成王当日之恩。"

城濮大战，晋军全胜。虽然成得臣在战斗快要结束的时候及时撤退，保住了楚军中军的数万正规军，但是左右两翼的联军遭到了毁灭，数万申、息两国的年轻人成了卫国那片大平原上的累累白骨。楚军以大败收场。

此仗是春秋时期主要一仗，其参战双方兵力达十万之多，战争双方上演了一出精妙绝伦的斗智斗勇大戏，首开集中兵力打歼灭战的先河，创造了战争史上诸多个第一：

第一次选择敌人薄弱部位首先攻击；第一次采取声东击西的战略；

第一次实施了埋伏袭敌的战法……

总之，春秋名帅先轸在城濮大战中将他指挥战争的才能发挥得淋漓尽致，他全盘掌握了这场战争，几乎战场的每一步棋都是按他的预设而动。成得臣的指挥水平虽然远逊于先轸，但他们奋勇杀敌、战风强悍、将帅面临困境而不停止战斗的顽强作风，也给先轸和晋文公留下了极深的印象，所以在以后楚晋争霸的历史进程中，晋国历代国君及主帅，都对楚军不敢有丝毫的轻视。

城濮之战后，奉周天子之命，诸侯各国的国君聚集于城濮，庆祝城濮大战的胜利，按周天子授意，各诸侯国之君，一致推举晋文公为中原国霸主、在众位国君的拥戴下，晋文公终于成了继齐桓公后的第二个春秋霸主。

可叹楚成王一生都在为称霸而战，至死都没能成为春秋霸主；城濮之战后，原来跟着楚国指挥棒转的诸多小国又纷纷投向了晋国，大大地削弱了楚国势力范围，使楚国的争霸事业处于低潮，军力大损，众叛亲离。

当成得臣回到楚国时，楚成王把一肚子怨气都出到了成得臣身上，他对大夫蒍吕臣说：

"叫他不打，他偏要打！这下可好，损兵折将，大减楚国雄威，以前，除齐、秦、晋，天下都是楚国势力控制之下，如今，依附楚国的国家大都倒向了晋国，出现如此局面，罪在成令尹！"

蒍吕臣不阴不阳，不紧不慢地说："大王不是一直在想换令尹么？听说令尹城濮大败后，楚国百姓指责漫骂声一片，特别申国、息国百姓更是群情激奋，他们的子弟都是令尹的亲兵，如今都战死了，他们怎能不怨声载道！”

“哼！本王看他有何脸面回郢城！看他如何兑现战前许下的以命抵败的承诺！”

成得臣从城濮败下来后，自知其罪非轻，兵员损失八九，战车仅存六十四乘，虽将领全都安好，斗勃、斗淑、斗宜申都在，但毕竟楚军损失惨重，这是楚军东征西讨以来从未经受过的惨败，成得臣知道楚成王对他不会轻饶，他不敢冒失回郢城，而是派儿子成大心回去先见楚成王。

楚成王一见成大心，气就不打一处出，吼道：“你父亲还有脸回来？他作为令尹兼大将军，应对城濮惨败负全责！好战！好斗！这下彻底消停了。回来干什么？继续和晋军打呀！逃什么？战死沙场才有楚军上将的气节！”

成大心一听楚成王的这段话，心里彻底凉了，绝望了，楚成王的话无疑判了父亲死刑，他心灰意冷地回到了军营，把楚成王的话告诉了父亲。成得臣一听，楚成王讲的意思他全明白了，原来存于心中的一点侥幸此刻荡然无存，楚成王说得对：“应该有楚军上将的气节！”他不听众将劝阻，横剑自尽，一代楚国名将成得臣，就这样结束了戎马一生。

他刚自尽不久，楚成王对成得臣的免死令就令快马送到了军营。原来楚成王过后冷静下来，还是想起了成得臣的许多过人之处及为楚国建立的战功，决定免他一死，回郢城另调他用；他没有料到成得臣的自尽这样干脆利落，只能扼腕长叹。不过，他的免死令，却救了斗淑、斗勃、斗宜申的命，他们三人准备饱餐一顿后，就步成得臣的后尘，因为败军之将，也应和主帅同责，主帅自尽，部将怎能苟且偷生？楚成王给成得臣的免死令，让斗氏三人生还，多少还算保留了楚军将领骨干。

晋文公在位九年。城濮之战后，年事已高的晋文公积劳成疾，一病不起；他越来越感到力不从心了，生命的衰老让他感到了疲惫。他已经无力再去征讨四方，决定休息了，晋国的霸业就让子孙们去继承和发扬吧。

第七章　成王暴殂　穆王登基

公元前 626 年，在位四十六年的成王遭太子熊商臣软禁，被迫自尽，一代枭雄，魂归西天。熊商臣继位，是为楚穆王。穆王也很想有一番作为，无奈心力不济，英年早逝，其子熊侣即位，是为庄王。庄王即位之后，为防太师潘崇篡位自立而沉湎酒色，不理朝政。在大臣们的一再劝谏下，他答以山洞之鸟，"此鸟不飞则已，一飞冲天；不鸣则已，一鸣惊人"。

公元前 628 年，极富传奇人生的重耳在晋国首都绛城与世长辞了，享年 71 岁（有一说是晋文公英年早逝，死时才 45 岁，）。他的谥号"文公"，意思是道德高尚、文质彬彬的君主，大致符合他的性格和为人。不过，令他欣慰的是，楚成王派人到晋国，与其签订了友好条约。这样楚成王实际上承认了晋文公的霸主地位，两人的对擂终于有了结果，他死而瞑目了。

如果说晋文公是寿终正寝，那一代枭雄楚成王死得就有些凄惨了。

楚成王在位足有四十六年，颇有作为，使楚国在诸侯国中的地位和影响空前提高。但他在选择继承人的问题上主意不坚，欲废长立幼，终于导致宫廷政变，身死子手。

前车之覆，后车之鉴。为争王储而骨肉相残之事，在楚成王的心里罩上了一层阴影，楚成王汲取教训，便早早地定了自己的接班人太子熊商臣。谁会想到此举竟会引来杀身之祸。

年长的熊商臣和其他王弟相比，颇多心计；他经常借进宫请安的机会，在楚成王面前表现得十分勤勉恭谨。可随着时光的推移，楚成王发现熊商臣心黑手狠，乃是邪恶之人，对他厌恶至极，便决定中途换马。不料，他想换东宫主人的消息泄露。

一天深夜，熊商臣托言宫中有变，亲率几个亲信重臣抢先动手，太子府的部队包围王宫，软禁了楚成王。楚成王傻眼了，他做梦也没有想到，齐桓公的命运竟然会落在自己的头上，更没料到自己的亲生儿子熊商臣不忠不孝，竟敢做出如此大逆不道之事。

历史悲剧的一幕，终于落到楚成王身上。

一切都突然从身边蒸发消失，突如其来啊。为了废黜太子，结果被太子所废，过早结束自己那问鼎中原轰轰烈烈的人生；楚成王悲愤填膺、万念俱毁，被迫自缢身亡。

可怜一代枭雄，死在逆子手中。

熊商臣逼自己的父亲楚成王上吊自尽，一直等到确信父亲死亡后，熊商臣和太师潘崇商议；随便找个借口，就说楚成王因病医治无效，不幸辞世。

第二天，熊商臣以楚成王暴疾驾崩昭告天下，名正言顺地继位，当上了楚穆王。楚穆王虽非善良之辈，却也是雄心勃勃、有所作为的人，正好与潘崇趣味相投。熊商臣听从潘崇的建议，一方面，继续保持其父和晋国修好求和的路线，尽量不刺激这个北方大国；另一方面，在晋国鞭长莫及的情况下，楚穆王先灭了江国，又灭了六国和蓼国。

接着，楚穆王消除了谋反的内患，同时，对城濮之战失败也不不甘心，他抓紧操练兵马，发誓要与晋国决一雌雄。为了重振楚国的霸气。楚穆王八年，他趁晋国内政治斗争白热化，无暇顾及他国事务的时候，果断伐郑，郑国被降服。

可以讲，楚穆王比他的父亲更好战，更有称霸的野心，而且他像晋文公一样，有一个得力的老师，也就是当朝太师潘崇，此人足智多谋，为楚穆王逼宫夺权出过不少主意，而且他还能披挂上阵，亲自厮杀。潘崇不但向楚穆王出扩张主意，还多次亲自出征，屡获胜果。所以，楚穆王对他极为信任，因潘崇帮助夺位有功，楚穆王把自己做太子时居住的宫室以及财物、奴仆全都赠送给潘崇，并封他做了太师，兼管宫中的侍卫军，使潘崇真正成为惟一左右楚国朝政的人。在潘崇的调整下，楚军又有了雄师十万人马，战车一千多乘，眼看着已成和晋国称霸之势。

就在楚穆王和太师雄心勃勃、大展宏图时，楚穆王一病不起。太医诊治后，他病情日渐加重，他想：自己快死了吧！只是再也看不见侣儿了。他已经站不住了，只得用双手握住戟，支撑住自己的身体。父王被自己亲自缢死，他至今还记得，父王那时看他的样子，是那么的痛心，和现在的自己是多么的相似啊！父王，对不起啊……此时的他已经感觉不出痛了。

在临终前，他找人谈了两次话。第一次楚穆王找了老师潘崇，病榻旁，师徒进行了最后一次交谈。

楚穆王：太师，本王不行了，太子熊侣就托付给太师了……

潘崇泣不成声：老臣一定尽心尽力扶保太子成为一代明主……

楚穆王：太师，熊侣能扶……则扶，不行……则废……全凭太师作主。

潘崇诚惶诚恐：大王何出此言？老臣扶持太子殚精竭虑，一保到底，大王切勿多虑。

楚穆王:本王放心矣……

潘崇走后，楚穆王又叫来了19岁的太子熊侣和他的母亲王妃楚班姬,父子、夫妻进行了一番推心置腹谈话。

楚穆王:为父从你爷爷成王手中接过江山,常年戎马生涯,征战十二年,没想到要撒手西去……人生苦短呐,为父现在最不放心的是你挑不起楚国的担子……

熊侣:以前楚国江山由父王扛着,以后若江山交于我手,孩儿义无反顾挑好楚国江山,不负父王十九年培养之苦心。

班姬:大王,侣儿从小就天资聪慧,言行举止就与众不同。刚才侣儿的这番话更是雄图大志,大王可以放心了。

楚穆王:这正是我最担心的地方!

熊侣:父王,为何?

楚穆王:太师潘崇权倾朝野,你崭露才华、独断专行,他必大权旁落,他岂能容你,为父最怕他也逼宫啊?

熊侣:父王放心,我有韬晦之计,让太师对我掉以轻心。

班姬:侣儿准备怎么做?

熊侣:做个酒色之徒、胸无大志之人,把朝纲全托付于太师。

楚穆王:我放心矣,逼宫之难儿可避免……

班姬:我儿难道不顾重振楚国的重任?

熊侣:母后非也！孩儿看准时机,必会出手,到那时太师想逼宫晚矣!

楚穆王:我儿可成大器!

熊侣:孩儿牢记父王教导,楚国江山只能姓熊,岂能让他人染指,为了这个既定目标,一切办法都是可以采取的!

楚穆王:我儿春秋霸主可成……

这次谈话后的第三天,楚穆王一命呜呼,虽然他在位只有十二年,但在这十二年里,他恢复了城濮大战中失去的附属国,又扩大了疆域,加强了军队,使整个楚国重现城濮大战前的气势，为楚庄王今后称霸提供了较好的物资和军事基础。

熊侣继位,就是历史上大名鼎鼎的楚庄王,这个春秋的第三位霸主刚登位时,却是以昏君淫主的面目出现的,他把所有的朝政交付于太师潘崇,自己却躲在后宫整天淫乐,一晃三年不上朝庭理政。三年中,他作为君王,只颁发了一条命令,有敢谏者杀无赦!

三年来，朝中大臣们看楚庄王只知淫乐，不分昼夜，既不上朝，又不发号施令，只会在后宫“日理万姬”，无不心急如焚。进谏吧，他又下令杀无赦，所以大臣们都跑到潘崇那里，谈了自己的忧虑，希望太师能以自己的威望劝说大王上朝理政，不能再荒淫无度；否则，楚国振兴无望，还会大祸临头。

这三年来，潘崇的心情是极为复杂的。

楚穆王的临终托孤，他深感责任重大，所以，当看到楚庄王日夜沉湎于酒色，不理朝政时，开始还有些惊讶，联想到楚庄王登位前的聪慧和勤勉，简直是判若两人，他也曾劝说楚庄王以国事为重，以酒色为轻；但楚庄王却说把国事全盘交给太师他完全放心，自己刚登位，就要及时行乐。潘崇劝说多次无效；而且楚庄王淫乐有发展趋势，开始他只玩宫中嫔妃，继而玩杭州美女，最后泡越国小妞，以前只有一人或数人陪寝，到后来竟有几十女子“三陪”。

潘崇从楚庄王的反常举动中，意识到他在演戏，用酒色来掩盖自己的雄图大志，把自己装扮成了一个只会淫乐的昏君；潘崇终于看清了楚庄王所做的这一切的真正目的，是为了防备他这个太师，防备他功高盖主篡权。因为他心里清楚，楚庄王若是昏君，定会由他摆布，玩弄于股掌之中，必不会起反心。但反之，若楚庄王过于精明，使他大权旁落，他必会起异心。想明白了，潘崇也伤感了：“世上最难测帝王心！”叹息归叹息，但该打理的朝廷事务潘崇一点也不会马虎，所以，三年来，虽然楚庄王不理政事，但楚国在潘崇治理下依然井然有序。他暗自打定主意，抓住一个有利时机，说破楚庄王的心机，打消他的疑虑，掌握朝纲，重振雄风，在这个有利时机没出现前，他对楚庄王的“恶行”也懒得多说了。

见太师对楚庄王的所作所为也不理不睬，睁一只眼闭一只眼，朝中大臣也就见怪不怪了，大家暗自思量；你大王淫乐，你太师也巴不得他淫乐，以便于擅权，楚国是你们两个人的楚国，你们都随心所欲，我们何苦干着急，搞不好还会犯杀头之罪，何苦呢？虽然大臣的心里还是不踏实，但劝潘崇向楚庄王进言的人明显少了，因为他们终于明白了一个现实：太师就喜欢大王沉湎酒色，不理朝政，他就好大权独揽。大臣们想明白了，也懒得管了。

而此时楚国的对手晋国在相国赵盾的筹划下，则逐渐把亲楚的一些小国拉了过去。楚国的大臣们很为着急，再三地劝告也不起作用。

这时，有一个叫伍参的小官吏对楚庄王荒淫的生活再也不看不下去了。他为此忧心忡忡，心想；一般新官上任三把火，楚庄王却是花了三年时间寻欢作乐，天天坐在钟鼓齐鸣、竽瑟狂作的宫殿上，不是搂着从各诸侯国招揽的美女，就是欣赏着各种乐器，不理朝政、日夜作乐。如今强臣在朝，大权旁落，楚国的内政外务都由权臣斗淑包揽。这样下去,国要亡啊！他决定冒死进言。

伍参是什么官呢？竟敢进谏一国之君？伍参的职责就是专门哄帝王开心的。虽不是太监,但也像太监那样要哄君主开心,吹牛拍马是这种人的强项,可这个人却性情耿直,有正义感。他决定利用和楚庄王接近较多的机会,斗胆向楚庄王进言劝戒。

一天上午,在雕栏玉砌的楚宫里,楚庄王左抱郑姬,右抱越女,和三四个美女,在乐舞中嬉戏胡闹,搞得乌烟瘴气。此时,伍参进来拜见庄王,庄王一见来的是宠臣伍参,心想,怕不是来劝我改邪归正的吧！且看伍参如何说！

楚庄王心中却另有苦衷:他上台日浅,年纪轻轻,力量孤单,面对国内的实力派斗椒家族,不禁闻之噤若寒蝉。但是有心机的楚庄王在纵情声色的同时,也在暗中寻找心腹人,培植自己的势力。其实楚庄王眼睛雪亮,心知肚明,他只是在等待机会。

"我今天特来给大王讲个黄谜如何？"伍参耳濡目染楚庄王恶习,心中虽厌恶,却又不能直白地说。

得到庄王同意,伍参说:"说的是山上有个洞,洞里有个鸟,三年之久,这鸟既不飞也不叫,这是什么鸟？"

楚庄王一听,知道伍参是在变法子进谏,心中甚为欣慰,自然感谢他的一片苦心,可表面上却不动声色地说:"本王给你破谜,此鸟不飞则已,一飞冲天,不鸣则已,一鸣惊人！你退下吧！"听了楚庄王的回答,伍参满心欢喜,他想大王终归聪慧,一听就明,楚国有望了。可叫他奇怪的是,自那次谈话以后,庄王旧习丝毫不改,依然混在后宫,继续"日理万姬",伍参失望之极,心事重重地把和楚王谈话经过告诉了太师潘崇。

听到从楚庄王嘴里讲出"此鸟不飞则已,一飞冲天,不鸣则已,一鸣惊人"的话,老太师笑了,之前的疑虑终于得到了应验;果不其然是有心之人啊！煞费心机的目的,只是一场装模作样的表演,只是为了防备自己,防备他篡权。可怜可笑又可恨！老太师仿佛觉得受了莫大的人格污辱一样悲愤填膺。一气之下就病了。太师府的人不敢怠慢,忙进宫报知楚庄王,太师病重？楚庄王只得到太师府探视,看见病体缠身的潘崇要从病榻上起来迎驾,庄王马上欠身制止。

"太师,本王来迟了。"这是庄王慰问的开场白。

"大王近来玩得开心？"潘崇仰起苍白的脸,突然问。

太师的话让庄王没有防备,只得说:"开心,开心,楚国一切由太师操劳,本王放心,所以玩得开心。"

"大王难道没有心病？"

“太师此话何意？”

“老臣猜大王十之八九有心病，大王不分日夜渲淫就是心病所致。”

“太师的话，本王听得更不明白了！”

“大王是从小聪慧、明白，酒色不近，操守有口皆碑，为何登上王位，一变常态？”潘崇肃然地说。

“本王是想享受帝王生活的乐趣！”

“大王，容老臣直言，大王所做的一切，完全是为了防老臣！”潘崇一针见血，直截了当。

庄王心里一惊：“太师何出此言？”

“大王表面沉醉酒色，不问政事，让老臣大胆管理国事，都是为了让老臣不心生疑端，对大王不生邪念，以保君臣相安无事。大王，你要知道，你爷爷成王是被逼宫逼死的，你少年登上王位，穆王难道临终遗言没有提醒大王防止逼宫？若要防止逼宫，就得防老臣，因为只有老臣的地位和能力可以逼宫啊！”

庄王的心机被太师说破，一时语塞，心虚道：“太师你多心了。”

“大王你错了，想我潘崇忠诚楚国，报效熊家，忠贞不二，权倾朝野，也是先王所赐、大王所给，常让潘崇感激涕零，总想肝脑涂地报效熊家的重托，没想到素有大志的熊侣为让老臣不心生异端，竟以酒色作掩护，让老臣认为你是不值一提的昏君，任人摆布的傀儡，从而对大王不设防，大王啊，你的心机用错了地方！你错看了潘崇，你错看了老臣对熊家的不二忠心！大王你就不想想，潘崇要想自立，想改朝换代，在大王淫乐时，老臣逼宫的机会多得很，三年呐，老臣始终忠于朝廷！”

潘崇的眼睛湿润了，声音颤抖起来，一番肺腑之言，终于打开了庄王的心锁，世上再没有一种搭挡关系像射手和驭者更需要配合默契的了，那就是生死与共。庄王素知潘崇脾气豪爽、赤胆忠心，虽然有时狂燥不羁，但总之是一个完全可以信托的忠贤。

潘崇忠于楚国忠于熊家的真诚表白，既让庄王感激，也让他愧疚，老人忠心耿耿伺奉熊家两代君王，自己反倒对他疑心重重、处处设防，假意用沉醉酒色来糊弄他，让他放松对自己胸有大志的警觉，老太师说得好啊，在自己醉生梦死的时候，他有的是逼宫政变的机会；三年中，他只要想谋反，简直易于反掌，可他没有，依然尽忠职守，操持楚国事务；他受得起误解，受得起委曲，不计先王和自己误解，不计朝中大臣对他的闲言碎语，依旧尽职尽责，多么可贵，又是多么不易啊！庄王越想越自责，不禁拉住潘崇的手，语重心长地说：“老太师，你得的是心病啊！”

“大王得的是和老臣一样的病。”

“太师,你是什么时候看出本王的心病的?”

“刚开始大王贪图享乐,老臣不足为奇,但连续三年不理朝纲,就与大王以前的为人,性格、抱负就大相径庭了,老臣不由得深思,不能不自省,思来想去,终于明白是老臣功高盖主,让大王不得不防啊!”

“太师为何不早点破本王的心病?”

“俗话说,不到火候不揭锅!”

“那太师觉得今天到火候了?”

“不飞则已,一飞冲天,不鸣则已,一鸣惊人!大王,你是一鸣惊人的睿智之君,乃楚国之福,楚民之福啊!”潘崇终于释怀。

“伍参见过了太师?”庄王吃惊地看着他。

“他不来老臣怎知大王之语,他讲的话让老臣终下决心说破大王心病。今后君臣同心、共图霸业。”

“太师说得好,君臣同心,共图霸业!太师,你不怪本王用心机吧?”

“你少年称王,若不使心机,那你就不是庄王了!”

“哈哈哈哈!”君臣大笑。楚庄王心病解除了,他和太师都存在的心理戒备消除了,今后庄王要大展宏图了,他要上朝了,三年来,除了登位仪式外,他没有上过一天朝,他当着太师潘崇面通知百官明日上朝。

通知当晚就由太监下达到百官家中,这下可热闹了:三年不上朝,许多官员的朝服都不知放哪了,不是找不到官帽,就是找不到朝靴;不少人心中好奇,庄王三年不上朝,底下的官员偷懒、怠工、贪污受贿的不少,无所事事,拿俸禄不办事的更是随处可见;他们担心,如果庄王问起这三年政绩来,该如何回答,于是不少人绞尽脑汁,回忆罗列“政绩”,实在找不出“政绩”的官员也糊弄地编了几笔。

这一夜,庄王在楚宫睡得最踏实,潘崇在太师府睡得最安心,而对于那些毫无上朝准备的朝中百官来说,将是一个难熬的不眠之夜。不妨想想:三年了,楚国最高元首玩蒸发,那些官员们也忘情地把自己也蒸发掉了,如今最高当局突然要现身了,那些连庄王是什么模样都不知道的官员心里能不紧张?不摸准这个君王的脾性,如果明天哪点不对他的路,他完全可以让自己蒸发掉!那些官员想到这里,哪里还有睡意啊!

第二天早朝,文武百官们看到阔别三年之久的庄王,依然是红光满面,气宇轩昂,不少大臣在心中称奇:“大王三年在宫中与姬鏖战,身体还这么健壮,难得啊!”

说实在话，除太师潘崇以外，庄王对其他大臣基本上都感到陌生。登基那天，有些大臣和庄王仅见过一面，之后就是君臣天各一方，谁也不管谁。三年后再见，庄王对他们既没有什么印象，也叫不出他们的名字，只好拿着潘崇报上来的百官花名册，让文武大臣一个个向他“述职”，这下可把这些楚国公务员难住了，这多年庄王在与姬大战，朝中多数官员乐得偷闲，上行下效，基本都吃喝玩乐去了，现在庄王猛地叫大家“述职”，百官拿什么政绩可以讲啊！根本就是在官位上混，有什么“职”可“述”啊！好在文武官员们早就防到庄王会来这么一着，昨晚都临时编织了“政绩”，所以一个个汇报起来还煞有介事、振振有词，无非是讨得庄王好感，通过“述职”这一关，继续留在官位上。

一连二十天，文武官员的述职才算完毕，庄王每天都是从早听到晚，中午就和百官们吃“盒饭”（太监叫宫厨准备的一种用荷叶包的便饭）。

庄王虽不知大臣们实际政绩如何，这三年他是只管姬没管官，但他是个聪慧过人的人，他能从述职官员讲话的神态，用语的准确程度来判断述职官员讲的是真话，抑或是胡编乱造、一派胡言。他把自己的判断分别在述职官员的名下做了记号。官员们述职完毕后，庄王宣布休朝一个月，一个月后百官再准时上朝。

庄王怎么又不上朝了，奇怪了！太师潘崇和官员们心中又纳闷起来，原来，庄王已暗中派人组成一个调查小组，利用这个月查证百官述职所言是否属实，调查组组长就是那个正直无私的宠臣伍参，这个伍参工作效率极高，他组织了一班基层官员明察暗访，还成立了类似现在的“信访办”，接待各地百姓的检举揭发，一个月便获得了官员们的工作有没有实绩、实绩或大或小的详细材料，因为在都城做官，所作所为都在百姓眼皮底下发生的事，哪个干得怎么样，大家心中都有数，平日没人管，百姓们也懒得说，现在庄王上朝较起真来，百姓们高兴，便把平日对官员们的好恶全都一股脑儿地向伍参的调查组说出来。所以，伍参的调查材料来自群众，全都是第一手材料，准确度是很高的。

伍参把搜集的材料经整理后如期报给了庄王，庄王准时于一个月后上朝，这时朝中王位上的庄王脸色有些难看，百官们马上在心中敲响了警钟，潘崇明知伍参也整了自己的材料，但他自信自己尽忠职守，问心无愧，所以面不改色，神情坦然。

庄王开口就说了：“这三年多亏了太师啊！外忧内患他一人顶着，狄蛮入侵，他领兵出征，天灾大旱，他要救灾，饥民挨饿，他要赈粮，太师偌大年纪，日以继夜，为国操劳，本王代表列祖列宗，代表熊氏王族，谢太师！”他从王位上站起，向潘崇深作一揖。

潘崇完全没有想到庄王会讲这番话，会有这个出格的动作，一时竟愣在那里，不知如何动作，有顷才缓过神来，慌忙跪倒：

“大王，老臣只是做到尽人臣的本分，大王如此褒奖，老臣经受不起……”

庄王下位双手扶起战战兢兢的潘崇，大声说：“太师今后就是本王仲父，位居太宰！”

潘崇受宠若惊：“谢大王恩典！”

百官齐呼：“大王英明！”

庄王手一甩，自嘲地说：“熊侣英明个屁，泡了三年妞，没有像太师那样勤政为民啊！对于在述职中一问三不知的，本王不怪，上梁不正下梁歪，起码他没有胡编、乱说、瞎讲，还是老实人，本王也是一问三不知嘛，这种人本王还用，就留职察看，以观后效！”

百官心里高兴直呼：“大王英明！”

大殿里沉静下来，庄王突然拉下脸，话锋一转，口气严厉地说：“本王最恨那些本来没干事，却编得天花乱坠的腐败分子！做人要诚信啊！你没干事本王不怪你，因为本王这三年除了干姬也没干正事，你没能力，本王也不怪你，谁也不是从娘胎里出来就会当官，可你不该不诚信，用编造的政绩忽悠本王，本王是能随便被人忽悠的？别以为本王只会干姬，本王心明白着哩，谁说得夸大，谁说得添油加醋，谁是纯属胡编，本王心中都有一本账，你敢忽悠本王，你敢对本王不诚信，本王就要砍你的头！”

大殿里气氛紧张，百官们噤若寒蝉。

庄王大吼一声：“大夫周通出班！”

早已汗流浃背，面如土色的周通颤抖抖地出列：“大王……”

“你满嘴荒唐言，极尽胡编之能事，蒙骗忽悠本王，刀斧手，拉出殿外砍了！”

“大王，饶命，小臣再也不敢瞎说了……”

“下辈子你记住要诚信！拖下去！”

庄王动了真格的，百官全都屏住了呼吸，生怕下一个拖下去砍头的就是自己。

庄王又叫一声：“大夫苏从出班！”

神态镇定的苏从出列：“大王，小臣在！”

庄王亲切地说：“你积极辅佐大师，在位尽职尽责，尽管对本王不理朝政耿耿于怀，但干本职的事一点不马虎，确有政绩可考，但在述职时，你却三言两句，轻描淡写，实是自谦之人，本王升你为上卿一品大夫！”

苏从受宠若惊，马上跪地："谢主隆恩！"

百官们自发地高呼："大王英明！"

庄王微微一笑："你们在述职时，多多少少有些水分，本王不怪，也不加罪，只望各位爱卿以本王要求为标准，好好整肃本部，本单位，该升则升，该杀则杀，务必赏罚分明！"

百官松了口气，呼号更热烈了："大王英明！"

庄王即位三年的末期，楚国发生了大饥荒，蛮族乘机攻击楚国西南境。楚庄王大喜，机会来了！他决计利用这些蛮族兴风作浪的机会，以抵御外敌为名，进行快刀斩乱麻的政治改革，对阴云密布的楚国天空进行大清洗；他诛杀了一批人，任用了一批人，同时把一批奉承拍马的人撤了职，把敢于进谏的伍举、苏从提拔起来，紧接着，他又通过一系列对外用兵，抓到了一些军权，他制造武器，操练兵马，发展和壮大王族部队，并压制了国内其他各大家族，获得战时的独裁。庄王庆幸得脱大难，心中暗自思量：寡人终于可以同嚣张的斗椒家族分庭抗礼了。

据《史记》载，庄王从此"罢淫乐，听政，所诛者数百人，所进者数百人！"潘崇受到庄王更加敬重，苏从、伍参等一大批能者晋升，楚国气象为之一振。

鸟终于起飞了！正像他自己所说的那样：不飞则已，一飞冲天！

此后，庄王成为中国春秋时期楚国最有成就的君主，春秋五霸之一。

第八章　庄王亲政　一鸣惊人

君臣嫌隙消释后，庄主大力改革，整军修伍，楚国面貌一新。讨伐庸国，进击陈、宋，目标直指强晋。晋国不想与楚国正面交锋，决定派赵盾攻打郑国，庄王即命蔿贾率兵援郑。狐疑之中，赵盾撤兵。郑国在楚国的支持下，倾力攻打宋国，俘其元帅华元。惊骇之下，晋国赵盾再度兴兵伐郑，然而，面对增援的楚国斗淑大军，晋国再一次撤兵。

楚庄王亲政三年以后，却发生了连续多年的旱灾，旱灾使得楚国土地干枯，农民颗粒无收，大批人畜死亡，民生凋敝，地方官吏不仅没有开仓放粮救济百姓，反而变本加厉地欺压百姓。百姓迫于生计和沉重的赋税，被迫背井离乡、逃荒要饭。

这年盛夏，骄阳依旧天天出来恣意横行，横立在充满黄色烟雾的天空中，整个楚城像烧透的砖窑，地上像着了火似被烤着，使人热得喘不出气来，令人窒息。村庄对面的河水变浅了，那片从前急流奔驰的地方，早已变成了浅滩，空气在灼人的阳光下闷热异常。那种即将变红的橙黄色，仿佛一片金属接近炉火时一样。

其时饥荒严重，周围各族纷纷发动叛乱。

一直不满楚国在南方发号施令的南蛮邻国——庸国则蠢蠢欲动，认为是灭掉楚国的大好时机，趁机举全国之兵进攻楚国，步兵铁骑一路昼夜兼程，势如破竹，一直打到了阜山（今湖北）直逼郢城。

楚国朝野震动，在军情紧急的情况下，楚庄王没有被许多部落一哄而起的现象所迷惑。由于楚地多年大旱，庄稼焦枯绝收；而百姓逃走，导致土地荒芜，好多土地今年春天都没有得到播种，长此下去，必将动摇国本。眼下举国饥荒，又怎能抵抗庸国入侵？

楚庄王心急如焚，暗自思量：此乃上天惩罚寡人之过，苦了楚国的百姓。于是他紧急下令，立即打开粮仓，赈济百姓，并传谕各级地方官吏，免税一年，好好体恤百姓，以利休养生息；又劝谕流亡在外的百姓回来种地，且安慰抚恤。

此际面对庸国的大举进犯，楚庄王再次举行前敌会议。

“蛮人入侵，来势凶猛，微臣建议迁都！”上大夫童心说。

避开敌人的势头，这是逃跑的办法。楚庄王紧皱眉头问：“各位爱卿怎么看？”

“大王，千万不可呀！与其被迫迁都，不如主动征讨南蛮庸国，他们军力虽强，但毕竟是乌合之众，不耐久战，必是一哄而起，一哄而散！”司马蔿贾坚决反对，他是大夫蔿吕臣的儿子，在朝中说话很有分量。

大夫苏从也说：“蔿司马说得极是，楚国在南方什么时候被人打败过？庸国只不过趁着楚国粮荒，趁火打劫捞一把，在这种时候我们决不能示弱！”

庄王之前，楚国一直被排除在中原文化之外，庄王自称霸中原，不仅使楚国强大，威名远扬，也为华夏的统一发挥了一定作用。楚庄王心里一直矢志不渝地想维护着霸业的延续，为防晋国的反扑，楚庄王决定强势北进，一统中原，使其成为华夏大国。现在，他已胸有丘壑。便说：“堂堂荆楚，乃华夏大国，岂能被南蛮逼得迁都！”

此刻的庄王，他的治国策略有了更广阔的视野，他的思维和观念也有了质的变化，从此，他把楚国剔出南蛮之列，认为楚国是华夏大国，使庄王执政的起始点就比别人高，无论做什么事，都以此为标准，使楚国的思想和文化水准有了极大提高，不但挤进华夏文明主流，而且成为华夏大国中第三个称霸的霸主。

太师潘崇这时发言(他已处于半退休状态)：“大王英明啊！泱泱华夏楚国，怎能被南蛮追着逃跑？奇耻大辱嘛！打！只有坚决抗击，才能显示楚国华夏雄风！”

庄王和潘崇都把南蛮的称号送给了庸国，而自己却以华夏大国自居，这是观念质的变化。

“打！坚决打！潘汪听令！”

楚庄王在，可以控制大局，潘崇知道，一旦庄王不在，没有人能够掌控这个国家。

上将军潘汪是潘崇的儿子，是个有勇有谋的将军，对楚国、对熊家的忠心不亚于其父。

“大王，末将听令！”潘汪挺身而出。

“你带兵攻打庸国，直攻庸国本土，庸人为自顾，必回兵，届时再聚歼庸军！”庄王虽只有22岁，而且是初次指挥作战，可安排独到，初露军事才华。

庄王临危不惧，安排有序的王者风度，让大师潘崇和大夫们无不敬佩，潘崇在心里叹道：“楚国历代君王，你们可以放心了！”

潘汪亲自领军，讨伐庸国。沿途遵照庄王指令，开仓放粮给受灾百姓，得到粮食的百姓激动万分，纷纷感恩庄王，踊跃参军。

潘汪打入庸国城，遇到庸人的拼死抵抗；有些将领见到敌军势众，流露出胆怯之色，纷纷劝说潘汪等撤退，楚军一时不适应庸人野蛮的打法，损失惨重。潘汪急得没招了，只得向庄王求援，请他派精锐东宫卫队增援，庄王除了派东宫卫队驰援外，又立即赏赐将士百两黄金，给潘汪送来几句话：带领老弱士卒前去挑战，只许败不许胜，一连挑战七天。我自有打算！庄王的话提醒了本来就会用脑的潘汪，他命令左右两军老弱士卒和庸人作战，只许败不许胜，能胜也要败。

楚军左右两军不明所以，但又不敢多问。潘汪上去就打，每次厮杀一会儿，就带领手下败下阵来。打一仗败一仗，楚军这么不经打，庸军将领大喜过望，潘汪的诈败终使庸人骄狂；楚国大饥，百姓逃亡，前来迎战的士兵也都是老弱不堪，真是不堪一击啊！遂得意洋洋，不加设防。胜一仗就狂饮，就大睡，懈怠就增加几分。

等潘汪“败”到第七仗的时候，庄王的增援的东宫卫队已赶到，楚军战力大大超过了庸军，潘汪在一个叫鬼都怕的山谷设伏，决心打一次歼灭战，骄横不可一世的庸军被败退楚军诱至鬼都怕山谷，全军覆没，楚军对庸人是恨透了，砍庸人似砍西瓜，消灭了庸军主力，庄王命令潘汪扫荡庸国全境，潘汪趁胜前进，庸国剩下的蛮军非死即降，不出三个月，庄王从地图上抹去了庸国，由于庸国的国君没有防备，在楚国军队的强攻之下，被一举消灭，庸国的国君也被利箭射死。庸国就这样灭亡了。这场战争给后代人留下了一段警句：做人要安分，不要自己找死，不然就是庸人自扰！

庸国被灭，楚国再显雄风，南方各蛮国都不敢有非分之想，从此南方臣服楚国，南方和西方无战事。

庄王六年，这时晋国的灵公登位十三年，庄王经过了两年休养生息，决心重新向北进伐，与晋国重新争霸。

庄王的决定在朝中宣布，群情振奋，庄王首先作了开宗明义的争霸战前动员：

“自从上次城濮大战后，晋国人在中原争夺中就占了优势，处于上风，楚国吃了亏，只能取求和的守势，可如今世道不同了，晋文公和狐偃、先轸都死球了，现在的晋灵公大不如晋文公的魄力，晋军元帅赵盾虽是晋文公老师赵衰的儿子，但此人少勇缺谋，不会打仗，而且一门心思地对付国内的争斗，无暇顾及国际事务。此刻正是楚国重新争霸的好时机，不向晋国讨还血债，熊侣无颜对楚国列祖列宗！”

“大王，我早就憋着城濮战败的一口恶气哩！”令尹斗淑是参加过城濮大战的老人，当年楚军在城濮城下被晋军惨杀的情景还历历在目，他早就想报仇了，所以他第一个出来支持庄王和晋国争霸。“大王，只等你一声令下，斗淑第一个披挂上阵！大王决定什么时候打晋国？”

“司马，你以为呢？”庄王素知蔿贾为人谨慎，酷似其父，所以首先征询他的意见。

“首先，微臣支持大王与晋国争霸的决定，因为楚国目前已具备了与晋国争霸的实力，但在实际操作上，微臣以为，以稳妥谨慎为先，我觉得咱们不妨先找一个晋国的小盟国打打试试，看看晋国有什么反应，再来决定大王与晋争霸的下一步行动。”

“司马以为先打哪个小国合适？”庄王又问。

中原图霸，打来打去的也就那么几个国家。孱弱的陈国一转眼却成了挨打的配角，蔿贾想了想，觉得先吞噬小国再说。

“陈国，陈国投靠晋国，就打他！”蔿贾说。

“这是不错的主意，警告了进一步投靠晋国的一些小屁国，又可观察晋国动向！”

上将军屈荡说：“大王，末将领人马去打陈国，大王静等佳音。”

斗淑忙说：“大王，不麻烦屈将军了，我去打吧！”

“打小小陈国，何须令尹出马！本王准了屈将军出征，请切记你的部队在攻陈国时，还要佯攻晋国的盟国宋国，把动静搞大些。本王倒要看看晋灵公和赵盾有什么动作！这个投石问路，不在乎是否打下陈国，攻了宋国，重要的是晋人的反应，务请屈将军牢记！”

次日拂晓，屈荡带领五百乘战车征讨陈国，并摆出要进攻宋国的架势，派另外两百乘战车进攻宋都睢阳。陈、宋两国哪敢对抗楚军，先后向晋国告急求援，晋国之帅赵盾接到两国求救信可犯了愁，按理说，两个盟国求援，晋国应该尽速出兵，可他不放心晋国内的派系争权夺利，恐怕有人在他出兵援陈、宋时，趁机夺权；左思右想，他还是觉得不出兵不利晋国中原盟主的地位。再说他出兵时，国内反对他的势力目前还不敢内叛，可他实在不愿和楚军兵戎相见，如果此仗打胜了，还好说；如果打败了，那他在晋国的地位就岌岌可危了！而这次南北对决，晋国完全可能打败，上次南北争雄，是晋国信心满满首先发难，可这次却是楚国雄心十足的首先动作，这个不寻常的举动，说明楚国是有备而来啊！

赵盾毕竟老辣，你楚国明摆着要与晋国争长短，可触角却伸向陈、宋，我何不照此办理，援陈、宋不直接出兵，反去打你的盟国郑国，你不是要救郑国么？那陈、宋之围可除。

主意拿定，赵盾命三军兵发郑国。

楚庄王很快得到情报，晋国出兵打郑国了，套路和楚国一样，赵盾也在探楚国虚实，从而庄王也掌握了赵盾不愿与楚军直接开战的心态，他心里有底了，便派蔿贾率兵去郑国抵挡晋军，斗湫主动请战，又一次被庄王劝阻。

蔿贾出征前，庄王特意交代："屈荡将从陈国来支援你，你务必不要轻易和晋军开战，赵盾虽不会打仗，但晋国会打仗的能人不少，司马可不能大意啊！"

斗湫觉得庄王的这种安排不是怯战，就是对晋国人心有余悸。蔿贾也有同感，但他觉得庄王谨慎有道理！

蔿贾带兵向郑国疾进，在会林与赵盾的晋军相遇，两军对垒，先是安营下寨。可奇怪的是对垒的主帅都不想见面就厮杀，按理说，赵盾倾晋国之兵，又加几个小屁盟国象征性的军队支持，他率领的兵力远远超过楚军，在人数上占了压倒优势，可他不愿开战，为什么？他惧怕楚国南蛮子的战斗力，胜了，晋国不见得皆大欢喜；败了，在晋国肯定是群起而攻之。晋国的反对派决不会因为他是老臣赵衰的儿子就会宽恕他，恰恰相反，他们一定会联名上书晋灵公罢免他元帅之职。正由于他内心有这些顾忌，所以他不想打。

蔿贾也不想打，一方面他有庄王尽量避战的指令；另一方面，他在等待屈汤从陈国来援，在兵力处劣势时，蔿贾决不敢冒险动兵。

两军对峙，竟一月有余，没有开战的迹象，晋军和楚军当兵的乐了，本来是来打仗的，现在都按兵不动，每天有吃有喝还睡大觉，真是趟美差。

仗没打，但按春秋打仗时的规矩，对敌双方都会安排人巡哨，就是派人驾车去探视敌营的动静。

晋军今天轮到大夫解扬巡哨，由于每天巡哨是例行公事，根本不存在生命危险，而晋国军队似乎根本就不想打仗，整天躲在营里不出来。于是，解扬悠然自得地哼着民间小调，出营巡哨了，就在这时，戏剧性的一幕发生了，突然有两只蹿出的野狗从解扬的战车前跑过，让解扬战车的一匹马受惊，顿时狂奔起来！这匹受惊的马又让其余三匹马受惊，也跟着狂奔，直向楚营冲去！解扬还没搞清是怎么回事，就做了楚军俘虏。

大战未开，先损一大夫，让赵盾很郁闷，这不是个好兆头啊，连野狗都帮楚军，他想。他觉得就这样在会林城外不进不退，又不开战，终究不是个办法，如何向晋国国内交代？正在他发愁拿不定主意的时候，有两条消息传来：一个是楚国大将军屈荡已从陈国撤军，正在回援蔿贾途中，不日即达会林；另一个是秦国想趁晋国空虚偷袭晋国。

两个坏消息却成了赵盾撤军的最好理由，赵盾算是一代忠良，具有卓越的政治才能和胆识。他严厉、峻急，却又宽宏、忠厚。他想：我才不跟他们打呢，拖死他们。但是他又必须尽快想出妥善的解决办法来。他首先召集将领会议，宣布攻郑救陈、宋两国的目的已达到，楚将屈荡已回援会林。秦国趁乱作祟的阴谋决不能让他得逞，晋军必须回国拒敌。他的撤军理由有理有据，众将全部拥护，装模作样来郑国的赵盾名言正顺地撤军离开了郑国。

晋国人从郑国走了，蒍贾也就押着解扬回楚国了。楚庄王从这次军事行动中摸到了晋国的底牌，现在的晋军远不是城濮大战时的晋军，他们惧战，怕和楚国人开战，第一次试探，庄王获得成功；他接受了屈荡的建议，决定再作第二次试探。

第二次试探，庄王却别出心裁，让郑国出兵打宋国，他要看看晋国人有什么反应。为了加强郑军讨伐宋国的力量，他让蒍贾率三百乘战车，扮成郑军，加入征讨行动。

比宋国还小的郑国敢打宋国？他们会听楚国指挥？

说起郑国，那是楚国的铁杆盟友，是个跟屁虫，而且郑国以往和宋国开战，都以获胜而告终。郑国人夸口：打宋国历来是郑军的娱乐活动，更别说这次还有三百乘战车楚军假冒郑军，军力更强，打宋国就是小意思啦！

郑国之君派公子归生率五百乘战车（含楚军三百乘）征讨宋国。挨楚国欺侮，宋国习以为常，可小屁国郑国也狗仗人势，敢进攻宋国，这让宋国君宋文公火冒三丈，他口中骂骂咧咧：“奶奶的，楚人在宋人面前抖威风也就算了，宋国自认倒霉，你屁大个郑国也敢独自来打宋国，找死？活得不耐烦了！”

宋军右师之帅华元也气急败坏地说：“主公，打郑国狗日的！别以为宋国无人好欺侮，再怎么受人的气，也轮不到他小屁郑国！”

“打他？”宋文公问。

“打他！”华元答。

“打！”两人异口同声。

于是，宋文公派华元主动迎战，在宋地大棘与攻宋的郑军相遇，两军对垒，准备决战。

战前，华元作了气壮山河的动员，并给每个参战的士卒分发了一块羊肉，鼓励大家在大战中勇猛争先，誓报宋国和郑国多年来积下的血海深仇。

宋军都乐了，至于仗能不能打赢，以后再说，至少眼下能吃到羊肉，应该高兴。可华元不知是怎么搞的，最应该分到羊肉的人没分到，他是谁？华元战车的驭者羊斟，他觉得拼死拼活替华元卖命，到头来连一块羊肉都吃不上口，羊斟不乐意，那麻烦可就大了。

两军开战，按例是擂鼓三通，双方才能出战的，华元刚命令擂鼓，他的战车就一马奔出，华元惊得大叫："羊斛，你……你怎么回事？"

羊斛不答，心里说："怎么回事，奶奶的，分羊肉的时候，你做主，现在是老子做主！"他好像驾不住战车，实则，在加鞭让战马狂奔。

宋军搞昏头了，擂鼓一通元帅就身先士卒单兵进攻，违规啊！逞勇敢也不能违规啊！一个人冲，不是白白送死就是当俘虏！宋军全被元帅的冒进弄糊涂了。当英雄也得看看场合啊！

望着向郑营冲来的华元，公子归生笑掉了大牙，去年解扬自投罗网，就让他笑得直喊腰痛，现在华元也自投罗网了，他笑得是直不起腰。

仗还没开始打，华元就做了郑军俘虏，由于漏发了一块羊肉的疏忽，致使他当了阶下囚，这大概是世界上最昂贵也最诡异的一块羊肉。

混在郑军中的楚军将领向楚庄王汇报了华元被俘经过，庄王哈哈大笑，太富喜剧性了。

回到国内的赵盾，一看秦军并没有向晋国进攻，他得到的情报有误，可朝中大臣普遍认为赵盾惧战，完全没有其父的才具，更没有先帅先轸的风采。于是，反对他的势力趁机在晋灵公面前起哄，力图扳倒赵盾。

这时，宋国的求援文书到了晋灵公手里，人家元帅都成了俘虏，你晋国还能见死不救？晋灵公对以前赵盾的救援行动不满，这次强令赵盾征郑救宋，和楚军决战。赵盾也觉得这次再不能敷衍搪塞了，必须救宋国于既倒，真正像先帅先轸一样，好好和楚军打一仗，于是他叫其弟赵穿当先锋，发兵救宋讨郑。

在郑国的楚军主力绝对不是晋军对手，郑国公子归生赶紧向楚庄王求援，这次派谁去救郑才是赵盾的对手，庄王自有主张，他派蔿贾领兵是不准真打，派屈荡上战场是不准大打，这次大打，他要派赵盾的克星，谁？斗淑！

前两次请战，斗淑都未获楚庄王批准，所以这次懒得请战了，因为请战也没戏！反正庄王是把自己看死球了，可城濮大仗失败罪不在己呀！要不是自己奋勇拼杀，楚军怕要全军覆没了。

斗淑想不到的事偏偏发生了，楚庄王独点令尹斗淑领兵拒敌！

复仇心切的斗淑欣喜若狂，只见他低身伏在鞍上，纵马挺箭，目光像隼鹰一样犀利，一声大吼，还能震撼三军。此时神箭手斗淑亲领族兵和六万人马奔赴郑国，誓雪城濮之耻。

晋军刚进郑境，赵盾就知道了斗淑率军杀来的消息。消息说，楚军免盔去冠，头上缠着鸡血染红的布，步兵拿的是清一色砍刀，战车全是顶尖士兵驾驶，正不要命地冲进晋军阵里左右挥刀，一股气贯长虹之势，所向披靡，直向晋阵深处闯去。

赵盾找来侦察兵问："如你所述，南蛮子不是一个个失去理智的疯子？"

侦察兵答："元帅，楚军全疯了，领军的斗淑带头疯！"

"何以见得？"

"他的口号就疯得吓人！"

"什么口号？"

"砍……赵盾头……喝赵盾血……"

"斗淑是真疯了！"

"假不了！"

作为晋军元帅，赵盾当然知道令尹斗淑的底细，他出生斗家，又是子文侄儿，亲受子文真传，此人不但勇猛过人，而且足智多谋，一个智勇双全的人现在疯了，那绝对是无法抵挡的人！现在赵盾唯一的选择是避免和发疯的斗淑武士交战，即刻从郑国退兵。但未曾开战就又撤兵，赵盾丢不起面子，心想；这个斗淑失去理智了，斗家在楚国疯了几代，晋军不与疯子争斗，让他自己疯下去好了，还是撤！等着看他下场不亦乐乎！

晋军又撤了！赵盾向郑国进军之初就料到楚国会派人来救郑国，但他没料到的是楚庄王派斗淑来救，赵盾本来心里就有惧怕斗家情绪，又听斗淑像条发疯的狼，为保全晋军实力，赵盾无心恋战，又临阵脱逃了。这也是楚庄王不派蔿贾、不派屈荡而专派斗淑的原因，他早已摸透了赵盾惧战的心态，用两次试探的办法来证实自己的判断是否正确，结果证实，一切均在楚庄王掌控之中。

"奶奶的，你这个赵盾当什么元帅？怕死鬼，废物，不要脸的东西！本帅要砍你的头，喝你的血！"

见赵盾不交手又一次退兵，求战心切的斗淑暴跳如雷，骂得喷血。

斗淑内心犹如一垛干柴在熊熊燃烧，回国向楚庄王交令，愤愤地说："大王，赵盾又溜了，完全不敢正面交锋！"

伍参问庄王："晋军怕楚军么？他们不是在城濮胜过我们么？"

他遇到了庄王的目光。这目光里，沉聚着多么深重的信任！楚庄王笑道："此一时彼一时也！那时的晋国，君臣一心，君明帅勇，而先王只有猛将成得臣，虽勇但缺心眼，而晋军先轸元帅是个满身都是心眼的人。而现在两次试探，你们不觉得晋楚的状况反过来了么？"

苏从糊里糊涂地问："大王觉得赵盾缺心眼？"

"他心眼倒不缺！可他的心眼全用在晋国国内的派系斗争上，况且晋灵公正设法联络反对派找茬攻倒他！他哪有心思出国作战啊！"

苏从是老实人说老实话:“大王掌握晋国的情况真多啊!微臣还以为前几年大王后宫玩疯了呢?”

“那时本王虽然没有日理万姬,可眼睛一直盯着晋国那边哩!本王从登位那天起,就决心完成先王的遗志,和晋国争霸位,当霸主!这不也是各位盼望本王做的么?”

众臣齐呼:“大王英明!”

楚庄王心里高兴,望着他们,不由调侃:“你们现在说本王英明,那几年没把本王骂得狗血淋头,什么昏君,淫棍,败家子,你们够损的呀!”

众臣放声大笑,斗淑的眼泪都差点笑出来了。

楚庄王突然收敛笑容,又一次语言铿锵:“今日之晋国大势已去,本王与其争霸已成定势,赵盾惧楚怯战已成败势,楚国争锋已成胜势,本王就是要借这两次试探的顺势,主动不断地向晋国进攻!连续进攻!本王望各位爱卿与本王同心,成就楚国霸业,告慰先王,鼓舞楚国百姓!”

众臣山呼海啸:“君臣同心,成就霸业!”

伍参与苏从这些铮臣,看着踌躇满志的楚庄王,在心里山呼海啸:“楚国一代霸主终于诞生了!”

西风,秋日,几抹白云掠空。军营内号角起伏,旌旗临风猎猎招展。

重振雄风、报仇雪耻的机会就要到了。

第九章　亲执兵符　洛邑问鼎

经过与晋国的几番较量，楚国在气势上已盖过晋国。但庄王在繁荣的背后，也觉察到了潜伏的危机：令尹斗淑家族执掌兵权，却怀二心。庄王以进为退，巧施计策，先是擒拿了斗勃、斗宜申，继而平定斗淑叛乱，将兵权收归于己。踌躇满志的楚庄王竟然向周朝的使臣臣荣臣询问王室九鼎安放处。

楚庄王开始了他真正励精图治、实现霸业的过程。

这时候的楚国，无论是军事力量，还是国家版图，都已经远远领先于中原各路诸侯。可是，正当楚庄王率兵外出征战的那些日子里，楚国内却发生了内乱。在楚庄王回国之前，他就已觉察出斗淑有想要篡位的苗头。楚庄王感到了潜在的危机。

本来都是能交心的朋友，可是为了至高权力，竟然彼此间完全反目。这种伤害，该是多么的大？甚至发觉这情形，竟然是惊人地相似：君为父，臣为子，父子争妻，不是完全一样么？都能为权为利为欲这一件事而产生那么大的隔阂争斗，如处理不好，自己还怎么能期待臣民团结安定？

他陷入迷惘，他的痛苦，乃至他的迟疑，他的自制，都在潘崇面前翻翻滚滚。

斗氏一家于楚国有大功，杀他不忍！可又该怎样处置他？他寻思着该不该任命几个大臣去分担令尹斗椒的工作，以削弱他的权力，防止他作乱，也寻思着该不该由自己完全执掌兵权。

近些日子，细心的太师潘崇常常发现楚庄王在理政之余，常有心思在怀，开始时他不便多问，但后来看到他与自己独处时也多次长吁短叹，觉得再不问个明白，自己这个太师兼仲父就是没有尽到责任。于是在一次下朝后陪楚庄王聊天的时候，太师问楚庄王：

"大王，现在朝纲理顺，全国上下人心思上，举国一派繁荣景象，大王应该高兴才对。"

"仲父难道以为本王不高兴？"楚庄王反问。

"大王有心思，瞒不过老臣。"

"仲父，你说本王不执掌兵权，是否美中不足？"

“大王的忧虑在令尹斗淑？”

“先王早年重用成得臣，可他拥兵自重，常常和先王分庭抗乱，城濮大败，先王赐杀了他，这下先王就和斗家结了怨恨，斗家和熊家更加离心离德，仲父难道没发现，现在带兵的都是斗家人，斗勃、斗宜申、斗淑，我前两次派兵之所以没派令尹斗淑挂帅，就是不想助长斗家领兵气势。”楚庄王说出了内心的隐忧。不禁又是一阵苦涩；原来这个世界上，强的并不一定就是好的。

“大王忧虑得是啊，斗家自斗伯比时起，就一直独掌楚国兵权，成得臣虽不姓斗，但他是斗家族人，被赐号子玉，先王赐死他，必然开罪于斗家，说斗家怀恨在心也许重了一些，但他们有怨气，和大王有隔阂那是一定的。”

“仲父，听说了晋国政局最新的进展么？”

“大王是说晋国元帅赵盾杀了晋灵公？”

楚庄王点头，脸上一脸严肃：“斗淑会不会是楚国的赵盾？”楚庄王越来越觉得危险的存在。

“大王看出了什么苗头？”

“本王重用仲父、苏从、伍参、蔿贾之后，有意冷落了令尹，他就抱病不上朝了，私底下却和斗勃、斗宜申等将军频繁约会，怨言迭出，不得不防啊！”楚庄王忧心忡忡。

“大王想改变斗家独掌兵权的现状？”潘崇探询说。

“一国之君不掌兵权，稍有风吹草动，如何能控制局面？仲父，我可不想成为第二个晋灵公！”

“大王准备怎么做？”

“本王要夺回兵权！”楚庄王沉吟片刻，掷地有声。

“你要罢免斗令尹？”

“姓熊的让姓斗的掌兵权这个世代延续下来的局面必须改变！我必须亲自指挥日益强盛的楚军！”

经过深谋远虑，楚庄王已下定决心。可是又有谁知道，要不做一个昏君，该是多么痛苦？而潘崇那些劝告的话，更如万把钢刀般在他心头乱搅。自己也许不怕任何人，可是自己却真的很怕斗淑，真的非常非常怕这类人。他们的存在，简直就像是时刻悬在自己头顶的利剑，有些时候甚至比百万之师的威慑还要大、还要深。

“大王的勇气着实令老臣信服，可用什么借口罢掉令尹斗淑呢？理由若不充分，朝中百官不服，斗家三将及斗家族兵更会不服！”面对强大的斗淑，潘崇也忧心如焚！

楚庄王觉得冥冥之中，天意无处不在。不论天道人理，都已注定只有一个方向，自己为什么还要如此心软？该当机立断了："先削斗淑领兵权！"

"大王准备怎么做？"潘崇心里一震。

"本王亲自带兵攻打对周天子不忠的陆浑戎，一是进一步向周朝示好，另外也是想看看斗淑的反应！"

"大王这是一箭双雕！"

"仲父以为此计可行？"

楚庄王告诫过自己无数遍，自己就算再勉为其难，也应该去把军权抢过来，至少绝对不能让那种权欲过分熏心之人执掌大权。因为这种人之所以如此快意，正是因为他们知道，他们一旦执掌大权，就可以肆无忌惮、为所欲为。

"但大王一定要做得稳妥，否则会引起突变！况且斗家世代有恩于楚国，大王手下务必留情。"

潘崇小心叮嘱。

"仲父提醒得是，本王自有分寸！"

"大王的行动要不要通知屈家，屈荡将军的配合很重要！"

"本王的计划没有潘家、屈家支持，断难成功！烦请仲父告之屈荡将军，让他早作准备！随时听本王调遣。"

"目前在朝中，也只有屈荡能抗衡斗家三雄了！"

"仲父少说了一人！"

"大王指谁？"

"仲父之孙潘汪之子潘党也！他像仲父一样文武双全，是楚国少有的青年才俊！"

"就怕他不堪重任。"

"我对他有信心。"

当晚，潘崇就把楚庄王打算亲自执掌兵权的决定告诉了屈荡，得到了他的全力支持，并表示庄王指哪打哪，不会有半点含糊。

也不知是哪个环节出了问题，楚庄王欲夺斗家兵权的消息第二天就传到了斗淑耳里，顿时让他惊恐万状，吓出一身冷汗，当即召集斗勃、斗宜申密谋对策。

斗勃闻后却不以为然："庄王年轻气盛，也许是心血来潮，令尹可别太认真！大王可能是图个嘴巴快活。"

斗淑满脸严肃："你们可别小看了这个庄王，就看他上朝理政后的所作所为，可以说他心里装着几个楚庄王，他利用潘崇的威望和苏从这些人的鼎力相助，目前朝纲稳了，就开始要夺斗家兵权了。这个目标其实是他们熊家的既定方针，从成王开始，就与成得臣令尹的摩擦升级，直至最后将成令尹赐死；幸好我们三位还在，庄王不得不把令尹的职位交给我，因为除了斗家没有人能够胜任令尹的职位，可庄王是不甘心这样做的，现在他认为时候到了，要削斗家兵权了，各位务必不能等闲视之！”

斗宜申无奈地说：“那咱们就把兵权给他，看他怎么带兵？”

斗淑忽然一拳砸在桌上，一声脆响，桌上立刻现出一个大洞。桌子被他内力震裂，已是片片飞散，满室飞舞。咆哮如雷：“别忘了，除了我们斗家能掌兵，屈家和潘家也可以带兵！”

他只知道，自己现在的无边痛苦，必须要用这种方式才能稍稍宣泄。

斗勃傲气地说：“他们两家带的兵也叫兵？要知道，楚军的主力全在斗家若敖族兵！没有斗家的若敖兵，庄王将来肯定打不赢任何一场战争！”

良久，斗淑终于渐渐平静下来。点点头：“话虽这么说，但我们不得不防，庄王要夺斗家兵权，必先罢我令尹之职，我看索性我请病假，回封地曲地休养，实则调封地若敖族兵以应付不测，如庄王要罢我的令尹，这可就是极好的口实，他会说我有病不能理事从而罢我的官，只要他庄王敢走出一这步，那我们斗家就再不要对庄王抱任何幻想，我们就在封地反楚，进攻郢城，让庄王下台！这也叫官逼民反！”

斗宜申说：“令尹说得对，庄王做初一，斗家就做十五，来而不往非礼也。别以为只有晋国有赵盾，楚国还有我们斗氏三雄！”

“好！我明天就告假回封地曲地，我倒要看看庄王如何动作！”

斗勃说：“咱们斗家对熊家有多大功劳，庄王说夺兵权就那么容易，没门！鹿死谁手，难说，屈、潘两家的兵不是斗家若敖族兵的对手！”

斗淑有他们几个怂恿打气，也增添了几分胆量。渐渐的，斗淑脑中出奇的明朗起来，一想到这里，顿时雄心万丈，因为他已经新进了一层境界；

既然庄王要夺我斗淑兵权，你不仁，我不义，干脆把庄王杀了。

斗淑心头终于完全平静。他已经不再惧怕任何问题了，斗淑已经无可抑制心中的激愤，说：

“斗勃明天就把我的告假书呈报庄王，你们两位要做好在郢城起事的准备，我在封地曲地动手，你们就在郢城做内应，内外夹攻，逼庄王下台！”

“好！这么样定了！”斗勃、斗宜申异口同声。

第二天，斗淑有病告假回封地的报告呈到了庄王案头，庄王心知肚明，早有准备，该动这些乱臣了，此时竟微微一笑：

“看来令尹病得不轻，要回封地养病，连亲自向本王请假的时间都没有；可楚国不能一日没令尹，本王决定，由大夫蒍贾暂代令尹的职位，料理楚国大小政务，并请蒍大夫去曲地转告老令尹斗淑，让他交出兵权，安心养病。”

事不宜迟，情况十分紧急，蒍贾火速离开了郢城，庄王立刻叫来潘崇的儿子潘汪，让他领精锐的东宫卫队密切注视斗勃、斗宜申的将军府的新动向，以防叛乱；只要斗淑在曲地有反意，潘汪就立即下手将二将擒拿。

潘汪领兵而去，庄王又马上叫来楚国的两大家族屈家、潘家的首领潘崇、屈荡，部署应对事宜。

庄王没等二人开口，便急匆匆问：“仲父，你说蒍贾去曲地向斗淑说本王换令尹之事，斗淑会有什么反应？”

潘崇说：“蒍贾必死无疑！”

庄王问：“为何？”

“蒍贾一直是大王接替令尹的后备人选，朝中大臣都知，斗淑更知，此人心中从来容不得政敌！”

“斗淑杀了朝廷任命的令尹，不是造反么？”庄王口气还是将信将疑。

“令尹都撤了，这就是大王夺兵权的开始，斗淑能不反么?他为什么回封地，就是防着大王夺他兵权，他的族兵全在封地，这就是他造反的信号！”

庄王又问：“屈将军，斗淑若真造反，本王该怎么办？”

屈荡简短地说：“亲征平暴！”

“亲征本王能获胜么？”庄王看着他。

“王师亲征焉有不胜之理！楚国不是晋国，大王身边的忠臣良将不少，不像晋国晋灵公身边只几个宠臣，成事不足，败事有余，所以他被赵盾所杀，大王从郢城起兵乃是王道之师，现在全国人心思稳，叛离者不得人心。大王亲征，此仗可胜！”屈荡说。

“屈将军武功与斗淑相斗如何？”斗淑武艺高强，又有计谋，庄王思忖了一会，直截了当问。

“只和斗淑战，末将和他旗鼓相当，若和三斗相拼，末将处下风。可曲地只有斗淑，另外二斗在郢城，这就为大王分兵各个击破提供了条件！”屈将军实话实说。

这时，潘崇插嘴说：“大王若亲征，必由一得力战将左右护卫，大王亲征平暴，千万不能有失！”

“本王已有合适人选。”庄王若有所思，脑海里跳出一个人影。

潘崇说：“莫非是潘党？”

“正是，斗淑号称楚国神箭手，他所惧之人是比他更年轻气盛、更牛的潘党，潘党定是斗淑的克星！”

“大王，你都计谋好了啊！”屈荡敬佩地说。

“都是被夺兵权迫在眉睫逼出来的！其实本王只想要回兵权，不想要斗家人的命！毕竟斗家对熊家是有功的啊！本王不想杀斗家的人，本王总记得斗家的功劳！最好斗淑交出兵权，斗熊两家相安无事，不动刀兵。”念及以前斗家的功劳，庄王心存感念。

屈荡感叹地说：“大王仁慈啊！”

潘崇也感叹：“夺斗淑的兵权，就是要他的命，他不会不和大王拼死一争，不动刀兵的想法，只能是大王的一厢情愿！”

事情的发展果真被潘崇料准了，次日上午，斗淑在封地曲地先是热情接待了蒍贾，当听说庄王让他休养，让蒍贾接任令尹，他感到事情不妙，便问：

“蒍大夫是暂时接任？”

蒍贾老实人说老实话：“长久接任！”

“哈哈哈！”斗淑怪叫：“蒍贾，你算什么东西！我们斗家跟熊家东征西讨时，你在哪里？你父蒍吕臣在先王杀害先令尹成得臣时，就煽阴风点鬼火，那次仇我们斗家还没报哩，今天你又来夺我的令尹位，我岂能饶你！”斗淑目露凶光，满脸杀气。

蒍贾一怒，大声叫：“斗淑你敢抗王命？”

“什么狗屁王令，老子反了！来人，把蒍贾推出去斩了！”

几个武士不容蒍贾分辩，拉出去就手起刀落，血溅屠刀，可怜蒍贾，令尹刚当没三天，就一命归西。

杀了蒍贾，斗淑红了眼，竖起反旗，并马上派人去郢城通知斗勃、斗宜申作好内应，在他兵发郢城时接应。城内二斗接到斗淑的线报，全都秣马厉兵，准备厮杀。楚国顿时陷入腥风血雨之中。

蒍贾被杀、斗淑造反的消息迅速传到郢城，楚国朝野震动，自熊家建立楚国以来，还从来没有发生臣子造君王反的先例，庄王立即召开大臣们议事，商量如何对付斗淑造反。

平时开会，只要庄王讲了开会议事内容，大臣都是发言踊跃，可今天却鸦雀无声，大臣们的脸上充斥着惊惧之色，斗家的势力大、武力强，族兵的骁勇更是无人能敌，如果斗淑率族兵造反，楚国精锐的一大半都在斗淑那里，他真要进攻郢城，这仗还有什么打头。

窗外传来几声毕剥的敲击声，在静静的晌午中显得极是清晰。议事殿死一样的肃穆，见大臣们都不吭声，庄王只好点将：“苏从大夫，对付斗淑造反，你有何许良策？”

苏从只得硬着头皮答：“大王，以和为贵，现在新令尹蔿贾已死，不如让斗淑复当令尹，他官复原职了，自然气就消了，反意也就没有了！”苏从采取息事宁人办法，以防生灵涂炭，互相残杀。

“各位意下如何？”其实庄王早有定见，如今朝中大臣的情绪不利于他御驾亲征，也不容他御驾亲征，他必须想出一计平息叛乱的措施，激起楚国上下对斗淑的义愤，群起而攻之；所以他说话的口气是征求大家的意见，实际上心中已有苏大夫之意。

大臣们都是揣摸君王心思的高手，这时不少人都表示同意苏从提议，尽量以和化解斗淑与庄王的矛盾，同意让斗淑掌兵权，重当令尹。

屈荡正要说话，可庄王以手制止他：“苏大夫提议很好，我们熊家也不想和斗家反目为仇，再说斗家有功于朝廷，本王也不忍心眼看斗家造反而动刀兵，以致出现亲者痛仇者快的不利局面。那现在就烦请彭交大夫去一趟曲地，传达本王让斗淑重任令尹的任命！”

大夫彭交明知这是个苦差事，但义不容辞地答应下来——庄王之所以要他去曲地，就是看中了他的忠诚和勇敢。

彭交到了曲地，斗淑敬重他的为人并没有为难他，但彭交宣读完庄王叫他复职的决定后，斗淑一听就火冒三丈，他断定这是个阴谋，便青着脸吼叫：“他庄王是什么心思，我斗淑全明白，让我进都城再乘机除掉我，只有白痴才会上当！”

“老令尹，斗家和熊家世代友好，何苦今日反目为仇？”彭交好言相劝。

“彭大夫，斗家只要掌兵权，就是庄王心病，只要是他当楚王，斗家任何人掌兵权，庄王都要除之，只不过碰到的是我斗淑而已。”斗淑气急败坏。

“老令尹难道要不遵王命？”彭交心头忽然涌起一股无名之火。

“开弓没有回头箭！斗淑既然和熊侣撕破了脸，那就战场上刀兵相见吧！”斗淑负手而立，冷冷道。

“老令尹这是逆天行事！对楚国百姓是大不敬，你造反，楚国必乱，得益的是晋国人，你的做法让亲者痛仇者快，搞不好，老令尹就成了楚国罪人！”彭交正色劝阻。

“老子若不是看重你的人品，就凭你刚才讲的一番话，老子就可斩你！”

“老令尹，可记得一句话：忠臣不怕死，怕死不忠臣！”

“你放肆，老子是死人堆里爬出来的，在我面谈怕死不怕死，真是吃了熊心豹子胆了，看来你忠于熊侣是铁了心，老子今天给你一个警告，打三十军棍！”

斗淑哼了一声,一声令下,几个如狼似虎的卫士冲上来,将彭交暴打一顿。

被打得遍体鳞伤的彭交返回郢城,把去曲地面见斗淑的经过向庄王讲了一遍,庄王和朝中大臣无不惊讶,大家感到,作为臣子,斗淑是太狂妄、太骄横了,纷纷要求出兵讨伐,没想到庄王说的一番话却大出人们所料。

“本王原本是让斗淑安心休养,才暂免他的令尹之职,没想到本王的一片好心,让斗淑大动肝火,以为本王要夺斗家兵权,其实,本王心中有数,斗家兵权是能轻易夺的吗?以后国家有难,谁能替本王分忧解难,还不是只有斗家吗?!现在斗淑对本王有误解,本王再派人去曲地向他解释,请他复职,请他领兵,司马文樱听宣!”

其实,这正是庄王的一个计策。

司马文樱心领神会,为了楚国的安宁,文樱愿做死士,以身殉国:“文樱听宣!”

“命你再去曲地好言安抚斗淑,回都城复职,熊斗两家和好,共同对敌!”

文樱一向不被斗淑器重,成王赐死成得臣时,他也趁机起哄,引起斗淑内心记恨,文樱知道此行必会凶多吉少,留下遗书上了路。

文樱二上曲地的事让留在都城里的斗勃、斗宜申有点得意洋洋,忘乎所以,他们都以为庄王一再向斗淑示弱是因为他离不开斗家,当真斗淑和他闹翻了脸,他多少还有些后怕;现在他熊侣装熊了,一而再、再而三地求斗淑官复原职,求和示好,心机颇深的庄王也不过如此,让留在都城的二斗放松了对庄王的警惕;所以,当以后潘汪对他俩发动突然袭击时,他俩都没作有效地反抗。

庄王的低姿态让屈荡百思不得其解,明明是要夺斗家兵权,如今罢了斗淑的官,他一造反,庄王就怕了,这种做法不像庄王的性格呀!带着疑问,他不好问庄王,只好请教老太师潘崇,因为太师也是坚决支持庄王夺回兵权的,现在遇到了阻力,太师也软了,这也不像太师以往的作派啊。屈荡对这一切迷惑不解。

潘崇听了屈荡的疑问,淡淡一笑:“屈将军知道哀兵必胜的道理么?”

“哀兵必胜?”屈荡似乎有点明白了。

“庄王实在是太有心机了,先派彭交去曲地挨三十军棍,对朝中大臣是一激,再派文樱去曲地,他的结果对朝中大臣又是一激!”

“太师说司马文樱是什么结果?”

“必死无疑!”

“啊!末将终于明白了,庄王的计谋是让朝中大臣都说斗淑该杀再亲征,正义平叛之师,师出有名!”屈荡恍然大悟。

“不把朝中大臣逼到这个火候,庄王亲征心中不踏实。只要朝中君臣一心,同心平叛，庄王御驾亲征才有胜算！”

“大王就是大王啊！我蠢不可及也！”

潘崇果然料事如神，文樱去到曲地，刚向斗淑说明来意，斗淑一见文樱就一肚子火，斗淑把楚成王赐死成得臣一事，看成是文樱怂恿造成的结果，因此，斗淑对文樱恨之入骨，意欲杀之，今天不请自来，正中下怀，斗淑二话没说，就把文樱推出斩了。

文樱被杀的消息传到郢城，朝中大臣们无不震惊，一个新上任的令尹和一个司马被杀，另一个大夫被打，斗淑令人发指的残酷暴行激起了大臣们的强烈愤慨，纷纷要求庄王发兵曲地，讨伐斗淑。原来一部分认为斗淑是官逼民反的人也不同情斗淑了，坚决支持庄王发兵！

全国同仇敌忾，庄王的目的达到了，庄王笑了，潘崇和屈荡也笑了。

亲征消息还没传出之时，庄王趁斗勃、斗宜申盲乐观之际，命潘汪突袭斗府，擒拿二斗。一天深夜，潘汪率楚军包围了斗府，将睡梦中的二斗拿下。庄王念及二斗有功于朝廷，只是解除他俩兵权，软禁府上。

楚庄王的仁慈，做事的分寸让即将出征的楚军无不诚服，士气格外高涨，大家觉得为这样有良知的君王卖命，值得！

从庄王亲征之初，在士气上，他就比斗淑的族兵占了上风，因为庄王的平叛之军在道义上就胜了叛乱的斗淑。春秋时期，大凡正义之师，都会获胜，所以，这次战端未开，斗淑之败相已尽显无遗！

庄王亲率楚军向斗淑的封地开进，斗淑的族兵已先期行动，战事一触即发。不日，两军渡过漳水，在皋许(今朝北襄阳)相遇，在人数上，庄王的队伍占优，但斗淑的族兵久经战阵，战斗力超强。现在，齐聚在两岸的两军将士顿时安静下来，一片鸦雀无声。只有河水哗哗流淌，像战鼓在擂响，也像是双方将卒的心声在奔腾。

两军既遇，便列队开战，战车上的斗淑看庄王的部队士气高昂，心中便吃了一惊，又见庄王虽初上战阵，但列队有序，屈荡领左军当先锋，潘党领右军压阵，庄王自领中军充任元帅，这是一个决一死战的阵势，特别是看到潘党是右军帅，就觉得今天这仗不好打了，他知道潘党是当今楚国第一神箭手，射术在已之上，他心里倒先惧了三分。他暗自打定主意，擒贼先擒王，早早拿下庄王，楚军必自乱，叛军必获全胜。

庄王站在南岸的桥墩上，动也不动，仿佛木雕石刻一般。他心里有些紧张，这是他亲历的第一次大战，而且还是和原来的自家人打仗，心里没底，再看到斗淑的族兵个个精神抖擞，心里也有些虚。

现在，庄王面对的是一个凶悍无比的斗淑和他的精军，他心里在打鼓，并努力使自己镇定起来，他必须身先士卒才能获胜，尽管事前他听从太师的意见，对列阵进行了精心布置，真正临阵，庄王的精神态度极为重要。他鼓足勇气，亲自擂响第一遍战鼓。

楚军见庄王亲自擂鼓，士气陡增，人人摩拳擦掌，人人欲欲争先，可庄王没想到自己集中精力擂鼓时，斗淑从箭壶中取出一枝箭来，瞄准庄王射去，带毒的利箭直冲他飞来！说时迟，那时快，武将潘党一见不好，催马向前，用槊拨开飞来的箭头，箭头射到庄王战车的铜锣上。

“好险！”楚庄王惊出一身冷汗，看看身旁的潘党，感到的不是紧张，而是庄重镇定。流水声好似越来越远，甚至听不见了，天地间充满肃杀之气，愈来愈浓。他的胆气顿时增加了许多，继续擂响战鼓。

看着眼前的那一幕，庄王的士卒们刹那间被他的意志和精神、他的英雄本色震住了，它穿过气流，像血液一样弥散开来，贯流在整个士卒身上。大家欢呼雀跃，等着三通鼓响之后奋勇争先。

斗淑见第一支箭未中目标，便挽弓射出第二支箭，这支箭力量更大，射速更快，眼看直向又朝庄王前胸射来，早有准备的潘党跳到庄王战车上，用手中盾牌挡开斗淑射来的箭，楚军们又一次叫好。二箭均未射中目标，斗淑有些犯迷惑：是力量不够，还是射速不快？他只好放下箭，活动腰身和手腕，准备射第三支箭结果庄王的命，但等不到他的第三支箭了，潘党取箭在手，挽弓搭箭急射，只听“当”的一声，箭像闪电飞向斗淑，斗淑直感到一股砭人的寒气扑面而来，那箭直贯其脑，其势威猛绝伦，却忽然凝住了身形。斗淑犹豫了一下，这电光石火的犹豫，已错过了那唯一生还的机会。他心念忽绝，躲闪不及，没来得及喊出声，潘党的箭就从斗淑口中穿过，斗淑中箭身亡。庄王擂鼓三通，楚军像潮水冲向叛军，群龙无首的叛军见主帅已死，那还有心恋战，全部作鸟兽散！

皋许之战，庄王部队大获全胜，这是他亲自指挥的第一次战争。

此仗过后，楚庄王夺得了兵权。不久，他又率兵参加了一次勤王战争，为周朝天子消灭了进犯周朝的北蛮狄国。因此，庄王受到周天子的格外奖励，赐天子酒三杯，周天子名言正顺地把楚国封为华夏大国。后来，庄王在率部队返回楚国郢城时，询问周朝派来送行的大夫荣巨，询问代表权力的九个铜鼎是否还在洛邑，从这时开始，荣臣就明白了庄王有称霸的野心，不然他关心九鼎干什么？这就有了“问鼎中原”这个成语典故。

庄王带着部队还未到郢城，就传来太师潘崇病逝郢城的消息，庄王心急如焚，赶回郢城厚葬太师，想起潘党在皋许之战二救自己的命，从此更加看重潘家，更紧地和潘家、屈家结盟。

楚国第一世家——斗家经过历朝历代兴旺发达，到庄王时彻底消灭了，内乱消除了，楚庄王拥有了对楚军的绝对指挥权。平定完内乱后，又经过几年精心的准备，决定挥军北上，与晋国争霸。从此，庄王争霸的征程开始了。

第十章　泌城之战　晋败楚胜

楚庄王采纳虞邱的建议，超擢孙叔敖为令尹，君臣一心。楚国由是民富国盛。跃跃欲试的楚庄王先是灭了舒国、蔡国，接着逼降了郑国。此时的晋国，虽然矛盾众多，受不了这口气，决定救郑抗楚。楚、晋两军在泌城大战，楚军完胜。

灭了楚国最有资格和实力与楚庄王争权的斗氏集团，楚庄王心头狂喜，终于去了一大心病；但他转念一想，却又颓丧万分——谁来接替斗淑当令尹。

如今仲父潘崇已逝，凡事均要庄王自己拿主意，自己这番浴血奋战，已为自己赢得如此盛名，可归根到底还是有人在做军师，全力辅佐自己啊！自己身为楚王，也分身无术，不能日理万机。他不敢再想，只是轻轻叹了口气。谁是当令尹的料；朝中大臣屈荡、潘汪、潘党，他们当上将军称职，但叫他们当运筹帷幄的楚国国家首脑困难。因为他们勇有余而谋不足；至于苏从、伍参、彭交等人，当大夫甚至是上大夫都还行，但要让他们挑令尹重梁，似都经验不足，办法不多。想来想去，觉得这结局还是一样让自己无可忍受。

远处隐约传来四更的板声，打断了楚庄王的思绪。他仰头看了看窗外，微明的晨光已照彻进来！

就在庄王为令尹人选而彻夜难眠、苦心思索时，一个模糊的面影渐渐进入了他的视野，此人就是沈地长官虞邱，他把沈地管理得井井有条，在斗淑被杀后，屈荡与伍参都举荐了他，以前，庄王通过去沈地亲自对虞邱考察，同他讨论了一天国事，感觉他很有才能，很有见识，而且人品正，善理政，办法多，百姓拥戴，是有德行、有才能、有见识的贤人。他管理的沈地在楚国大旱时，却破例丰收，并向国库上交了许多粮食。

鉴于虞邱有口皆碑的政绩，庄王最后决定对他连升三级，让他当上了楚国令尹。自楚国建立后，令尹一直是斗家人担任，现在庄王提拔一个名不见经传的地方官担任楚国令尹，可见庄王求贤的决心和魄力，也震动了朝中大臣，大家都对这个新上任的令尹拭目以待，看看他究竟如何治理楚国。

虞邱当上令尹后十分敬业，事必躬亲，一年来的管理实践，证明他还称职，虽说政绩不十分突出，楚国各方面进展并不太大，庄王内心很急，表面上却装得若无其事,他总是想楚国这样大,把楚国治理得有起色也需要一个过程,不能急!

可虞邱却坐不住了,楚国一年来没有明显起色,迫使他反思自己的领导水平,自己管理一个沈地,能力尚可对付,但要管理诺大的楚国,能力尚欠不足,与其占着令尹的位置发挥不了作用,不如让贤,让更适合的人来干,于是他找到庄王,把让贤的想法告诉了他。

庄王以为虞邱看出了自己内心的焦急才提出辞呈,便安慰他:“虞令尹干得不错,本王没想过要换人,你不要有什么想法!”

然而,有自知之明的虞邱却陈述了做官三原则的著名论断,直至今日,仍可作为公务员们的座右铭:

“大王,我思虑再三,决定令尹让贤,决不是一时冲动,管理沈地,我得心应手,而治理楚国我是心有余而力不足!为官就要掂量自己的能力,能力不够,就不能占着高位,居高而无作为,就叫贪婪;有贤人而不荐,那就是欺骗;知道了贤者而不让位,那就是不廉洁。这三点都做不到那就是不忠,如果发现了自己无能而不辞职,我就是对大王不忠。大王对不忠的人还挽留干什么?我知道朝中不少的人都盼望走上令尹高位,可我偏偏反其道而行之,从高位上下来,也算开创一代新风,带个好头!”

庄王在心里叫:“好个虞邱,高风亮节啊!”

庄王问:“虞卿,听话音,你心中已有令尹后备人选?”

“大王,我发现了熊人、高人、贤人之后,才执意要让贤的!”

“此人是谁?”

“期恩人,孙叔敖。”

“出身官宦之家?”

“家里很穷,但为人有骨气,学问又高深,且为人不贪财,绝对廉洁,大王启用他当楚国令尹,肯定是大王之福!”虞邱郑重道。

“就凭你一面之词?”

“他有楚国官论十三篇,其中不少论述见解有如齐国管仲再世!”

“所论现在何处?”

“微臣府中。”

“起驾!”

“大王去哪?”

“你府中!”

大王亲临一个官员家中,在春秋时期并不常见,顿时搞得虞邱手足失措,一时手忙脚乱，庄王叫虞邱同乘一车，共进令尹府，只见里面家人正在整理家务，准备搬家。

庄王不解：“令尹，家人在干什么？”

“准备搬家。”

“为何？”

“给孙令尹腾令尹府。”虞邱高兴地说。

“你对他那么有信心？”

“令尹非孙叔敖莫属！”虞邱语气坚定，不容置辩。

这天晚上，在灯下，庄王铺开竹简，认真阅读了孙叔敖写的《官论十三篇》，文章的中心意思，是说官吏治国理念就是要“执政为民，富民强国”，执政的策略是“施教导民”，具体做法，简而言之谓“五抓”：抓农业丰收，抓水利命脉，抓税收，抓为官清廉，抓全国治安。庄王重视人才，一直在招纳贤士，此时看得心潮澎湃，兴奋不已！奇才呀！他似乎看到的不是几篇竹简，而是一个活脱脱的楚国新令尹。三天之后，庄王在王宫接见了孙叔敖，庄王举目望去；此人年纪轻轻，眉清目秀，温文尔雅，特别是眉宇间的那一股浩然正气，更让庄王欣赏，言谈之中，庄王更觉他知识渊博，兴趣广泛，的确对治国当官有独到见解。

庄王在心中叹道：“楚国的管仲出现了，子文之后的又一代楚国名令尹出现了！”

当天，庄王破格提拔孙叔敖当楚国令尹，而把推荐他的虞邱封为国老。

没想到新令尹上任不久，国老的家人犯了事，刚好撞到孙叔敖手里，孙叔敖不留情面，根据国老犯事家人的所犯罪行判为斩刑。杀了此人之后，国老虞邱当天下午急匆匆找到庄王，庄王还以为他是来说情的，没料到他来给庄王贺喜：

“大王，可喜可贺啊，孙叔敖铁面无私，国之栋梁，老臣放心了，可以退休了。”

庄王心里不禁惊叹：叔敖办事，如子文再生。我们有这样一个好令尹，是楚国的大幸啊！于是，他感激涕零地望着主动让贤的虞邱，说：“国老，这也是你的引荐之功啊！”

从此，楚国军权由庄王亲自控制，国内事务则全部由令尹孙叔敖领着文臣治理，之后，孙叔敖着手网罗人才，改革制度，整顿军队，开垦荒地，兴修水利。为了免除水灾、旱灾，孙叔敖召集了楚国所有的水工，测量地形，开始兴办楚国最大的一项水利工程。短短两年功夫，楚国面貌发生了翻天覆地的变化，两年的农业丰收，两年的兴修水利，两年的税收治理，两年的百官整治，孙叔敖耗尽心血为庄王出谋划策，庄王放权让他大胆启用新政，又加上潘家、屈家对孙叔敖的鼎力支持，真的使楚国发生了日新月异的可喜变化，老百姓富有了，国库充盈了，国力强盛了，史载“民粮盈屋，官税盈库，民富国盛，已达致极”。

国家富了，可令尹孙叔敖依然操守清廉，他坚决不住老令尹虞邱给他留下的令尹府，一直住在郢城一个小巷的草房里，庄王实在看不下了，强行叫他搬进原郢城地方官的官府，住了三个月，他就感到不舒服，又要搬回原来住的草房，庄王闻讯赶来制止，孙叔敖才放弃了再次搬家的念头。

国内潜在威胁消除了，民富国强了，争霸的事情就提到议事日程了，楚庄王听从孙叔敖的提议，先打舒国和蓼国（都在今安徽境内），一举消灭了他们，领土再次扩张。

城濮之败令楚庄王始终记恨心间，也是挥之不去的心痛，那许多本来已被压制的想法自然都冒了出来，似阵阵微微的热气直透心房，不自觉地有些心神荡漾！其实他一直在寻找机会，找晋国报城濮之仇，歆旎之念决不是一现即逝。以前他虽和晋军有过几次交手，但并未大打，有的只是一接触就根本没打，对晋国的军力没有任何削弱，晋国在中原国称霸的地位没有动摇，庄王就心里不服，不雪城濮楚国之耻他会日夜不安，现在楚国军力更加强大，是该和晋国决一雌雄的时候了，为先王报仇的时候到了。

机会终于来了！晋国元帅赵盾在楚庄王十三年时死了。赵盾临死前，他的政敌、盟友都守在都城绛，谁也不愿离开，就算山洪泥石流来了，也坚决不挪动半步。大家谁都明白，现在是争夺元帅的关键时期，赵盾一口气上不来，或没交代清楚，新元帅就是别人当了。大家一天来三次元帅府，就是看赵盾断气没有，断气前，对元帅人选安排了没有。

赵盾虽然病危，但脑子清楚，晋灵公残暴无行，又宠幸奸臣屠岸贾，屡遭赵盾训斥。晋灵公欲除之而后快。赵盾准备避难出逃。但他的弟弟赵穿已经将晋灵公杀死，迎回了赵盾。

赵盾不敢怠慢，新元帅安排是否妥当，直接关系到今后赵家安危，他知道自己在晋国执政期间因直情径行而树敌过多，又有弑君之罪（谋杀晋灵公），如果元帅的接班人不是忠于赵家的人，可能过不久，赵家就要大祸临头。他在朝中元老中挑过来选过去，觉得上卿先合（先轸之子）和他不合，上卿魏奇（魏抽之子）经常与他分庭抗礼。选来选去他挑中了上卿荀林父，此人本事不大，没有野心，虽性情软弱，但办事沉稳，他有两个显著特点：第一由于他不争锋邀宠，所以各派对他均无反感，由他接任，各派都说不出反对意见；第二，他表面对各派不亲不疏，不结党营私、拉帮结派，但赵盾知道他暗地里却和赵家亲近，他来接班，必会对赵盾的儿子赵括多加关照，也会有利于赵括今后晋升六卿之列。

朝府的钩心斗角，尔诈我虞，令赵盾不寒而颤，临咽气之前，他还是采取了保守折中的办法，确定了将元帅之职交于荀林父。荀林父为人忠厚，这个与官位无争的老好人、老实人，顿时诚惶诚恐，伏在赵盾灵堂前，感动得泪流满面、失声痛哭，他内心当然知道赵盾挑选他的原因：没野心，没本事，没害赵家人之心，虽为上卿之列，但远离派系斗争，是各政治派别都能接收的人物。

荀林父被指令接任元帅的事在朝中传出，大臣们的反应居然平静，并没有引起轩然大波，主要原因是，从表面上来看，荀林父似乎不是赵盾政治派系的人，何况他本来就是老资格——六卿之一，论资排辈也该轮上他。一些反对赵盾的人都以为他临终办了一件"傻事"，选了一个不是赵家班底的人接元帅的班。虽都觉得荀林父当元帅"很肉"（软弱）但在表面上都还认可，可以说晋国的元帅交接班顺利完成，总算没因赵盾的死引起内乱，至少维持住了表面的安定。

晋国换帅的消息由楚国在晋国的细作报回了郢城，楚庄王和孙叔敖把荀林父和赵盾作了比较，两人一致认为，荀林父比赵盾软弱，控制晋军的能力差，这应该是和晋军交手的好时机，但楚晋相隔遥远，中间还隔着郑、陈、宋等国，楚出兵攻晋，又必须借道，还得编织许多借道的理由，该国借道还好，如果不借道和该国硬打，也难找出和该国开战的理由，一开始就出师无名，真再要和晋军交战，楚军就不占理了。

正当楚庄王发动朝中大臣编织借道郑、陈、宋等国理由的时候，机会却再一次送上门来。原来陈国出了大事，公子夏征舒杀了陈灵公，自己做了陈国之君，陈灵公的儿子午跑到晋国搬救兵去了。陈灵公的大臣孔宁却逃到楚国请求楚庄王出兵拯救陈国百姓出水火。

机会又上门了！庄王心里狂喜，可嘴里却说："陈国的内政全乱了，楚国不能坐视旁观，本王与大臣们商议一下，如何救法，你先住下等消息。"

庄王让孔宁等什么消息，他其实只是自己在等晋国的消息，看他们听了太子午的搬兵请求后，会有什么动静，晋人出兵救陈，楚国也出兵救陈，以便在陈国与晋军交手，这样楚国把借道陈国的理由都免了。

陈灵公的太子午找到晋国之帅荀林父，一把鼻涕一把泪地控诉了乱臣贼子夏征舒的滔天罪行，请求晋国发兵救陈国。

自己的盟国发生政变，奸臣当了国君，这是晋国盟主晋景公绝对不容许发生的事情，此例一开，诸多小国都会效仿，以后中原谁还会听晋国的指挥棒？

"此例不能开！"晋景公在荀林父对是否出兵救陈国而犹豫不决的时候，当场拍板，晋国三军兵发陈国。

荀林父接到晋景公的君命，只得率晋三军向陈国进发，可到了晋国边界，他却叫晋军停止前进。因为这一路他都在想：陈灵公的宠臣孔宁是楚人，他必会向楚国求救，庄王定会发兵救陈，这样楚军和晋军就会在陈国相遇，近几年，楚人放言找晋军决战，以报城濮之仇，老帅赵盾为避楚军锋芒，多次躲开楚军寻战，自己刚任元帅不久，论战场作战经验远逊赵盾，他都不逞匹夫之勇，自己为什么偏要逞英雄，当这个吃力不讨好的冤大头？

停止前进的命令刚下达，中军帅先合就找到荀林父气冲冲质问："元帅，你为什么下令停止前进，救兵如救火，你知不知道？"

一个中军帅竟敢用这种狂妄的口气对三军之帅说话，这要在先轸时期，简直是无法想象的事情，即使是在赵盾时期，这种事情也不会发生，但现在是荀林父当帅，他的威信本来就不高，加上为人比较软弱，缺少临阵作战的经验，所以，颇有战功的先合就根本没把他放在眼里，名义上他是元帅，可先合却认为真正的元帅应是自己，故而先合问话的口气才这样冲。

荀林父初次指挥军事行动，就被先合顶撞，心里那个火直往嗓门冲，可他素有的冷静让他把火气压入腹腔，不慌不忙地问：

"本帅在等楚庄王的消息！"

"怕庄王也出兵？"先合横着眼问。

"完全有这种可能。"荀林父依然平声静气。

"你怕庄王？"

"谨慎些好！"

"那你出什么兵啊！呆在绛城不是更保险！"先合拉着脸。

"中军帅，请你说话注意分寸！本帅才是三军元帅！"老实人逼急了，也会动气。

"你要不是三军元帅，我说话还不会这么客气哩！"先合不再理他，掉头走了。

晋军终究还是在国境线上停住了，因为还有人支持荀林父的指令，那就是左军帅赵括（赵盾之子）。

晋军出动的消息，楚庄王及时获得，他命令屈荡当先锋，潘汪、潘党父子当中军帅，自己督阵，六万楚军浩浩荡荡杀向陈国。陈国的夏征舒哪里是楚军的对手，他被楚军活捉，庄王下令将他五马分尸，做了个短命之君。

消灭了陈国，伍参和孙叔敖找庄王了，问他怎么处置陈国，是兼并了它，还是让他复国。

庄王一时没有想好，口气有些犹豫："二位爱卿以为如何？"

伍参说："若贪小利，吞了陈国就是了！"

孙叔敖想了想，说："若想称霸中原，大王应帮陈国复国，做个大国风范的样子给中原各诸侯瞧瞧，楚人肚量如海！"

庄王还拿不定主意："我们帮陈国复国，晋人就不会来了？"

伍参淡淡一笑："荀林父三军就停在晋国国境线没动，大王真以为荀林父为救陈国不惜与楚开战，他没那胆量！他比赵盾还谨慎！"

半晌，庄王终于下了决心："好，让陈国复国，先让孔宁主持陈国事务，伍参去晋国边境接陈国太子午回国登位。做完这些事，咱们就撤吧，只可惜又没有和晋军开战！"

孙叔敖说："大王，别担心晋楚没仗打，两家迟早有一仗，其规模不一定比城濮之战小。"

"令尹说得好，要报仇雪耻，就再来一个城濮大战，小打小闹，不痛不痒，没味道，不痛快。"庄王赞赏地注视着孙叔敖。

讨伐陈国，对于庄王来说，重要的目的是看看晋军新上任的三军之帅对楚军的进逼动作何反应，是像赵盾那样极力避战，还是主动迎战、挺身退敌。现在，他摸到了这个晋军新帅的底，此人刚上任，根基浅，部下不听指挥，他既要应付晋国内部的派系之争，生怕和楚军战败成为国内反对派扳倒他的口实，又要面临三军各将咄咄逼人的不利因素，所以，他行事会更谨慎，更胆小。

心里一高兴，庄王心里有了底，就准备主动向晋国进攻了。

庄王寻乎异常的兴奋，眼前的庄王，让孙叔敖和伍参分明看到的是春秋的第三位霸主，心潮也为之澎湃起来。

庄王向北发展，与他的前人一样，目标总是郑、宋等几个诸侯。

第二年，也就是楚庄王十七年，楚庄王下令进攻郑国，因为近来郑国又和晋国眉来眼去，明显有投靠晋国的倾向。

楚庄王身边的伍参也竭力劝庄王打这仗。他断定晋军将帅人心不齐，荀林父指挥不灵，必然失败。他怕这些话打不动庄王的心，又问："打郑国需要理由，大王出兵的理由何在？"

庄王哈哈大笑："打郑国还需要理由吗?更何况本王是醉翁之意不在酒啊!"

伍参心里十分清楚，庄王出兵不完全是为了打郑国。他甚至想，庄王完全不是为了打郑国。那为什么?

就是北边的有条狼，南边也有一条狼，南边的狼要找北边的狼决斗了。

楚军一到郑国边境，郑军个个拼死战斗，几番浴血奋战，终于撕开一个口子，突出了楚军的包围圈。

郑国立马向晋国求救，第一步棋按楚庄王的预设进行，郑国特使向荀林父告急后，荀林父让他转告郑国国君郑襄公：坚守待援，晋国很快派救兵去郑国。

郑国特使回去向郑襄公告知荀林父的答复时，楚军已包围了郑国都城荥阳，可庄王却让楚军不攻城，只是包围。屈荡有些不明白，长途奔袭赶到荥阳，不就是消灭郑国么？到了郑国都城怎么又围而不打呢？

庄王神秘地笑笑："屈将军，你不觉得本王是在等晋国人？"

屈荡恍然大悟："哦！"

围城打援，是楚庄王的发明。

晋国人发来了救兵？未也，晋国对于是否发兵已经争成一锅粥。

元帅荀林父左右为难，不出兵吧，让盟国失望，晋国霸主地位动摇，晋景公不许可；出兵吧，打起来胜负难料，自己虽是元帅，但在军中还势单力薄；只是赵盾临终力荐，才让自己这个少有争议的老实人亲征挂帅，可身边的政敌却都是对自己的位置虎视眈眈，他们明摆着对自己口不服心更不服；若此战失败，不用他们攻击，晋景公也会让自己下台。他虽然对郑国求救特使说了出兵救郑，可心里并无出兵的打算；在晋景公的催逼下，荀林父只得召开六卿会议，商讨是否救郑。

上将军先合是力主救郑的主将，他对荀林父开会研究是否救郑本来就有意见，他认为这是个不需讨论的问题，荀林父召开会议研究是否发兵的倾向性非常明显，那就是不准备发兵，他承诺发兵而又没有实际动作就是有力的证明。先合在心里更加瞧不起荀林父，认为他就是一个十足的胆小鬼、伪君子！

将军赵括力挺先合的主张，立即发兵救郑，形势刻不容缓。另一个支持者魏奇说得更直露："怕死的让路，让不怕死的冲锋！"

也就是说武将主战，而文官几乎一边倒的主张静观其变，暂缓出兵，以避免与楚军决战为上策。文官之首上卿士会说得非常明白：

"楚庄王讨郑是有备而来，据细作密报，庄王登位以后，择贤用能，楚国发生了巨变，在令尹孙叔敖和一帮大臣的辅佐下，今日之楚国已与昔日之楚国不能类比，楚国的国力和军力的强盛已是有目共睹。庄王时刻牢记当年城濮惨败，以此为镜，时刻警醒自己不要忘了报仇雪恨，他反复研究城濮战例，深入探讨楚军在城濮失败的原因，所获颇多。所以他这次是来者不善，善者不来，我们不可等闲视之！"

士会的观点得到了荀林父弟弟荀首的拥护，荀首的理由简单明了：

"今日楚庄王非昔日楚成王，今日之楚军非昔日楚军，今日令尹孙叔敖非昔日令尹成得臣。而晋国呢，老帅赵盾已逝，新帅荀林父接任，新老交替之时，应戒大战！”

文官们的一些大夫司马、司寇无不点头。双方观点鲜明，互不相让，在荀林父面前争得面红耳赤，武将说文官“惧战怕死”，文官说武将“贪功冒进”，各执一词，愈争愈烈。

听着双方尖锐对立的意见，荀林父在想什么呢？他只是一门心思在想：郑国赶快投降楚国，郑国投降了，晋国就不需出兵了，和楚军的正面冲突就免了。

晋国百官争吵了近二十天，郑国军民就在荥阳与楚军硬顶了近二十天，郑国人在这么长时间里没见晋军的影子，按理说，晋军就是爬也该也爬到荥阳了。

于是郑襄公的哥哥、上卿子良提议郑国开城投降。他的理由很有说服力：“晋国作为中原盟主都言而无信，我们郑国凭什么讲信用，就非死守荥阳，晋人嘴皮子一张叫郑国守到死！主公，看来晋人根本没打算救我们，咱们就投降了楚国鬼子，少死些郑国人，少让郑国百姓受些罪，主公也算积了阴德了！”

郑襄公拿不定主意，他不甘心任大国摆布，骨子里还有不服输的劲头，他相信占卜，究竟降不降，他问占卜巫师，占卜的结果是投降不吉。于是，郑襄公横下一条心，死拼到底了，他领着文武官员到祖庙去哭告上天，誓死保卫郑国，以告慰列祖列宗，郑襄公和官员们痛哭祖庙的消息传遍荥阳，大街小巷的百姓哭声一片，郑襄公捍卫郑国的举动感动了郑国百姓，大家动情啰！

荥阳城惊天动地的哭声让城外围而不攻的楚庄王十分纳闷，荥阳城内的情景好像是郑襄公死了，正全国哀悼哩！按春秋惯例，敌对交战双方有一方国君病死，另一方要后撤 30 里。庄王以为郑襄公死了，按惯例令楚军后撤 30 里，在撤军途中，庄王在心里思量；郑国人别因为国君死了就开城投降啊！你们要顶住！化悲痛为力量，和楚国人血战到底！他暗暗祈祷，怕的就是在晋国人没来前郑国就向楚国投降，那晋国人就不来了，庄王前面所做的一切预设都没有实施的可能了，那他和楚军就算是白忙活了。

伍参看得明白：“大王，郑国开城投降，有这种可能吗？”

楚庄王心想；如果自己所料不错，郑国绝不会撤军回国，而是一边明着跟我们对峙，一边暗中寻求别的力量参战，等待那些力量的到来。楚庄王掩饰自己内心的忧虑，小声说：“不会的，就是郑襄公死了，他的臣子、他的臣民都不会投降的，顶到晋国援军来荥阳没问题。”其实，他对自己的话都信不足，说不定明天一早，荥阳城内就出来人投降了，他还真怕！

第二天一早，郑国人上城一看，楚军后撤了。他们不明白楚军为什么后撤，城里人昨晚哭了一夜，或许感动了上苍和祖先，祖先显灵，吓跑了楚国鬼子，除此之外，郑国人难有其他更合理的解释。楚军的后撤，让郑襄公信心和勇气大增，他下令增补城墙，加修角楼射楼，抵抗楚国人再次进攻。

楚军探马把郑襄公未死、并下令拼死抵抗楚军再攻荥阳的情报报告了楚庄王，庄王哈哈大笑："郑襄公你配合得天衣无缝啊！你绝对是本王的黄金搭档！"

于是，庄王跳上战车，下令楚军重围荥阳，依然是围而不攻，这真是一场奇特的战争，攻方围而不打，在钓鱼；守方至死不降，盼救兵，救方就是不发兵，生怕守方不降。

这是一场什么战争？

人的耐心是有限度的，庄王围住荥阳，从春天围到了夏天，整整三个月，楚军硬是不攻，郑军硬是不降，晋军硬是不救，盼救星的就是没盼来，"钓鱼的"就是没钓上，想投降的就是没投降，郑晋楚三国比耐力快把人逼疯了，庄王终于沉不住气了：

"奶奶的，晋国人真沉得住气，郑国人真能扛，老子服了还不行吗？传令，明日攻城！"

眼看钓鱼的目的难以达到，庄王准备亲自率领一千辆战车攻入郑国。郑襄公龟缩在都城中不敢迎战，楚国的军队将郑国的都城围了起来。准备灭了郑国就回国，毕竟楚军人心思归啊！

听说庄王下令明天攻城，沉闷了许久的楚营沸腾了，不要各级将军动员，楚军就做好了攻城准备，只等庄王发令。

同一天，荥阳城内发生了同样的事情，郑襄公感到救兵无望，晋国人就是个大骗子，他对众臣说："城内粮草断绝，老子投降还不行吗？"他决定明天开城向楚军投降。

也在同一天，晋景公第三次下令救郑国，荀林父顶不住了，对弟弟荀首说："他大爷的，楚国人、郑国人真能扛啊！一个不攻，一个不降，老子出兵还不行吗？"如果荀林父再按兵不动，晋景公就要与他的政敌把他扳倒了。

这戏剧的一幕三方配合得天衣无缝，精妙绝伦！从比耐心上看，三方打了个平手。

第二天，庄王便命令楚军摆开阵势，把战车一律朝向北方，准备出战猛攻荥阳，没想到城门大开，郑军排队出城，郑国上卿子良迎庄王进城，庄王根本没有怀疑郑军有诈，因为此时郑军连使诈的力气都没有了。

"你们早不降，晚不降，偏偏本王要攻城了，你们投降，你们再扛啊！"庄王气呼呼地说。

"大王，我们扛不住了！"子良低声下气地说。

楚国的军队浩浩荡荡开进了了郑国的都城荥阳，刚进入皇门，见到一群人跪在路边。郑襄公跪在朝廷前的迎宾大道上，上身赤露，绳索大绑，这就是春秋时期请罪时最重形式：肉袒！

楚庄王一看郑襄公这模样，不禁哑然失笑，他以前听说过肉袒，但从没见过，今天算是开了眼界了。楚庄王忙下马走上前去，郑襄公跪在那里低着头说道："大王，我鬼迷心窍，死顶楚军三月之久，让您生气了，我错了！但望大王念及历代祖先的面子上，顾及郑国建立以来的不易和我们两国的世代友谊，给我一个改正错误的机会，不要灭了郑国，我和郑国百姓定会感恩戴德，忠心不二侍奉大王和楚国！"

郑国的国君能够放下身段，委身听命，必定能够取信于民。这一点，就很难得了。楚庄王心里一阵感动，俯身将郑襄公扶了起来。并传令大军退出都城，在城外三十里安营扎寨。

郑乃反复无信之国，千万不能赦免他们的罪过。楚庄王之举让屈荡不解，便劝庄王，提醒说郑襄公假情假意，假投降，要楚庄王不要相信！

"怎么说话呢？郑襄公谦恭有礼，深得郑国百姓信任，否则能扛三个月的围攻？这样的国君，本王就是要放他一马！"

出乎楚人所料，庄王轻易地放过了郑襄公和郑国，因为他的根本目的就不是要打郑国，郑国不过是个钓饵，他不愿让"钓饵"太难堪。

楚庄王下令："三军后撤三十里扎营，不得骚扰郑国百姓！"他转身对郑襄公说："我在楚营等郑国使臣来签订两国结盟条约！"

郑襄公感动啊，眼泪和鼻涕混流，望着庄王离去背影，他深有感触地说："楚国人比晋国人够朋友多了，庄王气度不同凡响啊！"

小国都是墙头草，风吹两边倒，但楚国这阵强风俘虏了郑襄公，于是，郑楚结盟，楚国派大将潘党和郑国上卿子良签约。尽管郑国与楚国结盟，但庄王心里并不高兴，因为比耐心他毕竟输给了晋国人，晋国人到底也没出兵，鱼没钓着啊！

孙叔敖看出了楚庄王此刻心有不甘，出来达三月之久，就这样回郢城，也太没面子了，晋兵欺人太甚！既然众将都跟出来了，咱们何不乘其不备，冲杀过去！于是他提议庄王起兵再往北走走，到黄河边上向晋国人示威，建个纪念碑，说明楚国人到过晋国边境，这样回楚国说起来也好听些！

庄王认为这主意不错，他下令全军向北进发，大军刚动，在晋国的楚军细作回来报告："晋军出兵救郑了！"

"哈哈！晋国人的耐心也不比老子强多少啊！"庄王终于笑了。

屈荡问："大王，三军是否北进？"

"北进！本王要会会先王的这个老冤家！"

等楚军来到泌城时，探马报来军情："晋军已渡过黄河，进入郑境！"

"嘿嘿，晋军这么快？看来他们不惜与楚一战？"这时庄王对晋军格外重视起来，他在盘算如何调动楚军的活力与积极性来对付晋军，因为他知道晋军不好打，不把楚军的战斗积极性激发到极致，此仗楚军未必能打胜。

其实荀林父是被迫渡过黄河的。原来他的晋国三军到达黄河岸边时，就已经从晋军在郑国的细作那里得到情报：郑楚已结盟，楚军已撤离荥阳，荀林父此刻对是否渡河犹豫起来，既然郑国已归顺楚国，晋军过河还要必要吗？救郑的前提都不存在了，晋军出征郑国还师出有名吗？如果晋军贸然过河，搞不好还会受到郑、楚两军夹击，必使晋军陷入被动，他想撤军回都城，没料到此议刚讲出，立即遭到将军们的一致反对，先合的表态尤为激烈：

"我们受主公之命，救郑抗楚，现两项任务都未完成就想撤军，是何道理？主公之命到底还要不要执行？"

魏奇接着发言："从表面看，郑国归顺了楚国，那是楚国压的，他们从心里盼望晋军驱赶入郑楚军，恢复他们的尊严，现在楚军就在黄河对岸，正是我们寻歼的好机会，元帅怎么能下撤军令？"

赵括也说："我等君命在身，只能义无反顾过河，与楚军决战。不错，今日庄王不是当年楚成王，今日楚军也不是当年楚军；但是各位别忘了，当年城濮之战给楚军留下的阴影，正所谓一朝被蛇咬，十年怕井绳，晋军此次再度与楚军交锋，晋军首先在心理上、士气上就占了优势，只要晋国三军将士一鼓作气，必将重演城濮大战一幕，胜利属于晋国！"

三个将军激烈反对撤军，已在荀林父意料之中，在此关键时刻，荀林父没想到他们会拿君命来压他，让他着实为难，他回眸望望上卿士会和自己的弟弟荀首，他们都朝他点点头，目光暗示他，君命不可违，即使如此，稳重的荀林父也没马上下令全军渡河，他想再等等，再看看。

先合一心想打，见荀林父等人要和，满肚子不高兴，心里直嘀咕：什么人啊！贪生怕死！对任何事情都采取不合作态度。先合便背着荀林父私自下令，上军全部过河，在泌城与楚军对峙。

已近黄昏。主将荀林父不得不渡河，先领了六百辆兵车，杀奔而来。

一场大战，终于爆发了。

荀林父心里隐隐不安，他知道先合的上军不是楚军对手，先合的孤军深入有被全歼的可能，晋军其余部队再不过河，先合的上军就有灭顶之灾。这样一支部队和有备而来、士气正旺的楚军相比，谁强谁弱，天下人都知道，只有晋军的三大将军不知道。

荀林父刚过河，就叫来了将军赵婴齐，命他在黄河岸边聚结渡船，准备接应败退下来的晋军过河。战端未开，主帅已准备了退路，这仗还怎么打，还有丝毫的胜算么？

楚将望见兵车激起的尘沙，匆忙之中，辨不清多少，当是晋军大举出击，连忙派人飞奔回营报告。楚庄王对晋军的内情并不知道，他要知道了，也不会花费那么多心机，想出连环套的谋略，让晋军掉进他预设的陷阱。

面对晋军过河，庄王召开前敌会议，商量对付晋军的办法，会前，他与令尹孙叔敖进行了整夜策划，决定把庄王对付潘崇、斗淑的办法拿出来——示弱。

会议一开始，孙叔敖就开了口："大王，郑国已归服，我们的目的已达到，现在晋军已过黄河，楚军撤吧！"

"令尹言之有理，晋军气势汹汹，来得迅猛，咱们撤吧！"庄王不动声色，低沉道。

"大王，不能撤！晋国人来了，我们就撤，那不是怕晋国人吗？"屈荡第一个反对。

"那就不撤？"庄王有意问。

在场的官员分为了主战派和撤军派，屈荡和将军子重、子反（庄王之子）反对撤军，在没主意的时候，庄王总习惯问伍参：

"伍大夫，你看呢？"

庄王和孙叔敖一唱一和的双簧戏，伍参在一旁看得明明白白，听到庄王叫自己发言，他知道庄王想叫他讲什么，便沉住气说：

"大王，不能撤！晋国的新帅荀林父是个怯懦之人，先、赵二家加魏家根本不听他指挥，现在过河的晋军军令混乱，形同散沙，这样的军队，怕他干什么？更何况大王是一国之君，对方只是军中元帅，我们怎么能回避或者害怕他们？没道理嘛！"

伍参说出了庄王心声，受到将军们热烈拥护，孙叔敖似受到鼓舞，口气有些松动："也许伍大夫说得有理？"

屈荡说："令尹，伍大人的话句句说到了我们心里，舒服啊！"

伍参忙接上："我的话让将军舒服就好！"

庄王忍俊不禁。有顷他说："如今晋楚两军在泌城对峙，大战就在眼前。昨晚我梦见了先王的老臣成得臣将军，他告诉我晋军十分勇猛，劝我不要跟晋军开战，他说我们永远不可能战胜晋国人，所以本王担忧大战打起来，我军会重蹈城濮之战的覆辙，所以趁大战未开，楚军以撤军为好！忠魂托梦，不得不重视啊！”

“父王，三军将士憋足了劲要和晋国人死战，大王怎么能凭一个梦境就让三军将士的满腔激情付于东流？”庄王的二儿子子反马上表示异议。

庄王依然故我，不动声色，用激将法：“唉，本王也知你们不服晋国人的气，想当年成得臣大将军，也是一代名将，可被晋国人打得满地找牙。如今，先轸、魏抽这些晋国名帅名将不在了，可他们的后人都在啊！”

“父王、先轸、魏抽是晋之名帅、名将我们都承认，可他们的后代、新帅荀林父我们就是不服气！为先王报仇时刻在我们心里，现在是好时机，父王可不能撤军啊！”庄王大儿子子重慷慨激昂。

他的话感染了大夫熊负羁：“大王，为报城濮之仇，我们愿与晋国人血战到底！”

庄王的表情似依然在犹豫：“本王总感到没有获胜的把握……”

十几个将军见状终于忍无可忍，一将军呼地站起：“大王，我们请求与晋国人决一死战，定报城濮之耻！”

“令尹，你看呢？”庄王问孙叔敖。

“也许众将说得有理。”孙叔敖看将军们士气鼓起来了，口气也变了。

伍参若有所思，临时多了个心眼，心想：不如先派人去议和。他们如果不愿意，偏要打，楚军再迎战却也不迟。他怕庄王又点自己发言，就先开了口：“大王，依微臣看，现在大家求战心切，就这么撤军，不就给将军们泼了一盆凉水，我看不如先派人去晋国提出一个和平条约，他们答应了，双方撤军，咱们也不吃亏，他们若不答应，我们就和他们决战，那时就看各位将军神威了！”

“令尹，你觉得呢？”庄王又问孙叔敖。

“伍大夫此议可行！签了议协，天下为安；没签协议，再打不迟！”

“那好，麻烦伍大夫去晋营一趟，请求楚晋和平解决！”庄王最后拍板。

议了半天，议了个和平解决，将军们愤愤不平，但也只好耐着性子等伍参去晋营的结果。

庄王的激战法收到成效。

在晋军大营，文臣武将对是攻还是退还在争吵不休，伍参的到来，暂时平息了晋军将领和文官们的争论。面前的伍参，让荀林父似乎看到了转机，所以问话也较和气：

“特使前来是下战书，还是求和？”

伍参不愧是说话高手：“元帅，我家大王从小遭遇忧患，不太善于辞令，以前的先王成王、穆王到这里，都是为了教训郑国而已，这次我们大王前来也是这个意思，并没有和晋国交兵的意思。”

荀林父一听楚人不想交战，心中暗喜，忙说：“特使前来何意？”

“特来表明楚国对晋国的和平诚意！若能签订和平条约是为最好！”

荀林父看到了将军们不满的眼神，忙说：“待我们研究后再给你们答复！”

伍参告辞，刚准备上车回楚营，就见晋营有一晋将赶来，大叫：“楚国特使留步！”

伍参问：“来将通名！”

“晋上将军赵括！”

“将军何意？”

“请你转告先合大将军的命令，晋军决心和楚军死战，元帅的话，特使勿当真。”

“你是什么鸟？敢把元帅的话当儿戏？”这两句话伍参没说出口，没理他，回到了楚营便把在晋营所见讲了一遍。

“他们没谈撤军？”庄王问。

“压根没提！”

“同意签和平条约？”庄王又问。

“签什么签，赵括说先合要和我们决一死战！”

“荀林父什么态度？”庄王再问。

“荀元帅有和解的意思，可我发现，他指挥不动晋将，晋将也不听他的，反倒是先合将军擅自发号施令！”

“人家是先轸元帅的儿子嘛！该抖威风！”庄王眉头一皱，似无奈地说。

屈荡先叫了：“先轸是先轸，先合是先合，他牛皮哄哄的，我们楚将谁怕他！他要打，咱们奉陪！”

子反、子重两公子更是血气方刚，一个劲喊打，连大夫熊负羁也变得好斗起来，喊打的声音比将军们不低。

庄王叫大家安静下来：“为表明本王的和平诚意，麻烦伍大夫再去一趟晋营，问清他们要签和平协议有什么要求，他们要先撤军有什么条件？”

庄王一让再让，寻求和平解决争端心意明显，可反倒激起众楚将求战心切，他们认为庄王太仁慈，太宽厚，这种好心，对晋国人未必有回报。

子重叫起来了：“父王，儿臣看父王是多此一举，打就是了！”

众将也跟着喊起来：“打！还是打见高低！”

庄王不动声色：“还是和为贵！伍大夫再走一趟吧！”

聪敏的伍参完全明了庄王的心意，知道他一再退让一定让晋人误以为可欺，更加狂妄，从而反过来把楚军将士激怒到极致。所以当有人示弱的时候，对手千万别得意忘形，说不定示弱背后就是致命一击，楚庄王就是这样的高手。

伍参很快又去晋营转达了楚庄王的两个问题，一下就在晋营炸了锅：

“凭什么楚国要签和平协议，我们晋国就一定得签？”这是魏奇的声音。

“凭什么叫我们先撤军？我们不撤，条件只有一个，楚庄王无条件投降！”赵括口出狂言，误以为庄王怕晋军，更来劲了。

楚军怯战！先合心想，于是乎更理直气壮开腔了：“你们庄王现在看晋军过了黄河下不了台了吧，想开溜又怕丢脸，就搞什么两国和平协议。别来扯淡！我们不和平，我们要战争！”

荀林父见先合说得太不像话，正色制止道：“先合将军，对楚使说话要注意分寸！”

“分寸？什么分寸？荀元帅你要的分寸就是忍让，就是撤军！可元帅你别忘了主公的严令，那就是解救郑国，击退楚军！我们将军坚决要求元帅执行主公的命令，向楚人进攻！”先合背后有晋景公撑腰，根本无惧荀林父。

先合在楚使面前搬出了晋景公的命令，荀林父顿时色窘，哑口无言。

伍参听了先合的话，知道此战已难避免，但伍参也因此得悉了晋军将帅之间不合、军令不一的重要信息，他觉得楚军获胜的希望很大，虽然他两赴晋营一无所获，但晋军将领的傲慢狂妄，激怒了楚将楚军，楚军自发地拥到庄王军帐前，高呼口号，请求出征，一致请求庄王不要再发慈悲、再发善心，对付豺狼就得拿打狼棍。

楚庄王示弱的目的完全达到，是时候了！楚庄王掩饰不住内心的狂喜，认为开战的火候终于来了，并对开战阵形作了精密布置，他自率中军，以屈荡为中军帅，并命令大公子子重将军率上军，二公子子反为下军帅，令孙叔敖作为总督军压阵。刚把阵形安排完毕，晋国的战书就由魏奇送到了楚营。

魏奇下战书时对楚庄王的无礼和轻慢，进一步激起了楚军将领的愤慨，纷纷要求楚王把魏奇斩了！刚才牛皮哄哄的魏奇一下吓瘫了，口里直喃喃：“两国交……交兵不斩来使……”

楚庄王制止了众将冲动，很冷静地说：“请魏将军转告荀元帅，本王接受开战！”

胆小的荀林父为什么主动向庄王下战书？原来先合见荀林父不进不退，便上书在晋景公面前参了荀林父一本，说他畏战怯战。晋景公接到先合告状信，勃然大怒，便向荀林父发来第二道命令：务必和楚军在泌城决战，并预祝此战大捷，这是晋景公下第二道开战令，荀林父再不动作，他的元帅位置就坐不长了，在既不能抗命，又不能无动于衷的无奈情况下，骑虎难下的荀林父只得下令全军渡河，无奈向庄王下了战书。

开战前夜，楚庄王找到中军帅屈荡，作了特别交代：“明天开战，本王擂鼓一通，你就带一百精锐战车直冲荀林父的晋军中军！”

“大王不擂鼓三通，意在我中军偷袭晋中军！”屈荡立即领悟。

“先轸怎样对楚军的？”

“不按打仗规则！”

“咱们反其道而行之！荀林父惧战，咱们就先打他，他中军一乱，三军自乱，别说先合、魏奇、赵括无回天之力，就是先轸再生，也怕无能为力！”

屈荡领命刚走，庄王又叫来两个儿子：“晋军都知楚军素来崇尚左阵，先合必冲由子重率队的左阵，可没等先合冲儿左阵，父王率领的中军先已冲荀林父的中军，为挽危局，先合会猛攻儿左阵，儿切勿出战，只用战车筑垒，令弓箭手押阵，待先合被本王攻破中军后稍乱阵脚，儿开始猛攻！子反率领的东宫卫队此时也参战，先合、魏奇、赵括必败！”

两个儿子对老爸的精妙安排佩服得五体投地，都高兴地去安排自己的部队了。这时，孙叔敖领着一帮文臣来见庄王，他们都不放心庄王上阵厮杀，都劝庄王应坐镇指挥，没料到庄王讲出一番话来，让大家热血沸腾：

“本王和令尹、伍参好不容易以示弱之态，激奋楚将楚军求战热情，在将士们即将冲锋陷阵的时候，本王却躲在后面看热闹，这不是熊侣的性格和为人！你们也知道晋军主帅荀林父胆小，若与他作战的本王能身先士卒，会和他形成多大反差，会对晋军有多大震撼：熊家三口两代人参加泌城之战，将会对楚军是多大鼓舞？王和王子不怕死，楚将楚军还有何惧?！本王已看到了泌城之战的胜利向楚人招手！”

众人无不敬佩地向庄王行礼。

庄王特别交代孙叔敖：“待本王和屈将军冲向晋中军后，令尹就大喊，庄王冲阵被包围了，督促楚军奋不顾身向晋中军冲！”

伍参好似明白过来：“大王被晋军所困，楚军就会和晋军拼命！”

庄王微笑：“本王要的就是这个效果！我要晋军在我的第一次冲击下，没有还手之力！让他们比楚军在城濮败得更惨！”

孙叔敖仍不放心：“大王还是小心为上啊！”

庄王哈哈大笑：“本王命硬也命大！荀林父拼不过！”

第二天，天还没亮，庄王下令开战。霎时间，鼓声似雷，兵车飞驰，庄王和荀林父列阵相对。

楚军旗帜鲜明，号令划一，动作有序，在气势上就压了晋军一等，更让晋军没想到的是，楚庄王竟亲临战场第一线，但见他身着战袍，全身金盔金甲，战车铮亮，身旁战车上的楚军个个虎背熊腰，东宫卫队的步兵紧紧跟随庄王战车后面，人人都是彪形大汉，而且手拿长戟，背负弓箭，免冠赤足，全部是一副拼命的架势，这阵势，先让荀林父心寒了，晋军们也看得目瞪口呆，未曾开战，晋军先怯了三分。先合、魏奇、赵括虽亲历过战阵，但却从没见到国君亲自上阵和士兵共同厮杀的情景，都不得不佩服楚庄王的胆量；荀林父措手不及，不晓得如何是好。

就在荀林父不知该不该擂鼓的时候，楚庄王下令擂鼓了，楚军第一遍鼓过，晋军回应了第一遍鼓，就在晋军等楚军擂第二遍鼓时，楚庄王旗一举，下令全速进攻。楚军兵车、步兵像一股狂风般扑向晋军。屈荡战车当先向晋军中军冲来，庄王随之车动，身旁的一百乘战车紧跟，像风一样冲向晋营。一场血腥恶战就这样在瞬间爆发，是偶然，亦是必然！霎时间，杀声震天，早就憋着一肚子火的楚军上下奋勇作战，竟然一口气把晋军的阵营冲垮，双方在邲城展开混战，战斗异常惨烈。楚军斗志昂扬，往来冲杀，大声的吼叫，杀红了眼，如入无人之境。

荀林父一愣：这打的什么仗？擂鼓一通就冲锋，完全违背作战规矩！完全没有作战规矩！

主帅慌了神，晋军们更慌了神，不是擂鼓三通才开战么？怎么只擂了第一遍鼓就冲过来了？楚军求战心切也不能犯规呀？

晋军主帅和中军将士都慌了神，面对如狼似虎冲过来的楚军，吓得魂不附体！看见过不要命的，可没看见过这样不要命的！连国君都身先士卒冲过来了，跟在他后面的楚军像海中的潮水一样压过来，荀林父早料想到败局，可没想到败局来得这样快，为减少伤亡，出于保护将士的本能，情急之下大叫："快跑，逃过黄河去有赏！"他怕晋军听不到，还叫身旁的士兵帮着喊！少顷，荀林父已领着残兵败将，仓皇逃跑。

"什么逃命还有赏?!"被楚军阵势吓得六神无主的晋军听荀林父这么一喊，六神有主了！逃吧，谁逃得快谁有赏，不逃的就是傻瓜！晋军中军个个成了跑步运动员，看谁逃得快，中军这么一溃退，上军、下军全傻了眼，怎么，逃跑还有赏？谁还有心恋战？别看平日魏奇天天喊着打仗，真打起来了，他比别人都跑得快，因为败局他比谁都看得明白。

下军的先合看见楚军猛冲晋军中军，起先还暗自高兴。他想让楚军给荀林父一点苦头，最起码也给他一点冲击，可先合毕竟懂作战，他马上明白，楚军不仅是给晋军中军一点压力，简直像决堤的洪水猛兽要水淹晋军中军，他更没想到的是，身为主帅的荀林父竟喊出了“逃命有赏”的口号，让中军完全失去了战斗力，晋军争先恐后逃命，只嫌腿短！晋国的中军一败，下军的魏奇比谁溜得都快，他就是再顶，也无济于事。于是他也脚底板擦油——开溜。

庄王准备的战车筑垒并没有派上用场，子重随机应变，立即撤去筑垒，在后紧追晋军下军。晋军上军受赵括、士会指挥，还算镇定，在子反东宫卫队的冲击下，且战且退。

正在督阵的孙叔敖见胜利在望，拼命擂鼓，命令压阵的士兵高叫：“庄王亲自冲锋了，被晋军冲散了战队，正孤军奋战哩，快去救庄王！”

楚军们一听庄王身处险境，更是像发疯地向晋军冲杀，一波又一波向晋军涌来，他们为救庄王出包围圈，见了晋军就像砍西瓜，其情其景就像当年城濮之战楚军惨败重现，不过这次在泌城双方调了个位置。

楚军终于发现了在前方奋不顾身拼杀的楚庄王，原来他并没有被晋军包围，一直带着楚军往前冲锋。楚庄王之所以叫孙叔敖喊庄王被围的口号，就是要更加激励楚军奋不顾身冲锋，为救庄王出险境而更加玩命，更狠更重地给晋军以重创。

晋军三军听到荀林父击鼓传令，拼命地向黄河渡口狂奔，晋国残兵都跟上来了，怎奈船少人多，你争我抢，自相践踏。正在渡口接应的魏奇一看败兵如潮水涌来，忙叫接应船只开船先逃。败军逃到河边，看见木船，无不争先恐后地想爬上船，于是那些先上了船的士兵举起刀来，砍那些攀船的士兵。只见刀起手落，惨不忍睹。失去手的晋兵掉到河里，被水冲走，把黄河渡口都染红了。

楚庄王追到黄河岸边，看到晋军自相残杀，其状惨不忍睹，便下令全军停止追击，当即收兵，不再追赶，放晋国官兵渡河回国。子重犯了迷糊：“父王，杀过去呀！保证晋军不被淹死，也会被我军杀死，定叫荀林父全军覆灭！”

“不必赶尽杀绝吧？当年城濮之战，晋文公也没对溃逃的楚军穷追不舍，本王当效之！”

于是楚军收兵，让剩下未死的晋军从眼皮底下逃走。楚军清点人数，死伤的士兵极少。他放眼瞭望，黄河岸边，晋军尸横遍野，哀鸿一片，损失惨重。拥有几百辆兵车的晋国人马，一战之间几乎全部覆灭，

此仗让晋军主力几乎不复存在，从此，晋国的霸主地位受到严重挑战，也可以说，此战让晋国从此削弱，以致霸主地位丧失殆尽，从此，楚国走上了霸主地位。

城濮之战，晋国完胜。泌城之战，楚国大胜。

泌城之战足可证明楚庄王是战略家，具备了独自胜任指挥一场大战的魄力

和水平。

分析泌城之战的过程,足可看出楚庄王指挥艺术的高明与巧妙。

第一步,诱敌。围困郑国,引诱晋国来援,这是先轸用过的招数,庄王以其人之道,还其人之身。

第二步,示弱。这是庄王屡试不爽的计谋,用此计让晋军对楚军失去警惕,造成轻敌情绪,另外可以激发自己人的求战欲望。

第三步,偷袭。完全不按规矩打仗,怎么能胜就怎么打,声东击西,出其不意,攻其不备。

可以说,这一仗是中国历史上的经典战例,其中让人称道的是心理战。如果说先轸导演了晋楚间的城濮大仗,那么,泌城之战完全是楚庄王个人设计的战争,而且每一次作战计划都是那么精准。楚人对晋人的泌城之战,真可谓是:尽洗前耻,鼓舞人心,让世人称道。

第十一章　恩威并施　庄王称霸

大战之后，楚庄王采纳孙叔敖的遗言，止戈为武，向齐、晋示好，以修和平。他先是派遣公子熊冯出使晋国，继而派申天畏出使齐国。熊冯不辱使命，完成出使任务；申天畏则在借道宋国时被曾遭他羞辱的宋国元帅华元杀害。楚庄王怒，发兵攻宋。经一番斗智斗勇，楚、宋两国达成合议，各诸侯国为楚国的强大、仁义折服，纷纷派人来参加高台盛会，庄王由是称霸。

楚庄王得胜班师前一天，特意坐驾到黄河渡口观看了晋军溃退时的现场，这天，天刚放亮，初升的太阳明晃晃地照着血光莹莹的河面。庄王极目远眺，只见沙滩上到处都是晋军的尸体，河面上漂浮着无数年轻晋军的尸体——本该潋滟澄清的季节，却陡然间在马蹄声与箭戟中散落一地。这刀光剑影、鼓角争鸣、血流成河的江面，在楚庄王眼中氤氲成一片惨红。一时间，厌战与恻隐之心油然而生，只觉得胸口堵得难受，不由仰天大吼一声：

"晋军士兵何罪？本王有罪啊！"

孙叔敖见庄王如此伤感，忙安慰说："大王，泌城之战楚军完胜，应该高兴啊！"

庄王叹了一口气说："本王高兴不起来啊！看看这些晋军尸体，他们也是上有老、下有小的人，他们卫国何罪？晋楚冤冤相报何时了？本王从闻到的晋军血腥味里开始反感战争了！"

潘党没有注意到此刻庄王的情绪已大起大落，不识时务地说："大王，末将以为应该在黄河边建一座京观，以纪念楚军雪耻大胜！"

何谓京观，就是建纪念碑。

"用晋军的亡魂来建楚国京观，本王于心不忍。有些道理你不会明白，从字面上看，止戈为武，反过来讲，武就是止戈。大家可能都知道周武王消灭商朝之后，曾做过《周颂》吧？"

潘党和屈荡一般武将全都摇头，许多大臣也都是一片茫然之色，只有孙叔敖说："周武王在《周颂》里说：把干戈收藏起来，把弓箭也收藏起来，我将追求美德，并把这一愿望体现在夏乐中，以求永保天下。"

庄王深沉地接着说："令尹把武王的《周颂》记得很清楚。本王以为，所谓武功有七德，消除残暴，消灭战争，保有天下，巩固功业，安定百姓，调谐诸国，积聚财富。这样才是完全的武德！"

众臣齐呼："大王高瞻远瞩，高见英明！"

庄王又接着说："泌城之战，本王使晋楚士兵暴尸荒野，就是残暴不仁；夸耀并诉诸武力使各诸侯畏惧，就不能永远消除战争；既没有消除残暴，又没能停止战争，怎能保天下太平？晋国此战虽败，但仍然存在，我怎能巩固功业？此战违背老百姓求安的心愿，他们怎能安定？缺少德行而与诸侯争霸，怎能与各国和谐？乘人之危为自己谋一己之利，以别国的动乱来求得自己国家的安宁，本王怎能为百姓增加财富？武功具有的七种德行，本王都不具备，拿什么向子孙证明我是贤君？"

潘党似乎听明白了庄王的意思："那……那就不建京观了？"

"在河边建一座庙足矣！向上苍、向祖先报告我们泌城之战已胜，以供奉楚国列祖列宗，并在此举行祭祖祝捷庆典，就行了！"庄王说。

孙叔敖感激备至："大王功伟不自骄，反而能深刻反思，天下明君！"

众臣齐声："天下明君！"

庄王又说："武德是制止战争，而不是扩大战争，是结束敌视和痛苦，而不是延续这种敌视和痛苦，现在楚国、楚军高兴了，可晋国、晋军一片悲哀，那就是说，楚国、楚军的高兴是建立在晋国、晋军痛苦基础上的！我们不感到问心有愧吗？能心安理得吗？所以只有消除战争，让武德的七种功能发扬光大，天下才能太平！"

"止戈为武"是楚庄王的一大发明，也是至理名言，他刚才的一番反省之言，没有作秀成分，全部出自肺腑之言，让众臣深思感慨。

回到郢城，孙叔敖因军中劳累病倒了，庄王去令尹府探视，望着重病中的令尹，庄王掏心窝与他谈了自己的忧虑：

"国君有才能，他具备有才能的人帮他，便可成就一番事业；国君才能一般，但具备有才能的人帮他，他仍可成就一番霸业，如齐桓公和晋文公：国君才能一般，甚至较差，而且臣子的才能还不如国君，这个国家就很危险。如今，我的才能就比较差，武德的七种功能我一项都不具备，再若失去令尹辅佐，楚国堪忧啊！"

孙叔敖是熟读历史的人，也是杰出的军事家，他选择适合于楚国的条文，立为军法，对各军的行动、任务、纪律等都制定了明确规定，运用于训练和实战。同时，他知道不少国君善于反思，也很谦虚，但没见过像庄王这样反思、这样谦虚的。而楚与晋大战于邲城,他又辅助庄王机智灵活地指挥了这场战斗,庄王对孙叔敖自然感激涕零。如今楚庄王见孙叔敖为国事积劳成疾，不禁心神不安。

“今生今世能遇见大王,真乃三生有幸呐,孙叔敖不才,却受大王器重,负起令尹重任,怎能不尽心尽责地为大王效忠。只叹叔敖身体孱弱,不能再侍奉大王,君臣分别就在眼前,叔敖心有不甘啊!”孙叔敖吃力地说。

“令尹临别之前,对熊侣有何忠告?”看着气息奄奄的孙叔敖,庄王泪水涟涟,泣不成声。

“止戈为武,向齐、晋示好,以修和平。”这是孙叔敖的临终遗言。

孙叔敖自出任楚国令尹以来,尽心辅佐楚庄王施教导民,发展经济,政绩赫然。他主持兴修水利,改善农业生产条件,增强了国力。在孙叔敖的悉心治理下,楚国进入了政治、经济、文化发展的全盛期,也成就了楚国的霸主地位。因此,孙叔敖的突然离世,令楚庄王悲痛欲绝。

安葬令尹之后,庄王闭宫沉思十数天之久,反翻琢磨孙叔敖的话,更加坚定了发展与诸侯国的友好关系、消灭战争的决心。这时候,庄王成了一个和平主义者。

楚庄王十七年,也就是楚国打败晋国两年之后,庄王主动为各诸侯国的和平作出努力。他派自己的儿子熊冯作为特使,出使晋国,主动表示愿意修复两国关系,和平相处,共建中原诸侯国和楚国的和平!

公子熊冯不无疑虑地说:“咱们楚国两年前灭了晋国的威风,现在我们又主动示好,晋国人能信吗?”

“心诚则灵,你是我的儿子,你亲自去他们一定能信!你去晋国后,言辞要真诚,态度要恳切!不骄不躁,要用真情感动晋国人,打了败仗的人,最怕受人歧视,你一定要热忱!切记!”

“孩儿记下了!”

公子熊冯刚走,庄王又命令大夫申无畏去齐国向齐国国君示好,希望与齐国签订友好条约。受到庄王派遣,申无畏不愿去齐国,他转弯抹角地问:

“大王,去齐国要借道宋国么?”

“当然,有什么不妥吗?公子冯去晋国也借道郑国。”

“大王,是否给微臣写借道国书?”

“不用了!我们借道是为了与齐国、晋国商谈和平,郑国、宋国没有不借道的理由嘛!公子冯就没带国书,申大夫有什么难处么?”

申无畏半吐半吞:“没……没有……”

申无畏其实有畏，他肚子里的担心不好言明，当年宋国元帅华元被楚军俘虏后，庄王命关押他的人好生招待他，没料到看管他的楚国大夫申无畏没有执行楚王的命令，有意无意地羞辱他，只用粗茶淡饭供他食用。因此，华元对他怀恨在心，在庄王决定释放他回国时，他对申无畏临别时说了一句话："别让我在宋国见到你！"

现在庄王是哪壶不开提哪壶，申无畏为什么不当面向庄王说明自己的难处？可他敢讲吗？违反君命，羞辱别国元帅，而且是自作主张，论起罪来，不轻。所以他不敢向庄王讲，但他又怕在宋国碰到华元，身上没有楚国借道的国书，华元就很可能不把他当楚国特使；不是特使的人，为什么从楚国潜入宋国？你说你是和平使者，我还说你是奸细呢？特别是华元已和申无畏结仇，这次宋国之行，申无畏料定凶多吉少，他万般无奈，留下遗书上路了。离开郢城的时候，他竟失控大哭。

公子熊冯出使晋国，借道郑国，郑国国君盛情接待了他，他到晋国后立即求见晋景公，晋景公一听庄王的儿子作为和平使者，不远千里来到晋国，先是惊讶，继而怀疑，但不管怎么说，晋景公还是接见了公子熊冯。

公子冯向晋景公说明了此次来意，两国友好，永不开战，缔结和约，永享太平。

晋景公心里有恨，诧异地问："楚庄王在邲城狠打了晋国，现在又派你来抚摸一下晋国，究竟是什么意思？"

公子冯理直气壮地说："为了停止干戈，为了和平。"

"你叫我怎么能相信呢？谁不知庄王有称霸中原的野心？"

"主公可知邲城之战后，庄王说了止戈为武的言论以及武德的谈话？"

"本公已有所闻，如庄王所言出自真心，当然本公与晋国举双手赞成。"

"庄王不远千里派自己的儿子来晋国表明和平诚意，主公还不相信？他就不怕让自己的儿子前来忽悠晋国君主，晋国人让他的儿子有来无回！"

"嗯，你说得有些道理。你忽悠本公，本公完全可以杀你！"

"所以说，庄王派自己的儿子来晋国示好，决无忽悠之意，完全是出于对于和平的真心。主公可知，庄王在邲城之战后，并没在黄河岸边修京观，就已有了两国罢兵，从此和平相处的决心。"

"庄王不在黄河岸边修京观的事，本公也已听闻，公子没有说假话。"

"庄王不但派我来晋国，还派了上大夫申无畏去了齐国示好，楚晋齐和平相处，天下安矣！"

晋景公似有心动，他仔细琢磨着公子冯的话，心里倍感欣慰："听公子言，看来庄王这次是真要和平，你回去替我向庄王表示敬意，也同意他的和平建议，晋楚友好，永不开战，至于两国签和平协议嘛，以后再说。但我言必信，行必果，决无不实之词！公子尽可回楚向庄王如实汇报，就说本公同意和楚国永不开战，永享太平！”

公子熊冯满意而归，可申无畏就没公子冯那样顺利了，他借道齐国又没带国书，宋国士兵把他当楚国奸细抓来见元帅华元，华元见到申无畏，几年前他对华元的羞辱一下涌上了华元的心头，但他强压怒火，还是耐着性子问：

“申大夫来宋国何事？”

“借道出使齐国。”申无畏觉得自己真倒霉，偏偏碰上了冤家华元。

“去齐国干什么？”

“和齐国修好，楚齐今后和平相处。”

“这么说，申大夫是楚国特使啰？”

“正是。”

“可有楚国借道国书？”

华元问到了申无畏最担心的问题，他心一下提起来了，但还是强作镇静地说：“行色匆忙，未曾带借道国书。”

华元一下就火了：“你们以为宋国是猫呀狗呀，你们楚国也太目中无人了吧？借道都不带国书，以为宋国是你们楚国一个县呀！想过就过？你今天倒霉碰到本帅，本帅就偏不让你过！”

申无畏也急了：“你这是公报私仇！”

华元冷冷一笑：“你姓申的还知道我俩有私仇？说明你不糊涂。于公，你借道没有国书，本帅可以砍你；于私，就凭当年你羞辱本帅，本帅也可以砍你！来人，把他拉下去砍了！”

申无畏急中生智：“两国交兵，尚且不斩来使，你凭什么杀楚国和平使者？”

“凭什么？就凭你没有国书就擅自进入宋国，本帅就可以奸细罪斩你！”

“你可要考虑后果！”申无畏一边挣扎一边在喊。

“后果？了不起庄王再来讨伐！他现在不是一个举世闻名的和平主义者吗？他不是有武是止戈的名言吗？”

申无畏申辩无效，还是被华元拉出去砍了头。在宋国的楚国细作快马加鞭把申无畏丧命的消息速报郢城，申无畏被华元杀害，出乎庄王预料，也破坏了他和齐国修好的和平计划，这就大大触怒了庄王。想当初，就是庄王义释华元，把他放回宋国，如今他恩将仇报，杀了楚国和平使者，这是庄王无论如何不能原谅的。愤怒中庄王也自责，申无畏出使宋国前，就向他要过借道国书，可他没给，让华元找到了杀人口实，这让庄王后悔不迭，从而也更激起了庄王对华元的愤怒；即使是申无畏没带国书，华元看在他庄王的情分上也应该饶申无畏一命啊。这足以证明华元是个无情无义、根本没把他庄王放在眼里的歹毒之人。对于自尊心极强的庄王来说，他决不能宽恕这种忘恩负义之人，气愤中的庄王陡起讨伐宋国的念头，但转念一想，自己武为止戈的名言早已传遍四海，现在他又要动武，会不会失信于天下？

正在庄王犹豫不决时，申无畏的夫人和儿子进宫，哭哭啼啼的请求庄王替申无畏报仇，看到孤儿寡母的哭诉，想到申无畏的死也与自己的疏忽关系极大，心里更加自责，这种自责的心理又一次激发了庄王为申无畏报仇的火焰，在最后决定发兵的前夕，他问了伍参：

"申大夫不能白死，本王欲发兵攻打宋国！伍大夫以为如何？"

"宋国杀申无畏事小，破坏了大王与齐国和平相处、共享和谐的大局事大。这种国家不教训一下，今后，谁听大王的和平呼号？传播和平讯息的特使被人所杀而无动于衷，大王的话在诸侯中就没人相信了！"

"打？"

"打！坚决打！武德中有一条就是要消灭残暴。大王打宋国，就是消灭杀申无畏的残暴！占理！"

于是，楚庄王让屈荡当先锋，子重、子反领左右军，自领中军杀向宋国，宋文公得知华元杀了申无畏后，就知道他闯了大祸，庄王必会报复。果然见庄王领兵杀来，他干脆让全国兵力紧缩睢阳，一面准备死守，一面赶紧向晋国求救。

晋景公接到宋国求救文书，大惑不解，楚国不是刚向晋国示好，表达了和平愿望，怎么不久就发兵宋国呢？当元帅荀林父告之庄王发兵的原因时，晋景公觉得宋国这是自作自受，你杀庄王的和平使者，还不得罪庄王？他盼的是和平，你现在把他与齐国和平的愿望破灭了，他还不打你？你杀申无畏在道义上完全站不住脚，这还不激怒庄王？俗话说，打狗还要看主人呢？但作为盟主，一个盟国求救而不顾，晋景公又觉得说不过去；可刚刚向楚国表示了两国友好的愿望，现在出兵救宋国，更觉得在道理上说不过去。

晋景公左右为难，一时决心难下，他有一个心病，如果出兵去宋国，与楚国在宋国再来一场邲城之战，那晋国就会毁了！泌城之战后，晋国元气还没恢复哩，若再受重创，晋国连复原的希望都没有了。

看见晋景公十分为难，元帅荀林父向晋景公出主意：

"主公，别看宋文公在求救文书里叫得急，其实在中原诸侯国里，宋国守城是最出色的，楚国以前打睢阳，都是无功而返。依微臣看，宋文公能守住睢阳！"

晋景公听得不得要领："那我们倒是救还是不救？"

"说不救，咱们说不出口，但若要真救，又要和楚国人刀兵相见。依微臣之见，咱们采取晋国的老做法，派人去转告宋文公，让他们死守，等待晋国救兵！"

"元帅又不打算派救兵，这不是忽悠宋国人吗？"晋景公有些不高兴。

"这是咱们晋国屡试不爽的办法，该忽悠时还得忽悠，主公，咱们不忽悠宋人，难道你愿意和楚国人硬碰？"

这一个问号在晋景公心里变成了惊叹号："那咱们只能继续忽悠宋国人！可他们能守住睢阳吗？"

"主公放心，宋国守城的确是有一套办法！"荀林父终于说服了晋景公派人去宋国忽悠。

派谁去？就是曾被楚军俘虏过的解扬大夫，荀林父让他便衣混进睢阳，转告晋景公的意思。

解扬叫苦："元帅，楚军把睢阳围得里三层，外三层，怎么混进去？"

"解大夫你和楚人打交道有经验，又精通楚语，只有你去最合适，再说，主公之命不可违啊！"

解扬只得自认倒霉，领了倒霉的骗人差事，硬着头皮闯楚营进睢阳。

背运的人喝凉水都塞牙缝。夜里，一身便装的解扬刚混进楚营，就被楚军怀疑是宋国奸细给捉住了，而且其中一名楚军还是当年看守解扬的牢狱。他当即认出了解扬就是当年被俘虏的晋国人。

解扬眼看不能蒙混过去，索性硬着头皮承认了自己是晋国大夫，于是他被大绑来见楚庄王。庄王记忆力好，一眼就认出了当年被他释放的解扬，也马上猜出了他换成便装来睢阳的目的。楚庄王大怒，认为他不守信用，喝令将解扬推出去斩首。

解扬面无惧色，他知道第二次被庄王俘虏决没好结果，理直气壮地答道："庄王说得没错，本大夫就是来通知宋文公，晋国即将发援兵！"

庄王料定晋景公邲诚之战失败后，绝无和楚国再战的勇气，他们肯定是使出看家本领，蒙骗宋文公，真要发救兵，派什么人来通知？直接发兵就是了。何必多此一举？庄王太了解晋国人了。稍许又道：

"晋景公真会派救兵？"

解扬挺挺胸，一副英勇不屈的样子："假不了！"说这句话时，解扬心跳厉害，通常情况下，人说假话的时候，心跳总不会正常。

"你觉得这次晋国人能胜楚国人？"

"当然能胜！"

“可你们在邲城为何败了？”

“那次是因为晋国将帅不合，让你们楚人钻了空子！”

庄王料定晋国不会派救兵，于是坦然地说：“本王明天派人护送你到睢阳城边，告知宋军你们即将发兵，如何？”

解扬怀疑听觉出了毛病：“当真？”

“君无戏言！”庄王仰天大笑。

第二天，楚军押着解扬上了楚军角楼，并把他推至睢阳城边，不料解扬在角楼上大喊：

“我是晋国大夫解扬，奉晋国主公之命通知你们，晋国援军就到，望你们死守，一定不能投降！”

睢阳城楼的宋军听到解扬的叫声，无不欢呼雀跃，有救兵了，睢阳守住有指望了。宋文公听到士兵转告的解扬的话，更加坚定了死守睢阳的决心。宋军守城本来就有心得，现在他们更有信心了。

从角楼回到楚营，解扬就抱定了必死的决心，没想到再见到楚庄王时，楚庄王却收回杀戮令。解扬那副视死如归的气概，令庄王十分佩服，怒气顿消，心里感慨；解扬真是个忠臣烈子啊。他当即赦免：“本王放了你，你回去向景公转达本王的敬意，你就说庄王在睢阳等着他！只怕他不来啊！”

“大王不杀我？”解扬惊讶得合不拢嘴。

“两国交兵，不斩来使，你就是公开身份来睢阳，本王也不会为难你！你为景公办事，实心实意，勇气可嘉，本王还要奖你！”

“谢大王不杀之恩，本官回晋国要宣扬大王美德！”解扬感激涕零，他这次总算亲自体会到了庄王的仁慈宽厚，心中十分崇拜。

解扬放回去了，庄王命令楚军攻打睢阳城，宋国人不知是哪来的邪劲，硬是挺了三个月。面对睢阳久攻不下，楚军们可急了，但庄王仍没一点退兵的样子。伍参见睢阳久攻不下，楚军的粮草接济也出现困难，眼看只能维持三天全军给养了，只得找庄王报告。

“大王，睢阳攻了三月，宋国硬是不降，现在全军粮草补给发生困难，何去何从，大王要尽快拿主意呀！”

庄王呵呵一笑：“我困难，宋人更困难，本王坚信宋人熬不下去了，晋军没盼头，宋军的精神就得垮！本王相信，战场不久就会发现转机，伍大夫不用着急。”

伍参对庄王的话将信将疑，转机在哪里？他看不出三日内楚军能攻下睢阳，也看不出宋军三日内会投降，三日一过，楚军全军断粮，这个局面怎样收拾，伍参真可谓心急如焚。

庄王的判断是准确的，宋国粮草比楚军更困难，两天前就已经断粮了，睢阳城内的宋军连狗崽猫子、老鼠都杀来吃了，元帅华元觉得睢阳守不住了，不如向楚军投降，免得让城内人继续挨饿受苦，可宋文公一听连着摇头，叹气说：

“我们死顶了楚军三个多月，楚人恨宋人一头疱，现在开城投降，他们肯定不干，他们非灭了宋国不可！”

华元灵机一动，想出个主意：“我与楚庄王的儿子熊反很熟，关系很不错，我趁黑摸进楚营找子反，告知睢阳实情，请庄王网开一面，或是准我们投降，或是楚军后撤三十里，让睢阳进些粮食，主公以为如何？”

“你觉得这个办法可行？”

“庄王讲仁慈，讲宽厚，也许能行，晋国人忽悠宋人不止一次了，这次又忽悠了三个多月，主公对晋人切不要做什么指望了，目前解睢阳之困，只有这条路了。”

“那你就试试，这可是冒生命危险啰！万一子反不念旧情，那元帅命休矣！”

“事关主公和宋国安危，华元也顾不了许多了，如果主公同意，我今夜化妆成楚军的兵卒进楚营。”

华元当晚就摸进了睢阳城外的楚营，他只知道子反是上军帅，但具体子反住哪座军帐搞不清楚，他走到上军营地，问巡哨楚军子反将军住哪里，巡哨楚军见对方是楚军，几乎是不假思索的指了指子反的营帐，华元见子反营帐内亮着灯，估计他还没休息，便三步并作二步向子反营帐走去。

夜过二更，灯火阑珊处，子反正在灯下看书，忽听有人叫他的名字，抬头一看见一个上了年纪的楚军正盯着自己，不禁一怔：“你是谁？”

“熊反将军，我是宋国元帅华元呐！”华元走到他身边小声说。

子反大惊：“你不要命了？两军交战，你孤身一人探营是死罪！”

华元低沉地说：“公子，华元顾了自己的命，睢阳城内的军民会都没命！”

子反一征：“华元帅，此话怎讲？”

“城中已断粮多日，百姓中已出现卖儿卖女换富户人家的粮食的惨景，宋军为维持守城的力气，到处抓猫和老鼠吃！在公子面前说句丑话吧，宋文公连作爱的力气都没有了，见到那些宫女就心烦！”

子反被华元实话实说所感动，吐了真言：“楚军中的粮草也坚持不了几天了！”

“都是这该死的战争！”

“华元帅，这都怪你啊！你不该错杀楚国和平使者申无畏大夫，这才引起了这场战争！”

“老朽知道做错了,可已经晚了。”

“你深夜进楚营就是为了向我通报睢阳已无粮草?”

“请公子转告庄王,请大王准许宋国投降或楚军后撤三十里,让睢阳进些粮食,以救睢阳百姓出水火!”

“好。事不宜迟,你现在就随我去见父王!”

“这样是否有些唐突?”

“人命关天,火烧眉毛,你顾及什么唐突!”

华元自觉惭愧,于是硬着头皮随子反进了庄王大帐,庄王还没睡,也在灯下看书,子反便把华元深夜进楚营的经过向庄王讲了一遍。

庄王听完连忙问:“睢阳已缺粮?”

华元说:“不是缺,而是已断粮多日。”

庄王问:“你为此冒险进楚营向子反通报?”

华元说:“这也是没有办法的办法,请大王看在睢阳城内军民的分上,就饶过华元错杀申大夫的罪过!”

庄王又问:“宋文公愿开城投降?”

华元答:“愿意!”

庄王说:“楚军若后撤三十里呢?”

华元说:“睢阳更会对大王之举感恩戴德!”

庄王发令:“明晨,楚军后撤三十里!”

华元惊诧:“大王,这是真的?”

庄王长叹一口气:“冤冤相报何时了! 你杀了申无畏, 本王发兵打睢阳,受苦的是百姓啊!”

华元涕泪双流,扑通跪倒:“谢大王隆恩!”

“你们宋国要厚殓申大夫遗赅,送到楚营,你华元帅耽误了楚齐修好、楚齐和平相处的大事啊!”

“华元知罪了!”

第二天,楚军后撤三十里,宋文公派华元当宋国特使到楚营,和楚国特使子反签订了楚宋友好条约,条约只有八个字:“我无尔诈,尔无我虞。”这就是成语“尔虞我诈”的出处。华元以上卿级别的贵重棺材厚殓了申无畏,送到楚营,并向申无畏的家人作出巨额财产赔偿,也表达了深深歉意。

楚庄王就这样轻易放过了宋国,因为通过这次楚宋之战,让庄王从心底厌烦战争,他下决心再也不要战争、不发动战争。

楚庄王以仁慈、宽厚、诚信的外交原则来处理和陈国、郑国、宋国等中原诸侯国的关系，使他的美名四海传扬。各国诸侯把楚庄王的仁义和晋国的虚伪欺骗相较，自然把感情的天平倾向楚国，投向楚庄王，一些诸侯国派出特使纷纷向庄王示好，有些诸侯国也派出外事机构常驻郢城，连洛邑的周朝天子都向郢城派出了代表。齐国得知楚庄王曾派大夫申无畏出使齐国未果，便主动派特使到郢城与楚国签订和平条约，一时间，郢城各国特使云集，热闹非凡！

而反观晋国的都城绛，门庭冷落，晋国的不少盟国从楚宋之战中，更看清了晋人的嘴脸，纷纷疏远了晋人。到了这个时候，可以说晋国在中原的霸主地位已名存实亡，而此时真正的霸主，是楚国的楚庄王。

次年秋天，楚庄王已经卧床不起，他在与时间抗争。前两年，他在郢城修了一个四丈高的高台，以高高的楼台作证，请中原诸侯在这里畅谈国际大事，并请各位诸侯监督他，楚庄王表现出比晋国更宽容、更诚信、更守礼、更容易亲近，从而让中原诸侯从内心感觉到楚国更可靠，更值得信赖，进而从根本上让中原诸侯改变楚国是南蛮的成见，心悦诚服地投靠到楚国的阵营。

楚庄王相信，在解扬第二次回到晋国之后，自个儿在晋国人的心目中已经是一个伟大的形象了。楚庄王在高台上宴请各国诸侯，晋国闻讯陈、蔡、许、郑、宋、鲁等国的君主全去了，一方面觉得无颜前去，另一方面他们又不想看到自己的盟国都去朝拜楚国，晋见楚庄王。齐国国君生病不能前来，派特使作为代表与会，周朝的太子也代表周天子参加了高台盛会，可以毫不夸张地说，这是中国春秋时期一次真正意义上的诸侯大会。

酒酣耳热，丰盛的宴席上，宋文公见吃喝得差不多了，提议与会各国签立盟约，请楚庄王当盟主，也就是霸主。

再炙热的喜乐，也有归于平淡时。再长的暗流汹涌，也有踹过的一刻。世事在永恒的转圜中。

邲野之战。晋兵仓皇溃退，有限的渡河小船被无数求生的手攀附。那一刻，求生的本能成为残忍的毒，四下弥漫。船上士兵手起刀落，斩断他人生机，只求自保。血，染透河床。庄王下令停下追击的脚步。给他人留有余地，就是给自己留下空间。

围郑之战。楚攻城十余日，城一角被撕开缺口。眼见满城将覆，城内哀哭声一片。庄王闻听不忍，退兵十里。郑国以为救兵至，加固城垣，又苦撑三月，城破。庄王命令众军，不得进城掳掠。郑国公赤膊牵羊而出，表归降意，庄王再次退兵三十里。让敌感其威，更感其德，那是庄王的执念。

往事依依，如过眼烟云，战争残忍的本质，在于以无数卑微者做铺垫，视生命如草芥。在成就霸业的一路上,庄王未将狡诈、残酷、暴虐与战争强行捆绑一体。这一种幸,属于晋、郑、宋的国民,也属于楚。

战争,是时候彻底结束了！此刻,庄王拖着病体,冷静地谢绝说:"我薄德之人也！"诸侯们一听,以为这个老大假谦虚,于是一起来敬酒,楚庄王一饮而尽。

"高高的楼台作证,今后我要是有说得不对的地方,做得不对的地方,请各位批评我,指责我。"这,就是楚庄王的称霸宣言了。

宋文公发自内心地说:"我看这是楚庄王当盟主的宣言！"

各国诸侯都随声附和:"文公说得好,刚才庄王的话,就是他作为霸主的宣言！"

虽然没有签盟约,但各国诸侯事实上都承认了楚庄王的霸主地位。楚庄王是比齐桓公、晋文公更让人信服、也更为强大的霸主。

第一,楚庄王以德服人。

庄王比晋国更宽容、更诚信、更守礼、更容易接近,从而让中原诸侯感觉楚国更可靠,更值得信赖,心悦诚服地投向楚国。

第二,楚庄王广交朋友,楚人朋友遍天下。

楚庄王把自己地位摆得很低,他主动和中原诸侯交朋友,他的特使去了晋国、齐国、秦国,对小国,庄王的态度也是"国无大小,平等交往。"所以,庄王在位二十三年病逝时,几乎所有的国家都派出了悼唁代表。

第三,楚庄王善于反思。

庄王反思的例子不胜枚举,此不赘述。

从齐桓公到晋文公再到楚庄王,一个可以做朋友,一个可以当哥们,一个可以当朋友做哥们。

寂然三年,庄王不过羽翼未丰。楚国内有势强者,外有入侵者,庄王唯有敛翅静待,如一只蛰伏林莽深处的凤。

那一年仿佛开启。庄王从此纵马出征,将楚国版图从偏远的郢都(今属湖北荆州市)扩至中原腹地,跻身春秋五霸之列。

第十二章　晋楚夙敌　再战鄢陵

庄王英年早逝，年仅42岁。熊审即位，为楚共王。不甘寂寞的楚共王即位不久，先是逼反晋国盟国郑国，让其攻打宋国。晋厉公决定出兵救郑，楚共王亲率大军迎战。晋楚两军遂即在郑国鄢陵开战，共王受伤，楚军遭受重创。

郢城，楚庄王每次出征和归来的地方。小小城垣里，曾经车如龙人如潮，一身新裳出门，街市间转圜一遭，归来已成旧衣。

时光荏苒，楚庄王转眼盛年，却已病入膏肓！

他十九岁登位，在位二十三年，年仅四十二岁便病死，可谓是辉煌而短暂的一生。十多次对外重大战役，灭庸国，伐戎族，讨郑国，围宋国，覆萧国……庄王挥戈上马，阵前擂鼓，经由一次次战役，将楚的版图扯至中原腹地，铺垫了通向春秋五霸的路途。

还有一种战，是身后的暗箭袭击，浸透野心的毒。那是一场非王即贼的战争，两样结局黑白分明。斗氏宗族一并被斩，付出奸贼代价。

战，是武力征服，每一朝代都不可免。尤其乱局。战的胜负，取决于实力、智谋，取决于意志、勇气，取决于天时、地利，取决于人心向、背。

楚庄王如那只鸟，不鸣之鸟，鸣必惊人。

自楚庄王二十年前从宋国撤军，就再也没有发动过一次战争。

止戈为武是楚庄王的理想。

在一次次征战中，庄王抵达对战的领悟，对武的深解。武，非目的，只是手段。武的剑尖归指，为安、为和，以民众安稳宁和做底。那是一国的福祉，一王的恩德。

可是，在楚庄王逝世之后，他的儿子熊审继位，是为楚共王。于是，中原和平结束了，杀戮又将开始！

楚共王父母的言传身教和老师的系统教育，为熊审提供了一个良好的成长环境，但此时的楚共王毕竟还只是一个少年，掌握军政大权的是令尹子重。作为接替名臣孙叔敖出任令尹职位的子重，却没能给熊审创造一个施展雄才大略的机会。

成年后的熊审觉得父王的“止戈为武”的主张固然是好，但楚国却从中并没有得到什么实惠，而且晋国人从休战的这些时间里，元气大为恢复，中原一些小屁国又开始唯他命是从，这让楚共王心中老大不快。他终于悟出了一个道理，楚国只有动武，才能扩张；只有再打几次邲城之战，才能让各诸侯诚服；只有经常给晋国施加压力，晋人才不敢张扬。于是他想搞点动静出来，有意让天下不平，如能激怒晋国人，再打一仗最好；因为他坚信楚军经过邲城之战后，更加所向无敌。他找来令尹子重、中军帅子反来商量。

子重说：“大王，现在诸侯国中和平呼声很高，如果此时楚人制造事端，恐遭世人谴责！”子反首先对共王的做法表示了疑虑。因为他也厌烦战争，想坚持庄王执行的和平路线。

子重附和共王的意见：“和平有什么好？得利的是晋国人，中原诸侯国又和晋国套近乎了，以为楚国离他们远，有意疏远我们，先王驾崩后，那些国家变脸快呀，纷纷从郢城撤回了他们的办事处，堂堂楚国反被他们边缘化了！这是让人十分痛恨的现象！所以，大王的决策是英明的，只有制造事端，才能使天下大乱，楚国才能从中渔利。”

“制造事态未必想再和晋国开战？先王可是向晋国表示了和平诚意的！”子反还是坚持和平路线。

“本王还真有这个意思！和平只能让晋国强大，只能让楚国无所作为！楚国要战争，在这一点上，本王不发慈心，也与先王的做法不同。”共王终于说出了自己的真实想法。

子重马上表态：“微臣支持大王决策！楚国是打出来的，只有继续打，才能称霸！”

三人正在商议时，楚国在晋国的细作传回消息，晋景公病逝，年轻的晋厉公登位。

这个消息无疑是兴奋剂，让共王的大脑顿时燃烧起来：“天赐良机！天赐良机！”

“趁人家国君新逝制造事端似为不义！”子反小声说。

共王哈哈大笑：“什么义不义的？实惠才是义！没实惠狗屁都不是！”

子重：“晋厉公新立，对晋楚两国关系究竟是什么态度还不得而知，咱们不妨先制造几起事端，试探一下这个新国君的态度？”

“你的这个建议好，我倒要看看这个厉公是真厉害还是熊包！”

子重问：“大王想从哪里下手？”

“最近郑国和卫国与晋国走得很近，就从他们两国下手！”共王做了决断，

"令尹和上将军各领人马攻打郑国和卫国,动作要大,攻势要猛,本王倒要看看那个晋厉公有啥反应!"

郑国和卫国哪敢应战,忙向晋国求救,晋国有什么反应?没反应!

此时的晋国,新君刚上台,各派斗争激烈,顾不上救盟国。

见晋国毫无动作,楚共王知趣地退了兵,心里直纳闷:先王曾经管用的战略怎么到他手里就不见效了呢?楚共王感到很纠结,一计不成,他再生一计,他要开战图王。于是乎,他马上派公子成去荥阳见郑成公,答应把已占去的郑国的汝阳归还郑国,条件是郑国和楚国和好,从此脱离晋国势力圈。

郑成公和众大臣合计了一下,好像觉得跟晋国混没有捞到什么好处,他们在关键时刻总是当缩头乌龟,遇到楚国侵犯去求他,他不是拿根本不愿兑现的承诺去忽悠人,就是拿假话骗人,再不就是拿一通屁话去搪塞人,十足一个骗子、伪君子!

"好,成交!"郑成公不傻,今后跟楚国混,能得实惠。

就这样,郑国又成了楚国跟班。没料到,楚国这个挖晋国墙角的行动,晋国仍是没反应,为什么晋国人无反应?因为晋国人认为郑国就是一棵墙头草,他对晋国的背叛是意料之中的事。

不把晋国人激怒,楚共王不甘心,他又派公子成去荥阳,赐以重金美女,让郑国去打宋国,地球人都知道,宋国是晋国的铁杆。

听说打宋国,郑国人很兴奋,别看宋国版图比郑国大许多,可两国交战,宋国从来没赢过郑国,可以说宋国就是郑国的下饭菜,现在郑国使用的半数以上的战车都是从宋军手上缴获的。所以,从郑成公到每一个郑军,都乐于楚国的安排,浩浩荡荡打宋国去了。

宋国人向来有"恐郑症",但人家打来了,再怕也得打呀!宋国君只得派将军乐惧出战,结果首战爆出大冷门,郑军战败。

郑成公狡猾啊!他明知自己人数不如宋军多,故意让郑军狼狈逃窜,沿路都是军用物资,败退三十里后,他让郑军隐蔽下来,准备给宋军一个致命打击。

破天荒地战胜了郑军,宋军将军和士兵们得意忘形。当天,乐惧决定让宋军狂饮,庆祝胜利。

当晚,宋军因为激动,都喝高了。第二天天亮的时候都没醒过来,可是郑国偷袭的部队排山倒海一般压了过来,于是在郑军狂奔而来的战车冲击下,宋军全军覆没,乐惧被俘虏的时候还在打鼾。

宋军又一次被郑国打得惨败的消息传到晋国,晋厉公再也坐不住了,别的国家遭人欺侮,晋人还可以睁一只眼闭一只眼,可唯独宋国不行。晋厉公马上召集重臣开会，研讨眼前的局势及对策。

一树繁花。站在树下，一脉馨香直抵脏腑。

皇宫内，晋厉公声调发抖，愤怒至极："我们必须出兵狠狠教训郑国，奶奶的，郑国不要脸，楚人出钱，他们就出兵，完全如婊子无异！我们晋人向来讨厌婊子，本王决意打郑国婊子！"

中军元帅此刻已是栾书（荀林父已死），他马上赞同出兵："我们不能丢掉霸主地位，眼看楚国蛮子、郑国婊子胡行，让宋国兄弟伤心！出兵，一定出兵！"

国君和元帅都表了态，还讨论什么？于是，晋军三军出动讨郑救宋。

在出师动员会上，新帅栾书说得非常明白："这次就是要和楚军见个高低，誓雪邲战之耻！"

晋军一动，郑成公就得到了消息，奸细是干什么的，他们的快马堪比电闪狼烟。

郑成公细细思索，自知非晋军对手，派大夫姚句耳去楚国求救。

"哈哈！晋厉公终于被老子激怒了！出兵了！谁怕谁！老子盼的就是这一天，不让你厉公变成哀公，老子就不是庄王的后代！"

楚共王没有半点犹豫，立即下令楚国出兵，听说晋军由晋厉公亲自压阵，楚共王也亲自压阵，在楚共王的带领下，楚军中军士气大振。

与城濮之战、邲城之战不同的是，这次双方都是倾全国之兵，双方国君第一次上阵亲自交战，因此可以说，这一次才是晋楚两国的真正较量。

对于这第三次晋楚交锋，交战双方对于战争都缺乏应有准备，双方国君都是在冲动时作出的出兵决定，双方既没有像先轸那样神的帅才，也没有楚庄王这样能掌控战争全局于股掌的战略家。也就是说，尽管交战双方的级别最高，却并不意味着此战就是最高水准的战争。

与以往历次楚晋战争一样，双方都有主战派和主和派，在楚军中，主战派的代表是子重，他希望在自己担任楚国令尹时能打赢晋国。主和派的代表是司马子反，但他与子重意见不合，矛盾较深，他担心自己的看法被子重借题发挥，所以，谨小慎微，而且司马必须听从令尹的命令，他有时不得不把自己的观点隐藏起来。

在晋军中，栾书和将军们是主战派，栾书刚当帅，总想有所作为，否则百官不服，将军本人或前辈们都参加过邲城之战，都要报仇雪耻。主和派是士燮（士会的儿子），他像父亲一样胆小怕事，怕战争，总认为战争让交战双方两败俱伤。但由于这次晋厉公坚决主战，所以，他求和的想法不好说，说了晋厉公也不愿听。

晋军渡过了黄河，这时楚国出兵的消息传来。士性看大战一触即发，他再也忍不住地对晋厉公讲：

“主公，我看晋军还是撤军吧！楚军凶悍，楚王年轻气盛，我看还是避避风头为好！”

晋厉公还未答话，栾书便一口回绝：“此议不可！”

晋厉公瞪了他一眼，厉声说：“上卿士性提议不可，他楚王年轻气盛，本公就七老八十？前面晋楚两次大战，一胜一负，本公就是要夺得晋楚第三次大战的胜利，让实力天平向晋人倾斜，打！谁怕谁！老子不是喝奶长大的，是喝杏花村的汾酒长大的！”

晋楚两军终于在郑国鄢陵(今河南鄢陵县)遭遇，晋军摆好了阵势，随后拆除了营门和栅栏，晋楚两军正式对垒，不得不承认，晋军的战术意识依然在楚军之上。大战是实在无法避免了。

眼看大战在即，士性在晋国前敌会议上作了最后一次努力：“元帅，咱们现在撤军还来得及，大家相安无事多好，非得血流成河么？”

栾书扫了他一眼说：“士上卿，你也未免太软弱了吧，楚共王挑起事端是接二连三，晋国不应战，不是表明我们怕他！他以为他是谁？他不是楚庄王！他是熊审，他也敢在晋国面前抖威风，想重温邲城之战的梦，没门！如果本帅见楚共王都退让，是晋国之耻！”

晋厉公及众将都支持栾书的看法，士性无语了，散会后，他黯然神伤，独自一人行于宫外，祈祷上苍保佑晋国这次鄢陵之战能胜。唉！没有外患必有内忧，何不留下楚国这个外患呢？把这个外患消除了，晋国内部的势力斗争又会升级了。心里这样想，却又不能说啊，宫廷内权力斗争异常激烈，特别是晋厉公上台后权力斗争更是如火如荼，可大家谁也不敢承认，赵家、先家、魏家谁都不敢承认。现在他们意气用事，只是为了是报晋国邲城之战之耻；在这种情绪下，他们几家也许能在栾书元帅的统领下对楚作战，假若一旦打败了楚国呢，晋国内部的权力纷争又会开始。士性是明白人，他看清了这一点；可看清了有什么用，他是主和派，是少数派，他的意见不被重视。

三天后，在晋国和楚国都在作最后的战争准备时，郑国的军队由大将子罕率领到了鄢陵。

鄢陵地处中原腹地，位于河南省中部，享有鄢陵腊梅冠天下之盛誉。彼时正值农历十月，腊梅花开，楚共王用金黄色、紫黄色、银白色、的花簇举行盛大欢迎仪式接郑军及时赶来，一时间，空气中浓香馥郁，令人心旷神怡。而答应晋厉公请求允诺前来的齐军、宋军、卫军、鲁军却未到达鄢陵，这让栾书心生怨气，不禁在心里恼道;你们这些杀千刀的,你们就磨蹭吧!你们怕楚国人不敢来就敢忽悠本帅?

好在晋国人忽悠别人惯了,一旦别人忽悠晋人,他们心里有气,可嘴巴也不好放泼。

楚共王对鄢陵之战志在必得,他在大战开始前开展了楚军大练兵大比武,在大比武中比出了中国第一神箭手,就是百步穿杨的养由基,他比楚军神箭手潘党还神,他射出的箭不但能把潘党的箭顶出去,而且还能在百步开外,射中作好记号的柳叶,让潘党自愧不如。楚共王以为手下有了这两名超级射手,就认为鄢陵之战能稳操胜券,他初临战阵,缺乏作战经验,不清楚决定一个战争胜败的因素很多,决不是几个神箭手就能解决问题的。

楚共王也学先王,在战前召集众将开前敌作战会议,他开宗明义地说:

“众卿,现在两军在鄢陵对垒,楚军什么时候打?怎么打?各位尽可发表高见。”

子反倒此时还是不想打:“大王,我看再等等看,和晋军比耐心。”

子重大吼:“等什么?我等不及了!来鄢陵就是为了打晋国的,到了这里和晋人比耐心,纯属扯淡!”

他们两人的反应早在楚共王的预料之中,子重与子反有仇,没有什么新鲜感,他问太宰伯州犁:“太宰,你的看法呢?”

这个太宰伯州犁原是晋国人,与赵家有杀父之仇,跑到了楚国,由于还有点真本事,慢慢爬到了太宰之位。

“大王,晋军的盟军统统未到,不是他们赶不来,是在观望;为何观望,他们怕楚军;而楚国的盟军郑军已达鄢陵,因此微臣以为此刻应速战!等晋国的盟军赶到,楚军就处于劣势了!”

“大宰说得有理,本王决定明日清晨和晋军决战!太宰对晋军非常熟悉,你以为我们明天怎样排兵布阵?”

“大王,晋军作战,从先轸元帅起,就纪律性强,协同作战能力高,如果两军一开始就是阵地战,晋军实力在楚军之上。但是楚军善于混战,单打独斗强于晋军,所以我们明日清晨逼近晋军大营列阵,让他们缺少列阵空间,只能仓促应战,必阵形不整甚至混乱,协同作战的能力会大大减弱,正好发挥楚军善于混乱的特点,以长击短,此战必胜!”

开会的十余位将军连连点头,都觉得伯州犁说得有理。

“好!就按太宰主意办!奶奶的,明天我们逼晋军混战,乱中好取胜!”楚共王一锤定音。

第二天凌晨，楚军早起吃饭，到清晨时楚军已逼近晋军大营列阵，这时，晋军才开始吃早餐。

楚军已逼到大营前，晋厉公趁晋军吃早餐的空当召开了紧急作战会议，讨论是出战还是稳守。元帅栾书说：

“楚军向来浮躁，我们只需固守三天，楚军自退，届时，我们和到达的盟军包围他们，必获大胜。”

大将魏奇马上发表不同意见，上次泌城之战他弃兵逃跑，落下个“魏跑跑”的不光彩外号，这次他力图立功，以洗刷以前的污点。

魏奇发现楚军中军号称精锐，实际上是些老弱病残，再加上郑国军队也在中军，指挥混乱，反而降低战斗力。于是，他说：“主公，我们应该出击！末将仔细观察了楚军，他们的弱点随处可见。第一，两大主将子重、子反不和；第二，楚王的东宫部队还是邲战时的人马，人员严重老化，战斗力已今非昔比；第三，郑国的军队虽也参战，但战斗力很差，不足为惧；第四，楚军过于强调混战，从不注重阵形；第五，楚军骄狂，各自为战，极少协同配合。他们有这些弱点，我们能战胜他们。请大王下令迎战！”

晋厉公听得连连点头：“魏将军说得好，深合本公之意，栾元帅，下令和楚国鬼子决战！”

“主公，楚人已逼近晋军大营，我们怎能列阵出战，敌军留给我们列阵的空间太小了！”栾书就是不愿此刻出战，说的理由也不是没道理，列不好阵，冲出去也是打乱仗，正中楚军的打法。

晋厉公脸色变得愠怒：“这就是你元帅的本事了，难道要本公为你排兵布阵！”

栾书见晋厉公变脸，只得无语。

大夫苗贲皇有话要说，他是谁？他是楚国原令尹斗淑的儿子，楚庄王灭掉斗淑后，不忍心让斗淑无后，故意让斗淑的儿子逃往晋国；他改名换姓，成了晋国大夫，他怀着报杀父之仇的动机随晋厉公出征，为主子出谋献策，可以说他是地地道道的楚国叛徒，而叛徒所起的破坏作用是致命的。

“主公，自楚庄王起，楚军把主力集中在中军，我提议晋军主力攻击楚共王的左右两军，然后三军合围他的中军，这样可以一战胜之！”

栾书马上表态：“苗大夫，好主意。”

魏奇又不同意：“我看先集中晋军精锐全力攻击楚军中军，而只派少量兵力牵制他的左右两军，他中军一乱，楚军三军动摇，必自溃！”他说得不无道理。

苗贲皇的打法稳健，魏奇的打法冒进，可年轻气盛的晋厉公急于建功，同意按魏奇的打法打，集中兵力攻打楚中军。

苗贲皇说："若魏将军能首先冲垮楚之中军，当然是上策，中军一垮，楚之两翼必自乱！"

栾军终于在晋军营内的不大空间里摆好了阵势。

伯州犁对晋军的阵势感到很吃惊，他知道形势有些不妙了，忙对楚共王提出紧急建议：

"大王，看晋军阵形，他们要集中优势兵力攻击我中军，赶快传令左右两军向中军靠拢！"

可是，晚了，晋国人已经开始冲锋了。楚共王来不及传令了，矛头之所指，直对楚共王的中军。既然如此，只能死战了。楚共王见形势不妙，坚持不退，要说起来，春秋时期的国君不仅常常亲自上阵，而且常常冲锋在前，而楚国国君尤其神勇。面对晋军排山倒海的攻势，楚共王虽然心里吃惊，可表面却稳得住神，他学其父庄王，也亲自擂响战鼓，激励楚军杀敌，这一着还真有效，楚军果然士气大增，竟然抵挡住了晋军的攻击，尽管非常吃力。不过，晋军保持了阵形，楚军也并不凌乱。基本上，两军势均力敌。

善打混战的楚军面对晋军凶猛的攻势，毫不惧色。

向中军冲锋的魏奇，猛地看到楚共王亲自擂鼓，于是抽出一支箭，瞄准了楚共王，楚王看见一支箭如电飞来，想要躲开，但来不及了，只觉得眼前一黑，右眼就什么也看不到了！他痛得大叫，顺手把箭从右眼拔出，箭头把眼珠都带出来了。士兵们见大王受伤，斗志顿时消退不少，不少楚军开始慌乱。

正在与晋军混乱的养由基，一看魏奇暗箭伤了大王，不由得怒火中燃，他后悔自己为什么没有及早出箭，以结果魏奇的命。养由基正在着急地寻找射杀共王的凶手，那一边目标却出现了。只见射中了楚共王的魏奇在战车上手舞足蹈大叫："本将军射中了楚王！射中了楚王！"

看见得意忘形的魏奇，养由基挽拉开弓，松手，瞄准击发，魏奇只见眼前一道闪电飞来，躲闪不及，噗一声，魏奇的脖子被刺穿。连喊都来不及就穿喉而亡，趴在了自己的箭囊上，一动不动。

魏奇虽死了，栾书仍指挥晋军向楚中军猛冲，受重伤的共王痛得终于顶不住了，只得叫楚中军一边打一边撤，多亏养由基和潘党二人断后，两人的神箭让冲锋的晋军心存恐惧，慢慢地放慢了进攻的节奏，到两军收兵各自回营时，尽管楚军中军败了，但左右两军还未大损。

回营之后，楚共王呻吟不止，子反趁机问："大王，明天是打，还是撤？"

"打！不撤！……哎哟……"楚共王捂着右眼，喊痛不止。

强国之间的战争，实力只是一个方面，更重要的是哪一边取胜的决心更大。楚共王没有犹豫，尽管受了伤，他也不肯逃跑。

伯州犁又心疼又焦急，劝慰说："大王，战争不争一日之长短，微臣看，晋军气盛，不如趁天黑撤军吧，大王如伤口发炎化脓，那就关乎楚国安危了！"

这时探马进来报告："晋军四处扬言明天与楚军决战，活捉共王！"

主战的子重看到右眼流血不止的楚共王，心中也开始打鼓："大王，我看伯大夫说得对，咱们不与晋人争一日之长短，还是及早撤军吧，回郢城，也好请人为大王治眼伤啊！"

共王受伤，楚军终于抵挡不住了。所有的大臣大将此时都无心恋战了，他们纷纷劝楚共王撤军，面对众人的苦劝，楚共王心也凉了，眼下楚军人心惶惶，也真不能再打下去了，如果不治眼伤，还打，就真可能熬不到回郢城了！

此时，共王心里也在犹豫，再打下去，恐怕全军覆没。不说别的，自己这眼睛，虽说不致命，但再这么熬下去，也会发炎化脓要命啊。现在，自己只剩下了一只眼，而且中箭负伤的消息很快传遍楚军，造成人心浮动。晋军乘势猛攻楚左、右军，楚军抵挡不住，阵势大乱。楚共王心里如五蕴皆空，只得强忍痛苦，长叹一声："看来苍天要楚国败啊！通知三军今夜轻装撤退！"

晋军精锐已经突入楚军的阵地，楚军中军崩了，但是并没有溃，而是一边抵抗一边后撤，这就是楚军，决不逃命的楚军。楚军还在拼命抵抗，郑国军队则早早崩溃掉了。

撤退途中，子反深深自责，作为辅佐楚共王的中军副帅，没能保护好共王，是自己天大的罪过。子反不是一个不敢承担责任的人。想当年邲城之战，潘党是何等英勇，两次救庄王于危难，而自己却如此无能，竟让共王险些丧命。他把自己的想法告诉了潘党，潘党竭力安慰他，说共王负伤众将都有责任，回到郢城，大王也不会罪责于他。

这时候，子重派人来给子反传话了："子反将军，令尹子重让我带话给将军：成得臣的事将军应该知道吧！中军惨败，大王负伤，子反将军过失匪浅，何去何从，自己看着办吧！"

来人说完刚转身，子反仰天长叹一声："共王，微臣愧对大王，先走了！"手起刀落，鲜血四贱！而就在子反命丧自刎时，共王的特使传来共王的赦免令，他就是怕子反过于自责，走成得臣的老路，所以特派人来传自己口谕，可惜来晚了一步，一代忠臣子反就这样结束了自己的一生！

鄢陵之战，以楚败晋胜收场。

也许是养由基和潘党的神箭让晋军心存忌惮，不然，楚军的大败基本上就无法避免。还好,尽管损失不小,楚军并没有崩溃。

双方从清晨一直打到夜幕降临,楚军损失很大,到了天快黑的时候,晋楚两军都收兵回营了。

双方这次都是倾全国之兵主动求战,作战双方将帅都没有表现出很高的指挥艺术及战术素养,因此,鄢陵之战注定不会成为中国战争史上的经典战例。晋楚两军在此战中实力相当,加上双方又没有高超的指挥艺术,所以胜方只能是小胜,败方也只会是小败,胜者谈不上完胜,败者也不会伤筋动骨。

鄢陵之战打完了,晋国的各盟军赶到了。栾书那个气啊:好嘛,仗打完了,你们都来了,你们竟敢忽悠晋国,你们去死吧!

晋厉公做得更绝,干脆丢下盟国军队不管,自己带着晋军班师回国了,各盟国军队自感没趣,脸上也无光,也都觉得该做点什么,于是,他们吃柿子拣软的捏,一致同意打郑国。

没想到盟军的战斗力实在太差, 正在为打了败仗而憋了一肚子火的郑国,见晋国盟军想捡便宜,怒火像火山喷发,发疯地向盟军予以反击,结果打得盟军抱头鼠窜。郑国将军子罕胜后骄傲地说:“你们想捡便宜,捡你们个头啊!”

是役,晋军善察战机,巧妙指挥,终于击败了同自己争霸中原的老对手——楚国,也因此巩固了自己在中原地区的优势地位。这场战争后,晋、楚两国都逐渐失去以武力争霸中原的强大势头,中原战场开始沉寂下来。

第十三章　晋国易君　蓄势待发

鄢陵之战后，晋厉公因元帅栾书人望陡增而心生忧虑。栾书在意识到自己的危险后，在荀偃的支持下，密谋杀害了晋厉公，拥立尚处在少年的孙周为晋悼公。晋国重又走上了振兴的道路。而楚共王在一连串的对抗行动中，频处下风；心力交瘁中，楚共王一命归西。

晋军占领了楚国营地。把楚军遗弃下来的粮食吃了三天，才凯旋回国。

秋风拂过每个士兵的脸庞，营中传来一阵阵琴瑟之声，那一曲曲悠扬的曲子，诉说着将士们无尽的思念。晋城里，一面面飘飞的战旗，猎猎作响；百姓的欢呼声在耳边回荡。

就在回国的当天傍晚，发生了一件让晋厉公十分不爽的事。

兴高采烈的人民夹道欢迎晋军，当晋厉公经过时，士兵们向他欢呼，晋厉公格外兴奋。可士兵们的欢呼声骤然戛然而止，竟高声向栾元帅欢呼起来，浑然不觉的栾书自然不知道晋厉公的心思，满面笑容地向士兵挥手致意。

栾书和士兵们互动的情景被晋厉公摄入眼球，生性多疑的他便觉得自己受到了冷落；他敏锐地感到，这是因为栾书打了这场胜仗才在晋军中威信大涨，臣子功高盖主的历史教训让他不寒而栗。晋厉公很不痛快，心里立即升上了一股冷气。

回国途中，晋厉公一直沉默寡语，怏怏不乐，栾书并未察觉晋厉公的神态变化，但却被紧跟在栾书旁边的副帅荀偃察觉到了，他的脑海里立即闪现出“外患除，内乱起”的字眼。荀偃不由得心中一惊，未必回归后晋国国君会和中军元帅发生不合？他们两人如果不合，晋国的派系斗争必将死灰复燃、风云又起，那晋国的大好形势又将毁于一旦。想到这些，荀偃惴惴不安，完全没有了得胜回朝的快感！

荀偃是荀林父的儿子，自栾书受他父亲之托，担任元帅以来，荀偃一直兢兢业业辅佐他，他也和其父一样，谨小慎微，不爱出风头，不像魏抽的儿子魏奇那样建有赫赫战功，但他能忠于职守，倒也和栾书配合得天衣无缝。因为他自出征以来，一直生病，重大的作战会议都不能参加，直到鄢陵之战结束，他的病体才得以痊愈，故在此次大战中，他作用不显；其实，他有很多作战想法和看法都是私下和栾书交流的。例如让楚国叛徒苗贲皇随军出征，就是他在病中的主意，实战证明，他的这个主意对于打败楚军已经取得了很好的效果，苗贲皇向栾书提出的许多对付楚军的办法都被栾书采纳，对鄢陵之战取胜楚军，都起了不少作用。

栾书是老实人，但也是聪明人，也很能忍。他很快便感到了晋厉公对他的有意疏远，一些本该让他参加的会议也不通知他参加，而且一些原来反对他的大臣、大夫们却频繁出于王宫，明显地和晋厉公商议着什么行动，他完全搞不明白晋厉公为什么有意冷落他？分析来去分析去，他终于明白了是自己功高盖主。从历朝历代的实际情况看，功高盖主的人必受君主猜忌，甚至还会让君王暗起杀心。什么是权力斗争？这就是权力斗争，远比战争要残酷得多。

栾书深谙历史，晓得这个问题的利害性，一旦晋厉公感到了他的存在是对自己的威胁，他一定会有所行动，种种迹象表明，晋厉公已经在采取行动，再也不敢掉以轻心，事关自己的官场荣辱，甚至是性命攸关的问题。

栾书夜晚醉酒后回到书房，看见昏暗的灯似乎又暗了些，栾书把灯芯挑高了点，无意间拿出那把从未用过的宝剑，不禁在灯前黯然神伤。栾书必须寻找对策，于是他找来先帅的儿子，现任副帅荀偃商量。一见面，他就向荀偃谈出了自己心中的猜测，想听听荀偃的意见。

荀偃听了栾书心中的疑团后说："元帅你清醒啊，没有睡大觉啊！"

"风声鹤唳，我睡不着啊！"

"元帅，自古功高盖主的人，都没有好下场！"

"可鄢陵之战是主公亲自指挥的呀！功在主公！"

"晋军上下都清楚，虽主公亲自率队出征，但鄢陵之战是元帅指挥的，而且指挥得出色！"

"副帅过誉了！"

"正因为晋国人都已知晓内情，所以朝中出现了三多。"

"三多？"

"歌颂元帅的文人墨客多了，求见元帅的多了，向元帅送礼的多了！"

"可我把礼都退回去了呀！"栾书说。

"你把礼全退了，外人不知情呐！人上一百，形形色色，没有人说你贪？主公要拿下你这个潜在威胁，罪名是好罗织的！"荀偃说。

"主公应该了解栾书没野心呐！"栾书叹口气。

"他以前可能这样认为，但现在形势变了，主公心态也会变，特别是他身边的那些对你当元帅本来就不满的宠臣，更会在主公身边进谗言，这时候他们说你的坏话，主公听得进去！”荀偃说。

“我发现回朝后，这些人整天围着主公转，肯定没好事！”

“他们已经行动了！”荀偃说。

“他们想干什么？”栾书吃惊地看着他。

“替主公把你拿下！”荀偃说。

“主公不会同意！”

“你呀，这是主公的主意！”荀偃说。

“你是怎么知道的？”栾书问。

“全国军队都在元帅手里，他们调不动，也不敢调，一调元帅就知道了消息，你就会反击；所以主公想调动东宫魏奇将军儿子魏颗的卫队。魏颗将军认为元帅无罪，悄悄地把宠臣们计划告诉了我，我正欲把这消息告诉你，元帅倒先来了。”

“好嘛，咱们来个鱼死网破！”主公昏庸。栾书早已经看到了危机，现在则看得更清楚。

“元帅，你是要早作打算为好，等刀架到头上，晚了！”

“我先于主公动手！”栾书这个老实人也觉得不能再忍下去了，他决定先下手为强。有时候，当好人决定反击的时候，其手段可能更加彻底。

“眼下看，只能如此！主公听信谗言，信任宠臣，把元帅干掉了，晋国会一落千丈，别说当霸主，就是在诸侯国立足都难了！”

“副帅同意跟我干？”栾书横下心。

“荀偃为了晋国千秋大业，定和元帅协力同心！”两人一拍即合，就这么决定了。

“有副帅支持，栾书起事更有把握！”

“魏颗将军愿做内应，他认为主公和宠臣们合谋暗害元帅不得人心！他不愿逆天行事，毁了晋国伟业。”

栾书和荀偃紧急商量对策。

与此同时，晋厉公和一帮宠臣（俗称跟班团）也正紧锣密鼓加快了谋害栾书的步伐，这班宠臣中有大夫董加旺、司马庄荀、上卿苏冯、司寇黄玉，他们平日都是对栾书不满的人；他们中有人因贪污而被栾书查处，像大夫董加旺；有与栾书施政理念不合而受他指责，如上卿苏冯；这些人目前都成了晋厉公的铁杆跟班团，他们商定；晋厉公去郊游打猎，由栾书随行，在打猎点东宫卫队的魏颗将栾书擒拿，然后以栾书谋反罪处死。

魏颗连夜把晋厉公和“跟班团”商定的阴谋报告了荀偃，栾书再也忍无可忍，决定反击。

栾书带着中军精锐卫队，包围了王宫和“跟班团”宠臣们官邸，栾书亲自把晋厉公从床上抓起来，宣布对他实行软禁；直到此时，栾书还念着君臣情谊，并不想加害晋厉公。

荀偃在魏颗配合下，几乎没费多大的劲就把“跟班团”全体宠臣擒拿，魏颗平日就痛恨这些贪污腐化、祸国殃民的宠臣们，暗地里叫士兵们一个个将他们斩首。

当魏颗和荀偃与栾书会合时，栾书才知道“跟班团”的宠臣们全部被杀，依栾书本意并不想杀他们，只是把他们驱逐出晋国国境，现在见这些宠臣全部被斩，他就知道这事闹大了，做绝了，开弓没有回头箭了，栾书心生毒计——晋厉公的生命必须结束。他在心中盘算如何处置晋厉公。

栾书找荀偃以及一群亲信密谋，商量半天，似乎也没有更好的办法。栾书不但注意维护自己的声誉，同时也注意保护自己的权威地位，这种态度更加深了晋国的政治危机。

荀偃说：“元帅已软禁了主公，若放了他，还不如不捉他。他重新登位，必放不过元帅，元帅危矣！”

魏颗也说：“主公昏庸，重用宠臣，这班人如继续执政，晋国离亡国不远。就看他们在控制范围内，搞得乌烟瘴气，就知道他们是晋国的祸害，此刻，元帅不可手软！”

“那我就要留下弑君的历史骂名！”栾书叹息一声。

“不用元帅动手，我帐下有一名军官主动要求弑君！”栾书似乎不信：“真有此人？”

“此人叫程滑！”荀偃说。让程滑去杀，总比自己动手强些。

“他为什么替我受过？”

“他作战勇敢，是元帅亲自提拔的他，他一直感念元帅，所以愿挺身而出。”

“他知道这样做的后果么？”

“知道，他愿以身报效元帅，只盼元帅照顾好他的母亲。”

栾书当时就见了这个叫程滑的军官，有些犹豫。不由得再次问他：“你愿意替本帅担罪名？”让程滑去杀，总比自己动手强些。

“愿意。因为元帅得人心！你廉洁奉公，尽忠职守，晋军与楚军三次作战，元帅终于打赢了第三次晋楚之战，全军拥戴，百姓拥戴，可主公与宠臣们容不得元帅，还要加害于元帅，世人皆愤，这等昏君，国人皆曰可杀，只不过由我执行而已。”

“壮士之言，让栾某感激莫名，你知不知道本帅要以弑君罪拿你？”栾书严肃地看着他。

“知道。”

“此罪当斩，你知道么？”

“知道！我弑昏君是我个人意愿，与元帅无干。”

“家中还有高堂？”

“64岁的母亲。”

“你母就是我母，壮士走后放心。”。栾书注视着程滑，眼睛有些发热！

“我若不相信元帅，就不会挺身而出！”

“程壮士受栾书一拜！”栾书说完便深作一揖。

“受元帅重礼，程滑死而无憾了。”

最终这一光荣的使命交由荀偃的族人程滑去完成。

第二天，程滑摸进王宫杀掉了软禁中的晋厉公，不等卫士们前来捉拿便自刎身亡。

过几天上朝，栾书向朝中大臣宣布："跟班团"绑架晋厉公，魏颗将军和中军奋起发击，包围王宫，乱战中，晋厉公被"跟班团"军官程滑杀害，此人已被副帅荀偃正法。

朝中大臣几乎不用分析就知道栾书说的是假话，自从晋军班师回朝以来，晋厉公与元帅栾书不合的传闻是越传越烈，他们都知道今日晋厉公下场，是他们两人斗争的结果。虽然大家都心中有数，但谁也不敢当场把骗局戳穿，谁都知道敢于说出真相的人的结果会是什么！大家都知趣的保持沉默，再说，晋厉公和跟班团的做法实在是不得人心，没人愿意为他们伸头。

晋厉公死了，可他无后，谁来接班，目前就成了栾书最棘手的事情。在大家都一筹莫展的时候，大夫荀婴(荀偃的弟弟)说：

“元帅，去洛邑把孙周请回来当国君！”

朝中众官员被荀婴一语点醒，纷纷表示同意。

孙周何人？此人是晋襄公儿子姬捷的孙子，由于不能继承王位，按惯例去了周朝天子"干部培训班"，这个培训班的作用是：培训完的王子们或留在洛邑侍奉周天子，或作为骨干充实该国的领导力量。一般都是后备的各国令尹、太宰、相国。按辈分，孙周是晋厉公的侄子，此时在"干部培训班"里学习，时年14岁。

栾书和荀偃、荀婴及众大夫前去迎接孙周，在洛邑见到了这位年轻但知识不浅的少年，他们与这个少年刚交谈没几句，便感到了他的言辞犀利，非一般少年所能言，无不对他刮目相看。

孙周听完荀偃讲的来意，略为思索后说："各位，我没想到此生还能返回祖国，还以为要在干部培训班里混日子呢！今天到了这一步，不能说是鬼使神差，只能说是上天安排。"

他话锋一转："人们之所以要立国君，就是叫他发号施令，如果立了国君大家又不听我发号施令，那我岂不等于虚设，也是各位的过错。立我还是不立我，取决于栾元帅及在座各位。如果立了我，我又不胜任，我立马下台；如果立了我又不听我号令，那不如不立，免得君臣反目。立了我就要听我的，这是一个原则，也是一个前提。现在就请各位决定吧！"

孙周话音落下，一时间没人说话。人们惊住了！这一番话出自14岁少年之口，让晋国来人瞠目结舌。他们感到了孙周口才的厉害，更感到了孙周的睿智、大器，正是晋国国君之材，这么小的年纪，就这么从容不迫，不卑不亢，胸有成竹，不是君王之材是什么？栾荀从惊讶中清醒过来，首先表态：

"您就是我们翘首以盼的国君！"

众大臣忙随声附和，他们刚才全被孙周的气度征服。

孙周于是跟着栾书及众大臣回到晋国都城绛登位，是为晋悼公。

为了对这位新君表示欢迎，栾书携荀偃等一班文武大臣迎接新主。晋人簇拥着孙周进入绛都，大家张灯结彩，庆贺新君。看到这位新君知书达理、温文尔雅，且年方十四，不禁暗自庆幸。面对诸卿大族恢宏浩大的排场，孙周毫不怯场，站在高台之上，向诸卿大夫发言。

荀婴请求悼王清除"跟班团"余党。孙周说："不必了，本公刚登基就杀人，必然闹得人心惶惶，这样吧，就把他们余党全部驱逐出境！"既没同意荀婴的请求，又给了他一个面子，既清除了"跟班团"余党的潜在威胁，又没得罪荀婴，不得罪他实际上就是没得罪栾书和荀偃。

晋悼公聪明啊！

晋悼公在第一次朝会上，发表了登基宣言：

"各位爱卿，自襄公去世后，晋国就党争不断，大臣们为了各家各派的利益，争权夺利，互相攻击，导致国家混乱，政局不稳，国力锐减，盟主的形象大为减色。曾经为晋国作出过杰出贡献的狐家、先家、赵家都成了权力斗争中的牺牲品，其余一些小家族虽然存在，但也都惶惶不可终日。这种局面怎么让晋国发展？这种局面不改变，要我孙周何用？"

有备无患，是栾书一贯的稳重从政方针。栾书听得战战兢兢，好在他不是争权夺利的人,也没参与党派之争,还可以聊以自慰,其他文武百官们听得是诚惶诚恐,存于各人心中争权夺利的小算盘看来今后不好使了。

孙周接着说:“我宣布,从现在起,重新由本公任命百官,推出新政,至于过去的事,既往不咎;今后各位同心协力建设一个强盛的晋国,如果还有人继续搞党争、争权夺利,我严惩不贷!勿谓言之不预!”

全朝官员震惧,大殿里连粗重的鼻息声都显得刺耳。

孙周又说:“什么是新政?就是扶贫济困,严禁邪恶,免除百姓债务,起用贤者,节省官府开支,赏罚分明,抓紧农时,搞好农业生产。”

下面,孙周宣布了官员的任命,他的方案一个个出台,显得他胸有成竹,全盘在心。

谁能相信,这样一些话竟出自一个十四岁的小孩子口中?

晋国的重心很快就从执政栾书转移到悼公的身上。这位晋悼公少年老成,政治素养出类拔萃,战略远见也令人钦佩,与唐朝后期的中兴之主唐宣宗类似。

“中军帅栾书,栾元帅功莫大焉。中军副帅荀偃不变。上军帅和军佐分别由韩厥、荀婴担当。魏奇为国捐躯,他的儿子魏颗为下军帅;赵家对国家贡献有目共睹,赵家惟一幸存的赵武任下军佐;士家从士会到士性都是重臣,士会的二儿子士鲂任新军帅!”

晋悼公新的人事任命既出乎百官预料,也让他们心服口服。说出乎预料,百官们没想到悼公如此恋旧,怀念旧臣,让他们的后代重新掌权;叫大家心服口服的是,这些新任命的官员,确是贤臣,是当前晋国军中的佼佼者,百官不能不服。

临朝会结束,悼公发布了一个任命,让魏颗的儿子魏绎当中军司马,掌管全军军纪,悼公为什么单独任命魏绎?因为他到都城后,听到百姓和军人都夸魏绎铁面无私,有祖辈魏抽的风骨,于是悼公留意到观察,果然发现魏绎是难得的人才,这才把重整晋军的纪律的任务交给了他。实践证明,魏绎今后提出的一系列主张,对悼公正确施政,起到了旁人无法替代的作用。

晋悼公登基的第一天,把朝中各种事务安排得井井有条,他以强势临朝,让百官信服赞叹。由于悼公的强势,让栾书清闲下来,以前斗争的弦绷得很紧的他突然轻松下来,病就上了身,栾书就去世了。

悼公并没有让荀偃接替栾书,而是让更为正直的韩厥任中军帅,韩厥的提升意味着干事的人、坚持原则、不搞钩心斗角的人当了元帅。老老实实在悼公手下干事才是正道。而荀偃没有任何怨言,认为韩厥无论是自己的为人或军事才干,都高人一筹;中军帅非韩厥莫属,元帅的更换,并没有出现风波,更没出现争权夺利的现象。

晋悼公为什么如此之聪明睿智？一切都布置得妥妥帖帖。换言之，他震慑你，他让你还没有跟他交手就已经心悦诚服。

就这样，在晋国内出现了君能臣贤的大好局面，对外，悼公真诚热情的对待各国诸侯，尽力改变忽悠骗人的形象，终于得到了中原各诸侯国的衷心拥戴，一致拥护晋国的盟主地位。而与此同时，楚国的楚共王领导楚国却没有更大的起色，在晋悼公继位两年后，无论是在国内稳定和实力增长上，或是国际关系中，晋国已明显对楚国占尽上风，可以毫不夸张地说，晋悼公是春秋时期的又一霸主，他的出色领导才能，比晋文公还厉害，他的整个君主生涯可以用四个字形容：优秀完美。

他十四岁登基，迅速稳定了国内局面，压制了多年不断的内部权力之争，他大量起用贤臣能臣，让他们各展所长，发挥已能，而又能安分守己，各尽其责。由于他们君臣的上下努力，两年后，晋国的国力和军力有很大加强；由于国力提高迅速，晋悼公在晋楚之间表现了从没有过的强硬，虽然在他当国君期间，没有发生像城濮、鄢陵那样的晋楚之战，但他所用的对楚的斗争策略拖垮了楚国，从而让楚共王不得不对晋悼公心悦诚服。

晋悼公在晋国的历史上又是一代雄主，如果以个人能力来说，大概春秋时期也只有楚庄王能够和晋悼公相提并论了。

晋悼公听从了魏绛建议，改变原来的征服周边山戎游牧小国为和戎，从而安定了北方，但晋悼公始终没有忘记争霸的主要对手是楚国。虽然以前晋楚已有过三次大战，而且战绩是二比一，但却从没让楚人心服，于是晋悼公听从了元帅韩厥和副帅荀偃的作战建议，拖垮楚国国力和军力，让楚国从此没有和晋国争霸的能力。

具体做法是，晋军三军由其中一军猛攻楚国的盟国郑国或是陈国。郑国和陈国必救楚相救，等楚军赶到时，晋军已撤军。他们让楚军长途奔波，疲惫不堪，后来楚共王识破了晋悼公的计谋，不再出兵郑国和陈国。于是，晋悼公就加紧进攻郑国和陈国，让两国投降，并逼两国加入中原诸侯联盟，共同反对楚国。

盟国的背叛，极大激怒了楚共王，他不顾眼疾引起的发炎，坚持亲征郑国、陈国，由于常年就这样在外劳累奔波，楚国的军队被拖得不堪重负，国内的人力物力也被拖得不堪重负，等楚共王率兵好不容易再度抵达郑国时，晋军又撤了，晋军由三军中的一个军实施军事行动，其他两军休息调整，而楚军每次都是全军出击，长途奔袭，劳累不堪，在这次从郑国返国途中，楚共王的病体更加严重，眼看就要驾鹤西去了。临终之前，他语重心长地身边的将军大臣们说：

“我这个人从父王手中接过王位时，年方十岁，可我由于没能耐，结果打不过晋国人，在鄢陵之战时，我由于没能耐，让楚军损失严重，这几年的援郑救郑的拉锯战，又让各位跟着我疲于奔命，也让祖先面上无光。如今我就快要死了，临死前，我不得不佩服晋悼公的厉害，他的智慧，他的计谋，把我堂堂楚军，肥的拖瘦，瘦的拖垮，晋悼公，我服你了，还不行吗？我儿子熊招托付各位，你们一定要让他重振庄王雄风！”

楚共王还没有回到郢城就断了气，众位大臣拥立熊招登位，这就是楚康王，而对日渐衰落的楚国局面，楚康王该如何面对？他有没有能力、有没有办法让楚国重振雄风？人们翘首以待。

第十四章 内惩贪腐 外和强晋

楚共王之子熊招即位为康王之后，任用子南为令尹，试图惩治贪腐，整肃朝政，然而子南本人也是贪渎之人。无奈之下，康王让耿直的牟疾去擒抓自己的父亲子南。此后，康王重用蔿子冯、屈建，楚国气象为之一新。与此同时，楚国与晋国也进入了一段相安无事的时期。

楚晋两国都是新君继位，晋悼公在前，楚康王在后；等楚康王继位时，晋悼公已把晋国治理得蒸蒸日上，而且国强民富。眼看着楚国在和晋国的军事竞争中连连败北，再也无力和晋国逐鹿中原，新上台的楚康王被晋国拖得无力应付，不禁心神不定，忧心如焚。

正是月上中天时分，洁白的月光倾洒而下，四周的草木清晰可辨。楚康王烦躁不安地绕过皇宫回廊，穿过月门来到一个精致的小院落，院中有一小花园，正值初夏时节，园里百花已显争奇斗艳之势；园后假山流水淙淙，假山后面只有一间小竹舍，清盈盈一片。竹舍旁边有一小片竹林，清风拂过，竹舞婆娑，让人心里一阵阵清凉惬意。

短暂的小憩后，楚康王又返回寝宫。这些年来，内忧外患，楚康王常喜欢独自一人此散步，以排解心中忧纷。

此时，楚国已经无力与晋国争霸。楚康王不仅要向北边的晋国继续作战，还要花很大气力应对吴国从东面对楚国的不断骚扰和侵袭。两面作战，将士疲于奔命，苦不堪言。严峻的形势促使楚康王不得不寻找和解之路，以尽快打破这种不利于楚国发展的僵局；而此时的吴国采取打了就跑的战术，频频进攻楚国，楚国也曾几次出兵回击吴国的偷袭，但都收效甚微；吴国依然是游击战术对付楚军作战，战果颇丰，常常使楚国疲于奔命，来回奔波，却难以扼制吴国的骚扰，让楚康王十分头痛。

但楚康王无力改变这种局面，因为他有更重要的事情要办，那就是大力惩治腐败。平心而论，楚国向来是反对腐败、提倡廉洁的，特别孙叔敖当令尹作出了高官廉洁奉公的表率后，楚国官场风气为之一振，先父楚共王特别重视反腐倡廉，他虽然打仗不行，但却对反腐败抓得很紧，他亲自领导了两次“廉政风暴”。

第一次是楚共王执政二十年时，右司马公子申在小诸侯国中索贿受贿，被小诸侯国国君揭发，楚共王查证落实后，毫不留情把公子申斩了。

第二次是在楚共王执政二十三年时，他听说现任令尹子辛比公子申贪污受贿还厉害，他也没客气，把子辛也砍了。从此可以看出，楚共王反腐决心是很大的，先杀了副国防部长，后杀了相国，确实震慑了楚国朝野。

等到楚康王登基，百官中又有人搞腐败，而且愈演愈烈，楚康王决定启用廉洁的大臣子南作令尹，就是想让他以榜样的力量让百官效仿，收敛贪腐行为。

刚上任的子南雄心勃勃，决定以身作则，垂范百官，狠狠整肃官场的贪污之气。上任伊始，他在官邸写了孙叔敖的座右铭于墙上，旁边还写了自撰的对联：两袖清风感世界；一身正气报楚国。

令尹上任，百官都很巴结，送礼行贿的不少，一些小国诸侯也送来不少贺礼，子南都回绝了，真正做到了拒腐蚀，不贪腐。问题是，子南不贪，不等于他的亲戚不贪，自子南当令尹后，他的那些七大姑、八大姨都纷纷打着他的旗号，到处骗钱，大发横财。他们的腐败行径，当然被子南很快察觉到了，他马上指出他们是一人得道，鸡犬升天！下不为例，否则，严惩不贷！

子南的亲戚中有个叫李子的人，决定在发财后把子南也拉下水。他首先给子南母亲六十大寿送了重礼，惹得老人十分开心，经常在子南面前说李子的好话。李子接着给子南的夫人送礼，他的夫人从来没见过这么多银子绸缎，喜得合不拢嘴，也经常在子南面前夸李子会办事，懂人情世故，重情义。潜移默化，子南对李子渐生好感，李子则利用子南对他的好感，经常请他吃喝。由于他对李子已放松了警惕，因此，每次来请不拒。子南发现自己的亲戚花钱如流水，过得很滋润，回想李子家里，那屋内布置的富丽堂皇，不是金漆就是玉器，华贵无比。那铺了一层花开富贵图样的进口柔软毡毯令人心醉，镂空雕花梨木案几上摆放的也都是金壶玉盏，案几后的墙壁上点着罩纱琉璃灯，照着屋里亮堂堂。

子南开始不平衡了，心想：人生短暂，自己又何苦固守清贫？不如趁在位，多捞点。但那时子南还是有所收敛，不敢放胆行事。李子为彻底把子南拉下水，又施美人计，每次喝酒都派名妓陪酒。

一日，李子又拉子南进了妓院雅间，在一片莺莺燕燕悦耳声中，一眼就被身着烟罗衣，逶迤梅花百水裙的女子锁住了目光。此女身材纤弱，一头乌黑柔顺的长发束了个简单的迎月髻，发尾伏贴地散在身后腰间，衬着纤腰，盈盈一摆，让人不自主地从心底泛起一丝怜惜之情。一种高贵又清冷的气质从周身弥漫开来，这个叫花姬的女人，色艺超群，一下就夺走了子南的目光。一来二往，子南抵不住花姬的风情，终于上了她的床。精诚所至，金石为开，李子的目的达到了。

就这样，子南走上了贪腐之路，子南成了李子的俘虏；缺钱，李子马上送钱，没女人，李子马上送女人，把子南哄得晕头转向，不久，子南与李子同流合污！大贪大腐，色胆包天，肆意妄为奸淫掳掠，而且来势之凶猛，在楚国历代令尹中少见。上行下效，那些原来不敢放肆的官员，见令尹也贪了，就有样学样更加肆无忌惮地贪了。

子南上任仅一年，楚国的贪腐之风愈演愈烈，百官中有些正直的官员向楚康王揭发令尹子南及家族的贪腐罪行，楚国百姓反腐的呼声也愈来愈强烈，面对这种局面，楚康王再也不能无动于衷了。他准备狠肃楚国官场的腐败之风。首先拿令尹子南和他的家族开刀。

世上没有不透风的墙。子南很快从王宫内线中得知康王要向贪污腐败开战的消息，忙召开家族会议，商讨应对之策。子南为求保住官位，紧急召开了家族会议。他首先谈了国人要求惩治官员腐败的呼声，也谈了康王将采取的行动，接着谈了自己的看法，他觉得必须紧跟康王的步伐，高举反腐倡廉的旗帜，这样才能避免祸及自身，没想到他的主张受到家族们的一致反对，李子露骨地说：

"你反腐倡廉，反谁？反的不就是我们家族的人吗？你还是首当其冲！腐败分子反腐败分子，那不是笑谈？再说，现在我们日子过得有滋有味，你却听到风就是雨，自己人跟自己人过不去，就是搬起石头砸自己的脚，只有傻瓜才会这样干！"

亲戚伯世说得更彻底："反腐，家族完蛋；不反腐，楚国完蛋！宁可让楚国完蛋，也不能让子南家族完蛋；宁可亡国，不能亡家！"

子南觉得这伙腐败分子说得对，不反腐，说不定还会蒙混过关；如果子南家族自己起来反腐，必会反到自己头上，家族肯定遭殃。于是，子南同意了家族的意思，不反腐；如果康王反腐，子南就利用自己令尹的地位，尽量把康王掀起的反腐行动大事化小，小事化了。

子南和他的家族低估了楚康王反腐的决心，也低估了康王收集情报的能力，为怕子南狡赖，他派人收集到了子南大量的犯罪证据。于是他首先让宫廷卫士长牟疾去捉拿李子。

牟疾虽然是子南的儿子，可对子南和家族的贪污一无所知，他对康王忠诚，为人正派廉洁，时刻把前朝令尹孙叔敖当作自己的行为楷模，在其父未贪污前，父子两人还常以孙叔敖为官清贫一生来勉励自己。所以，子南及其家族先后腐败后，只能瞒着牟疾，他们都知道，如果牟疾知道了内情，他一定会大义灭亲。所以，康王让不知内情的牟疾去抓李子，既是对他的信任，也表明了自己对他的喜爱。

牟疾忠实执行了康王的指令。把自己家族的长辈李子抓捕归案，康王亲自审问李子，还没有用刑具，李子就把勾结子南贪污腐败的行径全都如实招了出来，直到这时，牟疾才知道康王将反腐的矛头直接对准了父亲，才知道父亲和家族的人贪污腐败到了令人不齿的地步。

审完李子后，牟疾内心十分痛苦，也十分矛盾。他痛恨父亲的贪污腐化，也敬佩康王的果断措施；将父亲绳之以法，一定是康王到了忍无可忍的地步。如果康王觉得事情还有挽回的余地，他也不会亲自动手。牟疾知道，父罪必死无疑，虽然康王依然信任他，重用他，他也必须引咎辞职，离开康王。于是，就在宫殿卫士把李子押进大牢后的这天下午，牟疾对康王说：

"大王，到今天，我才知道父亲的滔天大罪，可诛可杀，大王准备对我如何处置？"

"本王心里明镜，此事与你无关，本王信任你，你还是当你的卫士长，与前无异。"

"大王，我父亲肯定活不了，大王杀了我的父亲，用我还放心么？"

"本王用人不疑，疑人不用，牟疾，本王不怀疑你。"

"大王放心，大王即将对我父亲采取的行动，微臣一定保密，牟疾痛恨父亲为什么不能把孙叔敖的品行坚持到底，为什么要半途而废？而且还成了祸首罪魁？"

"所以，为了阻止这股腐败风继续在楚国漫延，本王必须拿你父开刀了，这样才能杀一儆百！你别怪本王不留情面！"

"大王的苦心微臣理解，一国之令尹贪污腐败，这个国家的前途危矣，微臣从心里拥护大王的决定！至于父子之情，总得小于大王的忧国之情。"

"牟疾，本王没看错人，把你留在身边当卫士长保卫本王，是一点没选错！"

第二天上朝，康王不由分说，将子南当廷捉拿，而抓他的人正是牟疾。

"大王，为什么抓我？"子南边挣扎边叫。

"你还在装糊涂，事到如今，当真还不明白本王为何抓你？"康王冷笑。

"大王，微臣兢兢业业侍奉大王，真不明白身犯何罪？"子南还在叫屈喊冤。

"牟疾，把李子带上来！"康王大声叫。

子南骤然变色，倒在朝堂。看见浑身发抖的李子押进王宫，子南面如土色。

"子南，还想叫本王让李子把你和你的家族丑恶再讲一遍么？"康王逼视着他，气势咄咄逼人。

"大王，您别听这个小人的一面之词！"子南稳住心神，以攻为守，作最后的挣扎。

"我小人？你这个大贪官，大腐败，贪色爱财，爱豪华车，爱马，爱玉器，这多年，你敛财无数，连诸侯向大王进贡的财宝你也敢据为己有；你……你胆大包天！"李子为保自己，此时不顾一切的当廷揭发；"你占有二十多名美女，占有七十多乘豪车，良马上百匹，金银财宝无数，你不贪不腐，你这一千年都用不完的家产是从哪里来的！"

"大王，李子是在血口喷人呐！我衷心拥护大王反腐倡廉，坚决拥护大王处理惩罚李子这样的贪污分子！"子南似乎还存在一钱希望。

"本王问你的这么多家产是从哪里来的？"康王脸上升起杀气："本王在宫内也只有良马三十匹，豪车二十乘，其中七乘是迎接各国诸侯大臣们用的。你现在富得流油呀。你神啊，你牛啊！"

"大王，这些财产我真不知道怎么来的，平日我忙于国事，家里的事都由老婆打理。"子南到此时只能推出老婆当挡箭牌了。

"你是令尹还是你老婆是令尹，铁证如山，没想到你还在信口雌黄！"

子南从康王的神色上看清了事态的严重性，他叹了一口气。

"子南对不起大王的信任和重用，起先，我是效仿先朝老令尹孙叔敖为人处世，后来看到比我官小的都贪大发了，我就动了心，开始小贪，后来大贪，今日落得巨贪，若大王念微臣曾尽心尽力工作过，给臣改过的机会，我一定痛改前非，重新当好官！"

"今天是你末日，没明天了，也没机会让你当好官了！拉出去，斩！"康王猛拍桌面，大吼一声。

子南被杀，李子被五马分尸；而牟疾呢，自愧不忠不孝，无颜苟安一隅，上吊身亡，让康王好一阵惋惜。

暮气沉沉，康王回到宫殿，不禁痛心疾首，长吁短叹，一时间浮想联翩，从子南的贪污腐败案中，祖父庄王重用孙叔敖当令尹，孙令尹把国家治理得雄踞一方，让祖父当了霸主；后来，父亲楚共王用了德才稍逊而又不容人的子重当令尹，楚国在和晋国争雄的斗争中相形见绌，国力军力日降。等到自己当了楚王，偏偏用了子南当令尹，让贪污腐化风四起，想起父亲曾对腐败分子的铁腕手段，康王自愧不如，他决心慎重挑选令尹，重新振兴楚国。

肃清了子南及家庭贪污集团，谁来当楚国令尹呢？康王反复筛选，还是觉得大夫蒍子冯合适，无论从能力和个人操守，蒍子冯都让康王满意。

原来康王在挑选子南当令尹之前就看中了蒍子冯，想让他当令尹。他首先征求蒍子冯的意见，蒍子冯告诉康王允许自己考虑三天，因为这个担子太沉重，他怕挑不起，所以要认真思考一下。

到底当不当令尹呢，蒍子冯有些矛盾，一时难以下决心。楚国从上到下，腐败已相当严重，百姓们怨声载道，对当朝不满意。但自己若稍有不慎，搞不好还会触怒康王，说不定哪天脑袋就搬了家；而如果要管，就肯定会得罪一大片，树敌一多，自己迟早也会下台。何去何从，他一时没了主意，只得去问好友、同朝大夫申叔豫。

申叔豫告诉他："大王刚当国君不久，他身边的宠臣又多，这些人都是贪污腐败分子，你管不住他们，这是个吃力不讨好的差事，你千万别当！"

蒍子冯为难地说："这可是大王的意思，我拒绝他的要求是为过啊！"

"那就装病，反正你别当就是了，这是我的忠告。管严了，得罪那帮宠臣；不管吧，又得罪了大王和百姓，你怎么干都不讨好，所以你别干！"申叔豫建议。

蒍子冯觉得申叔豫说得有理，于是装病不出，康王派人探视，探视者却派的是申叔豫，他向康王回报蒍子冯病得不轻，在这种情况下，康王一时也没有更合适的人选，最后只好选子南当了令尹。

如今子南被灭，康王请蒍子冯再次出山。有一天，退朝后，康王把他留了下来，语重心长地说：

"蒍大夫，国家有难，请你当令尹，躲避责任可不是你们蒍家的做派，想你祖父蒍吕臣跟着本王祖父庄王南征北战，堪称忠良砥柱，你为什么不像祖父勇挑重任呢？"

见令尹之职实在推托不过，蒍子冯只得实话实说："大王，我怕啊，这是个两面不讨好的差事。"

康王一愣："何谓两面不讨好？"

"管严了，大王手下的宠臣和官员中腐败分子会对臣群起而攻之；不管吧，又有负大王重托和百姓厚望。故而微臣上次托病以辞令尹之职。"

康王哈哈一笑："本王肃贪反腐决心已定，任何人阻挡不了这个局面，你只管放心大胆地去干，本王作你的后台，只不过本王不希望蒍令尹先廉后贪啰！"

"有大王这句话，子冯为大王当令尹万死不辞！"见康王如此有诚意，蒍子冯很感动，他不好意思再礼让推辞。

上任之初，蒍子冯首先清理了自己家族中的腐败分子，将八个已经有贪污行为和腐化迹象的亲戚驱赶出去，接着又团结了一些如申叔豫一样的清廉大臣，并得到了他们的支持。

接着，蒍子冯全力解决宠臣中的贪污分子，他将民愤极大、横行郢城的总太监兰介拿下，在审问兰介时，他有意让康王亲临审问现场，康王当即表示支持蒍子冯对兰介的审判；蒍子冯将兰介审判后问斩，此举震慑楚国朝野，极大地刹住了楚国的贪污腐败之风。兰介的被杀，让郢城内外的贪污腐败官员人人自危，不得不收敛腐败之风。一时间，楚国的官场气象又焕然一新。

蒍子冯在令尹任上苦干了三年，终因积劳成疾；临去世前，他推荐自己的反腐副手司马屈建当令尹。康王采纳了蒍子冯的建议，破格让屈建当了楚国新一任令尹。这时，楚国在晋国的细作回郢城报回晋悼公病危的消息，而且说晋国官场腐败盛行，病重的晋悼公虽然心里很急，却已无干预能力。

细作报回来的情报是准确的。晋悼公在当国君的第十五年（也是最后一年），便重病不起，朝政全由荀偃把持；荀偃趁着晋悼公不能临朝理事的机会，勾结朝中的士家，韩家的几位重臣，大行贪污之道，尽力中饱私囊，不到一年时间，晋国官场腐败贪污之风盛行，比楚国有过之而不及。

晋悼公听到宫廷外传来的各种腐败讯息，心急如焚，最后在焦虑中郁郁而终，享年 25 岁。一代明主英年早逝，让人扼腕叹息，晋悼公从 14 岁登基，到 25 岁病逝，当国君的时间虽然不长，但就在这有限的时间里，他铁腕消灭了晋国内部的派系之争，让百官和百姓紧密团结在他周围，让晋国蒸蒸日上，国泰民富；与此同时，他在中原尽力发挥盟主作用，联络各诸侯国感情，加强同齐、鲁、秦等国的交往，对重新归附晋国的陈国、郑国以诚相待，使晋国的附从国达到鼎盛时期，有十七个之多，超过了晋文公时代；晋悼公采取“牵牛”战术，硬是拖得楚军疲于奔命，最后终于拖垮了不可一世的楚军，让楚军没有精力向北进犯。晋悼公运用“挖墙脚”战术，分化瓦解楚国及其盟国的友谊，至他临终时，楚国的盟国仅存蔡、许等三个小国了。

晋悼公事实上是春秋时代的第四位霸主，继楚庄王之后，晋悼公让中原诸侯信服，诚服，也让楚国敬畏。自晋悼公死后，晋国再也没有出现过有如此威望有如此魄力的国君了。

晋悼公病逝后，他 14 岁的儿子继位，是为晋平公。他上任时，楚国经蒍子冯廉政风暴的治理，国家面貌已大有改观。生性平和的晋平公想从此和楚国和平相处，通过铁杆跟班宋国转达了愿和楚国签订互不侵犯的友好条约，宋国马上把这个讯息告诉了楚国令尹屈建，屈建听后非常高兴，他觉得和晋国签约，从此北边无战事，他就可以腾出手来。对付不断骚扰楚国的吴国。于是他把这一消息报告了楚康王，并把自己的想法一并告之，康王同样高兴，他不愿趁晋国国君新丧之机向晋国发难，既然晋国新君表示和楚国友好的愿望，楚国何不做个顺风人情。于是，他派屈建为楚国代表，去宋国睢阳与晋国代表中军元帅赵武（赵盾之孙）签订了两国互不侵犯条约。

从此，两国共同出现了一个有趣的现象：对内反贪污反腐败，干得轰轰烈烈;对外,出兵征服经常骚扰自己的边塞国家,晋国打北边的山戎(边疆部落国家),楚国打小国吴国,中原地区和楚国形成了一个相对平稳的局面,晋楚两国没有大动作,两个大国平稳的局面,也让那些"墙头草"般的小屁国,像郑国、陈国放心了许多。由于大国无战事,也没有大国的滋扰,这些小国才能安心建设自己的家园。

也是晋平公暗示宋国,趁着这个难得的和平机遇,让宋国提议在宋国睢阳召开各诸侯国和平大会。宋国马上向各诸侯国发出倡议,立即得到了各诸侯国的积极响应,谁不想和平啊! 于是由宋国决定了诸侯国和平大会的时间。到了开会那一天的前夕,各诸侯的代表纷纷来到睢阳:

首先到的是晋国代表中军元帅赵武一行,宋国代表上卿向戎赶忙以东道主的身份迎接,气势搞得很热烈,像个开盛会的气派。

接着郑国代表上卿良霄到了,后面鲁国的实力人物孙叔豹到了。

北边国代表到齐后,南边的楚国人来了,代表团由楚国公子黑和令尹屈建率领,宋国向戎又一次热烈出迎,热烈欢迎的场面不逊于欢迎晋国代表的程度。

可有两个宋国邀请的国家却拒绝参会,那就是秦国、吴国,就是这两个未到的国家,在诸侯国和平大会后频频挑起战争,这当然是后话。

笼罩在淡淡晨曦中的睢阳,巍峨苍茫,诸侯国基本到齐后,和平大会如期召开,第一项程序,就是三国国王要登坛歃血为盟。按照以前惯例,盟主都是第一个上台歃血,可为了充分体现和平诚意,老盟主晋国元帅赵武把第一个歃血的光荣任务让给了楚国。而这天,弱冠负笈的屈建的身躯显得有些寥落和单薄,但掩饰不住深藏于眼底的自信与从容。他的眼睛里闪烁着薄薄的一层泪光。对着城门的方向深深地吸了一口清新的空气,迈开了坚实的脚步,施施然地走上了高台。屈建对赵武留下了极好的印象,信心也更足了。以至在歃血之后的饮酒中,屈建敬赵武酒时,来了个行令助兴:"老虎棒子鸡怎么样?"屈建说。

"好!"赵武见楚国人对晋人从来没有过这么亲热,情绪也高潮起来。

"老虎老虎棒子鸡!"屈建先说。

"老虎!老虎!"赵武对令。

屈建说的是"棒子",赵武自罚三杯。

猜令过后,晋楚两国主要领导人研讨了两国正在进行的反腐倡廉行动,各诸侯国代表都听得津津有味,纷纷表示也要像晋楚两国一样,回国马上开始反腐倡廉。

最后,由宋国宣读了第一次诸侯和平大会宣言,各国代表以痛饮八大碗酒表示赞同,欢庆的气氛达到了顶点。

以后近三年内，各诸侯国之间和平共处，相安无事。

城市的喧嚣经过这一池春水的过滤，远隔在红墙碧瓦的宫院之外，消弭于安然平和的心境之中。

第十五章　祸起萧墙　王叔篡位

楚康王去世后，儿子熊员继位，康王之弟王子围为令尹。王子围野心勃勃，亲手缚杀了侄儿熊员，并大肆诛杀异己势力后登上王位，是为楚灵王。骄狂的楚灵王，对内大兴土木，对外，觊觎霸主之位。他不可一世地强索晋平公的女儿为妻，并要求晋平公访问楚国。殊不知，他自身已处在巨大的危险之中。

天下兴亡是历史的必然，楚国也曾雄踞霸主的地位，都城也得到了前所未有的繁荣，但终究没有逃脱温文尔雅、大国自居心态的羁绊，没有再成大国的气候，最终淹没于秦国一统天下的滚滚红尘之中。楚康王英年早逝。据说死时双目圆睁，他是死不瞑目啊，他死后不久，令尹蔿子冯也随之病逝，康王的儿子熊员继任楚王，王子围继任令尹。

王子围是谁？他是康王的弟弟，熊员的叔叔，熊员继任楚王时，年纪尚少。所以楚国掌实权的第一号人物实际上是王子围。王子围的名声一向不好，是一个野心勃勃、觊觎王权的人，同时也是个心狠手辣、杀伐决断之人，在所有楚国君王中，他算是最无道、最残暴的了。所以朝中有些大臣很担心，怕他突然发动政变。不久，大臣们的担心终于应验了。

楚共王在世时，妃子为他生了五个儿子，为选择谁当太子，楚共王在太庙祭祀了神灵，并把一块玉埋在神灵前香炉灰下，请神灵祖先帮助他确定谁能来当太子，他让五个儿子分长幼顺序进庙朝拜，太儿子熊招第一个进庙朝拜，下拜时，他两脚跨于香炉灰里的玉两旁，楚共王暗惊："真神啊，太子就是熊招了！"

为了继续让神灵来测试其他四个儿子的前程，他依旧让他们继续朝拜太庙。

第二个进来的就是王子熊围，他在下拜时，一只胳膊落在炉灰上，紧靠着炉灰下的玉。

楚共王暗自思量："这小子估计有福气！要不然不会离玉这么近。"

第三子熊干，第四子熊墨，第五子熊弃疾，虽然都朝拜了祖庙，但都离玉有距离。

楚共王病逝后，熊招继任楚康王，他尽哥哥的责任让四个弟弟顺利成长。

王子围长相魁伟，南人北相，十分粗犷，在王子中十分引人注目，而且他生活赖皮，无赖跋扈是出了名的，楚人叫他是“楚无赖”！

王子围当了令尹后做的第一件事，充实死党，引进了人才伍举，伍举原是楚国人，因受朋友犯案牵连，潜逃至晋国，此人见识广，博学多才，是他令尹极需的人才，他趁新王即位，大赦天下的机会，让伍举从晋国回归，当了他的幕僚长，直接交办他指派的任务。

王子围上任的第二招是借用楚王的王宫之一蒲官为自己的官邸，他一手遮天，根本不把熊员放在眼里。熊员无法，也只得任其胡为。

为了扩大自己的影响，他上任之初，就向郑国国君提亲，结果郑国贵族公孙段同意把女儿嫁给他。他准备亲自到郑国迎亲。

为张扬威风，他借了楚王服，全部楚王仪仗，带了三千楚国禁卫王宫的东宫部队，浩浩荡荡去郑国迎亲，他上任后的所作所为，无不暴露他想篡夺楚王熊员王位的狼子野心，熊员心里明白，朝中大臣们心里明白，连楚国的百姓也都明白，可都是敢怒不敢言，大家都怕他的专横和无赖，谁也不敢得罪他。

此时的郑国执政是子产，他见王子围穿着楚王服，用的是楚王仪仗，带的是楚王的三千禁卫军，把王子围想当楚王的野心看了个明明白白。他知道楚国今后迟早是王子围的天下。

迎亲回来的路上，探马报告王子围，楚王得了感冒，让他速回郢城，他没想到篡位的机遇来得是这么早，他快马加鞭赶回郢城，楚王熊员竟出城欢迎他迎亲回来。原来熊员病得并不重，经过医生治疗，等王子围回郢城时，楚王熊员病体已痊，这让王子围大为扫兴。他回郢城的第一件事，便是向熊员提议在楚国召开新的一次诸侯和平大会。

熊员不傻，他知道叔叔是想借此机会极快地提高在诸侯国中的影响，极大地扩大自己的权威，但熊员不能拒绝，他只得向各国诸侯发出了楚国召开诸侯盟会的请柬，地点按王子围的要求，定在郑国都城荥阳。为什么定在荥阳？因为王子围是郑国女婿，他要在郑国老丈人面前出尽风头。

晋国首先响应了楚国邀请，派元帅赵武如期赴会，晋国首先表态，晋国的附属国也纷纷响应，他们不能薄晋国盟主的面子，也不想让楚国失望难堪，从而记恨于自己，于是宋国、鲁国等国都派出了上卿和大夫出席盟会。

为什么这些国家的国君不来？因为大家都知道召集会议的主持人是王子围，他是一个不学无术的无赖，他召集的会什么事情都有可能发生，再说这些国君都深受过周礼的洗礼，自认为都是华夏精英，谁愿意和一个五大三粗的南蛮无赖打交道？如果请柬不是以楚王熊员的名义，这些国君们还不会派上卿和大夫率领的代表团。

这天，丹城热闹非凡地迎接着各国来使，远处龟背式的地形、八卦方位排列的街道，分割出了古城寻常的巷陌，映衬出都城的繁花似锦。

在欢迎各国代表团的宴会上，王子围特地身着一袭龙凤为图的楚王服，他笑容可掬，站在高台凭高下瞰，高台高数丈，周围古柏遮天蔽日、绿荫如盖。蔓草茂林中，俯拾皆是的绳纹瓦片星星点点，台下歌舞升平，鼓角齐鸣，酒池肉林，美女如云，高朋云集。在阳光虹霓的映照之下，依稀辨得城内城外都是让人怦然心动的景致。王子围远眺着良辰美景，兴致勃勃地用楚王专用的饮酒器具豪饮着，身边两个执戟卫士伫立一边，一动不动盯着前方。

王子围有野心，晋国的赵武和各国来宾都是人中之杰，他们当然更会看出王子围极强的权利欲，由他们的嘴传出去，于是天下人都知道了王子围想当楚王的狼子野心。

酒宴上，衣香鬓影，美味可口的山珍海味应接不暇。王子围为了表示自己有学问，自告奋勇主动吟诗一首："明明在上，赫赫在上，天难枕斯，不易维王，天位殷适，使不挟四方。"

为了表明自己已是华夏精英，王子围又搬出了《诗经·大雅》名叫"大明"的诗，诗的内容是歌颂周文王取代商朝的。

赵武暗自一惊，心想：这楚国无赖迫不及待要篡位了！于是，为规劝王子围不要非分之想，特意念了一首《诗经·小雅》中的"小宛"："人之齐圣，饮酒温克。彼昏不知，一醉日富。各敬尔仪，天命不又。"

这段的意思是说："正派人少喝酒，酒喝多了容易做错事，老老实实认命，该干什么干什么。"

王子围脸色阴沉，王子围懂《诗经》，赵武是一语双关、含沙射影啊！是在警告奉劝我王子围不要胡来。王子围眼光便死死盯着赵武，心中恨意大生，他不但没有把赵武的话放在心里，更在这次会盟中，毫无顾忌地盗用楚王的威仪，篡位野心已昭然若揭。回到楚国，王子围加快了篡权的步伐，他首先要铲除与自己竞争王位的对手，目标直接对准了自己的弟弟们。

他派公子黑和子干去郑楚边境修固城防，郑国人看楚国在边境加修工事，非常惊慌，不过执政子产很镇定。他看出了王子围让自己弟弟赶修边境城防的玄机：

"大家不要惊慌，王子围让公子墨和子干在边境赶修工事，其目的不是为了攻打郑国，而是寻找借口除掉他的两个弟弟。"

大夫黄丸不解："子墨和子干是王子围的亲弟弟啊！王子围为什么要加害

于他俩？”

“为了篡权夺王位！”

“那王子围有什么理由害自己的弟弟？”

“理由可以随便找到一大把，例如修城进度太慢、修城中贪污军费，等等。”

黄丸大悟：“哦，原来如此！”

果然，这年冬天，王子围要视察楚国在郑国边境的城防，他带着铁杆跟班伍举刚到楚郑边境，快马来报：“大王重病，令尹速回。”

由于有了上次情报不准的教训，他这次变得谨慎，当从快马口中确信楚王熊员已重病不起，他才决定迅速回都城。

回到郢城，王子围立即进王宫探视楚王。果然看见楚王病得不轻。王子围心中窃喜，心里狂呼天赐良机，他成功地发生了宫廷政变。

在一个深夜人静的晚上，他一声令下，杀死诸多公子和大臣，卫军包围了皇宫，把服侍楚王的宫里人全部赶了出去，床前只剩下楚王和王子围叔侄二人。其实，王子围想篡位的事，楚王熊员早有耳闻，只是熊员心慈单纯，难以相信自己的亲叔叔会下手推翻侄儿的王位。所以，熊员对此一直将信将疑，现在他看到王子围这个举动，心里什么都明白了，可已经晚了，但他还是心存侥幸心理，以等待外援，强作镇静地问：

“令尹从边境突然回来，有什么重要的事？”

王子围凶相毕露：“是大事，要命的事！”

熊员的心全凉了，他知道王子围这句话的含义，但还是壮着胆子问：“什么要命的事？”

“就是要你的命！”王子围把早已准备好的缎带套在了熊员的脖子上，熊员重病体弱，王子围又身强力大，手无缚鸡之力的熊员就这择样惨死在自己的亲叔叔手上。

楚王熊员死了，朝中大臣人人都知道是王子围干的，但是谁敢说？说了不怕掉脑袋？王子围立即展开清洗，他亲手杀了熊员的两个幼儿，接着又要杀子墨和子干；不过，这两人早有防备，分别逃往郑国和晋国。王子围身边没有了竞争对手，于是趁势登上王位，就是历史上的楚灵王。

楚灵王登基后，为显赫诸侯，倾全国之财力大兴土木，修建天下第一的章华台，又在台周围修建了美轮美奂的亭台楼榭；然后又召集诸侯国诸侯，庆贺落成，并从此住在章华宫中享乐起来。

楚灵王整日花天酒地，此举已引起国人不满；为重温楚庄王当年称霸的旧梦，他又急功近利，对外只是强权这一套，想迅速北上，举兵攻打晋国，争夺霸主之位。

有一天，楚灵王心血来潮，找来了伍举：

“本王想干一件大事，找我们的老对手晋国下手！”

楚灵王为了维持霸主国的面子，四处征伐，与各诸侯国之间战争不断。由于连年战争耗费了先辈多年的积累，失去了百姓的民心。此时，伍举一听急了：“晋楚争了几代国君，事实证明，晋国不好对付，晋楚三次大战，楚国两败一胜，老晋不好下手！”

“嗨！现在的晋平公很软弱，他手下的班子也很弱，你没看见他的元帅赵武对本王毕恭毕敬那神态。本王想叫你办两件事，看看晋平公到底有什么反应！”

“大王请吩咐。”伍举见灵王主意早定，也不便再说什么。

“第一，本王向晋平公的女儿求婚；第二，请晋平公访问楚国。你看他能答应这两件事么？”

“微臣没把握。”伍举实话实说。

“本王重用你干什么？不就是叫你在关键时刻发挥作用么？”灵王脸色沉下来了。

伍举马上感到脖子旁有凉风吹过：“微臣遵命就是！”

“本王相信你的口才，你有学问、有知识，一定能办成这两件事！”灵王又打又拉，无赖本色又显。

伍举去了晋国，见了晋平公，他鼓动三寸不烂之舌游说：

“主公，目前天下太平，我们大王说了，晋楚亲如一家人，我家大王对晋国的敬仰，犹如黄河之水，滔滔不绝，为了表达两国世代友好的决心和诚意，楚国向贵国提亲，我们大王想成为主公您的女婿！”

依春秋惯例，楚王的这个请求，作为盟主的晋国是无法拒绝的，别说是楚国这样强大的国家，就是像宋国、陈国这样的小诸侯国来提亲，晋平公也得给这个面子，人家给你当女婿，当半个儿子，而且还是一国之君，你怎好意思回绝。

晋平公为人十分贤德，很重视人才，但脾气太好也是个弱点。他不敢拒绝，当然他心里也有自己的算盘，如能与楚国联姻，晋国就少了一个强有力的竞争对手，因为没有女婿会打老丈人的，晋国人和楚国人争了几代人，还从来没有晋国人和楚国人攀亲戚；这种历史，在他晋平公时代出现了，他感到很光荣，也很自豪。但一想起楚灵王篡位杀亲侄儿那件事，他又矛盾了。

“好，本公同意。晋楚联姻是大好事，有利于世界和平，也是晋国之幸，好事，大好事！”晋平公说得神采飞扬，因为他心里确实认为这是件好事，不是口是心非。

没想到楚灵公交办的第一件事这么顺利的就完成了，伍举是备受鼓舞，于是他立马就提出了第二个请求：

“我们大王想请主公访问我国，看看楚国山水风光，风土人情，因为大王想很快和老丈人见面，一叙亲情。这也是他的一片孝心！”

一叙亲情？一片孝心？骗谁呢！谁能想到你这个篡位无赖会做出什么伤天害理的事情？本公可不想落入你的虎口！晋平公在心里咕哝着，口里却这样说：

“国君出国，事关重大，本公要与大臣们商议再定！”

伍举离开后，众大臣一致反对晋平公出访楚国，理由有二：

第一，哪有盟主主动出访一个诸侯国，而且楚国还不是正统的诸侯国，刚刚融入华夏大家庭，身上南蛮的野气还没消散哩。晋平公访楚那叫屈尊！

第二，楚灵王这个人不可信，他既然敢篡位杀亲侄儿，那就是一个什么坏事都干得出来的人，他来求婚，请平公访楚，说不定，都是阴谋，不能答应他。

大臣司马张侯更是尖锐指出：“谁最先猖狂，谁最先灭亡！王子围干了这么多坏事、缺德事，但是都顺利得手，这就是老天准备惩罚他，所以故意让他一切如意，他这是在自取灭亡啊！”

于是晋平公回复了伍举：“楚王的建议很好，但本公国事繁忙，不一定能抽出时间外访楚国，那还请楚王谅解！”

一个不硬不软的钉子，把伍举顶得无话可说，伍举只得回楚国复命。

楚灵王听说晋平公不能来访楚国，气急败坏地想；晋平公就是明显不给楚国面子，不给楚国面子，就是不给自己面子！你还别说，楚灵公还真是些鬼点子，你晋平公不能来，我就去请别的诸侯主公来，给你晋平公看看，我灵公在诸侯中究竟有没有面子？

邀请信发出后，宋国、陈国、郑国、鲁国的国君还真来了，因为他们以为晋平公已成了楚灵王的老丈人，老丈人是肯定会去楚国见从未谋面的女婿的，这种想当然的想法使他们都没来得及和晋平公通气，就火烧火燎般到了郢城。不想，一来才知道晋平公并没有来，才觉上当。此行算是被楚灵王忽悠了，但既来之，总得装模作样地向楚灵王感谢一番、祝贺一番啊。楚灵王从这些言不由衷的祝贺感谢声中得到了极大的满足，似乎有了一种当盟主的错觉，他对诸侯应以礼相待，便于笼络各国；并热情地迎送这些国君，尽情地满足他们的享乐要求，让这些国君高兴而归。

于是灵王突发奇想；举兵攻打吴国！因为吴国投靠了晋国，他要看看打吴国，晋国会有什么反应。他点起数万楚军的精锐之师，让各诸侯国的大臣大夫组成观战团，看他如何进攻吴国，各国大臣大夫们也乐得看看楚国的军事实力,看楚国究竟如何攻打吴国。

毫无准备的吴国,做梦也没想到正陪诸侯国大臣们游山玩水的楚灵王会挥军讨伐吴国,结果被凶悍的楚军打得一败涂地,很快,楚国占领了吴国朱方。然后,楚灵王屁股一歪,率领大军直取赖国,他还扬言:“都说老子是楚无赖,那好,看老子究竟是不是赖子!”

小小的赖国只得投降。

楚国在楚灵王的治理下,国力又得到了进一步发展。这让楚国朝野处于一种盲目的乐观之中，那些原来对他篡位有看法的大臣们现在也对他持支持态度,一致认为他登位后的政绩远远超过了平庸的康王。在对他的一片欢呼声中,有一个大臣头脑十分清醒,他就是大史申无宇,他说的一段名言十分精彩:

“楚祸之首,将在此矣!召诸侯而来,伐国而克,城竟没校。王心不违,民其居乎。民之不处,其谁堪与?不堪王命乃祸乱也。”

他讲此话是说,楚王想怎么干就怎么干,没人能监督他,老百姓哪里还有安居乐业的机会?老百姓不能安居乐业,他们就无法忍受,老百姓无法忍受,国家一定会乱。

到了去晋国娶亲的时候,楚灵王派令尹蒍罢当迎亲全权代表,而晋平公派了元帅韩起(此时赵武已病逝)前来送亲。

迎亲队伍返回,楚灵王就召集大臣们开会,大家还以为是研究婚礼的有关细节,没料到他说出的话让朝堂上的大臣们吃了一惊:

“各位,晋国是楚国头号仇人,我父王的眼睛是晋人射瞎的,此仇一定要报,为报此仇,我们不计后果,不择手段,怎么有利怎么干!现在晋人派了元帅韩起来送亲,如果我们抓了韩起,砍了他脚,这样羞辱了晋国人,也算为父王出了一口气,给了晋人一个下马威,他们元帅都成废人了,还抖什么威风?”

大臣们觉得楚灵王无赖的本色又现形了,一致认为他的做法太损、太缺德,好不容易让楚国挤进了华夏文明,摆脱了南蛮形象,他这么胡来,岂不是让前面几代君王的努力前功尽弃?

没人发言,因为没人赞成;没人说话,因为谁也不敢反对。

但有一人终于忍不住发言了,谁?太宰蒍启强。他是正话反说,让楚灵王听得哭笑不得。

蒍启强说:“大王说得好啊,我看此法准行!只要准备充分,韩起必废,晋国必羞,先王之仇必报,但羞辱一个人也要防止他的报复,更何况还是羞辱一个国家。近几年来,晋国待咱们楚人不薄,非常够意思,这样大王还要羞辱人家。再说,晋国是能羞辱的吗?他们的国力军力实力尚且不论,就看他们人才济济就不容对付，到他们遭到羞辱，团结一心对付楚国时，我们这些人都要当晋国人的俘虏。没关系，大王，你高兴，你就这么干吧！”

蒍启强唇枪舌剑，讽刺挖苦全部用上，还带上一点黑色幽默，让楚灵王窘迫不堪。

“行了行了，别再往下说了，本王不做了行吧？”无赖楚灵王也有认错的时候。

结果，韩起在郢城受到楚灵王的隆重接待，韩起坦荡真实的为人让楚灵王无比感佩，他才真正感到以前的想法很是可耻。

楚灵王突然心血来潮，他也要反腐了，听到有人揭发大司马尹蒍摆贪污腐败，三下五除二就把他杀了，蒍摆真的贪污腐败了？答案是真实的，不是小贪，而是大贪！楚灵王说得露骨：“有本王在，就容不得有人比本王的财富还多，所以蒍摆该死！”原来他的反贪反腐是为了他能占有更多的财产。

天不怕地不怕，楚灵王真的谁都不怕？其实他怕一个楚人名叫穿封戌。穿封戌作为一个下级军官，竟敢在战场上因和王子围抢俘虏动了手，不是旁边有人拦得快，他一刀还真结果了王子围。

但经过此事后，王子围不但不恼怒穿封戌，还升了他的官，赏了他的封地，就是欣赏他的勇敢和耿直，也畏惧他的一身正气。

王子围当楚王后，又问穿封戌：“你要知道我今天当了国王，你那次还敢杀我吗？”

穿封戌答得十分干脆：“我要知道你有今天，那天拼了老命也会杀掉你！”

“为何？”

“杀了你，楚国才能安定！”

“这么说，我是乱国根苗？”

“你还以为你是好鸟？”

“哈哈哈……你一点没变，本王喜欢！”

谁猖狂，谁灭亡。

为人凶暴不驯的楚灵王已成了别人的猎物，他做梦也没有想到，他所信任倚重的弟弟弃疾，早就对自己的王位垂涎三尺。正心怀鬼胎，暗结勇士，欲取而代已！

猎枪已对准了他，一张巨大的网已向他慢慢收紧。

北面的晋国人虎视眈眈地盯着楚灵王，东面的吴国人摩拳擦掌，随时有来犯的可能！

究竟是谁瞄准了楚灵王？

第十六章　灵王遭黜　平王继位

由于灵王的不得人心，他的三个弟弟子干、子墨、弃疾怀着不同的目的投入到了反叛灵王的行列中。无奈之下，灵王自尽。这时候，工于心计、技高一筹的弃疾又设计让子干、子墨自尽，而后顺利地即位为王，是为楚平王。即位后的楚平王采取了一系列稳定国内民心和修好邻国的政策，迎来了楚国历史上又一段较为平稳的发展时期。

楚灵王穷奢极欲，是立志兴霸、夺取天下的雄心勃勃的君主，为争霸中原，他讨伐吴国；北上攻晋，又举兵灭陈、蔡两国。

就在楚灵王在争霸的路上骄横无忌、为渊驱鱼的时候，不安的情绪已笼罩全国，有许多人把仇恨的目光紧紧地瞄准了他。有楚国忠良和那些被他杀戮的大臣后人。

也有吴王祭，楚国在对吴国的征讨中，吴国失去了重镇朱方，楚人把该城破坏殆尽，变成了一片废墟。这让吴王祭十分恼怒，决心复仇，他明知吴国军力远逊于楚国，而且战法也大大落后于中原诸侯各国，但吴王祭只知野蛮冲锋，不讲阵形和将士互相协同作战的原则，是他和凶悍楚军屡战屡败的主要原因之一。后来，他听从了大臣毛申的建议，把吴军改编成十七个“游击大队”，每队两千人，在吴楚边境让十七个游击大队轮番出击，采取打了就逃的战术，搞得楚国边境不得安宁。

为了对付吴国的“游击军”，楚灵王不得不把一千乘战车部署在吴楚边境，以防吴国的游击军袭扰，但吴国的游击军机动灵活，常打得楚军防不胜防，由于边境线常年战火不断，临近吴楚边界的楚国老百姓，居无定所，流离颠沛，日子过得很苦，故而怨声载道：国人皆把矛头指向楚灵王，怨恨他治边无能。

瞄准楚灵王的还有他的三个兄弟：子干、子墨、弃疾。其中：子干逃到了晋国，子墨逃到了郑国，唯独四弟弃疾受到楚灵王偏爱，被授予大将军兼司马，统领着楚军近半数人马，直接指挥三千乘战车（乘：四马拉一车称一乘），也就是三十万人马。楚灵王在授予三弟军权时，曾征求过大夫申无宇的意见，申无宇劝他不要授兵权给弃疾，因为这样将会对弃疾失去控制。历史经验证明，君王和自己的弟弟反目成仇的事屡见不鲜。但楚灵王不以为然,他认为楚国重兵由自己的弟弟掌握,才是最可靠的事情;况且他从小就喜欢这个弟弟,百般加以呵护,长大后,三弟的聪明、稳健,遇事颇有主见的做派,也深得楚灵王赏识,兄弟俩从小情深,因此,他对弃疾委以重用。

原来胆小怕事的子干、子墨随着楚人和楚灵王裂痕的扩大,也觉得有机可乘,纷纷派得力干员回到郢城,他们不断把楚灵王不得人心的所作所为报告了子干和子墨,于是这两个对王位无所求的王子,也有了非分之想,他们想策动郢城反对灵王的势力,尽速让灵王垮台。而灵王对外穷兵黩武,对国内的反对势力熟视无睹,他完全不相信国内还有人想推翻他。

三弟弃疾开始对灵王是绝对忠诚的,他从小就被二哥宠爱,由他一手提拔,可谓兄弟情深,但人是会变的,尤其是面对权力诱惑时。

起先弃疾除对灵王弑君一事有些微词以外,对他另外的一些专横作法,并无太多反感,但随着灵王对外频繁用兵,对内实施高压,顺我者昌、逆我则亡的霸道做派引起了他的忧虑;一段时间来,他从将军、大臣、百姓嘴里听到对灵王"独裁"、"专横"、"霸道"的诸多反应,因此,他对灵王的忧虑变成了反感。

弃疾是个很爱民爱兵的将军,对灵王不管百姓死活和对士兵常年征战的疾苦不闻不问、一手遮天、一意孤行的作风,也让他越来越不快;为此,弃疾也曾多次向灵王提出过息武、爱兵、护民的建议,但不是被灵王一口回绝,就是束之高阁,置之不理,有时被弃疾说急了,灵王就说他充其量只能当将军,缺少王者气质,是扶不上墙的王子。灵王这样说多了,就造成了物极必反的效果,因此,弃疾也突然有了想当王的念头。要当王,就必须搬掉灵王,特别当他听到子干、子墨二位兄长已经开始行动的时候,他也跃跃欲试了,不过他行事稳健,不到火候是不会动手的,所以他盯着二哥的一举一动。他虽然想当楚王,但当时也没有想到要杀灵王,他只是想有机会逼二哥下台。

郢城内楚灵王的反对派也都盯着灵王。

灵王登位前后,杀了很多大臣,抄了很多大臣的家产:他当令尹时就抄了蔿掔的家产据为己有;当上楚王后,又抢了蔿家的封地,搞得蔿家的后人记恨在心;

当年楚灵王强行迁移许国,却把许国公子押在郢城做人质;

楚灵王找借口杀了越国赴楚使节;

楚灵王索要大臣斗韦龟和儿子蔓成然的封地,让他们的儿子恨得咬牙切齿;

蔡洧是蔡国人,但在楚国和王子围混得很熟,王子围当灵王后,他一直得宠;可是灵王在灭蔡国时,不知为什么把蔡洧的老爹给杀了,据说是为了占有蔡洧老爹的巨产；为父报仇，蔡洧始终没有忘记，别看他表面无动于衷，但心里却恨得流血。

子干、子墨派人到郢城活动的消息，这几家很快得知，他们纷纷找到子干、子墨派来的人，组成了以蔓成然为首的"复仇团"，蔓成然把蒍居（蒍家后人）、许国公子、蔡洧的家丁、族人组织起来，暗地里成立了一支上千人的队伍，等待时机，给楚灵王致命一击。

许国和蔡国老百姓的眼睛也盯着楚灵王，因为他把他们的国家灭了。陈国本来内乱，陈国国君的公子到楚国找楚灵王求救，他却乘人之危，囚禁了陈国君的公子，派弃疾灭了陈国，把陈国变成了楚国的陈县，因此陈国常怀灭国之恨。

蔡国本来是楚国的亲戚国，楚灵公的妹妹许配给了蔡国国君的大儿子，可蔡国君却看上了灵王妹妹的姿色，把他据为已有，而他的儿子居然没有任何反抗的表示，后来蔡国国君病逝，他的大儿子继位，本可和他心上人重续前缘，他却把老国君的太妃（灵王的妹妹）奉为国母，实际打入冷宫守活寡，他的这种无情无义的做法，激起灵王极大愤怒，他派弃疾三下五除二的灭了蔡国，成了楚国的蔡县，为了镇压陈、蔡两国老百姓的反抗，他派弃疾率二千乘战车驻在陈、蔡两国境内。

可以这么说，由于楚灵王的骄横，滥杀无辜，导致国人苦役，民不聊生，又举措暴众，忽视人心的向背，倾全国财力，盲目大兴土木，征战不停。由于长年用兵，搞得楚国的百姓苦不堪言，所以，他在国内外树敌很多，已形成众怒难犯的局面，这时如再有一根导火索，灵王就可能面临着无法控制的形势。

说机会，机会就来了。在局面本来已危机四伏的时候，楚灵王亲率一千乘战军打许国，却遭遇到许国君臣百姓的坚决抵抗，战事进展极不顺利。

正值初春之际，翠树争荣、野花吐艳、景色幽丽。

弃疾无心观赏，带领一千乘战车讨伐许国，在这峰峦拱持、沟壑纵横的险要路途上，一边是断崖峭壁耸入青天，另一边则是可使人马粉身碎骨的万丈深沟，水在远处脚下轰隆流过，弃疾和士卒只好小心翼翼前行。

边境线防吴国袭扰又布置了一千乘战车，这样郢城就兵力空虚了，基本上除了王宫卫队外，就没有楚军正规部队防守，"复仇团"的头子蔓成然看到报仇的机会终于出现了，他决定采取以下行动：

首先，"复仇团"暗聚的一千人马在郢城动手，进攻楚王宫。另外把子干和子墨从晋国、郑国接回郢城，主持朝政；与此同时，他亲去陈蔡游说弃疾共同起事，彻底推翻灵王统治。

蔓成然的行动得以顺利实施。

首先,“复仇团”的人马攻进无兵防守的楚王宫;抓了灵王的太子熊禄和公子熊罢敌,控制了郢城的蔓成然很快接回了子干和子墨。“复仇团”一致推举子干当楚王,子墨当令尹,弃疾为司马。

可弃疾还驻军在陈、蔡,还不知郢城突发的事情,蔓成然快马加鞭赶到陈蔡大将军府,向他如实通报了郢城城内的“政变”。

弃疾原来就和蔓成然有私交,是无所不谈的朋友,他本来就知楚国会因灵王的无德无形而生变,现在见木已成舟,变故已经发生,而且两个哥哥已回国理事,灵王的失势成定局,于是他答应和“复仇团”合作,起兵回郢城,以抵抗灵王从许国的回援,至于是否接受当司马,弃疾没有表态,善于察言观色的蔓成然马上说:“上将军接受司马之职只当是权宜之计,凭上将军的人望、实力,回到郢城天下还不是你的,关键是您要赶快回郢城,以控局面。”

弃疾连连点头,话中有话:“灭了二哥,谁当楚王还不一定哩!”

蔓成然来不及想那么多,随口附和:“那是,那是!”

于是弃疾挥马回朝,很快抵达郢城,立即会见子干、子墨,又召见了“复仇国”成员,为防灵王从许国反扑,他对兵力作了精心布置,杀了太子熊禄和公子熊罢敌。

远在许国的楚灵王听到郢城兵变,犹如晴天霹雳,他不敢相信自己铁腕统治的楚国还有人敢发动兵变,他也不敢相信一向胆小怕事的子干、子墨居然敢公开反对他!

直到此时,楚灵王虽然惊诧,但并不慌乱,他立即从许国撤军,率领一千乘战车杀向郢城,他相信只要自己回了都城,登高一呼,叛臣的叛乱就会灰飞烟灭。这十万人马,不是灵王最精锐的部队,最精锐的部队在打陈、蔡两国。也就是说最精锐的部队在弃疾手里。跟随灵王打许国的这支部队大多是郢城或附近的人,大家听说郢城发生事变,无不心急火燎往家赶,谁不担心家人安危啊!

部队开拔不久,灵王又听说自己最钟爱的弟弟,手握重兵的弃疾也参加了造反的行列,更加百思不得其解,他不相信弃疾会背叛他,这个打击对他是太大了,他知道这个懂打仗的弟弟先他一步回到郢城,必会针对他的反扑作准备,以他目前仅有的一千乘战车去攻打弃疾装备精良又有攻陈灭蔡作战经验的二千乘战车,无疑此战难以取胜,他叫自己的部队放慢了行军速度,心里在暗暗寻找对策,这时的灵王才恍然大悟,自己最疼爱的弟弟弃疾率楚军主力参加了叛乱。他有些头晕目眩,他骄横,但不糊涂,此刻他已十分清醒地认识到,要挽回局势是多么的困难,这个局面已经无法控制了,楚灵王叹了一口气。

是夜乌云盖天,却又密云不雨,最利偷袭。弃疾聚集大批车马步兵,转瞬直迫皇宫而来。

“弃疾大将军也参加郢城暴乱了！”这消息像风一样传遍了灵王营中，士兵们素仰弃疾贤名，更知他作战勇猛，谁也不想和他的部队作战，大家知道，在家门口和弃疾作战，是九死一生，谁不惜命呢，眼看快到家门口了，就要和亲人团聚了，这个时候谁也不想作互相残杀的冤死鬼，那怎么办？那就逃呗，没人鼓动，更无人串联，大家不约而同都选择了一条路：逃跑。

士兵们纷纷离灵王而去，对他是第二个沉重打击，这次打击比弃疾叛乱对他的冲击还要重。自他当楚王以来，他所率领的楚军所向无敌，攻无不克，战无不胜，连同楚国争霸的晋国都不敢与楚军正面交战，什么时候出现过楚军惧战，成批逃亡？看着自己身边浩浩荡荡的十万人马逃得只剩不足两万人，灵王心灰了，心惊了！想起昔日自己是40万楚军的统帅，到如今只剩下区区二万人马跟着自己，这情景真是天壤之别啊！一生从无畏惧的灵王心里也寒了。

这时，灵王派出的探马又报回来惊天噩耗：太子熊禄和公子熊罢敌死于叛军之手！

楚灵王当即昏厥在地，经人抢救才苏醒过来，他泪流满面地说：

“熊禄和熊罢敌何罪？子干他们为何心狠至此！”

爱子的死亡，对楚灵王的打击是致命的，王宫被叛臣占了，爱子被杀了，楚军背叛的背叛，逃跑的逃跑，连亲兄弟们也要他的命了，他是彻底心灰意冷了，他仰天长啸：“老天何故绝我？本王又犯何罪？”

到此时，灵王还不明白他人生犯了一个重大错误：众怒难犯！

他这一生积冤甚多，从弑君到杀臣，树立了过多的仇敌，他四处征讨，闹得国无宁日，百姓怨声载道，老百姓没有得到实惠，自然就要抛弃没给自己实惠的国君。所以在“复仇团”向王宫进攻时，老百姓自发地参与，无形中壮大了“复仇团”的势力。楚军之所以逃离灵王，也是感到常年征战，辛劳不说，家里还衣食无着，生活艰苦，对灵王已心生怨意甚至是恨意；当听到郢城反叛已成气候，楚军自然不会跟着灵王走向绝路，离开这个给自己带来诸多苦难的人，就成了楚军唯一的选择。

灵王这时才知道楚国的大局已无法挽回了，他深切体会到了什么叫“哀莫大于心死！”他觉得自己虽然人还活在世上，但心已死了。他现在是什么都没有了，楚国没有了，儿子没有了，兄弟没有了，楚军和百姓没有了，他真的成了孤家寡人了。

他双目露出了绝望的眸光，脸上没有一点光泽，他一下子衰老了许多，他把剩下的楚军叫到身边，惨然凄苦地说：

“兄弟们，目前的局面不用本王多说，大家也都明白，我感谢诸位跟我至今，不离不弃，但我不愿看到楚军打楚军，不愿看到各位没有死在许国，却死在自家门口，你们都走吧，自谋生路去吧！好歹也留条性命！你们跟着我就只能是一个死字啊！我不忍心看到你们死！”

两万士兵中谁都明白当前形势，跟着灵王绝无前途，而且凶多吉少，谁都心里清楚，郢城反叛者大局已定，大楚帝国的楚灵王时代结束了，所以听灵王这番话后，大家几乎是一哄而散。

灵王于是一下子从天堂掉入地狱，众叛亲离，杀声由两翼传来，一时数万人投入混战，杀得尸横遍野，血流成河。楚军纷纷弃械舍甲而逃，再没有顽抗之力。望着慌不择路的楚军，楚灵王脸色发白，心中怆然；都作鸟兽散了！好！散得好！

有两个上了年纪对灵王忠心耿耿的卫兵却没走，他们一直紧跟灵王身边，寸步不离。

灵王感激涕零，苦笑道：“你俩为什么还不走，本王不怪你俩。”

“大王，你可别往绝路上想啊！”一个卫士含泪哽咽。

另一个卫说：“我服侍大王惯了，舍不得离开！”

“你们说，本王现在该往那儿走？”灵王一震，神色一黯道。

“你往哪儿走，我们都跟着你。”卫兵说。

“那好，我们朝着这条河走，走到哪算哪！”

三人徒步而行，没有粮食，没有饮水，饥渴难耐，幸好小河边有条小舟，舟上有个年轻人向他们招手，于是灵王三人向他走去。

青年人说：“你是大王吧？”他的话里没有敌意。

灵王问：“年轻人你是谁？”

“我是申无宇的儿子申亥。”

“申无宇是个好人啊！他对我敢直言，本王悔不听他的忠告，才落得了今天这众叛亲离的下场。”

“大王对我父的恩德小民一直铭记在心，父亲临终前叫我一定报答大王！”

“本王现在已不要报答了！”灵王长叹一声：“本王此刻与你这小民何异？”

灵王最终还是随申亥到了他的家，申亥把家里好东西都拿出来招待灵王。

“申亥，本王什么都不需要了……”灵王长声叹息。“你知道本王现在最伤心是什么？”

“大王的三个弟弟联合反你？”

灵王摇摇头：“只是让我伤感失望。”

“失去了郢城，失去了楚国？”

“也只能让我遗憾。”

“未必是大王失去了爱子？”

灵王这才点头：“失去了掌上明珠，你说本王活得还有什么意思？”

申亥一听话音不对，忙劝：“大王，人死不能复生，您要想开点才好！”

灵王悲泪滚滚，不吃不喝，只是发呆。

第二天，申亥发现灵王已上吊而亡，他用银两打发了那两个卫士，自己找了风水好的地方埋葬了灵王，痛哭失声。

两个卫士均深觉荣耀和感动。辗转回到郢城，其中一位曾是弃疾的部下，当过他的卫士，于是他在司马府找到弃疾，转告他灵王已亡的消息。

弃疾大喜，他从中得到启发，灵机一动。此时因灵王去向不明，都城人心不稳。不如利用这个动荡时机，置老三、老四于死地。弃疾欢天喜地，急道：“你亲眼所见？”

“我当时就在他身边，还是申无宇大夫的儿子申亥收的尸。”

“你这事一定要保密，我给你银两远离郢城，再不要回来，免得杀身之祸！”

卫士不解：“大将军，这是何故？”

“你就别问了，你在灵王身旁，看他自尽而不救，不等于犯了弑君之罪？快点悄悄走！”

卫士这才听明白，拿着银子离开了司马府。

卫士前脚走，弃疾后脚叫来了蔓成然，把卫士讲的话告诉了他。

蔓成然问：“大将军，您准备怎么办？”蔓成然这人很灵光，他知道弃疾把灵王死讯告诉他。心里肯定有自己的算盘。弃疾为了上位已经耍了很多把戏。他比灵王聪明。他能保持清晰的头脑，装扮成良好的形象，他既不能容忍骄横跋扈的权臣，也不能容忍才高望重的贤臣，他现在觉得老三、老四两弟弟对他也是一个潜在的威胁。一旦出现了，就必欲除之而后快。为了登基，弃疾举起了屠刀。

权利之争往往比战争更残酷。

“你应该知道怎么对付子干、子墨这两个叛臣！”此时，弃疾要逼亲兄弟自杀了，于是，他故意这样说。变口之快让蔓成然惊讶，蔓成然迷瞪瞪看着他：“子干不是楚王么，怎么成了乱臣？”

弃疾声色俱厉：“大王没死，正率重兵反扑回来，已快到郢城了！”

“大将军让我去向子干报讯？”蔓成然一怔，随即马上领悟过来。

“你很聪明，这是我最欣赏你的！”

“大将军，我知道该怎么做了！”蔓成然果然是一点就通。

蔓成然从弃疾那里出来，就一直揣摸他的真正意图，不用说，楚灵王是真的死了，可他为什么还说灵王快反攻到了郢城呢，这不是逼子干、子墨赶快自杀吗？

蔓成然就知道自己该怎么做了，为了把事情做得逼真，他找到蔡国公子蔡朝吴，两人通气商量后一拍即合；因为他俩实在觉得子干或子墨不配当楚国之君，楚国新国王非弃疾莫属，无论是自身实力，个人素质，在楚国老百姓中的威信，子干和子墨都无法与弃疾相比，在弃疾已暗示的情况下，这个促使子干、子墨放弃王位和令尹职位的责任责无旁贷地落到了他俩身上。于是，蔓成然奉弃疾之命进宫，他俩当晚就去王宫见了子干和子墨，故作惊慌地对老三、老四说：灵王回来了，国人要来杀二位了。

子干和子墨见了他俩就像见到了救星。原来自子干和子墨听到二哥从许国杀回郢城消息后就惶惶不可终日，本来胆小怕事的兄弟俩是在"复仇团"怂恿之下才起来造反的，现在听到蔓成然说灵王回来了。他俩就慌了神，就在他俩六神无主的时候，那些平日十分活跃的"复仇团"成员一下都不见踪影，派人去司马府去请弃疾，也见不到大将军人影，大将军府的人只说大将军去调动人马对付灵王反扑了。蔓成然刚说完，又有人受弃疾指使跑进宫来告诉兄弟俩说：外面大队人马就要冲进来了！这下让这两兄弟更加感到心中没底了，都为自己的退路着急，在这种焦虑万分的时候，兄弟俩看到"复仇团"的成员又出现了，就好似找到了主心骨，子干抓住蔓成然的手急切地问：

"灵王反攻的部队已到了哪？"

蔓成然低着头说："快到郢城了。"

蔡朝吴赶紧补充，而且神色慌张："明早就兵临城下了……"

"现在大将军在哪里？"子黑急着问。

"昨天去迎战了……"蔓成然哭丧着脸说。

"战况如何？"子干从蔓成然的声调中已感到战况不妙。

蔓成然默不作声，子墨急了，催着说："你倒是说话呀！"

蔡朝吴抢着说："败了……"一脸苦楚的样子。

"大将军现在哪里？"子干已浑身发抖，问的口气更急。

蔡朝吴、蔓成然突然失声痛哭："大将军已自尽了，临终前，他叫我转告楚王和令尹，叫你们快逃！"

子黑冲他歇斯底里："大将军为什么要自尽？为什么丢下我们不管？"

朝吴也流着泪说："大将军说，灵王反攻回来肯定饶不了他，与其让灵王斩首还不如自尽有人格！"

蔓成然说："作为臣子反对灵王，是为不忠；作为儿子把父王的两个孙子杀了是为不孝,不忠不孝之人活上世上有愧。”

子干这时对局势完全绝望了,他拉着蔓成然问:“你们准备怎么办?”

“还能怎么办?步大将军后尘呗!”蔓成然又哭了。

“自尽?”子墨失神倒在地上。

“这大概是目前最明智的选择,灵王杀回郢城,我俩总是一死,要不是为了完成大将军的遗嘱,我俩现在已是亡魂了……”

见子干、子墨魂飞魄散的绝望神情,蔓成然知道自己和蔡朝吴逼真的表演已经摧垮了他俩生存下去的勇气,接下来,他俩采取的行动就是弃疾想要达到的目的和结果。

见子干和子墨跌坐地上,蔓成然煞有介事地说:“我和蔡朝吴公子回府去办后事了,大王和令尹好自为之吧!”

说完,他俩告辞出来,刚走出王宫,蔓成然就笑着说:“蔡朝吴公子,你太有表演天才了!”

蔡朝吴也笑道:“和你相比,我是小巫见大巫啊!走吧?”

“上哪?”

“回去向大将军汇报吧。”

“我不走,等着收尸!”

“收谁的尸?”

“明知故问!子干和子墨呗!”

“你就这么有把握?”

“连大将军都自尽了,他俩哪有活下去的勇气!”

蔓成然的判断极为准确,他俩离开王宫后,兄弟两个抱头痛哭一场,两人以为已到穷途末路,先后在王宫上吊自杀了。不久,王宫里就传出了太监们的哭声,一直等在外面的蔓成然和蔡朝吴才回去向弃疾汇报。

弃疾听到两位哥哥自尽身亡,他叹息一声:“怪只怪这该死的王权!这都是王权引起的骨肉相残!”

蔓成然说:“事已至此,大将军也不必伤感。”

蔡朝吴满脸喜色地说:“大将军准备登基吧!”

“不!登基还差一具尸体!”

“谁的?”蔓成然有点搞迷糊了。

朝吴这次比蔓成然的脑筋转得快半拍:“是灵王!”

弃疾点头,蔓成然马上说:“大将军,不,大王,明早河上一定会出现灵王的尸体,一具着王服的灵王尸体!”

“你很聪明，你俩都是有功之臣，事成之后，本将军，不，本大王封蔓成然为令尹，蔡朝吴蔡国执政！本王马上让蔡国、陈国复国！”

“大王，我不想当蔡国执政！”蔡朝吴连连摇头。

“为何？”弃疾不解。

“我不想重复在楚国的兄弟相残，因为我也有四个兄弟啊！”

“那就当蔡国的督察，替本王监督复国后的蔡国动向。”

“这个督察，微臣愿意当！”朝吴笑了。他要权，而且还要这个权力不冒生命风险。

蔓成然办事效率真高，第二天郢城外的护城河里就飘起“灵王”尸体，郢城内的大臣和百姓都去围观，消息惊动了弃疾，让他大发悲声，下令厚葬灵王，百官一致推举弃疾即位，这就是楚平王。

返回王宫路上，人民夹道欢呼喝彩，鸣放鞭炮烟花，家家户户张灯结彩，气氛炽烈，沸腾着楚人对新王的感激和期望。

楚平王逼死他的两个哥哥，自己做了楚王。手足相残，原来这个王位是楚平王杀掉三个哥哥换来的。杀了自己的兄弟而上位，又怕国人以及诸侯背叛自己，所以一上台就修整朝纲，施惠百姓，并把自己的领地陈、蔡归还，同时，也施行了一些革弊兴国的政策。

第一，他撤军复国。他果不失言，让陈国和蔡国国君的后代回国当了国君，让陈、蔡复国。

第二，他迎回灵王尸骸，举行了国葬，还重赏了申亥，并把灵王的灵位供奉于楚太庙。

第三，他实行楚王大赦，凡楚牢里不是判死刑的罪犯，一律释放；同时减轻百姓税负，让一半楚军复员回家生产。

第四，着他向中原诸侯国明确表示，楚国退出晋楚争霸，五年内绝不由楚引起战争。

他还主动派出令尹到吴国示好，表示楚吴以后决不开战。

后来，吴国人违犯承诺占领了楚国的州来，令尹蔓成然要求反击，但没被平王批准。他说：这些年楚国战争不断，百姓都厌倦了战争，希望休养生息。现在州来在吴国人手里，就算暂时借给他们吧！平王不对外用兵的策略，受到了百姓们的热烈拥护。

楚平王在楚王中不是一个有作为的大王，甚至是引起楚国急速衰亡的一代楚王，但在他刚登基的时候，有些优点还是比较突出的。

他是有恩必报的人。凡在他登基时出过力、立过功的人，他都给以重赏，像蔓成然就当了楚国令尹，权倾朝野。

他是个重感情的人，当他迎回灵王灵柩时，楚平王以国王的规格隆重厚葬灵王，不怕百姓指责郢城外护城河飘浮的尸体是个骗局。

他是个言必信、行必果的人，他说到做到，不但让陈、蔡复国，还把以前占领的郑国土地归还郑国；他说五年内楚国不发动战争，结果，一向以打仗为乐事的楚国五年内没出兵，别人打到头上来了，他也不还手，他也能忍耐。

他是个识才，用才的人。他欣赏子革的才干，把子革派到西部当行政长官。子革在西部赈济穷人，减免百姓税负，选拔贤能，与西部的邻国和平相处，于是楚国的西部和西部边境同时平稳下来；子革杰出的成绩和成功的管理经验，平王让在全国推广，于是，东部也较快的平定下来。

第十七章　重用奸佞　忠良罹祸

楚国太子熊健成年之际，平王聘伍奢为太子师、费无忌为少师。费无忌为人奸诈、嫉贤妒能，他巧施计策，将从秦国迎归的太子妃献给了平王，反诬忍气吞声的太子和太子师蓄意谋反，结果，伍奢和儿子伍尚蒙冤而死。

一切都从一个女人开始，或者说，一切皆从一场迎亲开始。更糟的是，迎亲的大臣费无忌是个居心叵测的小人。

楚平王登基五年来，实行了亲邻、亲民、富民、不争霸的政策，让楚国得以休养生息；医治常年征战的创伤，使楚国又较快地恢复了往日的活力。

当时，太子熊健已十五岁，楚平王考虑要为他配老师了，在平王考虑的人选中只有两人比较合适，那就是伍奢和费无忌；但究竟选谁，平王一时难下决心：

伍奢是楚灵王重臣伍参的孙子，是楚国朝野公认的“博学人士”，可平王觉得伍家和自己不亲，在自己登基时也没发挥什么作用；而费无忌却和平王及太子亲近多了。平王他当上将军统治蔡国时，费无忌就一直在他鞍前马后服务，尽心尽力照顾太子，唯一不足的是费无忌的学识远不及伍奢。主意难定的楚平王从蔡国叫回蔡朝吴，他俩私交甚厚，因此，在选定太子老师的问题上，平王想听听这个好友的意见。蔡朝吴很清楚费无忌的为人——那是京城的噩梦啊。听了平王对伍奢和费无忌的看法，眉头一皱：“太子健的老师若是伍奢，那是兴楚；若用费无忌，那将是误楚。”

“蔡公子何出此言？”

“伍家是楚国的世代忠良，秉性耿直，尽心报国，祖孙三代辅保楚王，由伍家的人培养太子，太子必定会是人正品好，有望成为一代贤君。”

“可费无忌在蔡时照顾太子无微不至，他俩情同父子，蔡公子为何不看好他？”平王不解地看着他。

“在蔡时费无忌与我并无成见，但微臣不得不直言，我总觉得他虽有学问，但为人阴险，不实，心胸狭窄小气，爱记仇，报复心强，对上曲意逢迎，对下冷若冰霜，此人若当太子师，太子将会品行不端，太子的品德若出现问题，那岂不是误了楚国？”

“蔡公子对费无忌怎么会有这样的看法？”

“上将军在蔡国多少年，费无忌就跟随将军多少年，也就和我共事了多少年。大王总说微臣看人看事敏锐，这么多年，我还会看不出费无忌是什么人？太子都长大了，他还心甘情愿地让太子拿他当马骑，这种刻意讨好太子的做法，我看了既不舒服，也不踏实，大王，我觉得为了楚国，应远离费无忌为好！”蔡朝吴认真地劝阻。

楚平王沉默了，他知道蔡朝吴吐的是肺腑之言，他不能不予以重视，他采纳了一半蔡朝吴的意见，让伍奢当太子健的老师，但他并没有全听蔡朝吴的意见，平王是个知恩报德的人，他觉得费无忌竭心尽力地服侍了他们俩父子十几年，不给费无忌一定封赏，觉得对不起他，于是平王来了个折中，让费无忌当了太子健的少师，照顾太子的起居。

平王哪里会想到，就是这个折中的办法，引起了层出不穷的矛盾，差点让偌大的楚国毁灭。平王若一直不任命费无忌也许还不会出事，可一旦把他任命为伍奢的助手，只管照顾太子的生活，就引起费无忌心中老大不快了，蔡朝吴知道费无忌是个心肠狭窄，易记仇的人，当他听到平王任命费无忌为少师，位居伍奢之下，就知道麻烦来了，于是蔡朝吴在回蔡国前找到伍奢，叫他提防费无忌。老伍奢坦然一笑：

“我与费无忌平生无隙，冤仇皆无，他没有理由害老夫！”

可不幸的是，费无忌以后的作为真的被蔡朝吴言中，他首先把自己只能当太子少师的原因全部归罪于伍奢，他狭隘地想；就是由于伍奢的存在，才决定了自己只能当配角的命运。费无忌更怀疑是伍奢在楚平王面前说了他的坏话，平王才把他降为配角的，就凭他在蔡时和太子健的亲密关系，平王也应该委任他为太子的老师，费无忌素知伍家口才出众，他因此断定肯定是伍奢在平王身边吹了什么风，才让平王改变主意的，因此他主观地把这笔账记到了伍奢头上，决心要对伍奢报复。蔡朝吴观察费无忌的为人很准，他就是个爱记仇的小人，一旦谁有意或无意地得罪了他，他就决不会放过这个人。

俗话说，不怕贼偷，就怕贼惦记。伍奢被费无忌这个贼“惦记”，以后还会有好日子过吗？蔡朝吴在蔡国为伍奢暗自担心。

费无忌不但看伍奢不顺眼，后来看到太子健，心里也泛酸水。原来太子熊健师从伍奢不久便冷落了费无忌，他因此断定是伍奢挑拨离间，在太子面前说了自己的坏话，才使太子疏远了自己；他又把这笔账记到了伍奢头上，他记恨太子健薄情忘义，这么快就变了脸，他也决定对这个忘恩负义之人予以反击！

费无忌是个心思歹毒的人，也是个行事周密的人，他知道要扳倒伍奢，必须首先让太子失宠，而让太子失宠就必先挑起平王和太子的矛盾，而要让他俩不和虽有很多办法，最好的工具，还是女人。这世上为了女人而反目的男人多着呢。

费无忌熟读晋国历史，深知晋献公与儿子申生争夺老婆的故事。费先生搞了多年的教育理论研究，别的没研究通，把握人性的弱点却是专家中的专家。他决定让晋国的故事在楚国重演，从而来实现他的连环阴谋。

如果说费无忌对上阿谀奉承有一套，那他害人更有一套，他可以让人不知不觉就掉进了他预设的陷阱，还觉得他是个设身处地为自己着想的大好人。历史上有名的奸臣都有这个本事，否则他们也不能成其为大奸臣。

太子健十六岁，费无忌觉得自己的计划可以实施了，于是，他利用自己能经常接近平王的机会，主动为太子健提亲，平王见费无忌这样关心儿子的婚事，心中十分感激，便问："不知少师为太子提亲的是何家千金？"

"为楚国太子提亲，当然要门当户对，微臣听说秦侯的女儿美貌绝伦，故想去提亲，若是晚了，秦侯就把公主许配别人家了！"

"让你费心了，本王就让你去一趟秦国，当面向秦哀公提亲！"

费无忌临去秦国前去了太子府，向他讲明自己去秦国为他提亲的事，太子健听费无忌说秦国公主漂亮，他马上为之高兴地说：

"还是少师关心学生！若婚事谈定，本宫定赏少师！"

"谁叫我俩情同父子呢？太子说赏微臣，不是见外了！"

"那我就先谢少师了！"

太子健送走了费无忌后，马上找来老师伍奢，自伍奢当了太子健老师后，他渊博的知识、优秀的人品给了太子极大感染，让他觉得只有跟这样的人学习，才能够当一个合格的储君。反观费无忌的为人，虽也觉得他对自己俯首帖耳，但对自己学识的长进并无多大益处，所以他就慢慢疏远了费无忌，没想到由此埋下了祸根。

他见了伍奢后，便把费无忌去秦国为自己提亲的事告诉了老师，伍奢也没觉得费无忌的做法有什么不妥，反而觉得太子健到了婚配的年龄，如果能找一个美貌公主当然是好事，他心里还真点感激费无忌这个"少师"，本由他这个老师关心的事，费无忌却先想到了，伍奢有些自愧不如。他哪里会想到，一个巨大的阴谋已向他和太子健扑来。

费无忌到了秦国，向秦哀公说明来意，秦哀公喜之不禁。当时楚国比秦国强盛，楚王亲自派人来向哀公求亲，这是给哀公多大的面子啊，哀公受宠若惊，他马上把自己最漂亮的公主叫出来，让费无忌过目，和齐国一样，秦国也出美女，他一看就惊呆了，这种能引人发狂的超级大美女，正是费无忌梦寐以求的最佳人选。

他阅人无数，见过漂亮的女人，但绝没见过如此漂亮得像仙女一般的女人，他觉得自己的计划会更顺利地实施了，哀公见费无忌见了女儿十分满意，当即决定让女儿随费无忌一起去楚国，以表明自己对这门婚事的诚意。

费无忌带着秦公主离开秦国前，派快马给平王和太子健分别报了喜讯才动身，所以，在他们一行还未到楚国前，太子府已张灯结彩，一片喜庆，准备迎亲。

费无忌一行回到郢城，他叫秦国送亲队伍及自己随从人员在都城外停下，第一件事就是进宫见平王。

平王见他回来，心里都是喜："公主接回来了？"

"接回来了。"费无忌并无热情。

"那就快送往东宫呀！"

"微臣不能送！"

"这是为什么？"

"这个公主的美丽世上无双，胜过褒姒，赛过嫦娥，堪比天仙，我想让大王先见一见！"费无忌知道平王喜美女、好色的特点。他的话果然引起平王极大兴趣：

"那还不快请来与本王相见。"平王心向往之。

不久，平王就见到了即将成为儿媳的秦国公主，异域秦川养育的这个公主，让平王看呆了，他竟脱口而出："健儿好艳福啊！"

"大王，这艳福本来是大王的呀！"费无忌开始实施复仇计划的第一步。只要楚平王被引得发狂了，他的计划就算完成了一半。

"这是为何？"

"大王贵为一国之主，楚国最好的东西都应该是大王最先享受，何况大王终日为国操劳，身边极须体贴的人来服侍，此公主姿色、人品楚国无有，大王何不把她留在身边？微臣替大王着想，故没把公主送往东宫。"

楚平王开始心里有些犹豫；这不太好啊，寡人是个正人君子来的，怎么能如此违背人伦呢？那健儿那边怎么办？费无忌看穿了他的心思："太子年少，以后日子还长，找妃子的机会多的是，微臣以后留心找就是，可大王正值盛年是正需要上佳王妃的时候，错过了这个机会，以后上哪去找这样的美的女人！"

这几句话平王很受用，许久，楚平王才回过神来，问："就把公主留下？"

"应该留给大王。"

"可健儿那边？"

“由微臣去太子那边劝说，保证一切顺利。”

当晚，平王把秦公主留在了楚王宫，儿媳变成了楚王妃。

楚平王已经上钩，剩下的事就好办了。

正在东宫太子府准备迎亲的太子健，看见费无忌只身一人急匆匆而来，便抓住他问：“秦公主呢？我的太子妃呢？”

“留在楚王宫了，秦公主被大王留下了！”

“留下干什么？你为什么不把公主送往东宫？”

“大王要见未来儿媳，微臣不敢不送，哪知道大王他也爱上了秦公主……啊……”

太子虽然孝顺，却怎么也不能理解父亲如此荒诞无稽的行径，一下像打蔫了的茄子，瘫坐在地上，口里不住喃喃：“怎么会这样？父王他怎么会这样？”

“太子，君命不可违，父命不可抗，好在太子年少，微臣再为太子找太子妃，太子不愁没美人！”

“可我这心里不是滋味……”自已的女人却被父亲半路给截了下来，漂亮老婆给老爹霸占了，太子欲哭无泪。

“这滋味谁都难受，但太子把秦国公主让给了大王，是尽了孝心，只要让大王高兴，就是尽了儿子、人臣的本分，也可算是一件好事，妙事！”

“少师……你别来安慰本宫……”

“太子，微臣这件事没办好，愧对太子……”费无忌假惺惺抹眼泪。

“这不怪你，你也是君命不可违呀！”

“就是！就是！太子能理解微臣难处，我这心里不知有多感激！”

“我心里这口气……”

“为了大王的脸面和威信，太子就忍了这口气。”

“为父之子，不忍又能怎样？”

“是呀！是呀！这微臣就放心了。”

太子健送走费无忌后，立即去见老师伍奢，他满脸是泪地把费无忌的事都告诉了老师，伍奢惊愕得半晌无语，有顷才说：

“楚国之不幸也，父占子妻，天怨人怒！”

“老师，你说我该怎么办？”

“木已成舟，你又能怎么办！”老伍奢长叹一口气。

伍奢似乎觉得这件事的背后有一只黑手在操纵，他猜测这只黑手就是费无忌，从费无忌主动为太子提亲，又主动为太子去秦国迎亲，这一系列的行为都有些反常，迎亲一事竟出现了这样令人意想不到的结果，这其中绝非偶然。由于伍奢对费无忌的人品也是早有看法，故他和费无忌虽同朝微臣，但却与费无忌很少交往。现在虽同为太子师，但伍奢却仍对他很不屑，自太子拜伍奢为师后，他似乎从费无忌莫名其妙的冷笑中看到了他对自己的不满。但这位忠厚的老师决然想不到，费无忌对他已心怀报复之心，立志要扳倒他；如今宫廷突发的太子婚变，不得不让伍奢多了几个心眼。

现在楚宫平王父子之间发生的事与晋献公父子间发生的事何其相似，深懂晋国历史的伍奢不能不想到这一点，而晋献公父抢子媳引发的大乱，险些酿成晋国大祸，想到这一点，伍奢不禁毛骨悚然；楚国未必重蹈晋国覆辙？如果真是这样，费无忌的目的不是昭然若揭了吗？挑拨平王父子关系，费无忌的真正目的就显而易见了，让太子对平王心生怨气，让平王对儿子产生不信任，甚至讨厌，直到最后废立太子，废立了太子，那他这个太子师也就没有需要的理由了，也没有存在的理由了。伍奢越想越恨。准备第二天上朝参费无忌一本，劝平王识破费无忌的阴谋，最好远离这种心怀叵测的人。

第二天早朝，伍奢怀揣奏章，等平王上朝，可左等右等不见平王出来，最后只见当值太监出来向百官叫道："大王新婚之喜，三日内免去早朝，大王口谕：任命费无忌为太师。"

太监的话在百官中炸开了锅，大王结婚的消息为什么事先一点也没有透露？费无忌又有什么功劳被任命为当朝太师，一人之下，万人之上？连令尹也奈何他不得？伍奢听了太监宣读的任命，更加坚信了自己的判断，太子婚变是费无忌搞的鬼，看见费无忌在百官中洋洋自得的神态，伍奢气愤地朝费无忌瞪了一眼，有意让费无忌听到："楚国从此无宁日也！"

伍奢明白，自己再怎么奏本参费无忌，平王也是不会听他的了，就凭平王任命费无忌为太师，就证明了他现在在平王心中的地位，既然明知扳不倒费无忌，还不如早早隐退，眼不见心不烦！

于是三天之后，伍奢以身体不好为由，向平王请假，告老还乡。平王原以为作为太子师的伍奢听到父占子媳后，一定会为太子仗义执言，上朝奏本批评他的行径，没想伍奢却一声不吭，反倒告老还乡，这让平王求之不得，马上批准。

费无忌大喜，嘿嘿，老家伙，叫你以前跟我作对，这次我就彻底扳倒你！伍奢回家之前，弦外有音地对太子健说："为师离开太子后，太子要好自为之，为师建议太子最好远离都城，离开这是非之地！"

"可没有父王同意，我哪也去不了呀！"其实此时太子健肚子正一肚子的火，自进宫参拜父王见到王妃后，他才看到自己原来的太子妃竟是如此的天姿国色、倾城倾国！而就要到手的女人却被父王活生生抢走了，就是再有忍性的儿子也会爆发。太子健虽不敢在父亲面前发火，但在接触中感情的失落表现明显，见到太子态度冷淡，寡言少语，一副心事沉沉的样子，本来就心虚的平王，就知是自己抢了他的妻子所致，所以不得不时时提防着太子健的反抗动作。这样父子间的隔膜就产生了，互相不满和猜忌在两人心间悄悄地滋生着。

要打击政敌，最好的办法就是诬陷他谋反。中国的皇帝或者国君们最害怕的就是手下人造反，所以不管是不是真的，都要抓起来杀了再说。费无忌深谙此理，他要借刀杀人。一看火候到了，费无忌主动找到平王说："大王自成婚后，太子闷闷不乐，不时和一些对大王心怀不满的人混成一起！"

"真有此事？"

"微臣的眼线源源不断报上来的讯息，都证明太子身边正在形成一个太子党，大王不得不防！"不彻底将太子建置于死地，费无忌就一天不能安心。

"太师告诉本王如何防太子生变？"楚平王听了费无忌的这番话，抱住脑袋抓着头发心中就纠结起来了。

"太子要发动事变，必在郢城，可将太子调离郢城，派往他任。"

"你这倒是个好主意，可把太子派往何处呢？"平王一时没有定见。

"边境小城城父正需扩建，以防外族入侵，可派太子去督促扩城。"

"把太子派往城父去督办扩城，也好考察他的办事能力，同时可以看看他有没有二心。再说太子镇守北方，本王坐镇南方，楚国无忧也！"

当即平王下令，太子健为城父扩城督办，即日出发。突然接到父王调令，太子健不知是费无忌之计，还以为是父王让他独当一面，于是高高兴兴去郢城乡下告别老师伍奢。

太子健被发配边疆。可怜呀，漂亮老婆给老爹霸占了，还被发配边疆，爱情事业两失意。伍奢虽然告老还乡，但朝中发生的事他依然十分了解，他明知太子去城父是费无忌排挤太子势力的毒计，只不过借平王之口讲出，可他又不能给太子明说，搞不好还会授人以柄，说他挑拨平王父子关系。太子临行，他说："太子，到了城父，只扩兵，而不用兵权，只交城父之友，不交外邦之人。"

太子健不懂："老师，为什么要这样做？"

"免得惹祸上身。"伍奢把今后可能要发生的事都估计到了，只是没有想到费无忌的阴谋已向他步步逼近。

太子去了城父半年，工作干得有声有色，城父由一座小城扩成相当规模的大城，城内人口大增，可他没有听从伍奢的忠告，一是大力扩军，他本意是城父扩大，守军必须加强，否则，城父就兵力空虚。按理说，他的这个做法没错，还有理，可消息传到费无忌那里，就给了他搬弄是非的口实。他马上去见平王，颇有些神秘地说：

“大王，太子在城父扩充兵马，日夜操练，另外他与晋齐鲁宋多个诸侯的使节交往频繁，据微臣在城父的眼线报告，太子已和这些外国使节制定了叛乱计划，另立朝廷，和大王分庭抗礼！”

平王大吃一惊：“太子怎么能这样？他为什么要分裂楚国？”

多少个夜晚，楚平王被可怕的噩梦惊醒，他梦见几个哥哥拎着自己的头颅站在他的面前，眼前到处都是血——墙上、地上、衣服上、脸上、手上，怎么擦也擦不干净！所以，当费无忌跟楚平王说自己的儿子想另立朝廷造反的时候，他一下子吓蒙了，也信了！

“还不是为报大王的夺妻之恨吗？”费无忌说到了平王的痛处，他的阴风煽到了点子上。楚平王不知道自己儿子要造反这件事是不是真的，但他知道，在楚国，父子相残从来就不是一件新鲜事，从前楚太子商臣就残忍地杀死了其父楚成王，自己做了楚国的国君楚穆王。如今这个可怕的命运又要降临到他的头上了。

报应，难道这就是报应？平王惊出一身冷汗。

“太师说得是，他肯定是记恨本王夺了他的太子妃，利用到城父的机会聚兵起事。”平王很轻易地就随着费无忌的思路走。有短处被别人抓住的人，最怕别人揭短。别人揭了短，他会极容易就范。

“太子在城父起事，必会通知乡下的伍奢呼应，大王不得不防！”费无忌适时地又甩出了伍奢。

“伍奢也是太子同党？”平王更是惊讶。

“他们早就是同党了！大王新婚不上朝期间，伍奢就在百官中散布：父占子媳，楚国之不幸。”

“他真这么讲过？”

“我真该把此事早报告给大王，又怕有人说我在大王面前进谗言。”

“太子和伍奢联系，伍奢在乡下一定有动静，我们不如先从嘴里探探口风？”

“大王明鉴！”费无忌见平王步步中套，心中暗自得意。

平王派到乡下去向伍奢探口风的人不久回来向平王报告。

平王一见派去乡下的人，迫不及待地问：“你见了伍奢他怎么说？”

“微臣告诉他太子在城父似有不轨之举，他作为太子师应规劝太子行为规矩。”

平王急急问：“伍奢怎么说。”

“伍奢说大王占了儿媳已是大错，太子心中有些怨气很正常，大王不要听信别人谗言，迁疑于太子！太子从小为人忠厚，对大王绝无二心！”

费无忌抢着说：“大王，伍奢这是此地无银三百两，太子有怨气，还很正常？什么意思，他这不是明说大王是无道之君么？他俩暗中已联系过，不打自招了。”

平王听到伍奢说他父占子媳后，脑子已经全乱了，脸上滚满了乌云。这时，费无忌说什么他信什么。

“大王，为了王妃的事，太子师徒记恨大王，并把心中的记恨付诸城父反抗的行动，大王，不能迟疑犹豫了，该提前动手了！”

“你说，本王该怎么办？”

“先抓伍奢，断了太子在郢城的内应。”

“有理。”

“大王再大义灭亲！”费无忌有意把话刹住。

“灭了太子？”

“这样才能杜绝后患，才能保大王江山永固，才能让大王和王妃恩爱百年！”三句话句句说到要害，句句说到平王最担心的地方。

无毒不丈夫，斩草除根吧！事到如今，楚平王只能抢先对自己的儿子下手了。同时命令王宫卫队长奋扬去城父捕杀太子建，以绝后患。

“宣奋扬！”平王咬牙切齿地说：“太子不仁，别怪父王不义！”从此，父子恩断义绝。

奋扬是王宫卫队长，也是武功高手，派他去城父刺杀太子，太子必死无疑，平王就是这么想的。

奋扬离开郢城前，让快马去城父向太子健通报消息，让他赶快逃跑。奋扬为什么敢违抗军令？因为他根本就不相信太子会造反，大王肯定是听信谗言才冲动决定刺杀太子的，等大王冷静下来必会后悔，一定会迁怒于动手刺杀太子的自己，说不定叫自己以命偿命也未可知。因此，他必须首先保住太子，自己才没有后患。他始终记得其妻讲过的话：“王宫内王亲国戚的事谁也说不清楚，大王你不能得罪，得罪了大王，你现在的日子不好过，太子你不能得罪，得罪了太子，你以后的日子不好过。”对于现在得罪大王，他有办法开脱，如果得罪了太子，他今后的前程就毁了，他心里明白，太子当了大王，第一个就会拿他开刀。

太子健听到奋扬的来人说很快有人要来城父杀他，吓得他连夜收拾行装离开城父逃往宋国，奋扬自然是空手而归，这让费无忌大为恼火，他对平王说：“杀太子只有大王、微臣及奋扬三人知道，如今太子闻讯逃跑，肯定是奋扬为太子通风报信！”

平王厉声问奋扬:“是你给太子通气？”

“明人不做暗事,大丈夫敢作敢为！”

平王大喝:“你不怕本王斩你？”

“不怕！”

“为何？”

“因为末将忠实执行了大王的命令。”

“这话怎讲？”

“大王叫我辅佐太子时,命令末将要像保护大王一样保护太子,现在大王又命令我刺杀太子,面对这两个极为矛盾的命令,末将都得执行,我首先执行大王的第一个命令,保护太子;现在有人刺杀太子,我必须提醒他防备,接着我执行大王的第二道命令,刺杀太子,可太子已逃往宋国,末将追之不及！”

费无忌气急败坏地说:“你这是狡辩！”

平王气倒消了,起了恻隐之心,叹了一口气:“奋扬说的是实情,本王的两个命令你都执行了。太子逃了,本王不怪你,你下去吧！”

奋扬幸运地逃脱了死罪,可伍奢就没有这样幸运了,他被费无忌抓进大狱。对于身系牢笼,伍奢早有心理准备,自在乡下听家人告之城父的太子招兵买马扩充守城兵力和太子与外邦广泛交友的消息后,他就知道自己迟早必大祸临头。太子不听自己劝告，招兵扩军及与外邦来往必会给费无忌抓住把柄，加害太子,正好抓到口实。他真气太子不按自己的嘱咐行事,反而哪壶不开提哪壶,轻易地给费无忌找到除掉太子的机会;而太子犯事,身为太子师的伍奢必然逃脱不了干系。如果费无忌把太子扩军和外帮勾连说成是意欲谋反,平王肯定会相信,谋反的罪名,当然问斩,太子首当其冲,他太子师也不会幸免,好在让伍奢有些宽慰的是自己的儿子伍尚和伍员(就是大名鼎鼎的伍子胥)在许国当楚国特使,不在郢城,费无忌别想一网打尽。

可是伍奢低估了费无忌,他不但要杀伍奢,而且还要杀他的两个儿子,他要斩草除根,让伍家灭门灭后。他既然这么想了,就会这么做！可伍尚、伍员在许国,他不能派人去抓啊,但费无忌早想好了对策,他对平王说:

“伍奢有两个能文能武的儿子伍尚和伍员,特别是伍员伍子胥,武艺出众,身壮力强,如果我们杀了伍奢,他的两个儿子必会复仇！”

平王马上接话:“那就把伍尚、伍员斩了！”

“可他俩在许国,不好抓,也不能抓！”

“那怎么办？”

“请大王允许微臣在伍奢身上做文章。”

“本王照准。”到此时,平王完全钻进了费无忌设的套子。

在大牢里,费无忌见到了已更现衰老的伍奢,阴冷地笑笑说:“你和太子谋反的事,大王很生气,本来他要下令将你斩首,但我俩毕竟同朝为官,又都是太子师,多少还是有些交情,我帮你在大王面前求情,于是大王说了,只要你的两个儿子从许国回来,就可免你一死!你仔细想想吧。”

“费无忌你能有这份好心?你的奸诈小人之计,岂能瞒过老夫!我们伍家从来是楚王重臣,你想把伍家灭门的毒计老夫看不出来吗?实话告诉你,老夫早就看出了你是个歹毒之人,之所以不屑与你为伍,没有在大王面前戳穿你的真相,都是看在大王与太子份上,你到底跟了他俩十几年,免得他俩难堪,而不是老夫怕你。老夫只要使心眼,你今天还能活着站在我面前说话吗?”

“少说废话,你给不给你儿子写信?”

“骗他俩回国,让你一网打尽,斩草除根?”伍奢看穿了他的险恶用心。

“你曲解了大王的一片善心。”

“只怕你没安好心!老夫的事与儿子有什么关系,别说老夫根本没有反大王之心,就是有又与儿子何干?”伍奢气咻咻说。

“你把儿子叫回来,证明你对大王对楚国还是忠诚的。”

“你是怕我的儿子知道其父被害会造反吧?你的那点诡计老夫一看就明白。”

“你到底要不要老命?到底写不写?”

伍奢冷笑两声,从鼻孔里哼出一声:“写!”

费无忌哈哈大笑:“这就对了嘛,还是保老命重要。”

伍奢心里有数,马上提笔给儿子写了一封信交于费无忌,费无忌拿到信没有马上派人送往许国,而是把信拿回太师府,仔细推敲伍奢的信里,有没有暗示叫儿子逃跑之类的话,费无忌打开仔细琢磨着这封信,信里只有几句话:“为父年事已高,身体虚弱,与儿已多年不见,来日不多,盼儿回楚。老父入土才能安心。”费无忌看过去看过来,实在是看不出伍奢有什么暗示,只好把信交于特使,送往许国。

费无忌自以为得手,没想到伍奢多了个心眼,费无忌没想到伍尚、伍员临去许国前伍奢交代他俩的话:“你俩到许国专心帮许国做事,不用惦记为父,如果有一天接到为父想念你俩,叫你俩回来,那一定是为父出了事,郢城出了事,你俩一定要远走高飞!”

伍奢写这封信时,心情格外矛盾,他清楚儿子们接到这封信就知道他在都城出了事，不会坐以待毙，肯定会逃出许国，大儿子伍尚为人文静，性格沉稳，不会做出什么出格的事，逃到任何国家也只会要求避难。可二儿子伍员也就是伍子胥就绝不会如此行事，他武艺高强，性情急躁，为人偏执，行事莽撞，他听到父亲受害，必会复仇，他了解父亲受害真相后，复仇的矛头不仅会指向费无忌，更会指向平主，就必然反楚，伍奢想到自己伍家数代乃楚之忠良，如果伍员反楚，虽是被逼不得已而为之，但毕竟是让伍家背上了骂名，而且他还知道二儿子干什么都有不达目的誓不罢休的坚强意志，他如果执意复仇反楚，楚国将无有宁日，依伍奢对二儿子办事的能力来分析，他丝毫不会怀疑伍员做不到这一点，但是到紧急关头，伍奢又不能不救两个儿子出罗网，虎毒尚不吃子，何况人乎。他不能眼看自己的儿子中了费无忌之毒计，父子一起赴难，惨遭灭门之祸。所以伍奢权衡再三，他决定先救儿子于危难，他早就想到了费无忌的这一毒计，所以将计就计把自己出事的讯息传给儿子，让他们出逃以避杀身之祸。费无忌自以为聪明，可他低估了伍奢的老谋深算，也低估了伍奢的智慧。

在许国的伍尚、伍员从楚国特使手中接过父亲的信看后，马上意识到父亲已在都城出了事，虽然两人都不知道出事的原因及经过，可按照父子们事先的约定，他俩必须迅速离开许国。

伍奢的二儿子伍员，就是在越王勾践“卧薪尝胆”故事中大名鼎鼎的伍子胥。他不但勇猛过人，生性刚强，而且极有智慧。

伍员送走楚国特使后马上对哥哥说：“大哥，父亲已出事，咱们快逃吧！”

伍尚沉稳地说，“我回去。”

“父亲明明发来讯息，你为什么还要回去往陷阱里跳！”伍员大着嗓门喊。

“我的才智不如你，但也知道父亲发出出事讯息后不逃反归，必会自投罗网，根据不同的能力而选择相应的任务，这是智；明知回去遇难无疑还要回去，这是勇。所以，我回去陪父亲共同赴难。你比大哥能力强许多，你应该选择智，逃离许国，到能为父亲和我报仇的地方，替父亲和我报仇！”伍尚说得坚决而平静，好像不是在说兄弟诀别之言。

“大哥，你真糊涂，明知回去有险，还往火坑里钻，你这不是勇，是蠢！”伍员急得大叫。

伍尚拉着伍员的手，动情地说：“我是父亲的大儿子，不能丢下已在郢城出事的父亲不管，而你则不然，你努力去干你认为正义事情，记住，若父亲和我真遇害，复仇的重任就交给你了，不管是谁害了父亲，你伍子胥都不能轻饶他！记住了？”

伍员见劝不住哥哥，只好点头，兄弟从此分手，伍尚随楚国特使回到郢城，立即被关进了大牢。

伍奢看见进来的伍尚，说：“该来的来了，不该来的没来，你和伍员都没辜负为父的心意。”

伍尚说：“能陪父亲生死与共，伍尚此生足矣！”

伍奢自信地说：“你弟子胥不会让害我们父子的人安生的！”

伍员说：“子胥智勇双全，能力超群，岂能让害人者安生！”

伍奢长叹一声：“只是毁了伍家一世清名！”

“父亲不必多虑，公道自在人间！清白自有公论！”

伍奢终究没有看到伍员为他报仇的一天，父子俩不久就被费无忌杀害。紧接着，费无忌又下令捕捉伍员，并在楚国和许国、吴国边境悬挂了伍员画像，他还下令，与伍员画像似有三分像者，统统缉拿。

伍员在劫难逃！一个家破人亡、满心雠仇之人，在命悬一线之际，会是怎样的一种悲怆？当晚，趁着夜阑人静，伍员化装成平民，纵马朝绵延不尽的山冈丘陵驰去，

第十八章　伍员脱险　逃奔吴国

伍奢次子伍员，性情刚烈，智勇双全，为躲避灾祸，决定投奔吴国，途中还特往郑国觐见太子健。太子健托其日后将公子胜送回楚国。伍员、公子胜历经艰难到了吴国。吴王僚接纳了伍员并委以重任。

楚平王见伍子胥未至，就派将领率精兵追杀。人马分成几路，四下追查伍子胥，遇到骑马的蓄胡子的就抓。自此，伍子胥便开始了他一生传奇而又悲惨的逃难历程。

伍子胥马不停蹄往前赶路。夜以继日，奔跑，奔跑！他的心被愤怒痛苦激荡着，他的痛苦已经不能用浅薄的语言来表述。他的头上冒着热气，鼻子尖上缀着几颗亮晶晶的汗珠，眉毛怒气冲冲地向上挑着。他知道必须离开许国，以报父兄之仇。可让他犯愁的是，他往哪儿逃呢？要活命，逃往晋国和宋国最安全，要复仇，则逃往吴国最有希望。

伍子胥分析了目前的形势，晋国和宋国按中原诸侯国的惯例，接纳他不成问题，但要帮助他复仇，就成了困难，因为此时的晋国和宋国都不愿和大国楚国开战，想借用他们的力量，几乎没有可能。而吴国目前正和楚国处于交战状态，伍员的消息并不闭塞，他知道吴国的游击军时常袭扰楚国，让楚平王无可奈何，对吴军恨之入骨，如在此时，能潜入吴国，他完全有可能借用吴国的力量帮他杀回楚国。所以，他经过深思熟虑，决定奔向吴国。

伍奢早就知道自己的这个二儿子不像大儿子伍尚那样安分守己，一旦惹怒了他，他会不择手段复仇，这也是伍奢最不放心的地方。一旦他下定了为父亲和大哥复仇的决心，凭他的能力和过人的勇猛，楚国将难有宁日了。

伍奢的分析没错，伍员既已下定复仇决心，他就把复仇行动立即实施。他没有父亲忠君爱国那些陈腐观念，只要谁危及伍家的切身利益，危及父兄的人身安全，他就要血债血还、以牙还牙！把害人虫予以毁灭。他有这样的胆量和勇气，也有超人的智慧和办法。

伍员是春秋战国时期实施复仇计划并得以实现的第一人，他用自己的勇敢和智慧硬是帮小小的吴国横扫了当时与晋国共霸中原的强大楚国，夺取了郢城。如此强大之国居然被名不见经传的小国——吴国给灭掉了,实在是令人费解。吴国为什么要剑指楚国?并且凭什么有信心能使楚国一败涂地直至几近亡国?而使伍员一家惨遭满门抄斩悲惨命运和导致楚国最终衰败的幕后策划者就是费无忌。而伍员的故事也从此开始——活着,就是为了报仇!

在逃亡吴国的路上,伍子胥听说楚国太子熊健逃往了宋国,为了集聚复仇的力量,他改道去宋国,想让太子和他同去吴国,一同反楚。

宋国给了太子健优厚的待遇,生活过得很滋润,此刻他的心情与伍员完全不同,他在等待父王回心转意,让他重返楚国当太子;他坚信父王是爱怜他的,只是信了奸臣谗言才误会他造反的,只要误会消除,父王就会和他尽释前嫌,重归于好。他一门心思想这事,当然和一心复仇的伍员是志不同,不相谋。

伍员到宋国见到太子健时,太子健没有隐瞒地把他父亲和大哥遇害的消息告诉了伍员,伍员口吐鲜血,人事不省。经人抢救,好不容易才把他从昏迷中抢救过来,他醒后的第一句话就是:"我要找平王、费无忌复仇!"

"你要找父王复仇?"太子健惊愕。

"杀父之仇焉能不报!"伍员双目喷火。

"你不能反父王、反楚国。"太子健态度明确,但声音不大。

"为何不可?太子你不也深受其害么?太子之位没有了,还受人追杀,如今落难宋国,这些都是平王所为!作为血性男儿,太子连夺妻之恨都忘了?"

"可他毕竟是我父王,作为儿子,我必须尽忠尽孝。你既然来到了宋国,那就先当我的老师,接替伍奢老师教我治国之术,以便本宫回国后能驾驭朝政!"

伍员心里凉了,心里直感慨不已:太子啊!你这是做美梦啊!伍员又急又气,为了让他回心转意,共同反对平王,伍员只得暂时在太子健身边住下来。这一住就是一年半,在这段时间里,伍员在悲痛和复仇中煎熬,依他本意,他早想离开太子健,他现在既已为太子师,接了父亲的班,他也不会抛下太子去吴国,这有不义之嫌,他不想让人说他是忘恩负义之人,因为父亲能当太子师,主要是太子乐于接受父亲。在太子逃难之时,他觉得要帮太子一把,尽管太子此时抱的是不切实际的幻想。

有一天,奇迹出现了,太子健主动提出离开宋国去郑国,因为他在这段时间里,发现其父丝毫没有招他回去的意思,还不断派杀手来杀他(当然这些杀手都是费无忌所派)。要不是宋国警卫严密和伍员武艺超群,他早已作剑下亡魂,另外,此时宋国国君元公与华家(华元后人)和向家(向戎后人)两大家族发生了权利之争,宋国发生内乱,无暇顾及逃难的太子健,受到冷落的太子建觉得再在宋国待下去,返回楚国必遥遥无期,他终于想挪地方。

“去哪？”这是伍员最关心的问题。他当然希望太子健同他一起去吴国。

“郑国。”太子健说。

“为什么去郑国？”伍员一脸无奈。

“看在父王把占领的土地归还郑国，他们一定回收留我们的。”太子健又说。

一阵悲凉掠过伍员心里，太子健到现在还只是逃难的心态，完全没一点复仇的念头，夺妻之耻、追杀之恨，在他的头脑中没有地位。尽管伍员不抱希望，还是力争：

“太子，去郑国恐怕是你的一厢情愿，人家不会收留咱们，惹祸上身呀！还是去吴国，要报仇只能去吴国。”

“我给你说了一千遍了，去了吴国，就是与楚为敌，可我作为一个楚国太子又怎能与楚国为敌呢？”

“可现在在楚国谁承认公子你是太子？”伍员倔劲又上来了。

“可父王也没有任命新太子呀，这不明摆着还对我寄有希望？在这种时候，我不能站在吴国一边公开反楚。”太子健仍然对父亲抱有一丝希望，他心里更恨的是费无忌。

伍员还真没有过硬的理由反驳他，只得耐着性子同他去了郑国，果然不出伍员所料，郑国国君完全拒绝他们在郑国避乱，郑定公的理由很简单，自楚平王归还了被侵占的郑国土地，两国关系已渐亲密，如果此刻收留被平王追杀的太子，必然激怒平王，他会迁怒郑国人，说不定还会发兵要人，从自身安全计，郑国不能收留太子健。目前郑国是楚国的铁杆附从国，他们怎敢收留主子的“叛离之子”？这不是自讨没趣吗？郑国人不至于糊涂到这种地步。

遭到郑国人拒绝，太子健想去晋国，反正他就是不想和父王作对，一心等父王良心发现，有朝一日召他回国复太子位。那时，费无忌就是人头落地之时！

一听说太子健要去晋国，伍员急了：“太子怎么能去晋国？晋国人是天生的骗子，骗宋国、骗郑国、骗齐国、也骗楚国，太子去晋国必定上当受骗回国无期了！”

“你就是说破天，我也不和你去吴国！我不能做一个不肖子孙！”太子健执拗地说。

伍员这次不妥协了：“太子，恕伍员再不能跟随太子，我决心在此与太子分道扬镳，我决心去吴国了！就此别过。”

太子健惊住了，他细细想着伍员的话，似有触动，太子健不由想起自己悲惨的遭遇，此时，报仇心切的太子健已另有打算，他沉吟片刻，郑重地说：“你把我的儿子带去吴国吧。”

"太子何故如此？"伍员一愣，他完全没有想到太子临别会提出这个要求。

"我如果回不了楚国，你一定要把公子胜护送回楚国！我不想让楚王断了嫡亲的血脉！"太子健绝望的眼泪哗地流下来，哭道。

"伍员一定不负太子嘱托，有伍员在，公子在，伍员还楚，公子必还楚！"

"有你这句话，我就是死在异国他乡也无憾！"太子健自感前景不妙，不禁悲痛欲绝。

太子这句不详之言，让伍员一惊，他不明白太子为什么要说这句话，但分别在即，也不便多问，只好郁郁不乐地带着公子胜上了路。伍子胥带着公子胜逃出郑国后，白天躲藏，晚上赶路。

从郑国到吴国，必穿过楚国，伍员只能走这条路。

费无忌也料定了伍员要走这条路，原来他在郑国的眼线早已把太子健和伍员分手的消息报告了他，他知道伍员带着公子胜必投靠吴国，他虽对太子健投靠晋国无可奈何，但对经楚投吴的伍员，他有的是办法，他在心里打定主意，这次不但要生擒伍员，还要连平王的孙子一起除掉，因为平王听说太子父子分路逃跑，心中更加忐忑不安，他最怕的就是太子或今后长大成人的孙子回楚国找他报仇，这是平王最不愿意看到的。因此，楚平王早已令人把伍子胥的画像，张贴在吴楚国各地的城门口，嘱咐各地官吏盘查，又向费无忌下了格杀勿论令。

费无忌有了平王的命令，觉得杀伍员和公子胜更有把握了，他具体实施了抓捕计划；第一，他向楚国境内旅社下了通缉伍员令，第二，他向吴楚边境关口，哨卡张榜悬像缉拿伍员，而且指明了伍员和公子胜的身材相貌特征，让楚人全部知晓，一旦发现必须举报，给人勋爵之位重赏。

道高一尺，魔高一丈。费无忌低估了伍员的精明，为了抢时间，他叫郑定公派车把他和公子胜送到郑楚边境，等费无忌的眼线把他的行踪告之费无忌时，伍员已进入楚境三四天了。到楚境后，伍员弃车步行，避开城镇，专走乡间小道，他知道旅社不能住，那些地方人员混杂，而且费无忌的耳目众多，随时可能派人抓捕。那时讯息传播是很慢的，尽管费无忌在通缉令中讲明了伍员和公子胜的身体特征，但要把这份通缉令传到基层的乡镇，那将是个旷日持久的事情，所以，当伍员和公子胜隐住乡间时，楚国人还不知道朝廷要缉拿伍员的事；就是那时乡民真知道要缉拿伍员，还未必会有人出来检举揭发，因为忠良的伍家惨遭满门抄斩，楚人在痛骂奸臣无道、国君昏庸的同时，也纷纷对无辜的伍家抱有同情，如当真发现了伍家独苗伍员时，说不定还会把他藏起来也未可知。

伍员带着公子胜，渡过了汉江，前面就是吴楚边境昭关。过了昭关就是吴国，伍员和公子胜就脱离险境了，可这一关好过吗？

昭关名为官卡,实际上是个山卡。此卡设在两山之间,是到吴国的唯一通道,此时朝廷抓捕伍员的通缉令早由快马传到了昭关,伍员和公子胜的画像此刻正挂在关上,卡上有楚国重兵把守,逐一盘查过往行人,核对画像,凡膀粗腰圆的中年人牵一个小孩者,只要相貌有三分相似,就被抓起来审问。

夜幕低垂,伍员和公子胜到了昭关附近,没有贸然闯关,伍员知道如此重要的官卡,必有费无忌通缉他的通告,一定会有重兵驻防。自己硬性闯关,无疑是自投罗网。为了保险,伍员和公子胜住进了附近山中一废弃的屋子,好在伍员沿途已准备了干粮,够他俩食用。每天清早,伍员都要到昭关哨卡观察,只见盘查日严一日,他和公子胜要过关,绝无可能。想到报仇无望,伍员心急如焚。几天来他没有了主意,眼看吴国就在咫尺,但就是难愈雷池一步,伍员急上了火,头上长包,满脸是疮,流血流脓不止,几天未洗脸又加上疼痛难忍,这天早上,他想洗洗脸,屋内幸好有个木盆,他打来水,水中映出的他,却让他大吃一惊:只见水中的老者头发蓬乱,满脸脓疮,脸上是皱纹连着皱纹,额头的“沟沟坎坎”深且暗,最可怕是水中老人竟是一头白发,完全是一副衰老不堪的形象。

伍员惊讶地叫出声来:“这是伍员么?”

公子胜天天和他在一起,对他衰老的印记天天在目,已经习惯他衰老的形象,并没有感到他的相貌的突变,而伍员从进楚国后就没有认真洗过脸,突然发现了自己的苍老,自然不敢相信自己的眼睛。

“伍将军,水中就是你呀!”公子胜稚气地说。

“哈哈哈……”伍员仰天大笑。

公子胜害怕了:“伍将军,着急把你急出毛病来了吧?”他以为伍员急疯了。

伍员一把抓住公子胜的手:“公子,从今后,你叫我爷爷!记住了?”

“为什么叫你爷爷?”公子胜确信伍员是疯了,满口胡言乱语。

“为了过关到吴国。”

“记住了。”公子胜听了这句话,又觉得他没疯。

第二天中午,是过关人数最多的时候,守关的士兵看见等着过关排成长队的人中有一个又脏又老的老头领着一个同样衣衫破烂的小孩排在后面,马上条件反射般地走过来,看看伍员,又看看小孩,捂着鼻子说:“满身脏臭,快过关!别把人熏死了!”

伍员正要牵着公子胜走,一个当官的过来叫他俩停下,问:“你不是伍员吧?”

另一个当官的没好气地说:“你神经过敏吧?伍员中年力壮,什么时候变成了头发苍白的老头了?纯胡扯!”

问话的军官仍不放松，问公子胜："你是公子胜？"

公子胜答非所问："爷爷，我肚子饿！"

军官士兵们哄堂大笑："这世间真奇了，年轻力壮的伍员有孙子了！"

问话的军官顿时十分尴尬，不耐烦地挥着叫："滚！滚！老不死的！小不死的！"

在楚军的又一次哄笑中，伍员领着公子胜终于顺利通过了昭关。事实上，伍员并不是一夜急白的头，而是一路的颠沛流离惊慌失措。他晓行夜宿，犹如惊弓之鸟，到楚国后历经艰难险阻才让他心力交瘁，忧急交加所致。

他们俩好歹的算是捡了两条命，活着进了吴国。伍员到了吴国后，他打算先找医生治病，等把脸上的脓疮治好了，再穿上楚服准备去拜见吴王僚。可他以什么身份出现呢？这真让伍员犯了愁，他在楚国的职务是一个不如大夫的观察史，是个没实权的职务，也是个低级别的官员，这种身份要求在吴国避乱，吴王僚肯定不予理睬。但现在既然已经到了吴国，那就要硬着头皮见见吴王，不然自己复仇灭楚的决心就无法实现。

一天上午，伍员带着穿扮一新的公子胜来到吴王宫大门口，卫士忙拦住这一老一小，大喝："什么人敢闯王宫？"

"楚人伍子胥求见吴王。"

"何事求见？有国书吗？"

"伍子胥系逃难之臣，哪来国书！"

"你这个楚国人，没有国书，分明是偷潜进入吴国，还敢来见我家大王，你好大胆！不知吴国正同楚国处于交战状态么？"

另一卫士大声叫："快滚！不是看你上了年岁，我一定按偷渡者抓你！快滚！"

伍员在心里骂："狗仗人势！"但阎王好见，小鬼难缠，伍员压着火气，带着公子胜离开了王宫大门。

处于失望中的伍员没有绝望，他在苦苦思索寻找晋见吴王僚的办法。一天他在大街上闲逛时，看到一处颇有气势的官府，府衙上写着两个字："都亭"，伍员研究过吴国的情况，知道"都亭"是吴国专门接待各国来投人才的机构，于是大喜，他决定以自己是楚国特殊人才来毛遂自荐，以求得见吴王。

伍员进都亭，找到亭长，通报了自己姓名，并说明自己的要求，到吴国任一官半职。

亭长感兴趣地望着他："你有什么本事？"

"能文能武！"

亭长呵呵一笑："你能文能武？看你头发花白，还能文能武？"

“我这是少年白。想当年我随楚国太子健去云梦打猎，有人行刺太子，我横刀立马，生擒刺客！”

“什么，你是楚国人？”

“正是。楚国观察史！但我与楚国有刻骨仇恨！”

“算了！别多说，吴王有令，吴国不用楚人！”

伍员问：“吴王为什么不用楚人？”

“你这人是从天上掉下来的？不晓得吴楚正交战呢！”

伍员在心里大骂：“狗奴才！狗眼看人！”

伍员还是被拒之门外，而且两次都是被小鬼挡驾，于是他想了一个妙招，这次一定要惊动吴王，让他亲自召见自己。

伍员流亡至今，盘缠早已用光。吹箫乞讨，完全沦为乞丐。几天后，他想出了一个办法，擂台比武。一天上午，吴国闹市中忽然出现了一个擂台，擂台横幅上写着“打不倒擂主伍子胥”，擂台上站立雄风八面的伍员，台下围观者者里三层外三层。

伍子员在擂台上抱拳说：“在下伍子胥在台上站立不动，任由各位上台击打，若三拳内有人把我击倒，赏银100两！”

伍员此话一出，全场震动，为了100两银子，上台打擂的蜂拥而上，伍员并不动手，任由上台者击打，结果无论何人上前向他猛击，他都是纹丝不动，击打者自己反而觉得打的不是肉，是铁板，不是骨折，就是疼痛难忍。

三天之后，伍员不仅没有被打倒，反而倒在他面前的进攻者不计其数，要知道这些人不是被他击倒的，而是被他那像山一样的胸脯“挡倒”的，围观者纷纷称奇，其中有一个上了年纪的长者上台问伍员：

“壮士何方人氏？”

“楚国人伍子胥！”

“为何来到吴国？”

“报仇！”

“找谁报仇？”

“找楚国！”

伍员“打不倒”的武功和一个楚国人找楚国人报仇的言词，让他成了吴国京城大街小巷谈论的新闻人物，吴国人都以为争先一睹这个“打不倒”的楚人为快事，也都想知道这个楚人为什么偏要找楚人报仇。

此事惊动了吴王卫队长骆曲，他既不相信有人打不倒，也不相信楚人会找楚国报仇，为了把此事弄个水落石出，他亲自去了擂台，见个赤足破衣、披发垢面的狂人正在擂台上。

“你是楚国人？”骆曲开口就问伍员。

“楚人伍子胥！”

“何人之后？”

“伍奢之子！”

“太子健之师？”骆曲惊讶。

“正是！”

骆曲一喜，马上躬身下拜：“二公子在上，受骆曲一拜。”

“骆壮士何故如此？”

“骆曲在吴国卫士队敬佩两个楚国人，令尹孙叔敖和太子师伍奢，他俩智慧超群，为官清正，做人正直，深孚楚人厚望！也是骆曲做人的楷模！今日得见二公子，如见伍奢老师本人，荣幸之至！”

伍员长叹一声：“可叹我父……”

骆曲问：“伍老师怎么样了？”

“被楚平王杀害，伍家满门抄斩，只剩伍员一人。”

“故而二公子投奔吴国报仇？”

“壮士一言中的！”

“何不见吴王？”骆曲想将他引荐给吴王。

“官卑职小，无人引见，来吴国多日，仍未见吴王尊容！”伍员大喜，正中心意。

“随我去见吴王！”

“你？”

“我是吴王卫士长，这点特权还是有的，再说，二公子是大将之才，值得我引见。”

伍员喜之过望，这才是踏破铁鞋无觅处，得来全不费工夫。

“伍员先谢卫士长！”伍员忙施礼。

“先找个地方为二公子洗尘，然后去见吴王。可否？”

“卫士长、伍员报仇心切，洗尘就免了，还是现在去见吴王吧！”

就在这时，吴宫太监快马来到擂台处，向伍员传达吴王僚的口谕：“楚人伍子胥立即进宫！”

骆曲大喜：“二公子的事惊动了大王，亲自招见你了！”

“伍员仍不忘卫士长引见之情。”

原来，伍员的真功夫和楚人找楚国报仇的传闻早有人报告了吴王僚，发生在伍员身上的事引起了吴王极大的兴趣，他本来想叫骆曲去通知伍员，没想到骆曲也好奇去了擂台，这就更激起吴王僚想早点见见这个“奇人”了，于是直接派太监去擂台宣他的口谕。

伍员终于见到了高高在上的吴王僚，就想迫不及待地吐一腔怨曲，没料到吴王僚却先开口了：

“本王听到传闻，你这个楚国人要找楚国报仇，这是为何？”

“我父、我兄及满门被楚平王抄斩，伍员侥幸逃脱，故而誓报深仇！”伍员说得咬牙切齿。

“你父所犯何罪？”

“欲加之罪，何患无辞！他说我父和太子健谋反！”

“你父和平王有仇？”

“无仇。”

“有恨？”

“无恨。”

“那他为何加害于你父？”

“我父对他父占子妻多有微词，上书不准只能告老还乡，由此，平王疑心生暗鬼！”

“本王同情你的身世，也喜欢你直率刚烈的性格！本王还听说，你有打不倒的功夫？”

“大王所听不虚！”伍员口气铿锵。

“好！好，你正是本王和吴国急需人才！本王不但让你避难，还让你当官，封你为吴国大夫！”吴王很欣赏伍子胥，并拜伍子胥为上大夫，委以重任。

“大王，伍员不是为当官，到吴国是为伍家报仇！请大王借兵于我，杀回楚国，灭了平王！”

“急了，太急了！”吴王僚摆摆手：“吴军眼下只能和楚军打游击战，而打正规战尚不是楚军对手，将军先在吴国住下来，等待时机，报仇机会来日方长嘛！”

吴王僚一口回绝了伍员借兵的要求，伍员也觉得自己过于心急，刚见吴王，就要借兵，任谁也不会轻易答应。

“听说你还带着太子健的儿子公子胜？”

“大王消息灵通！”

“哎，这可怜的孩子！”

“大王何出此言？”

"将军逃难在外,消息闭塞,还不知太子健被害的消息吧?"

"太子健被害?"

"太子健受人挑拨,与郑国人结仇,郑国人就把太子健杀了。"原来太子健回到郑国后,想请郑国帮他和伍员报仇。可是郑国国君没有同意。太子健报仇心切,竟勾结郑国的一些大臣想夺郑国国君的权,结果被郑国国君杀了。

泪水涌出了伍员的眼眶,如果太子健不逃出楚国,也不会有今日之祸,伍员把太子之死也记到了楚平王头上。此时他双目喷火;新仇旧恨,焉能不报,熊弃疾,伍员与你势不两立!

吴王素闻伍员的智勇,不由感动,有心把他网罗在自己的门下。

就这样伍员在吴国住了下来,为了报仇,他只能耐心地等待时机。他有更大的目标:复仇。他不能输。为了实现这个目标,哪怕是忍受狡猾不忠的骂名也值得,由此也可看出他的血性和隐忍。

第十九章　处心积虑　一意复仇

由于吴王僚一直不愿意接受自己借兵复仇的请求，伍员将目光投向了吴王的堂弟公子光。在获得公子光愿意帮助他复仇的允诺后，伍员招揽死士专诸刺杀了吴王僚，公子光即位，是为吴王阖闾，接着，伍员向吴王推荐重用孙武。

伍员在吴国等待复仇的时机，一等就是六年，六年间，伍员无数次向吴王僚提及复仇借兵的事，均被他拒绝，他不是顾左右而言他，就是干脆置之不理。吴王僚心里十分清楚；楚强，如与之作战，胜少负多。而且，即便取胜也只是替伍员一人报仇，泄了他的恨；若是不胜，还会给自己的国家带来多大的灾难？决无必要！他害怕以卵击石，因此，他当然不会为了一个伍员而冒险攻楚。

吴王决定不去伐楚。这让伍员非常焦急，不借用吴国的力量，伍员是报仇无门。可眼下吴王的冷淡态度，又要等到何年何月？这期间，楚国传来楚平王病逝，楚昭王即位的消息，更是让伍员懊恼不已，失去了亲手杀死楚平王以报父兄之仇的可能，让伍员有些迁怪吴王僚不借兵。但人在屋檐下，不得不低头。他还这样自我安慰：仇人楚平王虽然死了，但仇人费无忌还在，这个仇人仍可激起他强烈的复仇欲望。鉴于吴王僚只同情他的遭遇，而又不同意借兵的态度，伍员不得不另外想办法，伍员不但有勇又有谋略，他往往是急中生智、不择手段，也要达到既定目标。

吴王僚不愿帮他复仇，伍员就另寻能帮他复仇的目标，他把目光锁定在公子光身上。公子光是吴王僚的堂弟，是吴国的元帅，手中掌握着重兵，统领吴国全部人马。

伍员之所以把目标定在他身上，是因为在这六年里，伍员发现公子光对吴王僚不满不服。在老吴王逝世后，公子光继位的呼号很高，但他弟弟吴王僚先下手为强，霸占王宫，劫持众臣，强行登了位。公子光认为，本该属于自己的王位却被弟弟僚抢占了，因而一直对僚怀恨在心，总想夺回王位。吴王僚也许觉得自己的行为有愧于兄，就把他封为吴军元帅，以平复他心中的不快。

六年来，吴王僚和公子光看起来相安无事，但伍员却在朝廷议事时，分明看出公子光对其弟不屑和轻蔑的眼神，他由此断定公子光和吴王僚因王位之争引起的矛盾的确实是存在的，而且公子光还对吴王僚抢班夺权耿耿于怀。看到了他俩的矛盾，伍员就开始采取行动，只要能劝说公子光同意借兵他伐楚，他这六年就没白等。可要让公子光同意借兵，就必须投其所好，为他夺取王位出力。到了这个时候，伍员不择手段，把目光移向了握有兵权的公子光。

公子光喜欢伍员的为人，欣赏他的直率性格和勇猛刚毅的男人做派，也赞赏他爱憎分明、为父兄报仇的决心和勇气，由于气息相投，两人交往也比较密切。

伍员在目标确定后，在一次赴公子光宴请时，开口提出了借兵。

"元帅，伍员来吴国六年，时刻没忘报父兄之仇，时刻没忘向楚国复仇，可伍员每每向吴王提出借兵，都被大王拒绝，现楚平王已死，但费无忌还在，若伍员再不攻楚可能费无忌也死了！所以伍员恳请元帅借兵于我，讨伐楚国！"

公子光思索了一会说："本帅也不能借兵于你。"

伍员又急了："为何？"

"没有大王同意，本帅不能借兵。"

"如果元帅是大王呢？"伍员仔细观察着公子光的表情。

公子光眉梢一抖，眼中闪过了一丝不易被人察觉的冲动，但他这一闪即逝的眼神立即被伍员抓住，他知道自己刚才的话说到了公子光的心坎上。

"伍大夫何出此言？"公子光在装糊涂。

"难道我说得有错么？"

"可现在的吴王是僚啊！"公子光把后面的话甩给伍员，看他怎么说。

"事情没有一成不变的！元帅也可成大王！"伍员口气很肯定。

"你是让本帅成为吴王？"

"因为吴王本来就是元帅的，只是老吴王死得太急，没有留下遗嘱。这是吴人皆知的事。"这段话，伍员料定是公子光最喜欢听的。

"你想帮本帅完成父王遗愿？"

"元帅心明如镜，下官与元帅都是耿直之人，两人相交不需藏着掖着，应该坦诚相见，互吐真言！"

"你为什么帮我？"公子光眼神如刺。

"为了复仇、为了借兵！"伍员实话实说。

"可吴王僚对你不薄，你为什么背叛他？"公子光问得咄咄逼人。

"因为大王不借兵，不借兵就是不支持复仇，而我觉得元帅是敢说敢为之人，如果当上吴王，肯定会支持我伐楚，我等了大王六年，现在改投元帅名下，可以讲对吴王已尽忠义了！"

"本帅最欣赏你就这点，说实话，不掺假，所以，本帅信你。"

“元帅若真信我，就应该联手除掉吴王僚，你得益登上王位，伍员得益借兵伐楚，均有所获。”

“若本帅同意与你合作，你将如何行动？”公子光一直在暗寻时机。此时也向伍员表达了自己的心志，并表明，如果伍员能助自己当上吴王，他会替伍员报仇。

“为了替元帅永绝后患，应彻底灭掉吴王僚！”对胸怀血海深仇的伍员来说，他可不管谁当吴王，只要能报仇就行。

“从肉体？”

“当然！元帅不希望从肉体把吴王僚消灭，而留下他东山再起的祸根？”

“你和本帅想到一起了，咱俩都是痛快人说痛快话！”公子光再也掩饰不住自己的兴奋，打断了伍员的话。

“元帅不是这种人，伍员还不会与元帅相交呢！”

“可吴王僚自登位以后，由于心中有鬼，平日警卫森严，本帅几次想下手，都没有得逞之机，所以迟迟没有动手。”

“何必要大王亲自动手，找刺客代行便可！”

“可在吴国哪里去找这种艺高胆大又不怕死的刺客？”公子光惊叹不已！

“楚国有句话，世上无难事，只怕有心人，元帅当吴王的心定了，刺杀吴王僚的人就由伍员负责寻找，为了元帅和伍员的共同利益，伍员一定把合乎元帅要求的刺客找到！”

“你有把握？”

“大丈夫一言既出，驷马难追！”伍员胸有成竹地说。

“需要本帅什么支持？”公子光沉吟了一会儿，又问道。

“耐心！因为伍员寻找刺客，必须百选千挑，需要时间。”

“本帅有的是耐心，但是伍大夫也得给本帅说个时间吧？你可是个说了就行动的人啊！”公子光急不可待，使用了激将法。

“半年！”

“好！本帅就等你半年！得先生相助，真乃天赐啊！”公子光望着伍员，突然下拜，眼含感激的泪水，哽咽着说。

伍员就这样和公子光达成了一致，一个要复仇的楚国人和一个想登王位的人统一了认识，如果再统一行动，互相配合，那吴王僚的生命就倒计时了；因为此时此刻，吴王僚对他俩的阴谋毫无所知，他哪里会想到受自己重用的伍员和自己的堂兄会加害于他？

从这件事可以看出，伍员是个为了达到目的，不惜背上忘恩负义骂名的人。

为了复仇，他可以出卖有恩于他的吴王僚。在春秋时期，国与国、人与人之间绝无什么牢不可破的友谊。谁相信，谁倒霉！国如此，人更如此！

膝行乞食，耕种于野。伍子胥曾经长期生活在社会底层，与三教九流接触，因此认识很多奇人。伍员果不失言，半年内替公子光找到杀手专诸，此人是一酒楼跑堂，五大三粗。

伍员是在一个偶然机会发现专诸的。

那是一天下午，伍员因迟迟找不到合适的刺客而心情郁闷，便来到一家酒楼喝酒。这时，一群社会混混喝了酒不但不交钱，还拿着刀威胁老板；专诸端着酒菜上楼，二话没说，丢掉盘子，操刀直冲闹事的混混，没等伍员看清楚，专诸便夺下混混手上的刀子，直逼混混的喉头，如果不是老板拦得快，那天准出人命。专诸这一刀封喉的本事不正是刺杀王僚所急需的么？专诸怒气冲天，勇不可当，伍员非常钦佩。又观察他的相貌，见专诸口阔目深，熊腰虎背，气度雄伟，知道这是一个不可多得的侠义之人，临难可以托命，于是与他结为莫逆之交，以备将来之用。伍员特意请专诸喝酒，还点了一桌子好菜。达官贵人请专诸喝酒的事在身为屠夫的专诸身上可从来没有发生过，所以他有些受宠若惊，一开始就对伍员有了良好印象。两人喝得正起劲时，伍员切入正题了：

"请问专诸壮士，你为什么有一刀封喉的本事？"

"因为我是屠户，杀猪练的！"

"假如有人叫你杀人，壮士也能一刀封喉？"

"杀人和杀猪一样，本人都能一刀封喉！不是吹，刚才不是老板拦得快，那无赖准丧命！"

"壮士好胆量，竟敢杀人！"

"我的胆量是杀猪练出来的。"

"如果现在有人出重金让壮士去杀一个人，也要求一刀封喉！"

"先生说笑了，杀人不是要偿命？"

伍员正色地说："不是笑谈，我是和壮士谈正事，你杀了此人，是为民除害，官府还会重赏！"

专诸动了心："怎么奖法？"

"买房、买地、送银子！官升县令！"

"真的？"专诸睁大眼睛问。

"大丈夫焉可戏言？"伍员从随身带的包袱里取出几锭银子："这是定金，你若应承此事，先给你买房买地，事成之后当本地县令！"

"好，我干！"

就这样伍员推荐了自己的结义兄弟专诸，并把专诸带来见公子光，准备伺机刺杀吴王僚。伍员耗时半年才找来的人，公子光当然刮目相看，因为他相信伍员是个办事有能力的人，他挑中的刺客不会有错，但公子光还是有点不放心，刺杀吴王僚事关重大。如果专诸行刺不成，还会连累到他，性命也会不保，所以，公子光要当面考核一下专诸。

公子光问专诸："你究竟有什么本事？"

"我能一刀封喉！"专诸答得沉稳，并没有那种看见大人物的慌乱，这点让公子光很满意。

"口说为虚，眼见为实。"公子光口吻冷漠。"我身边的卫士用刀刺你，你能夺下他的刀并能一刀封喉，本帅方信！"他叫来一个身高马大的卫士。

卫士拔出刀，向专诸走近，没等公子光和伍员看清楚，专诸就如闪电一样，一刀砍断了卫士喉部，卫士仰面而亡。

公子光为之大叫："好个一刀封喉！买房买地！"好像刚才死的不是卫士，而是一只蚂蚁。

专诸见公子光马上派人去给他家买房买地，又高兴又兴奋，觉得伍员没骗他，公子光更是个爽快之人，他明知公子光要他刺杀的是重量级人物，但还是觉得问清楚心里才有底：

"小人请问元帅，元帅派小人刺杀何人？"

"是位王爷！"伍员怕他临怯场，不敢告诉他是吴国国王，便抢着答。

"王爷有什么爱好、特点，他的警卫肯定很严，不掌握他的爱好和特点，接近他就绝无可能，一刀封喉也只能是空谈。"专诸这番话很像专业杀手，让公子光眼前一亮。

"专诸你说得真对！这位王爷的警备是严上加严，无人能近其身！"

"只要掌握了他的爱好，专诸就可近身。"专诸自信心十足。

"他的爱好嘛……"公子光搜肠刮肚，想了半天也没想出来。

"例如他爱打猎、爱女人、爱吃。"专诸进一步提示。

公子光被他提醒，大叫："此人爱吃鱼！爱吃红烧鲈鱼！"

"接近此人有办法了！"专诸眼珠子一亮。正是要投吴王僚之所好，才能寻机刺杀。"壮士怎么做？"公子光口气急切。

"小人本来就是酒楼厨师，由于爱贪小便宜，被老板贬为跑堂，小人烧得一手好菜，烧的鱼更是一绝！"

伍员大喜："元帅终于找对人了！"

"可壮士如何才能接近此人？"狂喜过后，公子光提出了他最关心的问题。

“元帅出面宴请此人，说有红烧鲈鱼高手给他献鱼，他必然没有防备，哪有献鱼的厨师是刺客的先例。我把短剑藏于红烧鲈鱼腹内，等送鱼到他面前时，迅速出剑，一刀封喉！”专诸胸有成竹。

公子光冲动地跑下龙座，拉住专诸的手说：“你若将此人一刀封喉，本帅让你当吴国大夫，不，当勋爵！”

“谢元帅！”专诸喜之不禁，此刻他已把刺杀的风险完全置于脑后。

吴王僚对自己的安全向来不敢掉以轻心，因为他知道自己是抢班夺权登上王位的，肯定树敌过多，特别对接近自己较多的王公贵族防范甚严，即使对公子光也不例外。

这天中午，公子光依计而行，王僚不明底细，欣然听从吴王僚接他到公子光请他过府吃红烧鲈鱼的邀请，吴王僚乘坐八匹雄马驾的车，从王宫出来，直奔公子光府邸。

夕阳在街市上流淌，乱纷纷一阵人声喧哗之后，刚刚还在市街之上叫卖菜蔬的，行乞的，嬉戏的，迅速逃窜，剩下些白发老翁和妇孺儿童，忙不迭地匍匐在地。

要是以往，吴王僚会拒绝，但今天他却决定赴宴，他觉得其兄知道自己爱吃鲈鱼特意请名厨做这道菜，就是为了让自己一饱口福，他还挺感激公子光。临行时，他依然没有忘记自身安全，他带上了王宫卫队，前呼后拥地进了元帅府，王宫卫队把元帅府围了里三层外三层，元帅府除元帅本人外，其余闲杂人员一律不准进宴会厅。

士卒相望，护卫森严。酒宴气氛热烈，公子光不动声色地和吴王僚谈笑风生，吴王僚根本就没感觉到有什么危险，于是警惕性渐渐放松下来，公子光篡夺王位的计划可以实施了。

下一道菜是专诸做的红烧鲈鱼，专诸端着大盘走进宴会厅。王宫卫士见是厨师前来送菜，在庭下便被搜身更衣，专诸在卫士交戟的寒光下膝行向前，没发现身上有异物才放他进来，献馔的人，个个吓得面如土色，哪敢仰视。见此情景，吴王僚心中稍安。

吴王僚爱吃红烧鲈鱼那是出了名的，他望着近在眼前的这条鲈鱼，心里暗自称奇，他一生吃过鲈鱼无数，可从来没见过这么大的鲈鱼。酒酣之际，公子光借故离席，进入密室。吴王僚正吃在兴头上，毫不疑心有变。

专诸端着一大盘炙鱼出现在庭下，没有发现意外，便许他进奉。那盘中的红色鲤鱼，香气直冲鼻孔，两鳃一张一合，居然活着。吴王僚的眼睛惊异地看着红鲤鱼,张着嘴,恨不能马上就能吃到嘴。

专诸离吴王僚越来越近了。

香味在吴王僚眉宇间徘徊,鱼嘴还在上下开合。专诸低着头,却感到那吴国君王的身躯已经倾斜向前,专诸将鱼盘放在王僚的几案上。就在专诸放盘子于桌上的一瞬间,四周忽然静下来,静得可怕。专诸迅从盘上鲈鱼腹中取出藏在里面的那把短剑,手中一个美丽的弧线腾起,短剑只一闪,就已贯通了王僚的三层棠之甲,穿透了胸背。王僚大叫一声倒地,等卫士们反应过来,吴王僚已气绝身亡。卫士亲信,惊呆之余,一拥而上,刀戟并举！壮士专诸,转眼间便被砍成肉泥。堂中顿时大乱,公子光率甲士杀出,伍员从外杀入,两下合兵,杀散吴王僚的人众。

公子光哈哈大笑,笑声忽然止住,他哭了,他不知道为什么流泪,是巨大的幸福？还是这个梦寐以求的结果？他的手足终于不再骄横地发号施令了,很快,向全国发号施令的就是他了。可是这伟大的变革怎么竟然是转瞬之间的事情？这是真的吗？他环顾着横竖陈列着的尸体和渐渐冷却的手足与士兵的血。房子里只有他和伍员两个人,四周一片静寂,静寂得如同死去一般。

就这样,公子光如愿以偿地当上了吴王,他给自己取了个封号:“阖闾”。什么意思,朝中大臣们不得而知,连伍员也搞不明白。大王为什么给自己取这个封号？吴王光不是很好么？伍员在心里说。

伍员见吴国国势日见昌大,于是请求发兵伐楚。伍员帮助阖闾杀君夺位,原打算借兵伐楚,为父兄报仇。岂知阖闾得位之后,安享富贵,不肯替伍员兴师。伍员对此甚为不满,吴王好像把伍员复仇的事忘光了,绝口不提他之前的承诺,伍员急得五内俱焚,这一等又是一年半。

在这一年半里,又有一个楚国重臣逃来吴国避难,他就是楚国左尹伯郤宛的侄儿伯嚭,伯郤宛是楚灵王时期楚国重臣伯州犁,是名正言顺的名门之后。提起伯郤宛,吴王阖闾和伍员都肃然起敬,此人知识渊博,两袖清风,为人正直,和伍奢一样,在楚国素有盛名,可就是这样一位正直清官也被费无忌所害,满门抄斩,伯嚭侥幸逃出,听说伍子胥在吴国混得不错,就跑来投奔子胥。正可谓是同病相怜(成语故事同病相怜就出在此处)。

对有着同样仇恨和仇人的伯嚭,伍子胥自然非常热情,俩人一见如故。于是,伍子胥就把伯嚭推荐给吴王阖闾以求重用,而这也为伍子胥后来的悲惨命运埋下了伏笔。

现在,吴王阖闾听着伯嚭一把鼻涕一把泪的哭诉,他好感激这个叫费无忌的太师,他简直就是吴国的黄金搭档,专杀楚国精英,专害楚国忠臣良将,并把没杀的精英都赶到了吴国，让吴国的人才日益壮大。吴王阖闾在和伯嚭交往一段时间后发现，此人性格沉稳，而且机智，不像伍员那般耿直，有什么说什么，虽说在用武动兵上不如伍子胥，但在足智多谋上却胜伍子胥一筹，也算是一个难得的人才，吴王阖闾身边有了这一文一武的两个楚国精英，而且都是自己找上门来的。吴王自然会感激那个奸臣费无忌了。

伯嚭的到来，他全家被害的身世，大大刺激了伍子胥复仇反楚的神经，这两个为报家仇不约而同先后逃到吴国的落难之人便联合起来，多次上书吴王阖闾，请求借兵伐楚，他每次都是口头答应，可就是没有行动。

这种只见楼梯响、不见人下楼的局面，让伍员无可奈何。同样着急的伯嚭却看出了吴王不发兵的原因，他对伍员说：

“你我两人都是楚国人，大王借兵于我俩他不放心啊！”

伍子胥一点就明：“大王想让吴国人带兵？”

“我想这是吴王不发兵的关键！如果我俩是大王的位置也会这么想。自家人用起来放心啊！”伯嚭猜度说。一会，伯嚭又接着说：“我的朋友中有一位是吴国人，他的军事才能胜我十倍，把他引见给吴王，吴王肯定会满意。”

“他是谁？”

“孙武！”

“我也听说过此人的名声。那就事不宜迟呀！不过，你要给我说说是怎么结识他的？你们交谊厚不厚？他会不会为我俩复仇出山？”伍员犹疑地看着他。

“我是在朋友聚会上认识孙武的，他对我身世极为同情，对楚平王无道极为义愤，多次表示，有用得着他的地方愿出一臂之力，为了取得我的信任，他给我看了他写的《孙子兵法》十三篇，看了他的《孙子兵法》，我看到了高山啊！”

“那你早该向吴王引见啦！”

“我不是急糊涂了嘛！把他给忘记了。经你一提醒，我想助你我复仇的吴人就是孙武了！”

第二天一早，伍子胥和伯嚭就急匆匆找到吴王阖闾，向他推荐孙武挂帅，出兵伐武。

“伍大夫是想找人接替本王以前的帅位？”吴王阖闾说。

“正是，更是为了出兵伐楚！”伍员三句话不离复仇。

“孙武和伍大夫相较如何？”

“胜臣十倍，臣似土丘，他是高山！”伍员说。

“你俩差距如此之大？”吴王知道伍子胥不是没把握就乱说的人，他来吴国后的所作所为无不证明他不是信口开河的人，他找来的专诸更证明他慧眼识人，他说孙武是高山，一下就吊起了吴王想尽快见到此人的胃口。

“臣见过他写的《孙子兵法》十三篇，微臣被他的军事论述折服，他在军事上的见解，臣是闻所未闻，看后茅塞顿开！”

“有这么奇妙？要知道你伍大夫在吴国也是一代名将啊！”

“微臣和孙武比，是小巫见大巫了！”伍员说。

“大王，伍大夫不是打诳言之人，他如此说必有如此说的原因。”伯□适时插话，不温不火。

“伯大夫是说本王要见见这个孙武？”

“一切听大王安排。”伯嚭分明听出了吴王急迫见孙武的心情。

“见！马上见！”吴王一锤定音。

入夏以来，两个月没下一滴雨。大河里已经扔进了三对童男童女，乞求龙王下雨，可老天还是旱着，旱得人心和大地一样在皲裂。

隐居吴国期待发展的孙武正闭着眼在草屋前的席上坐着。

坐了两天三夜了。他凝思片刻，似乎在期待着什么。

这天，是一个憋闷得人要发疯的潮热的黄昏！雨，如约而至。

一驾马车，呼隆隆奔驰百余里，在羊肠山路盘桓良久，又穿过一片竹林，眼前忽地豁然洞开：但见田川阡陌，一片平畴。水田漠漠，白鹭低飞。田埂上有鹅群款步，柳荫下有水牛乘凉，老人举着悠然的炊烟，更添些田园的恬静。

伍子胥、伯嚭在泥墙草顶、竹篱柴门的草屋找到年轻的孙武，伍子胥不由上下打量着孙武；身材瘦弱，双颊呈现病态的红晕，匀称的五官，透射着文人气息，精明的双眼闪烁着睿智的眸光。

两人互相见了礼。听完伍子胥来意，孙武含笑地说：“伍兄不引见，大王怎么想见孙武，先谢伍兄引荐之情！”

“是你本身的才华所致！”伍子胥还是实话实说：“能折服伍员的人，也一定能折服吴王！”

“伍兄过誉了！”

“若孙先生当了吴国之帅，一定要不负对伍员的前言啊！”

“这个自然，如果有朝一日得愿指挥三军，定为伍兄复仇伐楚！”

“那我就没白认识孙先生一场！现在孙先生随伍员进宫拜见吴王！”

“今日走出茅屋寒舍，孙武必展翅高翔！”孙武展开双臂，豪情万丈地说。

“伍员盼望先生平步青云！”伍子胥说罢放声大笑。两人聊得十分投机。

第二十章　吴国伐楚　郢都大劫

在伍员和伯嚭的力荐下，孙武被吴王拜为三军元帅。练武场上，孙武杀吴王爱姬以立军威。此时的楚国，君臣不和。吴王趁机大举伐楚，楚昭王仓皇出奔，楚国国都郢城被攻破，宗庙被尽行拆毁，惨遭荼毒。执意报仇的伍员，为泄愤悍然掘开楚平王墓并鞭尸三百。

夕阳最后的光线闯了进来。

伍子胥拉住了孙武的手，告诉他，吴王阖闾注重搜求各种人才，立志要使吴国更加强盛。伍子胥恳请孙武随他晋见大王阖闾，阖闾定当委以千军万马，吴国破楚指日可待！

孙武当然在盼望着这一天的到来，内心山呼海啸般涌动着不可抑制的焦灼、激情和渴望。他急于将书写在竹简之上的兵法战策试于疆场，急于挂印拜将建立不朽功业。孙武常常在夜阑人静的时分，著述兵书，研究古往今来的战法，绘制疆场上的阵图，这时候，他的内心铺开了平野山川，展开了千军万马的呼啸和厮杀。

出乎意料，这个日子来得太早了。

听伍员带人要求晋见，吴王正满腹狐疑，他知道伍员是个很骄傲的人，难得有人让他折服，但现在伍员却极力推荐年仅二十四岁的孙武，此人是不是伍员的心腹，两人串通好了来骗他？因为伍员报仇心切，说不定随便找一个人来挂帅，以便来实现伍员复仇的心愿，这种想法刚产生，吴王便马上否定了自己，他觉得伍员有可能与别人串通欺骗自己，可为什么伯嚭也参与推荐呢？莫非这个孙武真是旷世之材？吴王知道伯嚭为人沉稳，不是看准的事情绝不会乱说。因此，吴王急迫想见这个伍员与伯嚭都推荐的孙武，想当面考核此人是不是像伍员所说真有过人的才学。

可当吴王真的看到孙武时，心里有点发凉。此人虽然仪表堂堂，面目清秀，言谈不俗，颇有经天纬地之才，但身体瘦弱，文人气质浓厚，绝不是临阵厮杀的挂帅之才，但人既然已经来了，吴王还是要考考他。孙武行大礼叩见大王。

“听说你是吴国人？”这是吴王问的第一句说，口气不冷不热。

“祖上是卫国人，父亲和我两代人来到吴国居住。”孙武起身道。

伍员生怕吴王因孙武不是地道的吴国人而把他拒之门外，急忙说：“好歹，孙先生也算半个吴国人！”

伯嚭赶忙帮腔：“孙先生父子两代定居吴国，就是大王臣民。”

吴王见他俩急的样子，在心里说：本王还没考核此人，你俩就急成这样子，他不是吴国人，如他真有真才实学，本王用他又有何妨？他即使是吴国人，如是空腹一个，那本王也不会用他！

“伍大夫和伯大夫都说你是当今军事奇才，此话夸张么？”吴王的考核开始了。

“有点夸张，但不太过！”孙武有点傲气地回答，完全没有文人故作谦虚的酸样。

“先生如此自信？”吴王高兴地一拍手，口气变了，开始称他为“先生”。

“不自信不敢来见吴王！”孙武笑微微地说，这种不张扬的笑容很讨吴王喜欢。

“如此说来，先生在军事上确有真知灼见？”

“小民对军事的见解，全在所著的《孙子兵法》十三篇上。”

“你如此年轻，能写《孙子兵法》？”吴王诧愕地看着他。

“小民随身带来，请大王指教！”孙武把《孙子兵法》竹简从包袱中拿出来，递给了吴王。

吴王接过来，并不打开看，只是问：“你能一句话说出《孙子兵法》十三篇的内容吗？”

“书中谈的全是用兵之道。”孙武说得不急不缓，口吻不轻不重，一副成竹在胸的神态。

“本王想听听先生的第一篇。”

“兵者，国之大事，死生之地，存亡之道，不可不察也。”

吴王激动得很，眼睛睁大了，他就凭孙武的这几句话就知此人军事上的造诣在伍员之上，伯嚭更是无法与之相比。

吴王接着问第二篇。等孙武把十三篇答完，吴王已是对他佩服得五体投地了。

“实不相瞒，伍大夫和伯大夫是将先生作为帅才推荐的，先生有挂帅雄心么？”

吴王阖闾即位后，就礼贤下士，任用伍员等一批贤臣，他又体恤民情，注意发展生产，积蓄粮食，建筑城垣，训练军队，因而大得民心，吴国呈现出一派欣欣向荣的景象。此时的吴王看着眼前这个胸怀韬略的孙武，不禁又增添了一分攻楚的信心，吴王也想向长江中游发展，灭楚称雄。孙武情绪激越，吴王也神色激昂。

“孙武若不是为了挂帅，也不会前来晋见大王。”

“先生也知道吴国和楚国正处于交战状态，伍大夫、伯大夫全家被楚王和费无忌所害，定要找楚国复仇，因此，吴楚定有一战，本王请教先生，吴军怎样才能战胜楚军？”

“吴军虽然凶悍，打游击可以得逞于一时，但面对严整的楚军的阵地战，吴军就处下风。目前楚军虽已国力日减，且官僚贪腐横行，世风日下，但楚军的军力仍不可小视，楚军和中原诸侯国交战多年，目前战法、队形、协同作战已与南蛮时期不能同日而语，而综观吴军，纪律散漫，队不成型，协同作战没概念，至于战法更谈不上，要想从根本上打败楚军，必须狠抓训练，整肃军纪。只有在此前提下，才能谈及三军协同作战，顾及战法。”

“先生想法与本王不谋而合，有一件事从本王见先生时起沉积于胸，那就是战场残酷，先生身体瘦弱，如何经得住战场刀光剑影，鞍马劳顿？”吴王阖闾有些担心他身体吃不消，便担忧地说。

“小民身无大病，大王不需挂怀，为挂帅亲临战场，小民设计了自己的坐车卢的，请大王观看。”孙武又从包袱中拿出一张图纸给吴王。

“此车名卢的？”吴王疑惑地问。

“正是。此车只坐孙武一人，可用马拉，也可用人推，孙武坐于车上，战场情景尽收眼底，既避免了我在战场上的辛苦，又便于孙武战场指挥，所以，大王不用挂记。”

“太好了，那就按图设计，立即给先生制作卢的！”孙武打消了吴王的顾虑。

伍员忙问：“大王同意孙先生挂帅？”

“孙先生挂帅前，本王还想亲眼看看先生如何练兵，想请先生现场演示。”吴王是个带兵打仗的人，他只要到现场看孙兵练兵就知道他是不是真内行，说白了，吴王到此时对孙武的实际指挥作战能力还是有怀疑，他怕孙武是那种只会说不会练的假把式。

现在，阖闾再也不提伍子胥报私仇之旧事了，只千方百计鼓动孙武去冲，去战，去流血，甚至去死。阖闾雄心勃勃，意欲一试部下精锐，伍员、伯嚭也大肆煽动，似乎明日大王即将游幸郢城。

孙武含而不露笑笑：“大王对孙武带兵信不过啊！”

“先生言重了！本王只不过是想现场看看先生练兵，决无他意。”

“现在？”

“当然最好。”阖闾心里高兴。

“用什么部队演示？”

“本王给你三百宫娥兵如何？”吴王明显给孙武出难题。

“请大王下令叫三百宫娥去校场。”

伍员急了：“孙先生，你面对三百宫女，行吗？她们可是从来未出宫门的！”

孙武淡淡一笑：“她们到了校场就不是宫女，而是吴兵，是兵就可练，要练就要练成精兵。”

伯嚭也有些担心，为孙武捏了把冷汗：“孙先生，君王面前无戏言啊！”

孙武坚定地说：“练不好三百宫娥，大王选帅另请高人！”

“好！先生练兵就从这三百宫娥兵开始！”孙武要把稀松散漫的三百宫娥练成精兵，引起了吴王极大兴趣，他倒要看看孙武如何面对这些弱不禁风的女人，又如何把她们训练成能上战场的吴军。

一个时辰以后，三百宫娥穿上盔甲，手持剑盾，在王宫校场集合，为了孙武便于指挥，吴王还叫自己的两个嫔妃担任队长。宫娥从来是宫中穿戴，什么时候有过军人打扮？如今穿上军装，别有一番情趣和风韵，她们互相看着对方的装束，都感到很新奇，嬉闹声不断。

手摇羽扇，文质彬彬的孙武出现在校扬高台，宫女们看到训练自己的竟是一个书生，还这样年轻，不觉又嘻呵起来，说真话，这些宫女长年累月在宫中只看到一个真男人——吴王，再就是能看到假男人——太监，什么时候看过年轻潇洒英俊的男人？当孙武出现在宫娥面前时，异性相吸的生物规律让她们不由得发出了惊叹声。两个队长想不到训练女兵就是这样一个“奶油小生”，觉得很搞笑，于是率先大笑起来，校场立即成了笑的海洋。

在宫女的笑声中，孙武训话了：“你们现在是吴军战士，不是宫女，是大王手下的兵！”

孙武严肃正经的模样让宫娥笑得更凶了。她们对孙武指指点点，议论声和着笑声，在校场上空轰响。

“击鼓！”孙武放下羽扇，厉声下令。

高台上的男吴军擂响战鼓，“咚咚”的鼓声终于让校场上鸦雀无声。

“吴军与楚军作战，获胜的关键是军纪，是阵形，是步伐一致。而要做到这些方面，军中指挥就显得非常重要，军中指挥靠的是鼓和旗发号令，今天先练鼓令。”校场终于安静下来，孙武说完，又叫军鼓手示范，鼓手不紧不慢地重敲了四下。

孙武说:“这是集合令!”

鼓手又重敲五下。

孙武说:“这是前进令!”

鼓手又敲六下,孙武说:“这是停止前进令!”

鼓手突然敲得急风暴雨,孙武说:“这是冲锋令!各位记住没有?”

女兵开始像听天书,继而又发出哄堂大笑。

“既然你们不回话,想必是记住了,那么下面分两队随鼓声操练,你们以队长动作为准!开始!”

鼓声响起,宫娥们你看我,我看你,谁也没动,那两个队长笑得前仰后合,宫娥们又大笑起来。

孙武大喝:“别笑了!再随鼓令动作!”

鼓令又响,女兵们还是只顾笑,没有动作,两个队长还开起玩笑,她俩带了头,女兵们也互相打趣推闹。

孙武的脸色很难看,脸颊像两块乌云:“我再说一遍,停止说话,随鼓令而动!”

第三通鼓令敲响,女兵们依旧没动,笑声却排山倒海,两个队长笑得眼泪都流出来了,只喊腰疼。

孙武的脸色变得惨白,但他还是压住怒火,希望女兵们配合操练,他知道,吴王就在后面高台上看他如何操练女兵,如果他的第一炮就哑火了,那他的元帅梦也就泡汤了。

“各位没随鼓声操练,可能是本帅刚才把鼓令没讲明白,现在,我让鼓手再示范一次,各位必须用心记住。军中鼓令就是指挥命令,谁不随鼓令而动,本帅将严惩不贷!”

鼓手又把鼓令演示了一遍,孙武下令宫娥分两队排列,每队150人,然后命令鼓手击鼓,效果如前,宫娥无人动作,只有笑声迎接鼓声。

“再来一次!”孙武推开鼓手,亲击鼓令。

孙武亲自击鼓,引起女兵们更大笑声,笑声中还夹杂着女兵相互打闹的声音,孙武终于被激怒了,他向台上跟随的男士兵下令:“抬铡刀!”

孙武对女兵的反应早有防备,要不然他不会事先准备铡刀。

看见铡刀,宫娥们全都变了脸色,笑声戛然而止。

“我对你们三令五申,将不执行,将之过!”孙武声色俱厉:“来人,把女队队长抓到台前,问斩!”

男兵们不容分说,就把两个队长按倒在孙武面前,在后台观看的吴王阖闾看孙武动真家伙了，忙叫太监给孙武传令：“吴王赦免两个宠妃无罪！”

两个队长已被按到铡刀下，面如土色，浑身发抖，刚才肆无忌惮大笑的劲头早已没了踪影。

孙武没想到吴王会来求情，马上说：“大王已授我于帅，帅在军中，君命有所不受！斩！”

铡刀下，两个嫔妃命丧黄泉，女兵们为之震慑，以后孙武再操鼓令，无不按鼓令行动。吴王见孙武不听君命，气得脸色苍白，拂袖而去。伍员和伯嚭知情不妙，忙尾随紧跟，他俩担心，万一吴王改变主意，不让孙武挂帅，他俩的复仇计划就会中断。

回到王宫，吴王余怒未消：“孙武也太不看本王的面子，竟敢置本王口谕而不顾，可恼！”

“大王，您不是要孙武训练一支有素的吴军么？孙先生严训整军，完全是为这一目的，大王可别错怪孙先生。”伍员怕吴王改变主意，忙为孙武求情。

“可他斩了本王的两个爱妃！此罪不可恕！”

“大王，两个妃子的性命和一支训练有素的吴军孰重孰轻，大王比臣明白，为了和楚国争霸，孙武先生是动了真功夫，不如此，吴军的战力提不高，胜楚军无望，大王应体察孙先生的良苦用心！”伯嚭赶忙帮伍员说话。

“唉，也许你俩说得有理，去病应用重药，孙武也是不得已而为之，本王也看出了他训兵有方，练兵有法，只是可惜了我那两个爱妃！”

伍员和伯嚭出了一口长气，两人这才发现自己的脸上全是汗珠。

伍员急匆匆问：“大王，那孙先生挂帅的事？”

“挂！由孙武从明日起训练吴军，三月为限！要见成效！”

伍员心中激奋：“这么说，大王三月后伐楚？”

伍员心潮澎湃，兴高采烈，心想，伍员，你终于可以报仇雪恨了！即将到来的这场战争，对于吴国，对于吴王，应该说是千载难逢的时机，对于自己，何尝不是一次期望和等待了数载的时机呢？而孙武，你就要援炮击鼓，催动战车，催动三军，轰轰隆隆碾过楚国大地，开进郢城了。

吴王也思潮起伏；吴国的三军，将在此一役之后，令万世震惊。

吴王口气调侃：“不伐楚，你已变黑的头发不是又要一夜急白头？”

伍员和伯嚭哈哈大笑，吴王也忍不住笑出声来。

这时孙武进宫交令：“报告大王，女兵 298 人今日操练完毕，特来交令！”

见了孙武，吴王便念及已被斩的两个爱妃，气就上来了，沉下脸说：“孙先生，她们练得怎么样了？”

"女兵生性聪慧,操练大有进展。"

"可本王赔了两个爱妃!"

"正因为孙武斩了大王两个爱妃,已违君令,所以特来辞帅!"孙武不卑不亢,声音很大。

吴王一听急了:"先生这是为何?"

伍员和伯嚭异口同声:"先生不可!"

"大王对小民心生芥蒂,今后小民如何训兵,更无法带兵!吴军不能严训,必不能战胜楚军,到头来不能完成大王交给小民的任务,小民不如早辞帅位为妙!"

吴王急不择言:"先生,别,别,这个,别,本王已知先生练兵的厉害,很放心把吴军三军交给先生,先生勿疑。"

伍员忙说:"先生别往他处想,你斩了大王爱妃,大王并不称怪。完全信任先生。"

伯嚭也说:"大王爱妃被斩,大王开始心有怨气,人之常情,更看出大王是有情有义之人。现在大王怨气已消,全力支持先生挂帅!"

"是啰!伯大夫说得好,本王现在全力支持你挂帅!"

孙武这才向吴王躬身下拜:"孙武谢吴王高抬,当殚精竭虑,苦练吴兵!"

"本王给你三月期限,三月后本王要巡视三军!"

"三月足矣!"

孙武受命以后,没有马上去操练吴三军而是精心操练近三百名女兵,然后让操练列队技巧娴熟的这些女兵当"标队"(队长)分别去操练吴军男兵,那些男兵都知道孙武怒斩嫔妃的事,谁都不敢马虎懈怠,反而在女"标队"面前刻意表现自己,操练格外认真,三军的作战技巧提高很快。

吴王开始对女兵训男兵信心不足,便问孙武:"元帅,女人训男人,从古未有啊!"

孙武还是含蓄笑:"总有人开先河啊!孙武愿作第一人。"

"这是如何?"吴王百思不得其解。

"女标队更认真,更称职敬业,动作更规范,必收奇效!"

吴王半信半疑,伍员和伯嚭心里也是疑云重重。但三月下来,吴国三军面貌一新,军容威风,精神生猛,队列整齐,在鼓号和旗号的指挥下,他们的操练令吴王眼花缭乱。

"元帅,本王服了!服了!哈哈哈哈!"吴王心情大悦。高兴地说:"现在可以向楚国发兵了。"

“大王，现在发兵火候未到。”

“为何！”吴王不解。

空国远征，孤注一掷，对于吴王来说，胜则奠定会盟诸侯的大业，败则元气大伤，当初拜孙武为将，急切要兴兵伐楚的激情，已为务实的忧虑所取代。

“是呀！元帅这又是为何？”伍员更急。

“没有外患，楚国必内忧，吴军暂不发兵，微臣料想，为时不久，楚国必内乱四起，那时发兵，楚国可灭！”

伍员急问：“那要等到何时？”

“伍大夫莫急，楚国已千疮百孔，内乱只是迟早的事，伍大夫是楚国人，深知楚国历史，每当有外族入侵，楚国必团结对敌，此刻攻楚，事倍功半，若楚人无有外族入侵，必生腐败，腐败愈烈，内乱必生，此刻攻楚事半功倍。”

“元帅，再等伍员已经等不及了！”伍员真的有些耐不住了。

“伍大夫，快了，楚国内乱快了！”

“元帅说此言，必有说此话的原因，可否向大王言明？”伯嚭说得机智巧妙，他谅孙武在吴国面前不会不吐真言。

“孙武在练兵的这数月，派出无数细作去了楚国，他们纷纷报回来消息，说楚太师目前已是众怒难犯，楚国朝野要求铲除费无忌的呼声很高，孙武料定近期楚国定有重大事件发生。另外，细作传来情报，楚国令尹子常贪腐愈烈，对附属国的敲诈勒索日重，引起附属国的不满，子常有出兵攻打蔡国的企图，孙武将挥兵直捣楚国郢城。”

“元帅言之有理！”吴王首先表了态。

伍员没出声，但心里却像火烧，原以为三月后可复仇，现在看遥遥无期，孙武不发兵，他也只能干着急，他手中无兵权呐。

伯嚭口里说孙武的话有道理，可心里却叨念一个事，如果楚国内乱把费无忌杀了，那他手刃此贼的愿望就落空了，也是心有不甘啊！

孙武果真料事如神，楚昭王见楚国上下灭费呼声很高，知道这股怒火是怎么也扑不灭了，只会越烧越旺，搞不好还会危及他的王位。于是他找来令尹子常和大夫沈尹戌，密商除掉费无忌。令尹子常本来就觉得费无忌位高权重，早就心存不满，特别是费无忌本身就贪，却反对他贪，经常在昭王面前告他的状，让他忍无可忍，只是碍于昭王没表态，他也就不敢与费无忌对抗。如今，昭王发话了，子常的胆就壮了。大夫沈尹戌是坚决的反费派，他目睹伍家、伯家被费无忌灭门，早已是怒火填膺，对于恶贯满盈的费无忌，他是早欲除之，只是自己势单力薄，心有余而力不足，如今昭王和令尹子常都要灭费无忌，他自然再支持不过了。

于是由昭王下密令，子常和沈尹戌带兵包围了太师府，高高在上的费无忌以两朝元老自居，根本就没想到会有人暗算他，更没想到要除掉他的总指挥是昭王，太师府的卫兵当然不是子常指挥的常规军的对手，几乎没费什么事，费无忌被擒获，昭王下令，将费无忌满门抄斩。

费无忌被杀，他的余党人心惶惶，有的逃跑，有的被抓杀头，一时间，楚国上下都是“抓费无忌余党”的恐怖。

令尹子常如今大权独揽，更加肆无忌惮地贪财敛财。一次，蔡国特使来楚国进贡，子常嫌蔡国礼单太薄，由此怀恨在心。也是蔡国活该倒霉，就在此时，蔡国的商人杀了在蔡国囤积居奇的楚国奸商，子常借此决定发兵蔡国。

这些消息源源不断的传到了吴国，按理说，伍员和伯嚭复仇就失去了理由，楚平王和费无忌两个仇人先后死去，伍员和伯嚭就没有了目标，可他俩不这样想；虽然仇人死了，但楚国还在，还是姓熊的当权，还是平王的儿子当国王，这是他俩绝不愿意看到的现实，当听到孙武决意出兵伐楚时，他俩还是举双手赞成。

孙武为什么此刻决意伐楚，主要基于以下两个原因：第一，楚国国内民心动荡，人人自危。此时伐楚，楚人很难共同对敌；第二，子常伐蔡，楚国内兵力空虚，此时吴国突然出兵，决然出乎子常所料，他率师回援郢城，部队必疲惫不堪，在楚军疲惫回援时，孙武断定吴军极易得手。

吴王同意孙武的判断，决定挥三万吴军伐楚，由孙武挂帅统领三军，孙武任命伍子胥为上军主将，自己坐镇中军，任命大将夫概统领下军，三军向楚国杀来。

孙武立在战船的船头，掠过淮河的风，带着丝丝凉意，打在他的脸上，拂弄着征袍——孙武，你就要让你泼洒在竹简之上的心血，让那些兵法战策，演绎成战争的千古绝唱了。回眸望去，战船数百，千樯排阵；看看岸上，战车和步卒，遮天盖地。他的身后，是三万吴军。一同兴师，一路风尘劳顿，与楚国争一日之胜。这对于楚国来说，是孤注一掷；对于吴国来说，君臣士卒远离故国，在这肃杀的秋风之中，要与强敌楚军决一死战，何尝不是九死一生，何尝不是孤注一掷啊！对于吴王、伍员来说，别无选择。

这一天来得是如此艰难！伍员潸然泪下。这时候，他渴望一场激战，渴望速战，渴望顷刻间横扫楚军，可是他知道，这不容易，伐楚将是一场旷日持久的空前的战争。

由于楚军主力都由子常带领去攻蔡国了，楚国内虽还有兵，但都不是楚军主力，严格地说就是一些地方部队，他们怎么顶得住训练有素而又凶猛异常的吴军？吴军是势如破竹，一直打到了楚国纵深腹地，离郢城不远了。

楚昭王根本就没想到吴国会突袭楚国，他原以为吴军停止了边境袭扰，是他们被楚军打怕了，楚昭王做梦也没想到吴军会伺机偷袭，他本来就是个智商很低的君王，面对吴军逼近郢城，忙招令尹子常回援。子常听说吴军已快攻打汉水，逼近郢城，忙从蔡国撤军，不分昼夜往汉水赶，好在他率军赶到汉水北岸时，吴军还没过河。于是两军就在汉水两岸对峙起来。

吴楚两军大战一触即发，两军统帅部都在商量破敌之策。

先来看楚军，子常心里本来就害怕吴军的凶悍，打仗不讲规则，不按战法，像发疯似的不要命地冲，自和吴军交手以来，吴军的这种“野蛮”打法，让子常吃了不少苦头，所以这次若真要和吴军大打出手，子常还真没有把握获胜。他特地请来上军将军大夫沈尹戌，讲了自己心中的疑虑，想听听他对击败吴军有什么想法。

沈尹戌说：“令尹，切勿先惧吴军凶悍，他们也有软肋，吴军长途奔袭，深入楚国腹地，粮草供应必然紧张，令尹在汉水正面拖住吴军，末将率部从汉水上游过后，抄到吴军背后，断其退路，夺其粮草，然后和令尹前后夹击，吴军可破！”

子常大喜：“你计甚好，就照此计行事！”

沈尹戌带兵到上游过汉水，抄吴军后路去了。

吴军统帅部也在紧急商量对策，孙武召集的会议只有伍员、夫概、伯嚭参加，由于此战事关重大，吴王阖闾也参加了会议。

孙武首先问：“楚军九万，吴军三万，我们兵力明显处于劣势，各位有何破敌之策？”

伯嚭以前从不抢着发言，这次却一反常态，急着开口：“楚军虽有九万之众，但楚军上下贪腐之风盛行，令尹子常带头，上行下效，现在的楚军是见钱眼开，绝无斗志。早已没有了往日决死搏杀的勇气，小小蔡国，九万楚军都消灭不了，就是力证。元帅只要亲临战阵指挥，此仗必胜无疑！”

雄心勃勃，可是也忧心忡忡。

孙武尽量掩饰着内心的波澜。他首先面对的不是强敌，而是吴王。

“伍将军，你意如何？”

“伯大夫说的现状确是实情，今日之楚军决无往日之雄风。但吴军只有三万，就是说一个吴军面对三个楚军，敌众我寡，故此仗只能智取，不可力战。”

三万兵力与九万强楚决战哪！

大将夫概不耐烦了:“既然楚军没有斗志，本将军一个冲锋就可把楚军冲垮,我的五千勇士,冲向哪里,哪里决口！”

孙武说:“大将军此言差矣！楚军战力比往日为弱,并不是没有战力,就看大夫沈尹戍带兵从汉水上游过河,想抄我后路,断我断草,就证明楚军中有高人！”

伍员说:“元帅说得极是,据我所知,那个沈尹戍就很难对付！不像统领中军的子常,是个贪腐有方、带兵无能的元帅。”伍员显得比任何人都更焦急。急于破郢,活捉楚昭王,报父兄被杀之仇。

孙武又含蓄地说:“沈尹戍分兵抄我后路正合我意。”

伯嚭不解地问:“元帅的意思是——”

孙武笑着说:“楚军分兵,沈尹戍带走了善战的楚上军,这样本帅就可从容不迫地聚歼子常中军。”

夫概立即接话:“夫概愿打头阵！”

孙武严肃地说:“夫概将军许败不许胜！”

“元帅,好不容易和楚军主力交手,怎么不许胜?”

“为了诱敌深入,让子常进入本帅预设阵地！”

“夫概难以从命！”夫概闷声闷气地说。

吴王见夫概抗命,忙说:“元帅军令如山,夫概不能擅自行动！”

夫概见吴王发话,不敢再顶,只好说:“上军将夫概遵命！”

孙兵这才解释:“汉水两岸系平原地区,不是吴军擅长的作战区域,而利于楚军作战,他们在此长驻,熟悉地形、地貌,打起来就是得心应手,但若把楚军诱入山冈之间,那就是擅打游击的我军的理想战场,楚军的主力即战车部队就不能发挥其所长,而我军的步兵就有用武之地了！”

夫概已领兵独当一面,还是笑吟吟的那种神秘莫测的模样儿:“元帅为什么不早说！”

孙武继续讲:“据本帅所知,楚军主帅子常心惧吴军,若将军每战必胜,他必溜之大吉,本帅就难以聚歼其主力,故只有将军战败,才能让子常由惧敌到轻敌,他才能进入我的预设阵地！”

“夫概心服口服,可末将敢问元帅,你的预设阵地究竟在哪里?”

孙武一字一顿地说:“柏举！”

伍员大悟:“原来元帅在柏举留了五千人马,就是为了专门对付楚军的！”

“正是!本帅料定子常要从蔡国回援,故在汉水边不再前进,专等子常到来,摆出一个决战的架势,诱敌上钩,他哪知我埋藏了五千伏兵！”

伯嚭又犯了糊涂："可伯嚭不明白元帅为什么让三百宫娥兵留于五千伏兵之中？又为什么让二千囚犯在五千伏兵前面打冲锋？"

孙武又笑了："伯大夫，连战连胜的楚军见了女人会如何？"

伯嚭不假思索："那还不抢，吴女美啊！"

"那楚军的队形、阵形又如何？"

"必大乱！"

"此刻囚徒的冲锋楚军还能抵挡？本帅可是给这二千囚徒下了死令，杀一个楚军免罪，杀三名楚军立功升官，伯大夫，你说他们将会如何冲向楚阵？"

"定会舍生忘死不要命啰！伯嚭折服！折服！"

秋日的风正在大地上游索，扑在脸上有些许的凉意。孙武这才说："兵无常势，战无定法，怎么能胜怎么打！"

众人听得连连点头，吴王脸露敬佩之色，还一个劲地击掌。

孙武适时向吴王提出请求："为把汉水吴军欲与楚军决战这场戏演得逼真，孙武请大王亲自击鼓，子常见到大王击鼓，必知我军此来是和楚军决一死战的，可决战的吴军一败再败，子常会作何感想？"

吴王抢先说："吴军不堪一击，决战的吴军也不过如此。"

"孙武的目的就达到了！子常的死期就不远了！"孙武自信满满地说。

"这个鼓，本王敲！"吴王热血沸腾，大声说。

众人仰头大笑。伯嚭又问："元帅，你估计楚军会过汉水和吴军决战么？他要不上钩呢？"

孙武淡定地说："他从蔡国回撤干什么？不就是要解郢城之危么？楚昭王能允许他不过汉水救驾？"

伯嚭心服口服："元帅妙算！妙算！"

军队沿开阔地带，向汉水驰奔，秋日的太阳在烟尘中像一枚红红的鸡卵。第三天一早，子常接到了楚昭王第二个上谕："既已抵汉水，为何不战？令尹再不战，郢都危矣！"

太阳在向下坠落。队伍飓风一般进入大隧山口，上弦月升起来了。山中荆棘丛生，藤蔓缠绕，乱石嶙峋，军队在昏暗中行进，要攻打郢都了。

本不想马上开战的子常只得硬着头皮令三军过河，依他本意是等沈尹成包抄后路到位后，他再全军出击，可如今楚昭王下了一道严令，他不得不和吴军决战了。子常、沈尹成在江滨高处隔江向吴军来处望去，但见烟尘腾起数丈，旌旗在尘灰中翻卷闪现，不知对面有多少兵，吴军莫非神助？来得如此之迅速！

等楚军全部上岸，吴军早已列阵以待，子常见吴军军容整肃，阵形严密，已非当日“游击”之貌，心中更加畏惧，但既已过河，身后已无退路，他知道害怕已无济于事，打也得打，不打也得打，说不定凭人数的优势，楚军或许能胜。他就这样心里七上八下走到两军阵前，看见吴军“帅”字旗下一辆轮车上坐着一个拿羽扇的年轻人，便问身旁大将黄异：“这是何人？”

“吴军元帅孙武。”黄异小声说。

“这么年轻？”子常心寒了。

黄异不屑地说：“只怕此人是浪得虚名！令尹，不足为惧！”

子常又看到吴军“王”字旗下有一鼓车，车上的鼓手竟是穿王服的人，子常惊讶地问：“鼓车上是吴王？”

“肯定无疑！抓住了吴王，吴军必败！”黄异喜气洋洋。

“对！擒贼先擒王！”

吴王按孙武的口令，擂响三通战鼓，楚军回应了三遍战鼓，吴军夫概先出来挑战，吴军几个大汉把坐于卢的上的孙武掩于阵中。

如今伍员隔江望见楚国兵马，恨不能立刻就去踏他个人仰马翻！

黄异自告奋勇迎战，子常向楚军高叫：“吴王就在吴军阵中，谁抓住了吴王，位列侯班！”

还别说，子常这一喊还真见效，只见楚军随黄异像风一样扫向吴军，奇怪的是，一向骁勇的夫概这时却经不住同黄异几个回合的交手便败下阵来，立功心切的黄异和楚军奋不顾身地杀向吴军，一路呐喊助威，追了几十里，子常才命令楚军止步。这一仗，楚军缴获无数，这让子常喜出望外，也让他有些纳闷：吴军为何不堪一击？是真败还是诱敌？他身边没有了足智多谋的沈尹戍，只得问黄异：“黄将军，吴军是否诈败？”

“令尹多虑了，吴军的大王和帅倾巢出动，他们诈败，未必不怕危及吴王和孙武。令尹你深通兵法，有哪一个国家的军队中有国君和元帅敢诈败的！诈败伤了元气，那搞不好就成真败了！任何人不敢冒险！何况是年纪轻轻的孙武。”

“黄将军言之有理！有理！”黄异的话让子常吃了定心丸。

是夜，江上一片大雾。云封雾锁，对面不见人。吴楚又展开第二仗。两侧山崖，如烧红的炉壁，一片赤红。吴军只有挨打的份儿，纷纷抱头鼠窜。夫概渐渐且战且退了。吴军逃跑的沿途，到处都是吴军物资，第三仗仍是吴军败，子常渐渐上了钩，上了岔路了。心想；我士卒人熟地熟，埋伏山中，神出鬼没，孙武小儿也不过如此。于是渡江一战，他怕吴王逃了，下令紧追，一口气追到柏举，吴军逃得没影了。

想那阖闾雄心勃勃来者不善，想那伍子胥能征惯战为报父仇准备了整整十年，想那孙武足智多谋用兵诡诈，他下不了决心。子常慎重考虑，下令停止进行，他发现此地四周都是高山峻岭和深不见头的森林，放眼望去，山峦叠嶂，好一个山的世界，山环山绕，河道蜿蜒如龙，在山间游动。山里决不是决战之处，子常恐中吴军埋伏，子常下令停止追击，他令刚出，就从森林中走出三百吴宫宫女打扮的美女，她们一个个婀娜多姿，腰细胸突，性感十足，旷野地突然出现这些美女，楚军全都恍了神，看呆了眼，不知是哪个楚军淫心大发，喊了一声："抢啊，不抢白不抢！"

这一喊，楚营炸了锅，楚军从痴呆中清醒过来，遂对高山峻岭警戒松懈。人人奋勇向前抢女人，什么队形、阵形全不顾了，整个楚营乱了套，子常见楚军不听指挥只顾抢女人，忙令人击鼓挥旗，可都无济于事了，子常感到些许晕眩。心里是一片空白，一切都是孙武和伍子胥谋划好的？人家挽了个绳子套儿，他就钻进来了！吴军在山谷虚张声势，是诱他骄傲，让他上当；楚军已中计了，子常即使再不懂兵法，也会知道深山老林中何以突然出现这么多美女，不是事先埋伏在此，此刻何能出现？更让他奇怪的是突然出现的这些美女身手敏捷，片刻便逃得无影无踪，即使抓到几个，也被她们挣脱，逃进了森林深处。

想到这里，他的心立即抽紧了。

黄昏悄悄地来了，暮色不声不响地以昏黄的帷幕遮住了山川和天地。楚军不敢追赶，扫兴地往回走，正在这时，又从森林中冲出几千名披发赤足，衣裳破烂的"野人"手拿大刀长矛，口里哇哇乱叫亡命冲来。

楚军中又有人喊了句："鬼来了，快跑！"这一喊不打紧，本来就乱了套的楚军只嫌逃跑的腿短了，吴军的囚犯见楚军就杀，见人就砍。子常成千成万的徒卒，怎么成了飓风中的一群羔羊！楚军不敢回头，那场面就是一场楚军逃命大比拼。子常起先还想弹压楚军稳住阵脚，杀了几个逃跑的楚军，但眼看败军如山倒，他觉得再不逃命就可能丢命，也跟上了逃兵队伍向后撤。

这时，夫概率五千伏兵泰山压顶般向楚军杀来，柏举战场成了吴军杀人比赛的屠场，刚才还威严整齐的六万楚军，顷刻瓦解，兵找不着将，将顾不了兵，强烈的求生的欲望，使子常不顾一切，也不再顾及楚国的安危、楚军士卒的死活，他弃了他的军，只有一个选择：快逃。

子常和黄异终于没有逃脱孙武指挥下的吴军追杀，子常命丧夫概戟下，黄异也成了刀下之鬼。六万楚军不是投降的，就是死于乱军之中。孙武挥军回头迎击沈尹戌，毫无准备的沈尹戌虽也顽强抵抗，但已无斗志的楚军仍被因胜利而激励得更疯狂的吴军杀败，沈尹戌直至战死，三万楚军非降即死。孙武马不停蹄，命令吴军进攻郢城，当吴军进逼郢城下时，才发现郢城无兵把守，是座空城，原来，楚昭王前天听说子常和楚军大败，再不敢在郢城待下去了，提前一天仓皇出逃，离开了郢城。吴军进城前。孙武向吴王说："吴军进城后，务必严格军纪，切勿烧杀抢掠奸淫，请大王下令明示！"

吴王以前对孙武言听计从，此刻他可能是郢城得来太容易了，楚国灭亡出乎意料的快而冲昏头脑："元帅，严令干什么？吴军打下郢城，就该让大家乐一乐！不然打仗干什么？楚都里能抢的就抢，能烧的就烧！楚国男人能杀就杀，女人能掳就掳！这是楚国无道的报应！"

吴王率先带卫队进城，直奔楚王宫。楚昭王由于出逃匆忙，来不及带走王妃及母亲秦夫人，楚宫里是美女如云，吴王首先占有楚王妃，接着又奸淫了楚昭王的母亲，一天一夜没下床。他的那些卫士看见楚宫里的美女，没有不下手的，不分老幼全被他们奸污。

吴王带了头，夫概和士兵们就群起仿效，他们进城后见男人就杀，见女人就奸，一时间郢城内杀声四起，女人哭声一片，说郢城变成了人间地狱，一点也不为过。

面对吴军的胡作非为，孙武自感无能为力，他直到此时才发现吴王是没有大志向的君王，如果此时他命令追击楚昭王，安抚楚民，楚国转眼间便可臣服吴国，放着到手的楚国江山不要，却只顾在郢城整日宣淫，这让孙武非常灰心，他只得找伍员和伯嚭，让他俩去劝说吴王北进，追击楚昭王，不要再在郢城杀人奸女。没想到他俩说的话更让孙武绝望：

"什么叫报应？这就叫报应！什么叫复仇？这就叫复仇！平王生前杀了那么多人，现在吴军杀回来，楚人不该杀?！楚平王占了那么多女人，他留下来的女人不该奸?！吴王这是替天行道！"

接着吴王阖闾又按照伍子胥之言，将楚国宗庙尽行拆毁，虽然孙武极力劝阻，但吴王根本不听。

时间已经是深秋，落霜了，地上一片白茫茫，枯草在寒霜里有气无力地颤抖着，几片落叶挂在树上。孙武裹紧了征袍。心里焦灼得很。不禁仰天苦笑："替天行道?！吴军灭楚成泡影了！"

伍员和伯嚭一开始没有参加吴军的狂欢行列，他们都去找仇人算账去了，他们按列出的平王宠臣和费无忌死党名单，一个个抄家灭门。

伍员四处搜寻楚平王墓。

破楚入郢之后，要做的第一件事就是这个。伍员百感交集。这熟悉的城池，久违的街衢，生你养你的楚国啊！楚平王要杀太子建？要杀太子建，就要诛了太傅伍奢，诛杀太傅伍奢，就要杀掉他的两个儿子，于是你伍员就成了楚平王设计缉拿处死的人了，世上怎有如此道理？人心怎会这般恶毒。伍员不愿再去打开往事的铜锁。

可是，萦绕在他心头那充满血和恨的往事，此刻又在眼前闪现！仇恨呢？楚国郢都已破，楚昭王已逃，楚平王已死，向谁雪耻报仇？那就掘墓！对！

掘墓！

伍员把楚平王的尸体从陵墓中挖出，手持九节铜鞭，又鞭打三百下，直到肉烂骨折，此后更是“左足践其腹，右手抉其目”，并骂曰：“汝生时枉有目珠，不辨忠佞，听信谗言，杀吾父兄，岂不冤哉！”可伍子胥还不解恨，又割下了平王的头，并把衣物棺木全都销毁，连同尸骨弃于荒野。

太阳升起来了，升到中天了，喷着鲜红鲜红的血。伍员总算报了楚平王对伍家的灭门之恨。

话又要说回来，伍员的这些做法，都是不能称道的，更不能提倡和仿效。患上了偏执狂的伍子胥无论他有多大的冤情，受了多大的委屈和打击，他都不应该出卖国家利害甚至帮助别人来消灭自己的国家，这种行为是可耻的。把仇人楚平王的尸体从墓中挖出并鞭尸三百，更是要受到谴责，太不人道了。这是伍子胥永远抹不去的污点。

平心而论，伍子胥是一条好汉，但同时又是楚国人的败类。

历史轮回。后来，伍子胥与伯嚭志趣不投，新登基的吴王夫差更加亲近伯嚭，伍子胥与伯嚭的关系到了剑拔弩张的地步。伯嚭又趁机诬陷伍子胥！吴王最后把他碎尸万段，抛入河中喂鱼，最后落得了一个死无葬身之地的悲惨后果，不得不让人深思。

等伍子胥和伯嚭这两个没人性的家伙灭完了仇人向吴王回禀时，楚宫的女人都被吴王和他的卫队奸淫了，吴王便把被他奸过的楚王妃和秦夫人转手让给伍员和伯嚭，他俩把她们带出宫，又尽情奸污，秦夫人不堪凌辱，自尽身亡。

面对着郢城混乱不堪的局面，孙武进宫对吴王作了最后的劝说：

“大王，郢城现在一片混乱，大王应该把在吴国的公子熊胜叫过来立为新晋楚王，尽快让楚国安定下来，人心稳定下来。”

“让公子胜回来当楚王，让本王与吴军为他瞎忙一场？只有傻瓜才会干这蠢事！”吴王整日淫乐，气血亏输，说话直喘。

“大王，不立楚王，楚人不服，久之生变恐节外生枝。”孙武还在苦苦规劝。

“生什么变？生什么枝？楚国已被本王占领，楚昭王已落荒而逃，楚令尹战将全部阵亡，楚人还能不服？先生多疑了！”

天上，黑的云，白的云，在呜呜咽咽的秋风中疾走；地上，漂着几片落叶。零零散散的灯光,像鬼火跳跃。几个寻欢作乐的吴卒,带着酒气,趔趔趄趄迎面走过。饮酒、歌舞、祝寿、欢呼,夸耀吴王雄才大略文治武功。

孙武的眼睛湿漉漉的,他长叹一口气,闷闷不乐退出了楚宫,伍子胥怀有报仇之心,有那样出格的想法和行为,还可以理解。而吴王阖闾,应该算得上是一位了不起的政治家,竟不作长久打算,不用孙武之策,只图一时之快,真是令人为之感到悲哀啊!

孙武知道,目前郢城的局面他是无力扭转了,在楚吴军的享乐也快到尽头,倒霉的日子正等着吴国呢!

第二十一章　重整山河　规复社稷

楚昭王在斗辛的支持下，在随地整军修伍，谋划复国；申包胥佯称特使，奔赴秦国，求哀公发兵攻吴。秦楚联军击溃吴军，恢复了楚国。楚昭王重赏功臣，申包胥悄然隐退。而吴军大将夫概，怀一己之私，占据吴王宫，已解甲归田的孙武在吴王的恳求下，统兵平叛，夫概亡奔楚国。夫概撺掇楚王伐吴，未料，楚军大败，夫概身死。

楚昭王从郢城出逃，玩命地跑到郧地，如何向父王交代？即便大王阖闾饶了他，凶悍的夫差会放过他么？他闷闷不乐，一路一言不发。楚国元气已损，无力组织军队征讨，吴楚也就暂时没有大的战争。

郧地最高长官郧公斗辛出来迎接，斗辛是蔓成然的儿子，蔓成然当了令尹后，贪腐日重，被楚平王斩首，但平王没有将蔓成然满门抄斩，而是念及蔓家为他上台作出的贡献，将蔓成然的儿子封在了郧地做官，所以楚昭王不是实在没办法，也是不会逃到有杀父之仇的蔓家避难的。幸好斗辛深明大义，在楚国危亡的关键时刻，他不但收留了楚昭王，而且还和弟弟斗巢护送昭王到了更为安全的随地，随即打出了勤王复楚的旗号，收集各地被吴军打散了的楚军。被吴军暴行激怒的楚人纷纷赶到随地，由少到多，慢慢在斗辛勤王旗下聚集了一支为数不小的楚军。但这支楚军要想把吴军驱赶出楚国，力量还嫌不足。但楚人都知道，楚昭王还在，斗辛和斗巢的楚军还在，光复楚国就有希望。

楚人向来有个传统，面对外族入侵，往往都能同仇敌忾，共同对敌。以前是如此，这次对吴军入侵是如此，以后秦国灭掉楚国更是如此。“楚虽三户，亡秦必楚！”不可一世的秦帝国，就是灭在楚人之手。所以给后世人留下了一句话：“楚人不可灭，灭之必复仇！”

在随地的斗辛虽然拉起了一支勤王人马，但不足以和吴军对抗，收复失地也只能是空谈。眼看着吴军在郢城烧杀奸淫而无能为力，楚昭王和斗辛只能是忧心如焚，军力不如吴军，他们也只能是干着急。

面对灭国的危险，有个楚人也很着急，那就是伍员的好友——楚人申包胥。此人品行高尚，重信义。在伍员从楚国逃往吴国时，有一天巧遇申包胥，由于以前是好友,伍员把他逃往吴国搬兵报仇的想法告诉了申包胥,申包胥对伍员的不幸遭遇十分同情,但不同意他助吴伐楚。

当时伍员气急败坏地说:“子胥如不借兵,复仇何望?”

申包胥当时无语以对,依当时楚国的形势,伍员要想在国内复仇几无可能,费无忌一手遮天,伍员连生命都难保,谈什么复仇!

在临分手时,申包胥问:“伍员向吴借兵,难道是要灭楚么?”

伍员肯定地说:“伍员不灭楚,天必灭伍员!”

申包胥立即说:“你能灭楚,我就能复楚!”

伍员马上说:“申兄可以把伍员送交费无忌处死,为时不晚!也免了日后你我灭楚复楚诸多烦心事!”

申包胥却说:“你我兄弟一场,不义之事,岂是包胥所为!”

就这样,两个好友立下了灭楚和复楚的誓言,分手而别。

到如今,伍员不食前言,带领吴军,横扫楚国,攻陷都城,激起申包胥要兑现自己以前曾经的承诺。在伍员灭楚的前提下,他申包胥就必须把在灭亡边沿挣扎的楚国恢复过来。申包胥已知楚昭王在随地聚集队伍,但申包胥也深知,伤了元气、大将俱亡的楚军要想从人数上、素质上重整旗鼓谈何容易?目前唯一能救楚的办法就是借兵复仇。伍员之所以能和申包胥交友,就是看中了他的智慧和才华。

此时的申包胥也想到了伍员同样的办法,向外国借兵,借用外力支持楚昭王的军队,收复失地,驱赶吴军。向哪国借兵呢?申包胥想到了目前诸侯国中两个强国晋国和秦国,而他最后把目光定在了秦国。因为秦国之君秦哀公的女儿嫁给了楚平王,楚昭王是秦哀公的亲外孙,他定不会眼看外孙的国家灭亡而不管。可他又以什么身份去见秦哀公呢?去随地向楚昭王讨个特使的头衔再走?时间不容许;以楚国大夫的身份出现,说服力又不强;最后他决定冒充楚国特使,求见秦哀公,也顾不得今后楚昭王降罪自己了。

说干就干了,申包胥也是雷厉风行之人,他历经路途艰险,到秦国咸阳见到了秦哀公。秦哀公已经知道吴国进攻了楚国,也知道楚军战败,但他暂时还不知道战斗的具体进展,所以当他看到风尘仆仆、衣不遮体的申包胥时,他就知道,楚国的局势不妙了。申包胥以前出使过秦国,秦哀公是认识他的。不等申包胥先开口,他就问话了:

“申大夫,何故如此狼狈?”

申包胥未曾开口,泪已先滴,闪烁着执著哀求的光,他沙哑着干涩的嗓子哽咽:“主公,楚国遭大难了!吴军攻入楚国,势如破竹,占领郢城后,烧杀抢掠,无恶不作,奸淫妇女,令人切齿!你亲外孙逃到随地,朝不保夕,包胥作为昭王特使,前来搬兵,请主公念在昭王份上,救救楚国于危亡,迅速出兵救楚!”

“昭王逃到了随地?那楚不是快亡了?”秦哀公急迫地问。

“主公说得极是,楚国要亡了!昭王也快无立锥之地了。”

秦哀公更急地问:“昭王的母亲,也就是我的女儿呢?”

“昭王的母亲秦夫人已落于吴王之手!”申包胥失声痛哭。

“吴王把她怎么样了?”

“秦夫人被吴王侮辱了……”申包胥号啕大哭。

秦哀公腾地从王位上站起来,咬牙切齿地说:“吴王畜生!此仇不报,我誓不为人!”

“包胥请主公迅及发兵,不然救昭王就来不及了!”申包胥泪下如雨。

秦哀公突然冷静下来,他犹豫了,也有些后悔自己太冲动了。楚王昏庸无道,不能救,也不该救。而且,作为一国之主,他清楚秦国出兵救楚不是件小事,于是他婉言拒绝说:“申大夫,你先住下,待本公与大臣商议后再决定是否出兵。”

申包胥听罢,绝望地想,秦哀公只是敷衍自己而已。

此时,大殿里已空无一人,他还在伏地痛哭。蓬乱的花白须发,黄中泛黑的一张瘦脸,已经没有泪水,两眼里滴出的分明是点点鲜血,睿智明亮的眼神也已黯淡了许多。申包胥只得退出王宫,可他并没有在秦朝馆驿住下,而是每天在秦朝王宫门前大哭:

国君啊,您颠沛流离,寄居他乡,指望我搬来援兵,您望眼欲穿,臣肝肠寸断。太叫您失望了。他朝东磕了三个响头,又失声哽咽起来,向进出王宫的秦国官吏痛诉着吴军在楚的暴行,哭诉昭王目前险境,每天从此经过进出王宫的秦朝大臣无不为申包胥救楚的真情所感动。

于是,在申包胥于秦王宫门前痛哭七天之后,秦朝大臣们纷纷向秦哀公请求出兵救楚,他们理由很简单:侮辱秦夫人,就是侮辱秦国;不把楚昭王放在眼里,就是不把秦哀公放在眼里;楚国的今天,就是秦国的明天;不把吴国的疯狂打下去,秦国就是吴国下一个要灭的目标。

申包胥那泣血的哭诉及彻底失望之后的撞地,深深感动了秦哀公的心。在秦国朝野一致要求出兵救楚的呼声下,秦哀公终于作出了出兵的决定。他十分敬重申包胥,痛下决心出兵伐吴;因为在这七天内,秦国在楚国的细作报回情报,说吴军在郢城花天酒地,争权夺利日烈,军人只知享乐没有斗志,楚军纷纷在随地昭王处集结,随时准备向吴军反击。还有一件更刺激秦哀公的消息:秦夫人不堪吴王凌辱,已上吊自杀。

吴王的暴行极大激怒了秦哀公,他觉得不向吴王复仇实难解自己的心头之恨,于是他命令大将子蒲、子虎各率战车五百乘,由申包胥做向导,向楚国进发。流散的楚军迅速集合在昭王手下,秦楚联合,共同抗吴。

俗话说,乐极生悲。吴军占领郢城后,忘乎所以的吴王没有派兵向楚国腹地和边区扩张,从而失去了聚歼楚昭王残余力量的最佳机会,使楚昭王又有了招兵买马卷土重来的可能,吴王及众臣僚只顾尽情在楚都享乐。而且夫概由于抢女人,还和吴王阖闾发生了冲突;夫概虽然最后把自己心爱的楚女让给了吴王,但也因此事滋生了对吴王的怨恨。

目睹吴王和吴军攻入郢城的这一切失去理智的暴行,孙武看在眼里,记在心里,他做梦也没有想到,攻入楚国的吴军和吴王都变成了暴徒和暴发户,他们见了楚国女人就抢,见了楚国商人就杀,见了楚人财产就占。吴王在楚宫淫乐,天天见不了面;大将夫概出了西家进东家,以霸占楚人财产为乐事,大夫伍员、伯嚭也一改正人君子的形象,见美女就上,见财产就抢!

孙武记得先贤留下一句忠告:上天叫你灭亡,必先叫你疯狂。他清楚,已疯狂到极点的吴军离大溃败的日子不远了。他感到无名的酸楚,从那一刻起,他告诫自己不能再与这些疯狂变态的人为伍,他已想好了自己的退路。

果然,吴王阖闾的坏消息接踵而至,就在吴王阖闾和吴军在郢城醉生梦死的时候,吴国的邻国越国派重兵入侵吴国,越国趁吴国的兵力全在楚国的时机,突然采取军事行动,打得吴国的地方部队只有招架之功,没有还手之力,告急的吴国快马一天三次到郢城向吴王报讯,大概是吴王乐不思归,也许是他不相信小小越国敢侵吞吴国,所以,他不准备拔兵回援,只派了大将夫概带五百乘战车回援本土。刚把夫概派出,吴王就接到秦军已经向楚国进发的消息,吴军快马也是一天三报,说秦军大将子蒲已和北边留存的楚军边防军汇合,向随地杀来。吴王阖闾忙令夫概停止向越国前进,让他掉转头来准备迎击快速推进的秦军。夫概只得慌忙北上迎敌,在沂地与秦军相遇。

楚军见到糟蹋自己妻儿、残杀自己父兄的吴军,义愤填膺,人人眼中喷火,楚国百姓,纷纷拿起武器,投军复国。到处在说着申包胥七日七夜哭秦廷的悲壮故事,要求打前阵,子蒲顺势引导,让急欲复仇的楚军打前锋,秦军作后盾,向吴军发起攻击,这些楚军以前还有些惧怕吴军的凶悍,可这次一旦发起冲锋,发现吴军竟是这样不堪一击。原来,这些吴军这些时来荒淫无度,真正是淘空了身子骨,战斗力大减,更何况他们都关心着吴国的安危,害怕吴国的父老姐妹也被越军欺凌, 哪有心思在楚国与秦楚联军作战。面对复仇心切红了眼的楚军，吴军连招架之力都没有了，夫概大败就是必然的结局。

秦楚联军乘胜前进，很快便和在随地竖旗招兵的楚昭王的部队会合，楚昭王的部队人数虽少，但现在他们对吴军是恨之入骨，求战心切，士气十分高涨，秦军的到来，极大地激励了楚军斗志，他们高喊着"向吴军报仇，杀回郢城去！"浩浩荡荡向且战且退的吴军杀过来。

吴国来了两个要报仇的楚人就搞得楚国几乎消亡，如今是千万个要复仇的楚人，吴军怎么还抵得住？

俗话说兵败如山倒，吴军是三战三败，吴军心里都惦记着家里，纷纷要求吴王撤军，先救吴国要紧，可奇怪的是吴王硬是横下一条心，拒不撤军，反而摆开了在郢城和秦楚联军决战的架势。但是他没想到，他坚决不退，可有人先撤了，那就是大将夫概，他以救吴国要紧的名义率领忠于自己的部队悄悄地回国了！他临走还祈祷上苍，郢城之战，秦楚联军最好把吴王阖闾杀了，以便他在吴国自立为王。听说夫概撤了，吴王先是一惊，知道和秦楚联军的仗没法打了，接着他又是一乍：夫概带着精锐吴军悄悄回国，名为击退越军，实则是想图谋不轨。于是，吴王下令吴军全速撤出郢城，向吴国疾奔，他知道，回去晚了，家里必生变故。

秦楚联合，击溃了吴军，恢复了楚国。楚昭王在秦楚联军护卫下，回到郢城，楚国都城沦陷十个月后光复，郢城重新回归，意味着楚国全境摆脱了灭国的险境，楚昭王重赏功臣，斗辛、半巢和申包胥当然在重赏之列，朝内凡为复国作出过贡献的大官小吏，此刻都在邀功请赏，唯独只有申包胥一人不争功，不邀宠，连楚昭王的重赏也拒绝领受。楚昭王过意不去，特找申包胥深谈：

"申爱卿，是嫌本王对你赏得不够？"昭王开口就问。

"大王对臣恩重如山，所封所赏已让微臣汗颜！"

"那你为什么不受封？"

"楚国已经光复，微臣的任务已经完成，我向来讨厌贪得无厌的人，如果微臣做了一点事，就接受大王封赠，那我就和我讨厌的人同流合污了。微臣断不能为之！"

"可你的功劳与大夫之职不相称了，不是委屈了爱卿！"

"通过这次事变，包胥已看破红尘，想云游四方，连大夫之职一并辞掉，请大王准之！"

"申大夫，本王于心不忍呀！"

"大王，包胥去意已决，请大王恩准！"申包胥口气坚决，没有丝毫挽回的余地。

“临别,先生有什么赠言留于本王?”昭王本来就担心申包胥功高盖主,于是虚意挽留一番之后,就顺水推舟,答应下来。

“勤政爱民,做贤君,再勿做平王!否则,楚国还是难逃灭国之命运。”

“先生肺腑之言,本王记下了!”

临别,申包胥请昭王赐王酒三杯,昭王当然满足了他的要求,申包胥平静地走出楚宫。从此,申包胥领家人躬耕田亩,褐衣粗食,最后安然寿终。一个挽救楚国于危亡的精英,就这样在人世间消失。

鉴于令尹子常贪腐无能,险让楚国灭亡的教训,昭王让自己的大哥子西作了令尹,子西为人清廉,不居功不自傲,既不和昭王争王位,也没有不安分的表现,昭王把令尹交给他,感到很放心,他也没让昭王失望,在医治楚国因战败而留下的创伤中,工作出色,用了不太久的时间,就让元气大伤的楚国恢复了生机。

赶回吴国的吴王阖闾毕竟晚了一步,夫概已占领了吴王宫,为防吴王阖闾反击,他在战略重地都布置了重兵,面对比自己强许多的夫概部队,阖闾这时才想起来要重新重用孙武,于是赶紧找孙武商量。

孙武回答得十分勉强:“为防吴国分裂,微臣愿帮大王打胜夫概。”

“元帅何出此言?”吴王觉得孙武口气不对,十分惊诧。

“大王,早听孙武之言,楚国已在大王手中,何来吴国本身之险?”

“本王知错了,现在夫概势猛,万望元帅助本王一臂之力,灭了夫概,收回王宫!”吴王阖闾很后悔自己的荒诞不经和荒淫无耻。

“请大王答应微臣一个条件。”

“别说一个,十个百个本王都答应!”

“灭了夫概,大王让孙武解甲归田。”

“退休?”

“对!”

“元帅这是为何?本王知错了呀!”

“大王,哀莫过于心死啊!”孙武长叹一声。

阖闾知道自己在楚国的失误伤得孙武不浅,他也知道像孙武这样有学识的人,一旦下了决定,任何人也别想说动他,于是他无可奈何地说:“本王依了元帅,以后吴国有难之日,本王还望先生伸以援手!”

“那就看天意了!”孙武声调凄凉。

夫概乃匹夫之勇的战将,显然不是善操谋略的孙武之对手,更为可怕的是从阖闾杀回来的那些吴军都认为郢城败给楚军,都是夫概先撤军之故。所以,对夫概是恨之入骨,故而杀回吴国的吴军又像变了一个人似的,个个奋不顾身向前冲,又加上孙武统帅的灵活指挥,夫概的结局就可想而知了。他不但退出了吴王宫,还一败再败,最后无法,只得逃到楚国向楚昭王寻求政治避难,昭王见到夫概,那是仇人相见,分外眼红,想起楚王宫被吴军破坏的情景,怒不可遏,下令将夫概推出斩首。令尹子西觉得留下夫概今后对楚国有用,起码他懂吴军的战法,今后若同吴军交战,还可能用上他,于是他劝阻了昭王的冲动,赦免了夫概的死罪,昭王还给了夫概一块封地。

击败夫概后,孙武向吴王正式提出退休还乡,吴王先有承诺,心虽不舍,仍准了他退休离朝,但不准他去乡下,只能留在都城,以备吴王随时讨教。他还给了孙武一座官邸,以报孙武为吴国作出的贡献。

楚昭王对吴军沦陷郢城之仇,牢记在心,时刻记着复仇,就在昭王按捺不住复仇火焰的时候,夫概从封地来到郢城,自告奋勇的要求出兵伐吴,并向昭王陈述了自己的三大优势:第一,懂吴军战法;第二,知吴国地形;第三,个人骁勇善战。他的话助长了昭王的复仇情绪,决定出兵攻吴。令尹子西苦劝昭王:

"如今楚国元气未复,百姓的战争创伤未平,此刻伐吴,火候尚缺,请大王慎决之!"

子西素来办事稳重,听了他的话,昭王不由得犹豫起来,心想:令尹说的都是实情啊!

没料到夫概的几句话吊足了昭王复仇的胃口:"吴王已让孙武退休,没孙武掌控的吴军就是一盘散沙,此时不伐吴,更待何时?大王,眼下正是伐吴的极好时机啊!"

夫概为何处心积虑地挑起这场战争,他正在企图噬咬吴国的王廷。因为他恨吴王阖闾从他手中重新夺回了王宫,毁灭了他当吴王的梦想,他就要借助楚国的力量帮他复仇,搞得吴王不得安宁。

于是,一个要复仇的楚王和一个要复仇的原吴国大将一拍即合,一千乘战车杀向吴国,夫概为了在昭王面前表现自己的神勇,充当先锋杀向吴国,子西力劝昭王不能发兵,但此时的昭王已被复仇占据了整个大脑,他相信了夫概的话:在吴国夫概只怕孙武,现孙武罢帅,吴国就无人可敌夫概!子西只好随军而行,但他内心却对此战完全没有信心,他知道,孙武虽不领兵,但毕竟还在吴国,若吴王请他出山,楚军的后果不堪设想。

果然不出子西所料,吴王面对扑上来的楚军,一面派兵抵抗,一面忙去请孙武出山,不料此时的孙武已重病在床,吴王亲临孙武官邸,请他务必想出退敌之策。

重病中的孙武本不想再帮吴王，孙武打了一个寒战。雨，还有风，扑向了灯苗，灯苗闪闪烁烁地挣扎着，帷幕飞起来，哗哗啦啦响。吴王在楚国郢城的所作所为，已让孙武对他彻底绝望，但眼下，吴国也面临着和楚国一样灭国的危险，孙武也不好袖手旁观，孙武的心在打战。他只得问吴王："楚军何人挂帅？"

吴王说："大将子率。"

"何人当先锋？"

"叛徒夫概！"

"楚军可破也！"

"先生有何良策？"

"夫概知我罢帅，必然抢功疾进，因为他不惧怕大王，也不惧怕吴军其他将领，他只怕草民一人！为了夺取大王王位，他必会不顾一切冒进，大王只需诱敌深入，把吴军主力埋伏于草岭，待夫概攻入草岭，再让伏兵杀出，夫概可灭。夫概既灭，楚军必退，吴国无恙也！"

吴王果然按孙武计谋安排布兵，连战皆捷的夫概得意忘形，果不出孙武所料，杀进了草岭峡谷，吴王命令伏兵从四面山中杀来，把夫概打了个措手不及，连跟他冲进草岭的三百乘楚军战车也一同覆灭，夫概本人也被乱箭射死。吴军乘胜追击，楚军大败，直到此时，楚昭王才后悔不该不听子西的话，从此下定决心：休养生息，恢复元气，再不出兵伐吴。

在吴军欢呼胜利的凯歌声中，孙武的声音弱下来，重病的孙武吐出了人生最后一口气，灯被袭来的冷风吹灭了。

九月的太阳萧瑟秋风中，一轮太阳悄然西坠。

吴王痛惜这一英才，隆重安葬了孙武。

综观孙武一生，虽生命短暂，但他留下了不朽的《孙子兵法》。

第二十二章　内乱频起　元气大伤

楚昭王病重，临终将国事托付给子西、子期、子闾三兄弟。子西三兄弟尽力扶助惠王治理国家。羁居吴国的公子胜在子西等人将他迎回楚国后，反目为仇，残忍地杀害了子西、子期、子闾，囚禁了惠王。楚国上下怨声载道。叶公沈诸梁起兵勤王，斩杀公子胜，惠王复位。然而，楚国已是元气大伤。

芦花依旧！纷纷披披的芦苇，如千万支乱纵的铜戈相搏。

已是春秋末年，吴王阖闾败于越王勾践，被打败伤死。到吴王夫差六年的时候，此时，吴国出兵讨伐陈国，楚国是陈国的保护国，当然要出兵相救。此时的楚昭王为报吴国的灭国之恨，正愁找不到借口向吴国发兵哩；而那芦花，层层叠叠的，在夕阳的照耀下，像一群染着血的白鹤。

病重的昭王呆呆地看着，心头升腾起一种悲壮的情绪，悲哀是因为灭国之恨啊！令尹子西见昭王身体日渐衰弱，力劝他不要随军而行，可昭王说的一番话让子西无言以对：

"令尹，吴国的灭国之恨，伍子胥对父王的鞭尸之耻，本王没齿难忘，每每想起，便怒火满腔，总想在有生之年报仇雪耻，现本王身已染病，不趁还能出征时和吴国交战，今后恐怕就没时间，那样，本王即使去见了父王，也是羞于面对的，大哥就助本王打这最后一仗吧！"

子西只得点兵救陈，并叫其弟子闾随昭王而行，千叮万嘱咐叫他务必保护昭王安全。可让子西担心的事情还是发生了，抵达陈国前线当天，昭王口吐鲜血不止，他知道自己将不久人世，便把两个哥哥子西、子期及弟弟子闾叫到病床前，交代遗嘱。

"本王看来是看不到灭吴灭伍之日了，我愧对先王，愧对熊家祖先，是不肖子孙啊，灭吴灭伍的重任就交给你们三位了。"

子西忙劝："大王气血比刚才好多了，血也不吐了，苍天会保护大王平安的。"

"大哥别安慰我了，我心里清楚，我现在不过是回光返照而已。临死前，有一件大事我不得不明确交代，我儿太小，担当不起楚王的重任，为楚国长远着想，我想让大哥来当楚王。”

子西忙跪下，连连叩头：“大王不必多想，微臣定保太子登位，他是法定的楚王，微臣岂敢擅代？”

见子西拒绝，昭王有气无力地说：“大哥不当，子期哥哥你来当楚王吧！不管怎么说年少的太子不能当楚王，本王此意已决。”

子期更是泪如泉涌：“大王放心，微臣也会像大哥一样，尽心尽力辅保太子当王，绝不会存二心！大王叫微臣当，断不能受！”

“两个哥哥不当，弟弟子闾来当吧！”昭王奄奄一息拼尽全力说。

子闾一口回绝：“子闾从无当王的奢望，大王切勿让臣干违心的事，我会像两个哥哥一样，尽力辅保太子登基。”

太阳隐去，月亮升起来了，无边无垠的旷野上，开阔地，一片霜华。

昭王瞪大眼，口中吐出了最后一句话：“你们坏楚国大……事……”

昭王说完便断了气，眼睛睁着，死不瞑目。

子西兄弟三人决定隐瞒昭王逝世的消息，悄悄撤军，回到郢城后，立即立昭王的儿子熊章为王，这就是楚惠王。

子西兄弟的人品和原太子健相比，高下自分。在楚平王废了太子健之后，兄弟三人全部婉拒平王立他们为太子的想法，而把太子位让给了父王的四子子珍，让他当了楚昭王，要不是子西兄弟谦让，也像太子健一样，盯着太子位不放，恐怕楚国的内乱早就发生了，兄弟相残那一幕或又将上演。幸好，楚平王的五个儿子，除太子健外，其他四人都不是争权夺利之人，即使子珍当了楚昭王，心里也知道是因为哥哥和弟弟谦让所致，并不是他真有才干才当上楚王的，所以，他登位后，对哥哥弟弟们敬重有加，特别是经过郢城之难后，他更觉得几个哥哥和弟弟对他不离不弃，纷纷在楚各地竖起勤王旗号，招兵买马，投奔随地，与他的队伍汇合。两个哥哥和弟弟一心为楚的举动，深深感动了昭王，所以他才想临死前把王位交给他们，作为楚国一国之君，他这样决定是明智的，明知自己的儿子年少不堪大任，还要把王位交给他，昭王就是死了也不会闭眼。果然，三个兄弟没答应他的要求，他死也不闭眼，可以说他是忧虑重重离世的。

子西三兄弟果然不负对昭王的承诺，全力辅保年少的惠王。子西尤甚，史书记载他“三更即起，食不甘味，夜不安寝”。由于有他三兄弟竭尽全力的出谋划策，楚国在惠王登位后，吴国不敢相侵，国家也算平稳，如果就这样发展下去，楚国不久不仅能恢复元气，还会有长足的进步，甚至重新振奋霸气也说不定。

问题就出在楚惠王登位后的第二个中秋之夜，楚惠王在楚宫和三位叔叔欢度佳节，这本来是件很愉快的事情，可合家团圆的气氛却触发了令尹子西的伤感，一片寂静。只有彩旗猎猎翻卷的声音。

在这一刹那，子西的心上倏然闪过了一个积郁了很久的念头；他想起一个人，大哥太子健的儿子公子胜，生死未卜，孤零零一人在吴国也不知境遇如何。想到这里，子西不由得流下泪来。子西是个重情重义之人，他的贤名使他在朝中威信极高，也极受惠王尊敬。起风了，风呜呜地悲鸣，吹得宫殿湖里的水，一阵儿皱，一阵儿平。惠王见他在宴席间落泪，忙问：

“令尹，有什么伤心事让你落泪？”

“我想起了大王的哥哥公子胜，他漂泊在异国他乡，日子不知过得怎样，他的父亲被郑国杀害，他四处漂泊，该吃了多少苦？”

“那就派人去吴国打听公子胜的下落，如他境况不佳，接回楚国便是。”惠王很自然地说，几乎想都没想，就脱口而出了。他哪会想到就因为这一句话让他差一点惹上了杀身之祸！

“微臣也有这个意思。想先派人去吴国探访公子胜的行踪。”子西说。

“这有何难？找到了伍子胥，就找到了公子胜，他们情同父子，准能找到他！”子期说得很有道理。

“那就先找伍子胥。”惠王拍了板。

子西派到吴国的人回来向他报告了公子胜的近况：公子胜已离开伍员，日子过得很艰苦，时刻盼望回楚国。

子西十分奇怪公子胜为什么离开伍员，不由得问派出去的人：“公子胜和伍子胥不和？”

“吴国传闻是他俩已分手，原因是伍员随吴军攻楚前，公子胜请求同行，但被伍员拒绝。伍员从楚国回来后，公子胜要求伍员帮他报杀父之仇，出兵讨伐郑国，也被伍员回绝，公子胜最后请求伍员派刺客去郑国刺杀郑国国君，伍员也没答应。公子胜知道了伍员领他到吴国，只是为了替自己报仇，至于为他报仇的事，伍员连想都没想，特别是伍员鞭尸平王，让公子胜怒不可遏，平王毕竟是公子胜的祖父。因此，他俩矛盾越来越大，公子胜清楚找伍员给自己父亲报仇，根本没有指望，于是分道扬镳！”

“他现在在吴国干什么呢？”

“还能干什么？混日子呗！不过听说他招募杀手，还想刺杀郑国国君。”公子胜一直想为被郑国国君杀死的父亲报仇。

子西把公子胜的近况向惠王汇报，惠王当即决定派人把公子胜接回楚国，就在公子胜报仇无门、回国无望的时候，惠王派来接他回去的人到了，这让公子胜喜出望外。

临行前，来人对公子胜说："要不要和伍将军话别？人之常情也该如此啊！"

"咱们走，别理那个老东西！"公子胜对伍员鞭尸祖父心怀愤恨，恶狠狠地说。

来人闻之，为之惊骇，眼前站的公子胜不就是一个忘恩负义的小人么？来人心里这么想，可不敢说。

惠王和子西三兄弟都为之高兴，并盛筵为他接风洗尘，短短的路程，公子胜却是车服骑驾，侍男宫女，浩浩荡荡，招摇过市，公子胜回到郢城，恍惚间走进了一个高大而辉煌的府邸，楼檐下挂着晃晃悠悠、明明灭灭的灯笼。惠王还把巢地作他封地，称为白公，从此，公子胜摇身一变，变成白公胜。

巢地是吴楚边境地区，子西有意让白公胜在边境立功，在朝中建立威信。白公胜手中有了兵权，便几次三番地向子西请求出兵伐郑，以报杀父之仇。子西是个主和派，也是朝中的稳健派，他理所当然地回绝了白公胜的要求，他的理由很简单，但有说服力。

"你据守的巢地乃军事要地，怎敢轻言移兵伐郑？倘若吴军来犯，你将如何处之？再说楚国目前百废待兴，岂可言战？"

子西的几个反问，让白公胜无话可讲，他在心中暗暗埋怨叔父，认为他对死去的大哥无情无义。不久，他的这种埋怨情绪就升级成了仇恨的火焰。

这种情绪的突变起源于前些日子，吴国向郑国发起突袭，郑国忙向楚国求援，正在为出不出兵犯愁的子西，接到了惠王出兵的口谕，只得向郑国派兵增援，吴军见楚军到来，便自动退兵。

这本来是件很正常的军事行动，盟国有难，盟主当然应该出手相帮，可在白公胜眼里，子西的举动竟成了他就是郑国同党的结论，既然他和郑国是一路货色，那他就是自己的敌人，此刻，白公胜完全忘记了子西把他接回楚国的恩情，把自己未能报杀父之仇的责任全记到了子西头上。

在吴国，伍员不同意他复仇，他与伍员翻脸，如今，子西不同意他伐郑，他就记子西的仇。还是子西的好友沈诸梁对公子胜看得清楚："吴国的人都说公子胜人品不好，伍员府上的人更说他就是个见人就咬的狼。伍将军对他百般恩惠他可以不计，稍有一点不如他意，他可以翻脸不认人！伍府的人说的这些话令尹不可不重视啊！可千万别引进一只狼来了！狼是会给楚国生祸端的！"

当时，子西只是笑笑，他不相信自己的侄子真像伍府人说的那么坏，他猜想，搞不好是伍府的人授伍员的旨意，故意给侄子泼的污水哩。

如今，白公胜的心理变化，及对子西的仇恨，无不证明沈诸梁所说正确，不过直到此时，子西还不知道白公胜已经把他当成了仇人。白公胜想伐郑报仇而未能,遂恨子西和楚之君臣,便暗中积极争取民众,现在,他正是精力旺盛的年华,狂妄,刚愎自用,准备夺权。

白公胜到了巢地后,不但把在吴国招募的刺客带来,还在当地继续寻找敢当刺客的人,那些敢玩命,敢冒险的人纷纷投于他的名下,渐渐地,白公胜手下就有了300人的刺客团,时刻准备刺杀郑国国君。

就在这个时候,吴军进攻巢地,白公胜利用刺客团打冲锋,这些武功高强又不怕死的人居然把吴军打了个落花流水,楚军大捷,斩获甚多,白公胜灵机一动,觉得报仇的时机到了,连忙上书朝廷,请求把缴获的吴军装备献给惠王,惠王很高兴,这是他登基后对吴国交战的第一次大胜仗,便迫不及待地叫白公胜把缴获的物质赶快送往郢城。他完全没有想到,白公胜即将采取的行动将会给他带来多么大的危险。子西也很高兴,他觉得这个被他从吴国叫回的侄子很给他长脸,也巴不得早点见到白公胜的战果,他根本没有想到他的生命从现在开始已经倒计时。

白公胜让三百刺客扮成搬运工,到了郢城后,他领他们上朝向惠王进献吴军装备,惠王为了庆贺这一胜利,叫能来的大臣尽量到场,子期、子西也高兴而来,要为侄儿庆功。当三百“搬运工”把吴军装备呈于朝堂,惠王和众大臣围观时,只听白公胜一声“动手”令,三百刺客全都拿起吴军刀剑,一下控制了整个朝廷,惠王成了白公胜手中的人质,子西、子期被白公胜抓获。

天上有孤雁在叫,可是不知雁影何在。

午夜,很凉!

到此刻子西才明白自己已酿成大错,如此说来,做梦去就是。那张扭曲着抽搐着的脸,看上去很吓人,眼睛,红得好像要淌血:“白公胜,你胆敢反叛朝廷,劫持惠王,我悔不该不听沈诸梁之言,引来你这条狼!”

“你现在明白是不是太晚了?我问你,你为什么不伐郑,为什么不替我父报仇,你还和郑国串通一气,你就像伍员一样,是我白公胜的仇人!”白公胜手中的刀在子西面前直晃。

“白公胜,你这小人,恩将仇报,必无善终,今天落到你这条狼手中,我只想早死!”子西提高了声音,嘶叫着又骂了一句。

“那好,我成全你!”白公胜手起一刀,子西血溅朝堂。

简直惊心动魄。

百官惊得面无血色,竟没有一个人挺身而出,仗义执言。惠王大惊失色,已经是热泪盈眶了,他做梦也没想到,一向在他面前表示忠诚的文武官员此时竟是这样贪生怕死。胆怯得竟没有一人敢出列,有人一下子瘫倒了。是懦弱,是悲伤，是留恋红尘，是惦念亲人？

接着，白公胜逼近子期："你为什么不同意伐郑，你也是子西一伙！"

窒息的痛苦和巨大的悲恸。令子期一时麻木了，半晌，他才回过神，哈哈大笑："令尹子西是我哥，哥弟当然是一伙。只可惜我没看出你是歹毒之人，今日落于你手，你就少废话！"

"我叫你嘴硬！"白公胜又红了眼，手起刀落，子期当场身亡。

杀了子西、子期，又劫持了惠王及众文武官员，下一步怎么办？白公胜还真没想好，他知道夜长梦多，他之所以采取偷袭楚宫的行动，就是向"仇人"子西、子期报仇，一旦报仇目的达到，至于如何对待惠王及众官员，他还真没细想，朝堂官员众多，也没地方关押，他只好放他们各自回家，对于劫持在手的惠王，他没放，派人把惠王关进了王宫一间大仓库，叫刺客严加看管。

这时有刺客向白公胜说："白公，干脆把惠王杀了，你来当楚王！"

白公胜的心里稍许豁朗了一些；"不行，杀了惠王，百官不服，百姓不服，当了也坐不长！"

现在是怎么了？是喜？是悲？是感叹从此轻松了？他自己也说不清。他想来想去，决定让最后一个叔叔子闾当楚王，他自己来当令尹，到时再把王位夺过来就是。于是他去找卧病在床，没去朝堂庆功的子闾，开口就叫子闾当楚王。

子闾看他凶相毕露，就知朝中出了大事，便问："子西、子期二位哥哥怎说？"

"我把他俩杀了！"

"你这个畜生！竟杀亲叔叔！"子闾惊得目瞪口呆，气愤地大骂。

"你别啰嗦，我尊称你为小叔，今日，你当不当楚王吧？"白公胜又拿着刀子在子闾面前晃。

"不当！我决不助长你的气焰！我看你如何收场！"

"你当真不当？"

"不当！"

"我杀了你！"

"杀我也不当！我不能对不起熊家祖先！"

"你随子西、子期去吧！"白公胜又是一刀，杀了子闾。

一餐充满杀戮的"盛宴"。

三个叔叔都杀了，可是谁当楚王的问题还是没有解决，他叫百官中年长的司马江树当楚王，江树哪敢答应，自然又是挨刀。谁都不敢当楚王，白公胜也懒得问了，他觉得只要把惠王看住了，宫廷被他占住了，他就可高枕无忧，他没想到政变进展如此顺利，朝中百官是这样软弱，三个叔叔解决得如此顺手，“胜利”来得是如此之快，令白公胜忘乎所以，高兴得手足无措，他简直不敢相信一切来得竟如此顺利。他虽然不敢当楚王，但他要过楚王生活，他叫三百刺客严控宫中进出口，自己却在宫中日夜逍遥起来，他一声令下，几位穿着白色裙裾，略施粉黛的宫女捧着果盘呈上，分别侍候在他身边，而那些让他垂涎欲滴的宫中美女，成了他发泄性欲的对象。他就凭三百名刺客，占领朝廷一个多月，朝中的文武大臣，为求自保，面对白公胜的肆意妄为，竟没有一个人站出来挽救楚国于危难。这足以看出此时的楚国官员贪生怕死、腐败堕落到了何种地步！

惠王被白公胜抓进仓库，太监公阳告诉惠王仓库底下有一条地道可以逃身，原来太监们为了便于把从仓库里偷盗出来的东西拿到市面上去换钱，便合伙在仓库下偷偷挖了地道，惠王趔趔趄趄奔到地道上，蓬头垢面，脸磕得尽是血污，鞋子也跑丢了。公阳背着惠王从地道逃出仓库，等白公胜的刺客发现惠王逃脱时，公阳已背着惠王逃出了郢城，这时候路边早有人备了车接应。

没想到这条地道竟救了惠王一条命，白公胜心烦，更加六神无主，他像绿头苍蝇，蹿到左尹管修家中，凶狠狠地说：“如今，令尹、司马都死了，惠王又跑了，现在属你官最大，你来主持朝政吧？”

管修这人虽没胆量站出来反对白公胜，但是非黑白他心中自有分辨，助长坏人气焰的事他不会干。于是他说：

“白公胜，你不好收场了吧？让我来替你收拾烂摊子，你是枉费心机啊！”

“你也不干？”白公胜脸都白了。

“不跟你干是死路一条，跟你干，毁了我一生名节，我选择死！”

白公胜的心里一片暗淡，感到了一阵阴冷和晦气，他打了一个寒噤。索性又杀了管修。

就这样，楚国的中枢首脑机关算是彻底瘫痪，完全没有主意的白公胜坐立不安，心情郁闷。心里琢磨着梦和实在，不定哪天楚人又会做出什么出人意料的事来。只有硬着头皮在王宫享乐一天算一天。白公胜心里一乐。在郢城发难不得人心，几乎没有百姓呼应，百官虽不敢挺身而出反对他，但也没有人顺从他，他清楚仅凭三百刺客必在楚宫呆不长，他迟早会被人撵出王宫，他自知小命难保，早已破罐子破碎，觉得能多享乐一天都是赚的。

诺大的一个楚国，被三百名刺客占领王宫达二月之久，竟无人出来阻止白公胜的胡作非为，从中可以看出，楚国目前一盘散沙已到了多么严重的地步，官员腐败已到了无法救药的程度，楚国的衰落就是必然的了。

就在白公胜在楚宫猖狂近两个月的时候，终于有人站出来起兵勤王了，他就是封在叶地的沈诸梁，他这个楚国大忠臣沈尹戍的儿子，不能见楚国危亡而不顾。起初，沈诸梁也不敢相信白公胜仅凭三百刺客就能占领朝廷。但最后探马报回子西、子期、子闾、江树、管修都被白公胜杀害的消息时，沈诸梁被激怒了，白公胜杀掉的这五个人，在沈诸梁的眼里都是好官、忠臣，白公胜的兽行让他再也无法按捺心中的怒火。

他从方城山起兵勤王，勤王兵很快打到了郢城，郢城百姓自发地迎接勤王兵，很快勤王兵打进王宫，此时那三百刺客现只剩下不到一百名，另外二百名刺客早逃了，因为他们从白公胜进楚宫后的所作所为，料定他是个成不了气候的主，跟着他干不出什么名堂。于是，纷纷离开他，自谋生路去了，这剩下的百名刺客，哪里是沈诸梁三千正规军的对手，他没用很长时间就收复了楚宫，沈诸梁亲手把白公胜这个忘恩负义的熊氏败类斩于宫中。突然间，朝中文武百官都冒出来了，欢呼叶公沈诸梁平乱胜利。沈诸梁轻蔑地看着衣冠楚楚的官员，讥讽地说：

"这两个月，各位都到哪里去了？"

百官中无人敢应声。

"白公胜就只三百人，可把朝廷闹翻了天，你们这些人就是把家丁集合起来，也不止三百人吧？可你们却无所作为！你们平日说的忠君、愿报国于危难呢？"

沈诸梁郁结于心的气恼、忧虑，此刻化作一腔怒火倾盆而下。

在场的官员无人敢出声，脸红一阵，白一阵，半晌说不出话来，因为他们心中发虚，深感有愧。

沈诸梁很快在郢城郊外找到惠王，把他迎回楚宫，惠王面对朝中站立的文武官员，心如死灰，声泪俱下地吼道：

"我的三个叔叔为本王死了！司马江树和左尹管修也死了，令本王伤心，但各位在白公胜事变中的表现让本王寒心！你们奉王家之事，食王家之禄，可你们在王家遇难之时，为什么就不能解王家之难？你们平日说忠君，本王信了，你们说报国，本王也信了，可面对白公胜的猖狂，你们竟没一点作为，这真让本王寒心至极！若不是叶公诸梁起兵勤王，楚国危矣！"

大殿寂静无声，只有惠王的吼声如雷鸣般在四周回响。朝中百官从没看见惠王发这么大的火，无不噤若寒蝉。

惠王说着，眼睛就立了起来。少顷，把目光转向沈诸梁，大声说："叶公听封，本王任命你为当朝令尹。"惠王是个感恩的人，他知恩必报。

沈诸梁的回答出乎所有人的预料："大王，微臣实不能受令尹之职！楚国令尹德高望重，微臣莫及！再说微臣已习惯了叶地，只适合于当叶公！令尹之职臣推荐老令尹子西之子子国担任。”

惠王又说：“那叶公就当司马。”

“司马之职，统领三军，臣也不适合。臣推荐大将军子期之子子宽担任司马，他文武全才，胜臣十倍。”

惠王无法，只得让沈诸梁回叶地当他的叶公去了。

到楚惠王登位十二年时，历史上的春秋时期结束，进入了各国纷争的战国时期。这时的楚国还貌似大国，也可和晋、秦等国相提并论，但实际上，楚国已外强中干，就看以前被楚国根本瞧不起的小小吴国，竟能于十天之内攻下楚都城；而且楚昭王逃出郢城时，身边竟无大臣护驾，只有几个贴身太监跟随，如不是郧公斗辛接应，昭王就无立足之地！

这就可以看出楚国王权的衰落，早已失去了以前的权威。然而一个从国外回来的白公胜，仅领不过区区三百人的刺客团，就可把楚王宫闹得天翻地覆。最后不是叶公勤王，楚国将面临灭国的危险。在这次危机中，楚国百官人人自危，无人敢出面和白公胜抗争，这既可以看出楚国王权形同虚设，也可以看出楚国已经腐败到一盘散沙的可怕地步，这个时候如遇外族入侵，只恐怕连招架之功都没有了。

进入战国时期，楚国这个以前的庞大王国，已是日薄西山，那虎踞龙盘辉煌的王宫——气息奄奄。其间虽也有楚悼王起用吴起后楚国短暂的起色，但毕竟已是无力回天，战国时的楚国历史，就是一部王权继续衰落，百官继续腐败，国力和军力继续下滑的历史，直至最后被崛起的秦国灭亡。

第二十三章　吴起变法　功败垂成

历史进入战国时期，各国竞相变法图强。楚悼王毅然从魏国延请吴起到楚国推行变法。“均爵平禄”、“减少冗官”，“奖励耕战”，楚国上下面貌一新。然而好景不长，随着悼王病逝，软弱的新君楚肃王眼睁睁地看着反对吴起改革的权贵们安排弓箭手射杀了吴起。

时光荏苒，弹指之间。

春秋一百多国，经过不断兼并，到战国初年，约有十几个国。大国有秦，魏，韩，燕，赵，齐，楚，即“战国七雄”。此外还有越国这个较为强大的国家。

在战国初期，魏国国君魏文侯是个有作为的国君，他心里自然明白魏国国力和军力的低下，或许是因为他看事情总是很透彻；不变法不仅不能让魏国强大，反而有灭国的危险；当时弱肉强食的国际环境迫使魏文侯不得不变法图新。因此，他首先要做到的是自强，才不会被列强吃掉，然后是打破封锁、向外发展。于是，他启用地方小官李悝为相，率先在诸侯国中实行变法。

相国李悝没有辜负魏文侯厚望，出台了一系列的变法措施，他先定法典，让百姓有法可依，巩固了社会的稳定，再定奖励政策，“食有劳而禄有功”、“夺淫民之禄、以事四方之士。”他又制定了农业政策，“尽地利”，较快地加速了魏国的农业生产。

在李悝为相期间，魏文王竭力支持他的变法举措，君臣同心，使魏国很快走上了一条快速发展的轨道。

在楚国，有一个人密切注视着魏国变法的一举一动，他就是年事已高的楚悼王。

楚悼王是一个很有抱负的君王，极想摆脱这种困境，但他自己又拿不出什么良策，不知从何下手。更令他伤脑筋的是，没有一个能替他分忧办事的大臣。他从魏国变法以后的变化，想到了熊家祖先庄王的鼎盛时期，从魏文侯和李悝的密切配合中，似乎看到了庄王和令尹孙叔敖的影子。他再看眼下的楚国，王权地位日益低落，官场无德、无能，贪腐剧烈，贵族势力越来越大，而且形成抱团的局面，直接威胁到熊家王朝对楚国的统治；国力大为削弱，军力也没有恢复到往日争霸时之迹象。由于官场腐败，百姓怨声四起，生活每况愈下。往日民富国强的楚国已不复存在，诺大的疆土和空虚的国力形成了巨大的反差。

面对着楚国进入战国后急剧衰落的局面，楚悼王只好把泪咽到肚子里，强抑着自己，他想到了在楚国变法，只有变法才能兴楚，才能拯救日暮途穷的楚国。他想步魏文侯后尘，实行改革。因此，悼王一方面羡慕他的先辈都有贤臣辅助；一方面也在积极寻访和物色人才。他为此作了多年的努力，但一直没有找到合适的人选。

最让楚悼王头痛的是，楚国缺少像李悝一样领导变法的干才，他除了密令楚国驻魏国使节密切注视并汇报魏国变法进程外，自己也格外注意寻找在楚国领导变法的人才。

正当他热切盼望人才的时候，机会就来了。有一天，楚国驻魏使节向楚悼王报告了一个消息，说魏文侯死后，河西郡守吴起不受魏武侯重视，更受魏国贵族排挤，一气之下，他弃官不做，离魏出走，不知去向。这条消息立即引起悼王极大重视，对于吴起，悼王早知他的贤名，他镇守河西，“万民亲，百官治，府库实，使秦兵不敢犯境。”此人虽身为大将，但在治理河西时，极具政治头脑，把河西府管理得民富府强，雄踞一方，让紧邻的秦国不敢小视。

悼王对着那斑驳的铜镜，整了整两鬓。心想；这样的人才不是楚国变法急需的人才么？于是悼王下令给驻魏使节：务必想千方、设万法找到吴起，并让他来楚国。

驻魏使节不辱使命，终于在河西不远处的一小镇上找到隐居的吴起，一匹白马飞也似的驰来，扬起了遮天蔽日的烟尘，奔向一庭院，庭院的门，也打开了。

双方见礼之后，使节和吴起在酒桌间有了下面一段对话：

使节：将军为何弃官不做，在野市埋名？

吴起：杀身之祸缠身，焉能不躲？

使节：这不可惜了将军一世英名？

吴起：吴起空有一腔抱负，没遇明主，又能如何！

使节：将军何不去楚国另展宏图，我家楚王欢迎将军去楚国。

吴起：你家大王知我近况么？

使节：大王正因为得知将军境遇，故而相邀，让我传讯。

吴起：楚王何故如此？

使节：楚王素仰将军在河西贤名。到楚国定委重任，将军再不会是魏国这般光景！

吴起：此话可信？

使节:君无戏言!

吴起:此处不留爷,自有留爷处,吴起随特使面见楚王。

使节:将军如此决定,是深明大义之人。

吴起:使节言重了,吴起人在屋檐下,不得不低头的日子真难过。

于是吴起扮成使节的家人,混出魏境,来到了楚国郢城晋见楚悼王。

吴起的到来,对悼王来说,真是喜从天降。楚悼王半晌才醒过神,长出一口气,这位平素看上去无波无澜的楚悼王,把握不住自己了。他那善感慈悲的天性,在强烈复兴的挤压之下,此刻冲出了绝望的硬壳。他感到这是上苍有眼,没有辜负有心人。

楚悼王用隆重的礼节和最高的规格接待了吴起,还特意让满朝文武上殿,迎接吴起。为表示对吴起的看重,又赐座于他。看见朝中大臣全都站立,而只有自己一人坐于席,吴起虽说不上受宠若惊,但也有些浑身不自在,他三次离席起身,均被悼王制止。

吴起只好说:"吴起受大王如此厚待,于心不安,吴起对楚寸功未建,不该受大王如此大礼!"

悼王虽上了年纪,可声音依旧洪亮:"本王求贤若渴,将军贤名在外,本王仰慕已久,今日得见,将军果然气度不凡,本王喜之不禁,赐座是理当如此!"

"吴起此来楚国,不知大王有何打算?"吴起说。

"变法。领导楚人变法图强!"悼王急不可待地说。

"吴起乃一河西郡守,恐难当此重任。"

"本王疑人不用,用人不疑,将军勿虑。"

"吴起一军人尔,大王信我能变法?"

"将军在河西政绩,足以证明将军的能力,本王信你。"

"可朝中大臣信任么?吴起想请大王给一个地方让吴起治理,待有实绩后,再委重任才好!"

"将军谦虚坦荡,本王也不九曲回肠,就依你之意,本王任命你为南阳郡守,日后再委重任!"

悼王给吴起如此隆重的接待规格,出乎满朝文武预料;吴起充其量只是魏国一个郡守,官阶比楚国许多官员低多了,就凭他治理一个郡的成绩就受到悼王如此重视,自然引起楚朝中不少大臣的不服。

吴起的得势也引起了楚国群臣的非议,一时流言四起。其中尤以司马子伍和上大夫贾无猜为甚,但他们都碍于楚王在朝,不敢有太大的反对表示,但他们都担心悼王会把目前朝中空缺的令尹之职交给吴起,现在听说悼王只任命吴起为南阳郡守,这才都松了一口气。

按悼王本意,他原来是打算任命吴起为令尹的,但他也有顾虑,就是怕朝中大臣不服;另外,他也怕吴起管楚国全境变法,是否吃力,是否应该给自己一个观察和考察吴起的时间?一旦发现吴起名实不符,也好做变更处置。

退朝的时候,司马子伍和上大夫贾无猜有意留在最后,想对今天朝堂之事交换看法。

贾无猜开口就问:“司马大人,下官就搞不明白,大王为什么对吴起这般重视,他又不是魏相李悝,只不过一个河西郡守而已,大王不用楚人领导变法,却用一个卫国籍魏人来管楚国人的事,是楚国无人乎?”

子伍有点阳阳怪气:“大王对朝中文武信不过嘛!外来的人吃香!哪怕他只是个将军!新鲜感就会让大王产生好奇感,你有什么想不通的!大王决定的事上大夫还信不过?”

贾无猜阴笑:“司马大人从来紧跟大王,令下官敬仰,但下官对吴起任职还是不服气,他凭什么管楚国最大的南阳郡?有功?有政绩?就凭他那一张嘴?”

“就让那个吴起干吧!你我走着瞧就是了!干好了,算他有本事;干不好,你我不就有话说了?那时,看吴起如何下台!”

“就是!就是!到那时,吴起只能灰溜溜地滚出楚国!”

“你以为他还有别的结局?”

夕阳收尽了最后的余晖,殿中暗了下来,此时一片肃穆,两人悄悄商量着对策。

两天后,吴起匆匆离开郢城,马上到南阳郡上任。他利用自己在魏国管理河西郡的经验,又借用了李悝在魏国变法的一些利农的措施,不到一年时间,就把南阳郡变成了楚国的“模范郡”,整个南阳,民风纯正,官场廉洁,农业丰收,百姓富足,社会安定。实绩上报郢城,悼王心中大悦;吴起果然能干啊!楚国有救了!为了把南阳成功的治理经验推向全国,悼王决定启用吴起当楚国令尹,领导楚国变法。

悼王在任命公布前,特意把吴起从南阳叫回郢城宴请这位有功之臣,他把吴起当成最后一棵救命草,让御房弄了几样菜置于案头,把盏敬酒给吴起喝。酒席间,君臣进行了一次推心置腹的谈话,谈到尽情投机处,君臣竟“忘了进酒”,“酒热三回,菜烹三遍。”

在酒席前,悼王显得很激动,开宗明义地说:“本王对楚国的现状不满意,很不满意!很想让全国变法图新,以振昔日庄王雄风,不知郡守有何良策?”

悼王没想到吴起如此回答:“微臣不敢言。”

“郡守这是为何?”悼王沉吟片刻,正色道。

“微臣当南阳郡守,可以令行禁止,一郡之长这点权力还是有的!可微臣又有什么资格对全国变法指手画脚?越职之事,微臣不敢干,名不正则言不顺。”吴起深知悼王的心思,一语道破。

“本王如果让郡守当令尹呢?”

“大王,微臣不敢隐瞒大王,微臣来楚就是冲着为相而来,李悝在魏国拜相,助魏文侯变法,魏国日新月异。微臣何尝不想为大王变法出力?在南阳期间,微臣就发现了大王刚才所说的问题,假若南阳能治理好,大王又给我治理全国实权,楚国就能治理好,有大王对微臣全力鼎助,楚国焉有不展雄风之理?”吴起感慨万分。

“郡守讲得好!假若本王任命你当令尹,你将如何做?”

“南阳郡的问题就是楚国的现状,有些问题已积重难返,不用重药病不能除,不伤筋动骨,楚国难以图新!”

这几句铿锵有力的话引起了悼王的极大兴趣,他知道吴起说这几句话不是哗众取宠,更不是空穴来风,因为悼王清楚吴起治理南阳郡这一年,让他积累了经验,对如何治理楚国不能说已成竹在胸,但必有真知灼见。

“郡守,本王想问你,如何伤筋,又如何动骨?”

“大王借胆给微臣,我才敢言。”

“本王授权给你,畅所欲言,言者无罪!”

“大王,微臣的变法措施,涉及王亲贵族利益,得罪人不少啊,故需大王给微臣撑腰!”

“只要于楚国有利,本王都会支持你!”悼王用鼓励的目光望着他。

“微臣变法措施有四:第一均爵平禄,第二整顿吏治,第三奖励耕战,第四广辟土地。”

“郡守可否展开讲讲,以便本王心中有数。”

“大王容臣直言,贵族王族的世袭制,只保护了贵族王族的利益,但无法调动人才为国效力的积极性,现在楚国就是这种现状。”

“依爱卿之意,如何改变这种弊端?”

吴起严明法令,建议撤去不急需的官吏,废除较疏远的公族,把节省下的钱粮用以供养战士。主要目的是加强军队,破除纵横捭阖的游说。于是他说:“封君之子孙三世而收爵禄,损其金而利不足,把无功者的俸禄给今天的有功者,以抚养战斗之士,这样楚军战斗力必不是今日之状态。”

“会大大提高？”悼王越听越喜悦！

“正是，收回爵禄的王族贵族必罪及微臣。”吴起面有难色。

“本王准了！无用王族本该收回爵禄，否则，今后的有功之臣如何冒得出来！”悼王想都未想，脱口而出。

“第二，目前楚国是封臣太重，封君太众。上逼主而下虐民，对大王是威胁，对百姓是灾难。”

“有理！有理！”悼王听后异常兴奋。

“废冗官，罢官场无能、无用之辈，把那些冗官淘汰出楚国各级官衙。”

“好！本王赞同！”也许是悼王控制不住心中的激动，不禁击掌叫好。

“富民强国关键在两个方面，耕与战，要重视发展农业，提高楚军战斗力，应禁游客之民，精耕战之士，农民和战士都得到了好处，大王的江山何愁不强？”

“这就是你讲的第三个变法措施，奖励耕战？”

“正是！”

“爱卿所见和本王所见略同，甚合我意！”

“第四，广辟土地。”

“这本王就不太明白了，楚国地域辽阔，还要广辟土地，不又要打仗么？”

“大王非也！微臣在南阳郡发现闲置的土地特别多，恐怕楚国全境更甚，请大王下令贵族王族去开发荒地，这当然是件苦差事，但要想富国强兵，势在必行！”

“为何不叫百姓去垦荒？”

“现楚国务农者，均已有可观土地，从而无暇顾及开荒，而王公贵族府内闲散人员居多，让他们去垦荒，也是物尽其用，叫他们建功立业，不要再饱食终日无所用心。他们去边区开荒，内乱的祸因就少了许多，也省了大王许多不该操的心！”

“好办法，好办法，一举兼得！”悼王泪眼蒙胧！吴起的眼圈也湿润了。

更深夜静，烛影摇红，四周静得可怕。没有风，燥热无法消散，使这黑沉沉的夜变得粘稠。君臣谈得十分投机，直至通宵达旦，吴起才毕恭毕敬地向悼王深深地叩头辞行。

清晨上朝，两人直接去了大殿。

悼王上朝的第一句话就是：“本王任命吴起为楚国令尹，望百官辅之，扶之！”

悼王的任命虽然突如其来，但朝中百官都有心理准备，吴起南阳郡的政绩有目共睹，很多人都看好吴起，大家心里都明白，吴起当令尹只是时间早晚的问题，司马子伍和贾无猜早料到是这种结果，虽然心有不甘，但确实找不出反对的理由，也只好默认。他俩原来是准备看吴起治理不好南阳郡的笑话，哪里会想到他在南阳郡干得有声有色；到了悼王一锤定音的时候，他俩只能是哑巴吃黄连，有苦说不出；但他俩都不愿意看到楚国由一个外国人举持朝政的局面，只要吴起在变法中出现差错，他俩肯定是会刁难甚至反击的。

司马子伍和贾无猜二人见不得人的心事，早在吴起预料之中。因此，他打算把自己要变法的想法开诚布公地和主要官员说说，在拿到第一次令尹俸禄后，就在令尹府宴请了朝中举足轻重的官员，当然其中就有司马子伍和上大夫贾无猜。

子伍和贾无猜本不愿意赴宴，但考虑到不给新令尹面子，悼王会不高兴，所以还是勉强去了令尹府赴宴。

洒过三巡之后，吴起开门见山地说："蒙大王厚爱和各位大臣抬举，吴起任令尹之职，即将在楚国全境实施变法，还望各位鼎力相助。"

贾无猜接话："不知令尹变法有何举措？"这是他最关心的问题。

吴起没有隐瞒地把自己变法的措施和盘托出，正在吃喝的各位大臣脸神惊愕，不约而同地望着司马子伍。

子伍冷笑两声："令尹设想虽好，只恐下手未必猛了些，不怕物极必反乎？"

"大王叫吴起变法，吴起就不能瞻前顾后，只有心无旁骛的推进变法，才能不辜负大王重托。"

贾无猜阴阳怪气地说："令尹似乎与王公贵族有仇？"

吴起一愣："上大夫此话从何说起？"

"如果令尹与王公贵族无仇，为何变法举措条条针对他们？"

"上大夫此言差矣，所谓上行下效，把王廷整肃好了，何愁楚国不强？魏国不就是先例？"

子伍没好气地说："魏国与楚国国情不同！"

吴起毫不退让："请问司马，有何不同？两国变法前不都是国力衰减？难道司马不想通过变法让楚国强盛？"

子伍被问得张口结舌："令尹大人……子伍不是这个意思……"

贾无猜不甘示弱，口气仍然强硬："令尹初来，恐怕不知道楚国王族的势力，变法拿王公贵族开刀，是否会让令尹变法夭折？"

吴起目光如炬看着他，义正词严："大王既已任命吴起领导变法，即使有千难万险，本官也会赴汤蹈火，在所不辞！今天只是给各位通通气，让诸位心中有个准备，举措已经大王同意，必须立即执行，我是怕变法举措影响到在座各位亲朋的利益，故先打打招呼，勿谓言之不预！”

贾无猜酸溜溜地说：“多谢令尹一片好心，也是一片苦心。”

司马子伍再也没有心情饮酒，起身离席，临走，他丢下一句话：“只怕令尹好心未必有好报！”

吴起站起来，直视着他，回敬道：“为好报，吴起何必弃魏投楚！”

贾无猜也气冲冲离席往外走，边走边说：“常言说得好，听人劝，吃饱饭，望令尹三思而行！”

吴起将军的直肠子性格表露无遗，他拉住贾无猜的衣襟，大声说：“我还听说楚国有一句俗话：世上无难事，只怕有心人！上大夫不觉得本官就是有心人！”

“祝令尹变法好运！”贾无猜扫了他一眼，悻然离去。

司马子伍和上大夫贾无猜走了，留下的各位大员自觉尴尬，纷纷向令尹吴起告辞，酒会不欢而散。

夜有些凉了，烛光闪闪烁烁的，随时都会被一阵小风吹灭。吴起的心难过起来，也忐忑不安。

浩浩荡荡的车驾已来。

红的纱灯，灯光流溢！戈戟如林，兵甲闪着寒光。悼王在侍卫和文武官员的簇拥之下，下车走上王宫。

悼王不知从哪里知道了令尹府酒会上不欢而散的消息，心里一阵阵怆然。生怕司马和上大夫不合作的态度让吴起丧失变法的决心和信心，为安抚吴起，于是亲自在王宫宴请了吴起。

“本王听说令尹宴请大臣酒会上发生了不愉快的事情，令尹千万别往心里去啊！”

“酒会上有些大臣的强烈反应已在微臣预料之中，伤筋动骨，必遇反弹，微臣早有准备，不足为怪！”他有一肚子话，此时喃喃。

“令尹如此想，甚好！本王放心矣！”吴起豁达大度的品质与为人令悼王欣慰，也松了一口气。

“大王勿虑，吴起为变法，不怕粉身碎骨！”

“有本王全力支持，无人敢动令尹！”悼王定定看着吴起，掷地有声地说。

“有大王这句话，吴起胆更壮，心更明！大王静等变法佳音！”吴起心里如泛光照明，信心更足了。

就这样，楚国在早于秦朝国君秦孝公让商鞅变法前二十年，就进行了大刀阔斧的吴起变法，说吴起的变法是大刀阔斧，一点也不夸张，李悝在魏国的变法是先易后难，商鞅在秦国的变法是循序渐进，而吴起的变法却是四个举措在楚国同时铺开,没有魄力的人,断不敢为之。吴起的变法受到了楚国百姓和下层官吏的积极响应。也得到了朝中一些正直大臣的赞同,吴起的威信越来越高。他只想着一件事,就是能助悼王兴国之事。吴起得到了悼王毫无保留的鼎力支持,是吴起变法收到成效的关键力量。所以,吴起在推行变法时,虽也受到了子伍、贾无猜等一般王公贵族的刁难、反对,但毕竟变法在全国取得了明显效果,一批有为人才提拔起来了,国力和军力迅速提升,荒芜的土地得到了耕种,农民的生活明显提高,“耕”和“战”两方面都收到了立竿见影的效果。减掉了冗官,消除了贪官,废除了王族、贵族三代后的世袭制,让国家机制更为精干,办事效率大幅度提高,楚国在不太长的时间内出现了全新的气象,楚国在楚悼王与吴起的精心治理上,已中兴有望,并已现重升之势,而楚悼王,从来没这般快活过,快活得神散形也散了。

吴起大刀阔斧的变法必然会触及楚国王公贵族们的利益,他的“均爵平禄”,“减少冗官”,“罢无能、无用之官”、奖励耕战,用“贵人”去广辟土地等多项举措,都直接对准了王公贵族,让他们叫苦不迭,也因此对吴起怀恨在心,他们把他视为眼中钉、肉中刺,意欲除之,于是,楚国的贵族都想谋害吴起。纷纷向子伍和贾无猜告状,例数吴起“大不忠的罪行”,并将吴起危及王公贵族利益的事例汇集成册,作为吴起的“黑材料”报子伍存档,就是等着“秋后算账”。此刻的子伍对吴起变法已是忍无可忍,吴起的“均爵平禄”,停了他两个大将的俸禄,而这两人对子伍有救命之恩;吴起的“减冗官”,又免去了他侄儿郡守之职,被贬为县令。吴起的开垦边区荒地,又抽调了他子伍府和亲戚的几百名家人,这些“贵人”去边地开荒,叫苦连天,这些情况,子伍有的亲眼目睹,有的是听人汇报,有的则是当事人当面向他哭诉。他觉得再不能让吴起变法下去了,必须中止他的变法举措,如果让吴起继续变法下去,王公贵族们都会造反了。于是,子伍伙同费无猜及若干对吴起心怀不满的大臣去向悼王告吴起的状,没想到悼王的一席话让子伍无话可说。

“令尹变法,本王允之,令尹变法举措,本王赞之,令尹早说变法要伤筋动骨,本王准之。如今变法成效有目共睹,尔等在本王面前竟状告令尹,不知是何居心?你们说替本王分忧,怕王公贵族离心造反,楚国建国几百年,有哪个反朝廷的王公贵族有过好下场!现本王当朝,我就不信有人敢造反!恐怕是你们想造反吧?”

遭到悼王严厉训斥,子伍知道此刻扳倒吴起还不是时候,如果不让吴起在悼王心中失去宠信,除掉吴起就无可能。子伍和贾无猜私下密商,只盼年事已高的悼王早日谢世,只有到那时,趁楚王更迭,再除掉吴起。

也许是上天不让楚国变法图新，就在吴起在楚国顺风顺水实行变法两年半后，悼王一病不起，经太医精心治疗，悼王病情也不见好转，且日渐沉重，悼王知道自己不久人世，便叫来了吴起和太子。

吴起膝行至悼王面前，悲不自胜喊道；大王，大王啊！

悼王对吴起说："本王未见令尹变法大获成功，是死不瞑目……"

吴起的心发痛，似一路荆棘！

悼王又对太子说："令尹变法，成效显著，楚国中兴有望，望儿尽心支助令尹，不能让变法中途而毁……"

太子泪水涟涟，连连点头："儿臣记下了，定全力支助令尹变法。"

"本王可以放心西去了……"咣啷一声，悼王忽然直挺挺地躺下了，无限心事，可惜无法言传了。吴起大惊失色，哭跪在悼王旁边！

当晚，悼王病逝，太子继位，是为楚肃王。楚肃王要隆重追悼父王，准备在王宫开追悼大会，并把举持追悼会的事宜交于司马子伍。有人会问：追悼悼王大会，理应由令尹吴起举持，肃王为什么交给了司马子伍？却原来悼王病逝后，吴起大病一场，他没想到悼王这么早病逝，也担心失去了悼王支持的变法是否还能顺利进行？由于他性情孤傲，也不会阿谀奉承，因此肃王与他关系一般，既不亲也不疏，肃王是否会像悼王那样支持他变法，他确实心中没底，对悼王病逝的巨大悲伤及对未来变法的忧虑，让他心火攻心，一病不起。

悼王死了，吴起悲痛欲绝，一日，将几案上依琴的七弦，也用剑挑断了。他一下子病了。子伍觉得这是干掉吴起千载难逢的机会，于是他找来贾无猜及几个大臣密商，决定在追悼会上对吴起下手，具体安排如下：

子伍利用主持追悼会的有利条件，先将弓箭手埋伏于追悼会大殿。再由贾无猜历数吴起到楚后的罪状，请肃王降罪于吴起，若肃王准了贾无猜的状词，必斩吴起；若肃王不斩吴起，埋伏弓箭手则齐射吴起。商议中贾无猜提出："若吴起抱病不出，不去追悼会现场又该如何动作？"子伍不以为然地说："悼王对吴起恩重如山，吴起只要能动，爬也会爬去见悼王最后一面！"

追悼会的当天，吴起的学生，也是变法的得力干将大夫敏会劝吴起不要去追悼会现场，他的理由是："鄙职觉得大王谢世后有风声鹤唳之感，令尹不得不防！"

吴起叹道："我何尝不知？死也和大王死在一起，是吴起荣光。"

"那先生的变法呢？"

"上天若让我继续变法，肃王必不让我死；上天若要楚国中断中兴，肃王必让我亡。"

于是，吴起由敏会搀扶，抱病去了追悼会现场，他哪里知道，此时的子伍之流，早已经酝酿好了一个巨大的阴谋。

当赤手空拳的吴起进入到悼王灵堂内室的时候，早已聚集于室内的楚国权贵，撕下了他们温文尔雅的假面具，齐刷刷地拿出早已准备好的弓箭，对准了他。那些因吴起变法，利益受到损害的权贵们，早就谋划好了，要在他没有任何防备的情况下，将他置于死地。

此时，主持追悼会的子伍见吴起到了，才叫贾无猜念祭文，可让肃王和与会的很多大臣想不到的是，贾无猜念的却是吴起的罪状：

"魏臣吴起来楚，受楚王重用，任命为令尹，实施变法，但其不报知遇之恩，却行间谍之事，着意为魏国谋利，削弱楚国王权，他均爵平禄，剥夺楚国有功之臣爵禄，引起群情愤怒，罪之一也；他以减冗官，废无能无用之官的名义，又让楚国多少有用之才罢官，去职，让失职之干才义愤填膺，罪之二也；他利用所谓广辟土地的名义，让贵族、王族充边垦荒，让这些人怨声载道，其罪四也；他纠集同党，凌驾朝廷之上，驾空大王，其狂妄令人发指，其罪五也……"贾无猜一口气念了吴起十大罪状。

追悼悼王的祭文变成了吴起的罪状，肃王是没有一点思想准备，便问子伍这是怎么回事？子伍回答了一句："众怒难犯，为国除奸！"

肃王登位，自己手中没有任何实力，看见子伍和贾无猜气势汹汹的样子，心早怯了三分。

吴起料定悼王死后，朝中政局会起变化，机敏的吴起虽然感觉到了些许异样，但却无论如何也不愿相信，那些早已对他恨之入骨的楚国权贵，会在悼王的灵堂上向他下黑手。他没想到局势会变化得如此之快，事已至此，他别无选择，只得挺身而出：

"肃王，贾大夫欲加之罪，何患无辞？请大王明察。"

贾无猜事先安排好的一个大臣此刻起哄："请大王降旨，斩首魏国奸细吴起！"

话音刚落，原来就对吴起怀恨在心的一些大臣齐声附和："请大王降旨，将吴起斩首！"

肃王面有难色："可父王临终交代本王之言不是这样的……"

子伍厉声地问："大王想玉石俱焚么？"

肃王浑身发颤，说不出话来。目光慌忙逃开，沉默。

吴起走到肃王面前，双膝跪下，看着肃王，一直定定地看着："大王，吴起死不足惧，只可惜了楚国变法后的大好事业，微臣死后，望大王继续臣的变法，千万不能中断……”

肃王正迷蒙间，子伍看肃王和吴起泪流满面，惺惺相惜的神态，知道时间越拖越麻烦，他当即大喝：“弓箭手何在？”

埋伏于大殿四周的弓箭手闻声而出，对着吴起开弓便射，吴起怕箭手射中肃王，起身便逃，扑在还未装棺的悼王尸体旁边，他的喉咙口，泛上了一股腥气。

时间在这一霎间凝固了。

可怜楚国变法的一代英才，就这样死在悼王尸体旁，实践了生前“死也要和悼王死在一起的”诺言。

曾几何时，楚悼王用吴起为令尹，“南并蛮越，遂有洞庭、苍梧”，占据了江南最为富庶的洞庭湖平原；北败强魏，“饮马大河”，收到了兵威天下、威服诸侯的效果，致使“诸侯皆患楚之强”。

吴起死后，昏庸无能、思想保守的肃王，迫于王族的压力，全面废止了吴起的变法，有望中兴的楚国又一次失去了振兴的难得机会。肃王执政不到几年，楚国却江河日下，地削兵损，大片国土沦陷。等待楚国的结局，只能是一步一步向下滑落。

第二十四章　张仪骋才　屈原察势

鬼谷子高足张仪，满腹经纶，欲在乱世有一番作为，然而，故土魏国、南方楚国和周王室，都没让他有施展才华的机会。最后，他来到了秦国。秦惠文王对他极为激赏，任他为相，而张仪则向他提出了他的以拆散齐、楚联盟为核心的“连横术”，并提出自己亲往楚国劝说怀王。闻听此信，楚国上下，纷纷扰扰，唯独左徒屈原清醒地看到张仪此行不善。

又是夏天了，又是如此衰落的一个黄昏。

一轮落日在山崖与海之上，在天与海之间，悬着，如千古锤炼的一粒丹。此时的楚国已近黄昏，业已日暮途穷！

在加速楚国衰亡的进程中，有一个人起了重大的作用，此人就是魏国人、后来做了秦相的张仪。

生于魏国的张仪出身贫寒，可他自幼爱学，从小就表现出雄辩的口才天赋，长大成人后，他不甘心自己只是一介贫民布衣，幻想有朝一日崭露才华，出仕做官。为了这一目的，他出外求学，曾拜于战国有名的大师级人才鬼谷子名下。

鬼谷子，时人称为“大杂家”，“天上知道一半，地上无所不知”，政治上，他对当时的战国形势有透彻地了解，在其著作《诡论》中有许多精辟的见解，常为当时的文人墨客“称道”；在军事上，他更是见解独到，在《谷子兵法》中，时有惊世骇俗之句，由于他无所不通，所以战国时许多有为而不得志的人慕名投奔他的名下，张仪就是众多投奔者之一。鬼谷子不愿当官，但他却希望自己的学生学有所成，能出将入相。在众多学生中，他发现张仪生性聪慧，舌辩之才尤为出众，便觉得张仪今后必是有为之才，所以在教学中特意给张仪单独教授，把自己在政治军事上的知识，全都教授于他。张仪体会到了老师的用心，学习得更加刻苦。

有一天，在他学业即将结束之时，鬼谷子找他详谈了一次。

“为师不久将让你离开云梦下山，不知尔下山作何打算？”鬼谷子深谈开始的第一句话。

“老师所教全是将帅之才，学生学以致用，应当入仕。”张仪说得坦荡，“不如此,愧对师恩。”

“为师推断你入仕前途大好,但不知你抱负如何?”

“当入将为相!”

“为师看你将帅天分不足。”

“学生入相星运可否?”

“你有相国之才,但命运多难,非一蹴而就,不遇明君,尔恐难以如愿。”

“老师看学生从何做起?”

“天下之势,纵成楚王,横成秦帝,尔如何做,自当明白!”

“老师叫学生附楚王,依秦帝,可成就一番事业?”

“你悟性虽高,但难逃厄运。”鬼谷子面目冷冽,严肃地说。

“愿听老师指点,教张仪逢凶化吉。”张仪一愣。急切地问。

“为师赠你四句话,望你牢记。”

“学生静听老师教诲!”

“辞纵连横成大业,舌辩雄才世无双,功高盖主杀身祸,急流勇退需还乡。”

“学生愚钝,还需老师明示。”

“天机不可泄露,就看你的造化了。”

就这样,张仪带着希望,也怀着不安离开了鬼谷子,老师说张仪有拜相之才,居相之福,这给张仪莫大鼓舞;老师说他命有厄运,又让他心中忐忑,不过离山时,他心里有一点是十分明白的,当务之急,是奔仕途,也就是要当官,因此,张仪清楚下山之后应该怎么做,那就是这个布衣必须尽快接近官场,挤进官场,这样才可能为自己的荣升提供机会,自己的舌辨才华才能尽显。

张仪在鬼谷子那里学了两年,依然是两手空空回家,父母对他白眼,兄嫂对他冷淡,就连结发的妻子也看不起他,对他冷嘲热讽。张仪不为所动,坚信自己所学定有施展才华的一天。不久。他离开魏国老家,开始了游说诸侯列国的旅程。他首先去了魏国京都,此时的魏国早已停止了变法,刚有起色的政治局面又仿佛一夜之间回到了以前死气沉沉的局面,不思进取的王公贵族们,当然听不进张仪纵横的游说之辞,不是嘲笑张仪不识时务,就是认为他是狂妄之徒,舌辩之士只能“摇唇舌无他长”。

在魏国的冷遇,并没让张仪灰心,他想起师训“附楚依秦”,便自我安慰,发迹之处本不在魏国,此地不留爷,自有留爷处。于是他离魏赴楚,这时楚国的令尹是昭阳君,此人喜爱门客,广召天下贤士,听说张仪是鬼谷子的学生,便面试了他的口才,张仪口若悬河的演说能力,深受昭阳君垂青,于是便把张仪召为幕僚。

有一次，昭阳君在府上宴请亲朋故旧及门客幕宾，高兴之余便把家传宝物和氏璧拿出来炫耀，众人争相观看，无不称奇；可是宴会过后，这块和氏璧却不知去向。昭阳君大怒，命令来宾“全聚府内”，务必要追查出和氏璧下落。这时有人说话了“仪贫无行，必盗相君之璧”，就是说张仪很穷，穷必生盗心，他的人品必不好，而此次盗璧之人定是张仪。于是昭阳君逼问张仪，要他交出和氏璧，张仪的心发紧，有口难辩，心潮澎湃，卷起千堆血色的浪花。由于急于辩解，说得是结结巴巴，吞吞吐吐，于是昭阳君命人把张仪抓起来，“鞭笞数百”，用荆条打了张仪数百下，张仪依旧嘴硬，“笞而不招”，昭阳君查无实据，只好把他“驱赶出府”，遍体鳞伤的张仪无奈离开了刚看到希望的令尹府，他依然是原来的念头：此地不留爷，自有留爷处。

附楚遭到侮辱，那就“去奔秦”，他连遭挫折，但入仕的志向不改，看准的路一定要走下去。可说起来容易，做起来难，去秦国路途遥远，身无分文，一贫如洗的张仪如何去得？去秦国必经小国东周。这时转机出现了，东周国君昭文君接见了张仪，此人就是助他入秦入仕的大恩人。昭文君的东周虽小，但他是个知人善任的国君，十分珍惜人才，他听一位大臣说：张仪是鬼谷子的学生，满腹才干，但去魏赴楚都没遇到知音，现张仪已到东周，主公务必要留下他，为东周出谋献策。

夕阳沉没的那边，昭文君走来了，那张仪融在暮霭里，轮廓有些模糊，须发在夕晖里飘动着。昭文君特地为张仪举行宴会接风，张仪闻到了酒香。宴会间，张仪似有无限感慨。边品酒，边纵论天下，滔滔不绝，高谈阔论，语惊四座，让昭文君确信张仪就是东周所需之才。于是，昭文君十分高兴地问：“先生此来东周，是久留还是暂住？”

“小民路过东周去见秦王！”

“先生在魏在楚没人赏识，未必去秦就一定会受到秦王重用？”昭文君话中有话。

“老师临别赠言，小民不敢不遵。”

“先生为何不留在东周为相，是嫌东周太小？”

“主公，人各有志不能强勉，小民感谢主公盛情。”

昭文君长叹一声：“东周国小，难留有青云之志之士，这也是我留不住先生的原因，不过有一句话，本公先说到这里，如先生去了秦国依然知音难觅，本公欢迎先生回来，我俩共同治理东周，如何？”

“主公对张仪的爱慕，让张仪感激涕零，如赴秦遇阻，当返东周。”

得到张仪应允，昭文君酒兴更浓，但他饮酒中发现张仪面有为难之色，似有难言之隐，便问:“先生有为难之处？”

张仪满脸羞愧地说:“去秦国山高路远，而小民囊中羞涩，食难果腹，故而着急。”

昭文君哈哈一笑:“这有何难，本公送盘缠让先生赴秦国，定让先生无忧！”

昭文君做到仁至义尽，赠送一笔丰厚路费，让张仪上路去秦国。张仪放着东周相国不当，非要去前途未卜的秦国，他是怎么想的呢，未必鬼谷子的话对他有那么大的作用？不可否认，张仪离开东周有遵师训的因素，但更重的原因却是张仪对眼下战国局势有精确的分析:

东周与秦相较，无论国力与军力都是前者弱，后者强，快速崛起的秦国仅战车就有上万辆。实力强，秦国在各诸侯国中发言权越大，影响力就越广，东周和秦国的政治起点根本不在一个平台上。再说张仪是个志存高远的人，在他眼里，战国七雄的格局才是考虑问题的出发点和落脚点，人们不是常说:心有多大，活动的舞台就有多大么？张仪放眼战国全局，东周如此小国，如何能拴住张仪狂野的心？

张仪到秦国未必会受秦王青睐，到那时两头落空，他后悔都来不及。张仪虽然狂傲，但充满自信也是他的一大特点，他以布衣身份出山，受辱而不改初衷，遇难或诱惑而不变主意，就是因为他在游说魏国、楚国后，才更看清了战国时期各诸侯国形势。加上他自信有雄辩的口才，必能说服秦王，他在东周昭文君面前小试牛刀，就已让昭文君为之倾倒，他觉得这就是他口才超群的力证，这些原因促使他毅然决然地走向了秦国这个更大的政治舞台。

张仪到了秦国的消息，很快被秦国国君惠文王得知，当他获悉张仪是谢辞了东周国君的拜相之情才来秦国的消息之后，就猜此人必有真才实学，否则他不会放着相国富贵不享而来秦国冒险。于是惠文王决定亲自接见张仪，并通报了住在咸阳馆驿的张仪。

有人说，惠文王并不爱才，他一登基，便车裂了秦国变法巨匠商鞅，连在他身边的天才他都要杀，惠文王是何等残暴无情；也有人说，秦惠王不因人废法，实为过人之举。他何能重视远道而来的张仪？殊不知惠文王杀商鞅必有杀他的原因，历史上就有“为师父报仇说”，“商鞅功高盖主说”，以及“惠文王平叛说”，不管惠文王起于何因杀掉商鞅，都是为加强王权考虑，他杀了商鞅后，并没有停止商鞅的变法举措，而是极力弥补因商鞅离去而留下的智囊空缺。如今舌辩雄才张仪到秦，惠文王岂能放过秦国少有的人才！

张仪从秦宫来人得知惠文王要接见自己的通报后，精心思考了三天三夜，他清楚机不可失，时不再来，成败在此一举，如果说张仪本来就思维缜密，那么，现在想了三天三夜的准备征服秦王之策，已足以令他信心满满。

接见那天，秦惠文王出王宫迎接张仪，发自内心地说："久仰先生高名，无由以会，今幸得光临，大教秦国，实为万幸。"

两行热泪，从张仪的眼角缓缓地流了出来，他不由得哽咽道："草民浪得虚名，今让大王屈尊迎迓，张仪不胜惶恐。"

惠文王进殿就将谈话进入了正题："先生远道而来，有何教秦？"

张仪胸有成竹地把三天三夜精心谋划的对策，毫不保留地呈现在秦王面前。应该说秦惠文王在寻找填补商鞅相位空缺的人才时，阅人无数；张仪想，若要让秦惠文完全信服自己，不是件容易的事。那么张仪采取了哪些高招吸住了秦王的眼球，调动了秦王兴致，进而让秦王心服口服呢？

首先，张仪要在秦王面前竭力树立自己是忠于秦王的大忠臣形象，为达到这个目的，他突出了两个关键词，诚与忠，他先伸出这两个触角，看看秦王有何反应，再来决定施展后面的策略。

"大王，小民是死期将至之人，离黄泉不远了！"

惠文王一惊："本王非常看重你，从迎接先生规格中，你也可以看出来本王对你的器重，你为何要说是快死之人，本王费解。"

"小民这次事见大王，就是准备冒死直谏的，小民知古训，知而不言为不忠，为人臣，不忠当死。忠言不入君耳，臣也当死。既然小民与大王面对，说了是死，不说也是死，小民不是死期将至之人？"张仪向秦王传递一个讯音，人之将死，其言也善，我下面讲的话，谈的主张，都是为你好，我是死是生，都由秦王裁定，既然我把生死置之度外，必是善人善心话。这就首先表达了自己对秦王的一片诚心，力争取得秦王的同情与好感；将死之人必吐真言，以死作代价的真言，秦王必将觉得千金难买，必会格外重视，张仪表诚心的目的就达到了。

惠文王说："先生既然以死来与本王相交，真情可嘉，本王恕你言者无罪，尽管直抒己见。"

火候已到，张仪该向秦王表达自己对他的忠了，在熹微的暮色里，他问："大王目前感到争霸于诸侯群雄，最大的难处是什么？"

"山东诸国与楚国联合对秦，楚怀王派大夫屈原游说诸国从南到北联合，形成合纵之势，并推举楚怀王为合纵长，举全力阻止秦国北扩，其势不可小视呀，本王正为此头痛呢？"

"小民此来，正是为了破诸国合纵，如果不破坏六国的合纵之策，不让大王君临天下，大王可斩小民于市。"

"你是说……"惠文王欲言又止，故意把话刹住。

张仪反应极快:“大王如果按我的设计,各方诸侯还不能归附大王,小民当死!为了大王今后宏大的江山社稷,我才冒死斗胆进言!”

张仪的表忠显然得到了秦王认可,惠文王心上涌动着一股热流,问:“依先生看来,秦国何以称霸于诸侯?”

张仪沉稳地说:“秦早就可以成就霸业,只可惜没有把握好机会,实为可惜。”

“本王愿闻其详。”果然,惠文王来了兴致。

“小民认真研究过秦国历史,至少有两次称霸的时机没把握住,让大好时机稍纵即逝。秦王啊,失误在大王!”

“本王怎么没觉察,原来已有了两次称霸的良机?”惠文王听得仔细,兴趣浓厚。一点没有责怪张仪出言唐突的意思。

“第一次,秦军与楚大战,楚军大败,秦军占领了洞阳湖、五都、江南,大王本可前进,占领楚全境,东可制齐国、燕国,中原可凌驾三晋之上,当时大王听信谋士之言,和楚国议和撤军,结果让楚国赢得喘息时机,继续与秦抗衡。”

“你说得确有其事,诚如你言,本王错失良机也!”惠文王连连点头,那认真静听的神态,就好像他在听秦国相国讲话,看来,惠文王是被张仪的话紧紧吸住了。

“第二次,大王率秦军与魏国交战,占大梁,眼看魏要亡国,若魏亡,魏、赵、楚三国联盟必瓦解,这样,秦国东可以制齐、燕、中原也可驾三晋,仍可成就霸业,可大王又听信谋臣之计,与魏国讲和撤兵,秦国又一次失去称霸良机!大王你有误啊!”

“先生说得对,是本王有误!本王有误啊!”惠文王不因张仪的指责而恼,反而击掌叫好,秦王对张仪所言信之无疑。

张仪心里一喜,又从容道:“伟大的秦王,是你智不如人吗,不是,是你将不如人吗?也不是!是秦国军力和国力不如人吗?更不是,你称霸诸侯已万事俱备,只欠高参谋士啊!大王缺少智囊,张仪就是大王紧缺的智囊,小民可为大王称霸舍生忘死,出谋献策。”

“如本王重用先生将如何行事?”既然谈到了关键问题,惠文王也不含糊,马上叫张仪出招。

“大王现在称霸还为时不晚,我来就是为大王献连横之策,大王若采纳了小民连横术,小民保证大王纵横四海、威震华夏!”

“先生的连横术是本王最感兴趣的事情。”

“大王称霸四海,最担忧六国南北合纵,一起对抗大王,小民的连横术就是施巧计破坏六国合众，而让他们与大王东西联合，这样拆散了他们的合纵联合之力，大王便可以一个个击破他们。”张仪运用连横之术，欲将各诸侯国玩弄于股掌间。

“六国合纵，先生就这样有把握拆散他们？”秦王有点半信半疑。

“六国合纵乃乌合之众！”张仪轻蔑地笑笑。

“先生何以下此定论？”

“通观春秋战国历史，国家的消亡有三种亡法：以乱攻政者亡，以邪攻正者亡，以逆攻顺者亡。六国合纵本身就乱，就邪气弥漫，就逆境挣扎，他们妄图以六国联合来对抗新兴的秦国，必然自取灭亡。所以，依草民之见，六国合纵并不可怕，是完全可以击破的。”

“言之有理，本王听先生继续往下讲！”秦王的兴趣越来越高。

“历史上不乏以弱胜强的先例。六国合纵，看起来实力强于秦国，但是如大王采取措施得当，完全可以战胜六国！想当年，周武王只率三千士兵击败商纣王的百万雄兵，为什么，因为周武王有姜尚辅佐，妙计迭出，终于以少胜多，以弱胜强！”张仪口若悬河，滔滔不绝。

“讲得好，先生讲得好！”秦王的情绪更加高涨，禁不住叫出声来。心想；只有分化六国！让具三寸不烂之舌的张仪在六国推行连横，使六国内乱，才能使秦国从中渔利！

“再看秦国秦军现状，已具备获胜的基础与实力。秦军纪律严明，赏罚分明，令行禁止的秦军无往而不胜，更别说秦军作战作风彪悍、国民斗志高昂，士气和民气是决定战争成败的关键，秦国与六国相较，已拔头筹。六国之首楚国已与大王交手，楚军战力低下自不待言，如楚单独与秦开战，必败无疑。”

“先生分析得极是！”秦王欣喜若狂，连连点头。

“秦国占据地理优势，雄踞西北，国土方圆数千里，而且还有雄师几百万，大王，你想想，秦国还能不称霸华夏吗？”

秦王大悦，拱手下位向张仪说：“先王之言，如雷贯耳，使本王拨云见日。本王依先生连横之术而行。本王决不再失良机！”

张仪笑言：“张仪来到秦国，如此受大王厚爱，也不会让大王再失良机！”

惠王朝的大批能臣造就了惠王朝的辉煌，也反映了秦惠王的识人驭人的本领。秦惠王用了大量的外籍能臣，其中以魏国人为最多。现在，他决定重用知己知彼的张仪，并马上封张仪为客卿，又拨富丽堂皇的官邸一套给张仪居住，为怕张仪感到屈才不满足，不久便叫张仪接替商鞅之位，官升相国之职，取得了非常好的效果。从此，张仪是一人之下，万人之上，他想，惠王赐给他同榻而眠的荣耀，便是一个姿态，是做给天下贤士看的。惠文王对张仪是言听计从，张仪是春风得意，尽施连横之术，终让秦国从崛起到称霸，完成了统一中原的精神准备到国力准备。

张仪从出山到横空出世，除他个人才干外，是他遇到了惠文王这个伯乐。惠文王不但慧眼识真才，他本身的气质和风度也让张仪折服，为这种具有战略眼光的君主献策，张仪不但是心甘情愿，而且使出了浑身解数，他俩这种君臣亲密合作，堪称春秋战国史上的一段佳话。

张仪就任秦朝相国以后，惠文王要他“面授纵横术”，在张仪向惠文王授课期间，他发现惠文王有时在听课时心神不定，还有时不断叹气。

时间久了，张仪明白了惠文王所虑之事，因为只有张仪在讲授纵横术时，惠文王才会出现这种表情，张仪的话，的确勾起了惠文王的心思。

张仪明知故问：“大王有心思？”

“相国，本王是有一件大事未了，故而每每听相国讲纵横术，本王就想这件事来，好不焦心。”

原来当时齐、楚结好，对秦国东向扩张极为不利。这也成了惠文王的一块心病。

“大王想伐齐国，又虑齐楚结盟，故而举棋不定？”张仪善于察言观色，便问。

“正是，相国刚来秦国时，就向本王言明，六国合纵是秦国的心腹大患，如今，本王想伐齐，更觉此患甚重，相国也知道，本王是想称霸中原的，没有这个雄心，相国也不会投奔。如今两个想称霸的人，面对六国合纵就束手无策了么？”

张仪继续为秦国的利益出谋划策。又接着说：“大王，张仪赴秦，就是为破合纵而来，否则，大王也不会叫张仪为相。当今之华夏，实力相对强大只有秦、齐、楚三国，齐楚善交必让秦国霸业受损，大王欲伐齐，又虑齐楚结盟，故而愁患在胸。”

“越听你的纵横术，越感到破齐楚合纵的重要和困难。”惠文王又忧虑起来，双颊被阴云压盖。

“大王让微臣去一趟楚国，微臣定破齐楚结盟，让大王能分而击之。”张仪主动要求出使楚国，去拆散齐、楚联盟。他根据远交近攻的策略，主张与齐、楚结好，以孤立魏、韩。

“本王也有此意，只是你身为秦相，专去楚国游说楚怀王和齐分手，必让楚人警惕你图谋不轨，特别是楚国的左徒屈原，更是精明过人，相国的计谋恐怕瞒不过他。六国合纵对秦，就是他游说列国的结果，此人的厉害，相国不可小视。”一阵肉香味扑来，惠文王大喜，高兴得敲着酒杯连声说，好！好！好啊。片刻又问:“大王觉得屈原和楚令尹子椒,上官大夫靳尚相较,谁的权势更大?如果再把屈原和楚怀王宠妃郑袖相较,权力又是谁大?”

“当然是郑袖、子椒、靳尚,屈原目前在楚国的地位,显然不如以上三人。”

“这就好了,微臣已在他们三人身上下了钩子!”之前张仪曾和他们见过面,并已用重金贿赂齐、楚两位相国。

“下了钩子?相国此话何意?”

“子椒、靳尚是怀王身边重臣,是两朝元老,两人贪得无厌,敛财无数,富可敌国。郑袖正是得宠时期,讨好以上三人,微臣去楚国就不怕屈原从中刁难。”

“你说的下钩子,就是钩他们三个?”

“大王英明,微臣为相后,送重金给他们三人,给靳尚、子椒是金银、丝绢,给郑袖是人参珍珠,三人虽都是大富之人,但看了微臣送的重礼,无不称谢。”

“相国是想利用他们三人贪财的弱点,来配合相国离间齐楚的计谋?”

“大王英明!”

“可本王还是觉得楚国君臣不会相信秦国相国之言,楚人天生的多疑心理,恐相国难以叫他们相信所出之言。”

“大王勿虑。微臣的连横术是否灵验就看此行能否成功,微臣的连横术和三寸不烂之舌,定破齐楚联盟,大王静等佳音。”

“相国行前,还想要本王做些什么?”张仪说得惠文王激动得不住地点头。

“请大王准备好车马、粮草,以及专送子椒、靳尚、郑袖的重金。”张仪再次以金银财宝铺路。

“本王照办。”

“还请大王的画饼一张。”

“画饼?”惠文王怔怔看着他。

“大王口头许诺给楚国秦商于六百里良田。”

“舍不得孩子打不了狼?”

“大王只是给了臣画个饼的权利。”

“相国只承诺不准备兑现?”

“世上说楚人难戏,微臣这次斗胆就专要戏楚怀王!”骗子骗呆子,一骗一个准。张仪胸有成竹。

“相国之雄才也!”张仪把一切都安排得妥妥当当。惠文王怎能不激动呢?

很快,秦相要访问楚国的外交照会发到了楚国。

此时的楚国国君是楚怀王。他听说张仪要来和楚国和谈,心里充满了满足和幸福感。他觉得自己整个儿身体都在膨胀,作为楚国君王,踌躇满志。他不敢怠慢，忙招大臣们商议，怀王开口就问：“秦相张仪访楚，各位分析他为何事而来？”

按楚朝议事惯例，大臣们都等着令尹子椒回答，子椒也当仁不让：“大王，这不明摆着秦国想讨好大王嘛！惠文王派第二号人物张仪访楚，就是对大王敬重啊！”

楚怀王不为子椒的吹捧所动，反问：“秦国为何要讨好本王？楚虽比秦国版图大，但国力与军力目前均稍逊秦国，所以本王才联齐抗秦，秦王明知楚国势弱，他为什么还会派张仪来讨好本王？”

子椒一时语塞，过了许久才说：“秦王是朋友不怕多嘛，再说，大王也不比他秦王差多少呀！”这就是当时楚国令尹的水平，除了拍怀王马屁，大概不会干别的。

上官大夫靳尚说话了：“秦王刚任命新相接替商鞅，就马上派张仪出使楚国，这就充分说明秦国不想与我为敌，也看出咱们楚国及大王在秦王心目中的分量，这是可喜可贺的事，秦国若不与楚国为敌，大王江山无恙了！”

此时朝班中闪出左徒屈原：“大王，秦相此来似为不祥之兆。并非令尹和上官大夫所说吉兆。”

怀王一愣，琢磨着其中的意味，觉着蹊跷：“左徒何出此言？”

屈原侃侃而谈：“张仪是有名的纵横家，是秦国连横术的操纵者和实施者，他不邀而访的目的，微臣以为他必是冲着齐楚联盟而来。秦王灭我之心不死，但齐楚结盟，让他不敢对齐、楚有非分之想。张仪在此时主动向楚国示好，是怕楚国，非也！是想讨好大王，非也！因为秦王不怕楚国、秦王也无需讨好大王，他怕的是齐楚联盟，微臣断定，张仪此次前来决没安好心，就凭张仪是诈求之人，大王就得提防他！”

子椒面有愠色，望了望屈原，不满地说：“左徒大人未必言之武断了吧！你就断定张仪是心怀鬼胎而来？”

靳尚马上朗朗道：“就算左徒大人说得对，难道我朝大王是好骗之人？屈原大夫未免太轻慢大王了吧？”

屈原一时语塞：“上官大人，你……”

怀王激动起来，几乎要跳起来，打断了屈原的话：“张仪未到，你们倒先争起来了！本王看，你们各说对了一半，令尹、上官靳尚说秦王心中有楚国，才派相访楚，对！左徒屈原要防张仪此来有诈，也对。本王不是三岁小儿，更不是傻瓜，不会轻易受骗上当。不过，本王要把话说在前面，秦相访楚是件大事，楚国不管出于礼节，还是出于对秦相的尊重，都要隆重相迎。更别说，本王还十分欣赏张仪是难得的纵横之才,能与此人相晤,也是一件快事,所以各位对张仪到来,一定要热情迎迓,不能有丝毫的轻慢。”

子椒和靳尚连连称善。靳尚对怀王的言论感到十分的满意,甚至沾沾自喜。而怀王此时,又尽量表现出对屈原的宽宥、亲切和信任。

密雨斜侵宫墙,云雨之中,皇宫缥缥缈缈,时隐时现,若有若无。

事已到此,即便是屈原有再多的理由反对张仪也无济于事了。因为,楚国要发生的一切,已尽在张仪掌控之中。

第二十五章　拒纳忠谏　怀王入彀

张仪来到楚国，对怀王是谦恭有加，对权臣子椒、靳尚，则用重金贿赂。和谈中，张仪向怀王承诺，楚国若与齐国断交，与秦国修好，秦国将赠送楚国六百里地，同时，进献美女若干。楚怀王不顾客卿陈轸、左徒屈原的反对，在子椒、靳尚和王妃郑袖的撺掇下，答应了张仪的请求。

一日傍晚，张仪像一只夜游的枭鸟，似富商巨贾，带着庞大的车队，浩浩荡荡地来到郢都城。怀王闻听秦相张仪驾到，急忙出宫迎接，楚怀王"迎张仪于郊"，"虚上舍而自馆之"，意为腾出上等宾馆，亲自安排张仪住宿。怀王摆出了极为重视张仪来访的外交姿态，传达给张仪楚"欲以秦和"的姿态。应当说，在外交礼节上，这是一个非常重要的外交信号！张仪在高级宾馆住下后，怀王表示"择吉日见人"。

一见面，张仪疾步上前，深深地作了个揖。寒暄品茶之后，张仪便向怀王献宝；几件珍宝为秦惠王所献，他怎能不受宠若惊、称谢不已。

张仪见重宝打动了怀王的心，征服怀王不费吹灰之力，不由得暗自庆幸，无限欣喜。至此，张仪开始了自己拆散合纵、推行连横的进程！连横最主要的目的就是拆散齐楚联盟，孤立这两个可以与秦国争霸的国家。

受到怀王隆重接待，张仪并不感到意外，他料定必会如此，怀王的亲善姿态，让张仪感到赴楚的顺利与好兆头，之前有些忐忑的心也平静了许多。他很快就把住了怀王脉搏，虽然怀王与齐结盟共同御秦，但怀王内心并不想与秦交恶，甚至为了表达这一愿望，还不惜摆出了过分亲热的姿态。

怀王的脉搏把住后，张仪觉得此次楚国之行成功的把握更大了。于是他利用等待怀王接见的空隙，当晚便专门在国宾馆宴请了令尹子椒、上官大夫靳尚。

一见面，张仪只寒暄几句，便重金贿赂，叫随从搬出两个大箱子，打开一看，里面全是值连城的稀世珍宝。子椒、靳尚眼前一亮，自然喜不自胜。有了如此隆盛的财宝，张仪便可把他们当陀螺捻，让他们怎样转，他们就得怎样转，随心所欲，玩于股掌之中。

"这是秦王令下官专门送给二位大人的。"张仪见他俩笑逐颜开，轻悠悠地说。

"秦王礼重了！"子椒望着珍宝，兴奋地搓着手说。

"那就收下了，受之有愧啊！"靳尚忙叫跟随的人收下箱子。

"张仪知道，令尹和上官大人富可敌国，不缺这些珍宝，但秦王刻意要送，他说这是他的一片心！"

"秦王如此厚待我俩，我俩无以回报，岂不有愧？"常言道，受人滴水之恩，当以涌泉相报。子椒当然要厚报。

"秦王希望二位能促成张仪赴楚和谈圆满成功！"

"那是自然，那是自然！"靳尚忙点头。

"不知相国来楚议和的内容？"子椒问。

"在未见楚王前，下官也不能先向二位大人透风，俗话说：不告君，勿施于臣，请二位大人见谅，但我可以透一点风，张仪这次来楚必给楚带来惊人好消息，到时候只希望二位大人推波助澜。"

"那是自然！对楚国有利的事，我俩怎能不成全？"靳尚又抢着说。

"还有一事张仪拜托二位代办！秦王也托臣替楚王妃带来了千年巨参，祝愿王妃长生不老。但王妃她身居后宫，张仪参见多有不便，所以请二位大人代劳。不知王妃喜欢否？"

"肯定喜欢！上次贤相托人带来的人参，王妃喝了后赞不绝口，还说想再喝这种人参汤，如今相国送来，王妃必喜之不禁，我俩一定代办，能让王妃高兴的事，何乐而不为。"靳尚抢先表态。

子椒不甘落后："王妃见了这颗人参，相国与大王谈判之事准成！"

"令尹有这样有信心？"

"王妃悦，楚王必悦，因为王妃正得宠哩，有她帮贤相说话，还怕谈判无果？"靳尚说出其中原委。

"但张仪还是望二位大人竭力相助！有你们三位助张仪一臂之力，张仪日后另当重谢！"

纵横家的核心技能是能骗则骗，口舌功夫相当过硬、被称为"连横之父"的张仪，水准更是超一流。

"好说！好说！"子椒、靳尚异口同声。

有了他们三人从中配合，张仪对此行成功已是充满信心了。他耐心地等待楚王接见的吉日到来。他得意地想："还是俗话说得好，有钱能使鬼推磨。怀王身边的三个鬼，会使怀王这个磨推转起来的！"

在选定的吉日这天，怀王接见了张仪，见礼之后，怀王谦虚地问："相国此来，何以教我？"

张仪答:“大王太过谦了,张仪怎敢言说?”

“本王素重相国学识,深佩相国纵横之术,今日当面讨教,相国勿辞。”

“大王真愿意听下官对时下局势的评说?”

“相国之口才,天下无双,本王洗耳恭听!”

“天下之事,七雄纷争是虚耳,实际上齐、楚、秦三强国之争,秦东合齐国,则齐重,秦和楚则楚重。”

“相国说的是实情,言之不虚。”怀王马上赞许。

张仪开始施展舌辩之才,连横之术:“秦王重楚,不重齐。秦王派张仪任相不久便出使楚国就是力证。”

凭着天下无敌的巧舌,张仪得到了秦惠文王的器重与厚爱。此后应聘入秦的张仪如鱼得水,以酣畅淋漓的特长发挥捣鼓出了相当不俗的政绩。现在,他见了楚怀王就直奔主题。

怀王虽然没吱声,但这些话还是说到了怀王的心坎上,怀王的神情流露出喜悦之色。

“张仪之所以受命来楚,促成秦楚友好,是因为秦一向倾慕楚王,崇拜熊氏王朝。想当年,楚庄王称霸是何等威风,看如今怀王领导下的楚国幅员多么辽阔,臣虽为秦相,但一直敬服楚王,就是不能当楚王臣下,也愿为楚王效力。”

怀王向来喜欢别人吹捧,来体验大国君王的快感,张仪的这几句自然让怀王很受用。

“本王先谢相国一片诚心诚意。”怀王客气地说。

“不瞒大王,张仪素来不相信齐国,信不过齐国国君,虽臣明知此刻齐楚结盟,但臣还是要直抒己见。现齐宣王自恃齐楚结盟,有意向秦王挑衅,故而秦王想发兵于齐,以至秦王没有过多时间和精力和楚国交好,也使臣想为大王出力而无可能,这都是齐宣王之过,非秦王不想和怀王结友。”

楚怀王沉思,神态没有刚才那般活跃,但张仪分明从他的眸光中看出默认的光波。张仪没看错,怀王心里确实认同张仪说的话是实情,齐宣王自与楚国结盟以后,处处以老盟主的身份出现在诸侯国中,对秦国没抗击多少,反倒对小诸侯国发号施令、颐指气使,小诸侯国都到怀王面前告齐宣王的状,为了结盟的大局,怀王都忍了。现在,张仪说到了齐国的危害,怀王不但没反对的表示,心里还直埋怨齐宣王做得太过。

张仪见楚怀王沉思不语,知道自己刚才的话说到了他的痛处,于是展开了名利色情引诱。行前,张仪仔细研究了怀王的为人,作为国君,他不缺钱,当然也不会贪钱,但他爱出名,总想在诸侯国中高人一等,时刻想重温楚国称霸的旧梦。张仪听说当年齐宣王在齐楚联盟时，曾因发号施令一事而引起楚王不快，原因是怀王觉到齐宣王是想借机出名，抢了他怀王的风头。另外，张仪也知道怀王有诸侯国君中的通病——贪色。而怀王在女色方面色欲更烈，尽管他身边有姿色超群的王后，也有艳丽绝伦的魏美人，更有宠妃郑袖，但他仍不满足，还在中原各地寻觅美女，故楚人背后都说怀王是“欲火难填”。张仪决定利用怀王的两大弱点主动出击，攻其软肋，极尽口舌之能事；

“大王，臣虽为秦相，但一直心慕大王，总想为大王做点事情，臣临别秦王时，曾问秦王，若楚愿与齐断交，与秦友好，秦王将如何处之？秦王说，若楚王与秦友好，与齐断交，秦将给楚商于六百里，这是任何一个国君都梦寐以求的秦川富庶之地，六百里呀！大王不费吹灰之力就唾手可得！何乐不为之？”

怀王没有回话，心里却在激烈思考：和齐结盟，楚国并没有得到任何实惠，有的是联合抗秦的义务；而与秦交好，马上就可得到六百里的广大地盘，这是一个无本万利的买卖，这笔交易可做。但怀王毕竟是当了几十年的楚国国君，大风大浪见过不少，骗局也经历过，一个秦国高官如此卖力地为楚国谋利益，怀王觉得不靠谱。于是他问：

“相国乃惠文王爱卿，还设身处地为楚国利益着想，这又是为何？”

“大王的话只说得了一小半，微臣既为大王着想，更为秦国利益着想！微臣不隐瞒我赴楚的主要目标就是拆散齐楚联盟，尽力削弱齐国，因为齐国是秦国劲敌，只有楚与秦结好，才能从根本上削弱齐国力量，因为楚秦永远是兄弟友好，秦王才能无后顾之忧的对付齐国。”这段话真诚，坦率地告诉怀王，张仪出使楚国第一是维护秦国利益，第二是建立秦楚友好邦交，这对楚秦两国都有好处。

张仪越是率直地说出赴楚的真正动机，越能消除怀王疑心，让他觉得张仪赴楚之行，心胸坦荡，并无诈术，若有骗术也不敢实话直言。

见怀王沉思无语，张仪见刚才自己的话打动了怀王的心，于是他趁热打铁说：

“大王从决策方略来说，有上中下三策。”

怀王果然来了精神，马上说：“愿闻下策其详。”

怀王既已发问，张仪就不愁他不上套：“独自与秦国抗对，取失败之辱，楚秦两败俱伤，楚国难以恢复元气。这是下策。”

怀王没有上当，撇撇嘴，又几声冷笑：“只有傻瓜才取下策！”

张仪脸憋得通红，鄙视自己的火候拿捏得不好，于是谦卑地说：“大王的中策是与齐国结盟，得不到齐国任何好处，还和秦国关系紧张，让秦王视为敌手。”

“那相国替本王想的上策呢？”

“与强大的秦国结盟，友好合作，这既可保楚国安全，又可得秦地六百里。大王掂量一下，上中下三策，孰轻孰重？”

“秦王果然言而有信？”

六百里的土地实在是太诱惑了，怀王似乎看到了肥得流油的土地正深情款款地对自己招手，且立马把与齐国的战友情抛到脑后。

“大王可知君无戏言？秦王还说了，若楚国和秦国结盟，秦王将献秦国美女为怀王妇！这样两国不仅有了良好的外交关系，还增加了亲情关系，两国通婚，楚秦的后人就是一家人了！大王，我为大王献的是楚国长远利益之策呀！”

楚怀王听了，勾起心中无限遐想，却又黯然叹息，眉宇间充溢的是贪婪之色：“听说秦女凝脂，相国说是吧？”

“秦女岂止凝脂，哪个美女不是蛮腰丰胸，气质吸人！大王亲试后，决然觉得张仪此言不虚！”

“哈哈哈……既得地，又送美女，秦王诚意可嘉！”楚怀王心花怒放。

“秦王的诚意是被大王神采威风所感，没有大王超凡的神韵和魅力，就没有秦王的真诚和仁义。”张仪见怀王已经上套，继续捣鼓口舌功夫，张仪果然是有实力的，洞若观火，眼光独到，而他的处理手段也很高明，这一环一环，都扣住了人性的弱点。

“讲得好，讲得好！本王神韵过人，魅力无比，连秦王都敬佩了！……”在怀王看来，秦相造访，敬献重宝，这固然是秦惠王的恩惠与敬重，表现了他的诚挚与友好，但更主要还是张仪的谋划。张仪不计前嫌，为秦楚友好而周旋奔波，这真是位虚怀若谷的大丈夫，一位难得的济世贤才，楚怀王不禁心中一乐。

“在秦国，岂止秦王感佩大王，秦国百姓都神往大王呢！”

马屁拍到恰好处，极大地满足了怀王的虚荣心和爱出风头的欲望，事情发展到这种地步，怀王已经令利智昏，他开始憧憬既得六百里秦川又得无数秦国美女的美景，此刻，他已经完全解除了对张仪的警觉，已经把张仪视为在秦的楚国忠臣了。

“相国先回馆驿休息，本王不日即派特使去秦议和接地。”

“大王可要与齐国断交啊！否则，秦王还是有后顾之忧的，大王你的天平倒向秦国，秦王才放心啰！大王你的分量重呀！”临别，张仪以议和说事，不露吹捧之色的吹捧了怀王几句。还故意抬高楚王地位，降低秦王地位，让怀王更加得意忘形。临别时，张仪还很深情地望了楚王一眼，

“相国不是说过君无戏言么？本王一言九鼎，和齐绝交，与秦友好，永不负

言！”

“那微臣就在馆驿等候大王的议和特使了！”

在怀王和张仪交谈的整个过程里，楚朝的大臣没有讲话，这让怀王非常受用，他喜欢这种一言堂的氛围，这无疑极大地提升了他在秦相国眼中的形象，也体现了他巨大的人格魅力，怀王心里那个爽呀，无以言喻。

“诸位爱卿都听清了吧，秦王割地嫁女，只为和楚国修好，这是一笔得来全不费工夫的好买卖，楚国大赢啊！”

“这都是大王的威名所致，秦王不得不服！”令尹子椒马上恭维。

靳尚马屁紧随其后：“什么叫人格魅力，大王这才算人格魅力，不费一兵一卒，净得秦川六百里！可喜可贺！大王！”朝中大臣见令尹和上官大人开了头，也纷纷向怀王贺喜，无不赞扬怀王和秦结好的英明决策。

这笔买卖简直一本万利，诸人皆贺，神采飞扬的怀王与诸位大臣正在兴头上。忽然发现道贺的百官中唯独左徒屈原和客卿陈轸不向他贺喜。屈原早就向怀王进言要怀王提防张仪来楚使诈，他不贺喜在怀王意料之中，可陈轸为什么会闷闷不乐呢？怀王于是问陈轸：

“陈爱卿，本王不发一兵一卒，没伤一将一兵，就得秦川六百里，朝中文武都向本王道贺，唯卿一人不祝贺本王的巨大胜利，这是为何？”

楚怀王为什么这么看重客卿陈轸不贺喜？陈轸在怀王眼里就这么重要？

陈轸是战国时期著名的纵横家，是个浑身充满智慧的人。早期他和张仪都在秦国辅佐过惠文王，两人时有意见相左而发生争执，在自己当相后，一场利益牵扯，语言挑拨，政治博弈就开始了，张仪极尽能事排挤打击陈轸，使诈让惠文王对陈轸印象不好。由于得不到惠文王重用，陈轸只得弃秦投楚。楚怀王鉴于他在秦国的名气，任命他为客卿，他本该在大事上向怀王出主意，可今天却一声不吭，这种反常举动让怀王心存疑惑，不得不问。

陈轸见怀王问到自己头上，只好斗胆据实回答：“大王，楚国大祸临头了，喜从何来？在微臣看来，秦川六百里是湖中月、镜中花，大王终不能得到手，只不过是秦王给大王画的饼。楚国如果和齐国断交，齐国必恼，更会和秦联合，一起攻楚，到那时，楚国不是大祸临头？故微臣才不敢随意向大王贺喜。”

听完陈轸的话，怀王既意外又吃惊：“秦相张仪诚心诚意转达秦王和楚欲结友好的信息，献出秦商于六百里，这样有利的消息，怎么反会让楚国大祸临头呢？客卿太危言耸听了！”说完，怀王不屑地冷笑了两声。

陈轸性情孤傲古怪，但有才华，也有正义感，看准了的事，绝不会轻易改变看法。由于他孤芳自赏，自命清高，所以楚国朝中大臣和他关系都不太融洽，和屈原的关系也是一般般，屈原对他不亲不疏，保持着表面的和谐，但屈原还是佩服他的见解独特，只是对他的为人做派不欣赏。

"大王，秦商于六百里献于大王，并非利好消息，而是秦王诱饵，诱大王中计。"

"本王又能中秦王什么计？"

"微臣问大王，秦为什么要向大王献出秦川六百里？"

"是楚国强大，本王威名远播！"

"非也。是楚国和齐国联盟，让秦王心怵。"

楚王怎能听进这逆耳忠言？怀王心里十分恼火，阴森森瞟了陈轸一眼，沉下脸来，陈轸的话真让他有些下不了台。

陈轸既已开口力陈，就不会顾及怀王的好恶，继续讲下去："秦国所以看重楚国，是齐楚友好。这就是说，在秦王眼中，只有齐楚联盟，楚国才在秦王心中才有分量，反之，如果大王要与齐断交，楚国就孤立面对秦国，秦王为什么还会对孤立无援的楚国另眼相看呢？为什么还要给楚国献地，献美女呢？换而言之，楚国与齐国结盟，大王就有制约秦国的资本。如若断交，秦王求之不得，大王就失去了和秦王讨价还价的筹码，张仪叫大王与齐断交，绝不是他说的什么上策，而恰恰是下下策，大王不可为之！"

怀王似有触动，沉默不语，认真思索陈轸的话。

见怀王无语，陈轸以为自己的话打动了怀王的心，于是口若悬河，他哪知道，怀王也是个性格倔犟(强)之人，一旦自己看准的事，也不会改变主意的，更别说张仪的"诱饵"，是怀王的死穴——土地和美女，这是怀王目前最想得到的东西，就更不会把陈轸的话听进去了，怀王之所以在他发言之中没有插话，只是在惴摸陈轸为什么要讲这番话？他的动机是什么？有人说怀王是楚王中最粗的一个楚王，殊不知怀王也有粗中有细的时候。

"大王若和齐断交，张仪回秦国必失约，拒交商于之地，微臣曾和张仪在秦共事多年，太了解张仪是虚伪之人、无信无义之人，他只要踏上秦国土地，必毁对大王的承诺，对这样无义无信的小人，大王不可以不防呀。俗话说得好，害人之心不可有，防人之心不可无呀！大王若轻信了张仪，楚国就真是要大祸临头了！"

陈轸诚挚地说。

这番话让怀王终于悟出了陈轸说话的动机，怀王看了看张仪，心想；原来是和张仪不和啊！想借机报复张仪？这种动机下说出来的话，本王能采纳么？但怀王并没有立即反驳，而是让陈轸继续滔滔不绝。

“微臣也为大王想了一计，也是万全之策，大王不如表面上和齐断交，而暗中和齐联合，再派人随张仪去秦国索地索人，假如秦王按承诺给了商于六百里，楚国再和齐国真正断交不迟，假如使的是诈术，骗我们，我们就与齐国联合抗秦！”

应该说，陈轸出的计策，乃是万全之策，可退可进，睿智且理性。屈原听完陈轸的全部陈述，也深感有理，也跟着进言：

“陈客卿所言句句有理，诚如陈客卿所说，张仪就是无义无信的小人，他的话绝不能听！张仪施小利，让楚国忘大义，这种连横术明眼人岂能看不出？他也太小瞧了楚人！依臣所见，陈大人所献之计为大王对秦国的底线，不如此不足以防备秦国阴谋诡计！”

还没等怀王讲话，令尹子椒阴阳怪气地开了口：“屈大夫，据老夫所知，秦人性格直爽，对人诚恳，惠文王登位以来，和楚国打交道无数，也未见有使用的是骗术？”

“事关楚国大局、屈原不能不从最坏处着想，看来不会骗人的人，一旦使用骗术更具有欺骗性、隐蔽性，令尹大人能否认么？”

靳尚赶忙为子椒帮腔：“屈大夫怕是过于武断了吧？俗话说，过了这个村就没有这个店，眼看是有利楚国的好事不做，后悔来不及啊！”

陈轸没好气地说：“只怕是大祸临头，那才是后悔也来不及！”

屈原更一针见血指出：“只怕是有人吃了人家的嘴软，拿了人家的手短！”

靳尚见被屈原揭短气得脸苍白：“屈原左徒、本官不许你信口开河、胡说八道！”

子椒也气急败坏：“老夫要告你诬陷之罪！”

“好了！别吵了！”怀王大喝，转脸向陈轸，冷不防问：“陈客卿，你与张仪有过节？”

陈轸一时没转过弯来：“臣与张仪并无过节，更无仇恨，微臣向大王所言，全凭臣的分析判断。”

“据本王所知你与张仪共事秦王时，均争宠，后秦王宠张仪，冷客卿，有此事么？”

“实有此事。”陈轸是正派人，只能据实回答。

“客卿失宠后投楚，是真情？”

“此情不假。”

“这就不难理解陈爱卿为何力反张仪了！退朝！”怀王冷冷扫了他一眼。

陈轸有口难辩，怔怔地站在那里，一动不动，他搞不明白怀王为什么发这样的火，也不明白这么显而易见的阴谋怀王竟看不出。屈原没走，留下来陪正迷茫的陈轸。

“左徒大人，今天陈某谢你直言相助！”

“只可惜当局者迷，旁观者清又有何用！”屈原的话音有些无奈。

“你我还要力谏怀王，务必不让张仪阴谋得逞！”

“陈大人，你没我了解怀王啊！张仪投其所好这招可是厉害啊！”

“难道你我就这么罢了？”

“还是要继续力谏的，怀王采不采纳，就看天意了。”屈原长叹了一口气。

“陈轸不能眼看楚国大祸临头而不管！”

“屈原愿和陈大人共同努力，制止楚国厄运当头！”

“有屈原大人支持，陈轸有信心！”

“只怕是君意难违啊！”

陈轸顿时无语，他看着怀王重用的屈原大夫都愁容满面，更感到眼下时局的严重。

怀王退朝回到后宫，仍面带不悦之色，王妃郑袖忙问何故？怀王便把朝堂群臣争议之事告诉了郑袖，她没有马上讲出自己的看法，而是反问怀王：“大王以为此事是真是诈？”

“张仪主动访楚，主动献地，只求友好！本王看不出诈从何来，惠文王作为一国之君，不开口则已，一言既出就是国与国之间的承诺，岂能有诈？”

“大王说得极是，君无戏言嘛！”

“爱妃也和张仪打过交道，你认为张仪是行诈小人吗？”

“大王问得好，也是该听听臣妾的看法！”郑袖对这次张仪送的巨参爱不释手，正想有机会报答他呢！“大王，惠文王是否有为之君？”

“爱妃这是明知故问。秦王当然是有为之君，不然也不会在诸侯国中崛起。”

“有为之君能用一小人当秦朝相国，岂不是笑谈？”

“爱妃聪慧，看问题就是尖锐！”

“臣妾再问大王，和齐结好，于楚何利？是得物得利，还是增加了楚国威望？”

“爱妃别提了，提起此事本王就上火，齐国国君以老盟主自称，处处以老大自居，楚国既没得地，也没增威，反倒加重了义务。这笔买卖不划算。”

“和秦友好，秦王有何表示？”

“献秦商于六百里！”怀王有意隐瞒了秦王献秦女之事，他知道郑袖专宠，容不得他身边有别的女人。

“秦王出手如此大方慷慨，陈轸为什么不领情？”

"他和张仪有隙，早就不和，这次借机报复，情有可原，故本王没加罪于他。"

"屈原反对和秦不可怪,他就是个叛逆性格,凡事都爱想个为什么,想不通就反对！大王也不能因屈原反对而加罪于他！"

"本王看,不但我宠屈原,爱妃也宠屈原,助长了他的傲气啊！"

"谁叫他是楚国的大才子！人才难得啊！"

"才子治国不行,叫他写写诗可以。"

"他们屈家可是以治国理政出名的啊,大王可别忘了！"

"所以本王才让屈原当了左徒,管外交,管律令法典,本王待屈原不薄！"

"说回来吧！大王将如何回复张仪。"

"和秦接地,两国世代友好！"

"和齐国呢？"

"绝交！还会少了不少累赘！"

"大王太英明了！"

"你也觉得本王决策英明？"

"爱妃从来就觉得大王是盖世明主！"

"本王就是爱听爱妃说话,让人舒畅！"

"让大王畅快舒服的事还在后头哩！"郑袖不知何时把自己脱得精光,赤条条地扑到怀王怀里……

第二天,有求于张仪的楚怀王向张仪送了重礼,又设宴为张仪饯行。

张仪一早就抓住了楚怀王贪图美色及贪利的弱点，以土地和美女为突破口,令楚怀王有求于己,于是钱财和待遇都上来了。楚怀王给了张仪不少珠宝盘缠,作为活动经费,让他去替自己物色美女;并派大将逄侯丑与张仪同行,去秦国接受商于六百里秦地,与此同时,楚国与齐国绝交的文书怀王已派特使送出。

秦王和张仪只是把"土地"和"美女"作诱饵,让色欲权欲熏心的楚怀王上套,拆散齐楚联盟,以便秦国分而制之,根本没有真心想让出秦川六百里的打算;如今怀王派大将逄侯丑去秦索地,秦王必不给,秦若不给,楚必翻脸,楚秦连横必无望,这是个摆在张仪面前不可逾越的难题。张仪又有什么办法解决呢？

自踏上回秦之路,张仪都在苦苦思索,他知道颇具实力的楚怀王是不好糊弄的,楚怀王不会那么傻,如果见不到土地和美女,齐楚联盟就拆不散,他此行的目的就会落空,他为此绞尽了脑汁。

第二十六章　楚王客死　屈原放逐

楚怀王终于等到了齐宣王断交的回复，而派去秦国接受赠地的逢侯丑从张仪那里只得到了秦国愿献六里地的承诺。楚怀王大怒，不听劝阻，命屈原叔父屈匄起兵攻秦。未料，秦齐联军在丹阳大败楚军。无奈之下，楚怀王派屈原出使齐国，希图重建齐楚联盟。而与此同时，张仪再次来到楚国，鼓动三寸不烂之舌，将怀王诳到了秦国，落了个客死他乡的结局，屈原则带着愤懑离开了郢都。

在返回秦国的路途中，张仪一路与楚王将军逢侯丑饮酒谈心，称兄道弟，欢若骨肉，令逢侯丑非常开心。这时张仪也面临一系列的难题。因为秦国进行的外交策划本来就是一个计谋，献那六百里土地是假。但是，秦国既不想付出那六百里土地，又想使楚国与齐国断交，这怎么可能呢？这个问题正是张仪此刻面临的新困境。一旦这个计策被揭穿，很有可能使前期工作化为泡影，而且无法向秦王交代，搞不好自己的命运都无法把握。

张仪一边和逢侯丑周旋一边苦思冥想。他熟读孙武的《孙子兵法》，孙武的兵法忽然启发他决定实施一个计策——苦肉计，准备在时间差上做文章。于是就在他们一行临到秦都咸阳前，张仪诈作酒醉，假装没拉住车上的绳索，跌下车来受了伤。张仪给别人的印象就是伤筋动骨了。为了演好这出苦肉计，他还不忘安排人带逢侯丑去宾馆休息，这让逢侯丑很是过意不去，还特意让张仪的随行人员务必照顾"相国疗伤"，因为张仪"伤得逼真"，逢侯丑丝毫没有看出其中有诈。其实张仪伤得并不重，他是想用"伤情延时"拖时间，等齐楚彻底绝交。

他向外扬言自己"伤筋动骨"，于是"三月不朝"，他在相府养伤，一连三个月不去上朝见秦王，这让逢侯丑在宾馆等得很焦急，他此行是随张仪见秦王索秦地的，而如今张仪伤重，自然无法带他去面见秦王，索地之事当然也就无从谈起，于是心急难耐的逢侯丑去相府想面见张仪，想问问他索地之事该如何进行，可逢侯丑到了相府却被拒之门外，相府管家说："相爷伤卧不起，需要静养，闲杂人等，不得打扰！"

见不着张仪，更见不着秦王，逢侯丑无法回去向怀王复命，但他觉得在秦国拖下去也不是办法，只得以楚国特使的身份上书秦惠文王，言说索地之事。

张仪诈伤，早报告了秦王，张仪“三月不朝”也是他和秦王设下的双簧计，秦王料定楚国特使在秦国必心急火燎，上书他只是迟早的事情，早有准备的秦王马上给了逢侯丑回复：

“张相国若与楚事先有约，本王一定兑现张相之承诺，但张相伤后卧床不起，三月不朝，本王无法得知相国承诺之意，偌大秦川六百里，岂是儿戏？再说，贵国与齐国并未彻底绝交，本王又怎能把六百里交于贵国？”

惠文王的复信，逢侯丑觉得有理：张仪伤病不朝，惠文王不能与张仪晤面对口，无法证实张仪的承诺；再说张仪献出秦川六百里的前提是楚与齐绝交，楚与齐未绝交前，惠文王凭什么给楚土地？直到此时，逢侯丑还没觉察到秦国君臣在演戏，于是，逢侯丑把秦王的回复原原本本地用快马报回郢城，将实情报告怀王。怀王心想；难道是秦王怪朕绝齐不坚定吗？楚与齐绝交是献地的前提，现齐楚还未绝交，秦王当然不会献出六百里。于是为了加快齐楚绝交的进程，楚怀王想了一个绝招，派一名勇敢的特使去齐骂齐国国君是无赖，是骗子。正在为齐楚绝交之事而犹豫不决、大伤脑筋的齐宣王没料到楚使如此嚣张和无礼，反复无常，一气之下，决定和楚国断交，并派特使回复怀王。

楚怀王不是早在张仪离楚的同一天，就派楚特使赴齐宣布与齐绝交，为什么时拖数月，不见结果？原来齐宣王接到楚怀王的绝交国书后，不明所以，非常惊愕，只得去信问怀王作此断交决定的原因并谈及齐楚联盟的重要性，请怀王慎决之。怀王接到齐宣王的信，便回复一封，信中只有数字：“本王断交意决，何故讲出原因！”

当时派快马一个来回便会耗费不少时日，几个来回，不就拖了数月之久。

楚怀王终于等到齐宣王同意断交的回复，马上命人通知咸阳的逢侯丑，他迫不及待地通报了秦王。

这时，张仪伤好上朝了，他有意打了个时间差，等的就是齐楚最后绝交，也就是说，他是否伤好上朝，取决于齐楚是否断交，现齐楚断交，张仪的伤自然“痊愈”了，张仪的这个时间差可谓算计精准，事情发展都按他的预设之计进行，张仪真不愧是战国时期第一“连横术士”。

在相府张仪接见了逢侯丑，开口便说：“让逢将军久等了，张某兑现承诺，愿献出秦王所赐六里地献于楚王。”

逢侯丑惑然，很惊讶的说：“相国在楚，不是对我家大王说献商于地六百里么？”

“将军听错了吧？想我张仪只为秦相，哪有权利敢献秦地六百里于楚王，这种话张仪怎敢出口。”张仪赶紧郑重其事的巧辩。

“相国怎么这样出尔反尔，在楚廷，听相国讲话的并非楚王一人，末将当时也在场，亲耳所听未必有错？相国使诈么？”直到此时，逢侯丑才恍然大悟，气愤地指责道。

“张仪言必信，行必果，岂能有诈，当初张某说的是六里，此刻献地六里，言行一致，岂能有诈？”张仪反咬一口。

“你……你……”逢侯丑气得说不出话来，扭头出了相府。直到这时，逢侯丑才意识到楚为张仪所骗，感到问题十分严重，急忙亲自回国，当面禀报怀王。

怀王大怒，他做梦也没想到逢侯丑的秦国之行是这样的结果。张仪的诈术伤了怀王的自尊心，也损了他的权威。

“张仪小人，确是小人，使诈术戏本王，可恼可恨！”张仪这次充当了一次国际骗子，把楚怀王骗得既失去了友邦，又丢失了土地。怀王气得破口大骂。

屈原赶紧进言：“大王从此事就可看出，张仪不可信，秦国不可交！”

“唉，现在说这些话，晚了！本王若抓住张仪，必扒其皮，食其肉，方解心头之恨！”

令尹子椒小心翼翼地问：“大王想出兵伐秦？”

“不伐秦，本王出不了这口恶气！”怀王说得咬牙切齿，准备发兵去攻打秦国。

靳尚转风使舵，马上附和：“秦王欺人太甚，大王该发兵讨伐！”

“大王不可！”楚国发兵去攻打秦国，绝对不是一个好办法。陈轸走到楚王面前劝阻。

“陈爱卿，本王悔不听你和屈大夫之言，才有今日之辱，难道本王不该伐秦？不该活捉张仪？”

“大王，与其此时伐秦，不如此时贿秦，向秦割让一部分土地，联合秦国攻齐，然后我们再从齐国把土地夺回来！”陈轸很激动地说

怀王听后立即动气：“你这是什么主意？秦地六百里没得到，反叫本王割地于他？你是站着说话不腰疼吧？楚国有如今版图，是历代先王拼搏的结果，叫本王把土地亲手送于秦国，无疑背叛祖先，背叛先王！楚国的土地，一寸不能让，一寸不能送！这就是本王对你的馊主意的回答！”

陈轸尴尬无言，面红耳赤。这是怀王在大庭广众之中第一次如此严斥陈轸，让他羞愧不已。

屈原虽不同意陈轸割地于秦的主意，但也不同意怀王出兵伐秦：

“大王，陈大人之言虽有不妥之处，但力举不与秦开战的意见还是可取的！目前秦强楚弱，不宜主动与秦交战，请大王不因怒而伐秦，当慎决！”

子椒又阴阳怪气地说:“这就怪了！屈大夫和陈大夫口口声声说维护王威，如今大王受张仪大辱，反倒叫大王委曲求全，不知是何居心！”

靳尚忙附和:“是啰！是啰！面对大王受辱，二位不思为大王报仇，反叫大王忍耐，这是何故？”

屈原义正词严:“令尹和上官大夫言下之意，我屈原吃里爬外？这种人确实有，但安不到屈某头上。上官大人说此话不觉得心里发虚？”

“本王心里正烦着哩！你们还在争吵！屈大夫再什么也别说了，本王不报羞辱之仇，誓不为人，我意已决，各位不需要进言。屈匄听令！”

屈原的叔父、大将军屈匄出班！“末将听令！”

“本王命你带二十万人马，攻打秦国，为本王复仇！为楚国找回面子！”

“屈匄决不负王命！”

可惜楚怀王仍然没有采纳陈轸的忠谏，而是发兵北去攻打秦国。

楚怀王出兵伐秦，早在张仪意料之中，他建议秦王与齐联合，共同对付楚国进攻，必稳操胜券。正在为被楚使辱骂而余怒未消的齐宣公，听秦国特使传来惠文王齐秦联合，共对楚国的建议，便一口答应，他要利用秦国的兵力，来为自己受辱报仇，如今两个受辱的国君都要为雪耻复仇，而让齐楚国君受辱的秦国却借势发力，想最大限度削弱最强对手楚国的实力，一场由秦国操纵的楚国对齐秦的大战在丹阳展开。大战的结果，楚大将军屈匄战死，齐秦军斩楚军首级八万余，占领了楚地汉中。

怀王听到战报，不但没有警醒，反而倾全国之兵在蓝田和齐秦联军激战，激战的结果，仍是楚败。此到此时，怀王才算清醒起来，他才承认眼下楚军的实力无法和秦军抗衡。面对疯狂扑向郢城的齐秦联军，他听从了陈轸的建议:“与秦媾和，暂避敌锋，以图长久计议。”怀王同意了陈轸建议，但又不派陈轸为议和代表，反派靳尚出使秦营。

靳尚去秦营见到张仪，两人是重述友谊，好像秦楚两国不处在交战状态，而是友好国家。张仪问:

“上官大人此来，怀王所授之权有多大？”

“授全权媾和。”

“授全权于大人就好，不知大人如何与秦媾和？”

靳尚讪笑:“战败之将，何以言勇，战败之国，何以逞强？一切听相国安排。”

“上官大人有这个态度就好办多了，楚王会用人，派上官大人来谈判，我们不是亲切多了，麻烦和误会不是会少多了！”

“那当然，那当然。”靳尚卑躬屈膝的神态好像他不是上官大夫，而只是个县令。

“如今秦国先得巴蜀，现又居汉中，楚地已与秦国连成一片，秦国国力空前增强，楚国军力江河日下，根本谈不上与秦军抗衡，在力量对此如此悬殊的情况下，贵国与秦国谈判是不是不应该有先决条件？”

“那当然，那当然。”靳尚还是那句话。

“本相念及靳尚大人和令尹子椒的交情，也不会在谈判中苛求楚国，这么着，楚国割让两座城池于秦，齐秦退兵，秦与楚媾和如何？”

“只怕怀王不答应割城媾和，他视楚地如命！”靳尚面有难色。

“若怀王舍不得，本相就不好在秦王面前为大人说话了！那咱们就在郢都见面吧！”张仪的话很具威胁性，你怀王不献城，秦军就占楚都！

“一切都好商量！我回郢城，一定劝说大王接受相国的媾和条件！”

“是嘛，识时务者为俊杰嘛，是献出两个城池事大，还是楚国灭国事大，怀王会掂量出轻重的！”

“那是！那是！”靳尚灰溜溜地出了秦营。

回郢城的靳尚向怀王报告了和张仪会谈的经过，怀王闻言反对，大怒：

“张仪胃口不小啊，占了我汉中，还想再占我两城，太猖狂了！本王岂能同意？”

“大王，目前秦军势大，又有齐军相助，楚军无法与齐秦联军抗衡，如不答应张仪，秦王不依，必兵发郢城，楚国危矣！”

陈轸本不与子椒、靳尚为伍，但他也得承认靳尚的话绝不是危言耸听，于是他只得劝怀王：“大王，忍得一日之气，免得百日之忧，如今秦军强大，可直捣郢都，大王暂时献城与秦媾和，实乃韬晦之策，臣下以为可行之！”

“可惜屈大夫不在，不能听其言。各位容本王再思之。退朝！”

屈原去哪了？原来叔父屈匄丹阳战死后，屈原悲恸不已，大病一场，到靳尚从秦营回来，他仍卧床不起。

闷闷不乐的怀王回到后宫，对王妃郑袖讲了靳尚去秦营和张仪谈判的情况，并讲了朝堂上群臣商议的经过，想听听郑袖的意见。楚怀王是非常信任郑袖的。

郑袖瞪着怀王：“大王，眼下是救国要紧，而是献城要紧？”

“还用问，国都灭了，城还保得住？”

“所以臣妾认为陈轸的意见对，此人深懂纵横术，烂熟韬晦计，大王要依之为好。俗话说，留得青山在，不怕没柴烧，只要楚国在，一切可以重新再来！”

“爱妃也同意割两城与秦？”

“目前从大局计，只能如此。”

“本王心疼啊！”

“丢了郢城，大王会更心疼！这也是无法之法，大王要顾楚国大局啊！”

“看来只能如此了！”

于是怀王叫靳尚再次出使秦营，与张仪签订了割城媾和条约，齐秦撤军，回归本土。但在楚国领土内，却有了秦国的两块“飞地”——所献的两城。

丹阳、兰田之战，是楚国力和军力走向急剧衰落的重大转折点。从此，楚国不但地域变小，而且再也没有大国的气势，更谈不上争霸了。可以说楚国的衰落，是楚怀王的决策失误所致，而造成怀王决策失误的主要原因，是张仪过人的“连横智慧”，楚国失去齐国支持，秦国没有了后顾之忧，今后秦国可以在张仪策划下，更专心地对付楚国了。张仪既然把灭楚为己任，为什么不趁齐秦联军合攻楚国的大好形势，一鼓作气拿下郢城，灭了楚国？其实这时的张仪心里十分清楚，秦齐联军攻楚，还不完全具备灭楚的实力，他对两件事还有顾虑，也就是对两件事没有把握。

其一，怀王和楚军战力仍不可小视，楚军虽经丹阳、兰田之战大伤元气，但实力还在，战车尚存一千乘，步卒也有三万，大将屈匄虽战死，但英勇善战的大将军景缺已统率楚三军，此人打仗凶狠，且善用谋，不可轻视。

其二，楚人有个好传统，每遇外族入侵，必同心同力奋起反抗，若郢城久攻不下，景缺又率兵从外夹击，秦军将会由胜转败，到手的楚地又将会退出。他心里清楚，虽然是齐楚联军攻楚，其实齐出兵只是作个样子，派出的兵力并不多，战斗力也不强，他们有秦军撑腰，才敢与楚军作战，如果秦军一败，指望齐军来挽危局，那是妄想。所以他在靳尚面前虚张声势，他就是揣摸透了靳尚胆小怕事的心理，故意让他带话给怀王。

可陈轸也为什么同意割城求和呢，他未必不知张仪的虚张声势？陈轸当然明白，他知道若怀王拒绝割城求和，齐秦联军必然继续前进，那么楚军为保郢都必和齐秦联军死战，更会消耗仅存的楚军战力，若再败几仗，楚国真没有了东山再起的希望，为保楚国仅存的实力，陈轸采取了缓兵之计。这是大智的表现，同时，也可看出他对怀王的忠心。

丹阳、兰田大捷，让秦惠文王格外兴奋，也更加器重张仪，对他已经做到了言听计从，可是，惠文王发现近段时间张仪似有心事，在君臣议事或饮酒作乐时，常常心不在焉，这让惠文王十分费解，既然已按他的连横术让楚国上了当。两仗也打赢了，相国应该高兴才是，可他为什么总像有心事在怀呢？在一次花园游玩时，惠文王问张仪：“相国近来有心事？”

“大王，张仪的那点心事瞒不过大王。”

“相国所思何事，何必闷在心里，不能告诉本王？”

“微臣没有不能对大王言讲之事，近来我有忧虑，楚王这次被臣戏弄狠了，秦军在丹阳、兰田也把楚军打惨了，楚国在孤立无援的情况下，会不会又和齐国结盟？怀王手下的高参陈轸和屈原很可能给怀王建议，齐楚重新修好。如果真是这样，那大王还真不易对付齐楚联盟，对大王今后称霸中原十分不利。”

可是不是冤家不聚头，张仪猜测齐楚两国又有和好的倾向，为了阻止齐楚再次联盟，张仪在心里酝酿是否第二次出使楚国。

“齐国不是投靠秦国了么？”

“大王，齐国投秦是因为失去了楚，从自身安全计，齐不能不投向秦；倘若楚又向齐示好，齐国未免不动心。因为齐最惧的是大王，而不是楚怀王，怀王当真向齐妥协修好，齐宣王是会动心的！”

“本王先灭了齐国！”

“那大王就更把齐国推向了楚国，齐楚联盟又会实现。”

“依相国之意，本王该怎么办？”

“还楚汉之地以稳楚制齐。”

“汉中好大啊，都还给怀王，本王不舍！”

“还之一半也可。只要楚不与齐再次联合，这土地就给得值！就有战略价值！”

“相国每次决策都是对的，依你之意，本王向楚国下国书。”

张仪没有猜错，楚怀王丹阳、兰田战败之后，不能不进行反思，越想越觉得这两仗打得窝囊，都是被张仪戏弄之故，愈加对张仪刻骨痛恨，也更加感到陈轸、屈原的意见宝贵，没听他俩的建议，怀王现在是肠子都悔青了，于是他在极度痛苦中，招来了屈原：

“屈子（怀王对屈原的爱称），本王与齐国断交是失策呀！本王听信了张仪鬼话，让他诈许的六百里秦川迷住了双眼，做出了错误的决定，致使齐秦联盟攻打楚国，才有丹阳、兰田之败，你说，这种局面还能挽回吗？”

“大王知错就改，乃是明主，依屈原看，此事还有挽回的余地！”屈原高兴地说。

“齐楚还能重归于好？”

“安抚齐宣王，给他晓以大义，言明楚之诚意，他会释前嫌的！”

“让齐宣王不记恨本王的羞辱之恨，恐怕很难。”怀王完全没有信心，连连摇头。

“不妨一试！微臣愿出使齐国，让齐与楚重结友好之邦！”

“有屈子你去，此事有希望。”

“在屈原离楚期间，大王遇有国家大事请和陈大人商量，切勿轻易做决断。”

“本王依屈子之意行事就是。”

这样，屈原离开了郢城，去齐国游说齐宣王。屈原刚走，秦惠文王的国书就到了，怀王看完国书，怒气不息：“秦王对本王是打一下，又摸一下，本王不要汉中，只要张仪来楚，他若能来，本王愿再献黔中之地于秦！”

子椒也说：“张仪可恶，这次叫他来楚，定活剥其皮！”

“对！这次务必不能轻饶张仪！”靳尚察言观色，赶忙附和。

陈轸进言：“献出黔中之地，非同小可，张仪其价不值，大王慎决！”

“怎么不值，除了张仪、惠文王断了一臂，还能与本王争雄？”

怀王不听陈轸诤言，秦王的国书又一次让他失去理智，为报张仪戏弄之仇，他只要张仪来楚即杀之，不惜失去广大的黔中之地，这种决策，明眼人一看就是错误之举，楚怀王对张仪是什么态度呢？来了之后，马上就抓起来，下一步就准备杀掉张仪。可子椒、靳尚还为之鼓动。楚人常说：家要败，出古怪；国要败，出奸臣。子椒、靳尚这两个里通外国的大奸臣硬是把楚国送上了衰败之途。一个国家君昏臣奸，还怎么能中兴得起来？

楚怀王为什么要把黔中之地换张仪来楚呢？怀王这样做不是惜才，把张仪诱惑到自己名下，也不是出于战略上的考虑，而完全是复仇心态在作怪，张仪戏怀王，让他被天下人耻笑，他脸面何存？历代楚王哪个受过如此大的羞辱？丹阳、兰田两战，楚军损兵折将，亡者近十万，都是因有张仪之故，这两笔账怀王一定要张仪偿还！楚人易复仇，伍员是如此，怀王更是如此，为复仇，他们会常常做出惊人之举。怀王本是大喜大悲大爱大恶的性情中人，他能作出这种失去理智的决定，除了复仇心理，其他原因都不能作解。

秦惠文王接到楚怀王回复的国书，一个难题实实在在叫他无法处理，怀王指名道姓叫张仪赴楚，张仪到楚国必然一死，可以说是楚怀王不共戴天的仇人。多少年才得这一帅才，这时秦惠王对张仪的命运非常担忧，惠文王实在不舍，千军易得，一帅难求啊！但如果不让张仪使楚，就会让楚人觉得秦国还地求好没有诚意，戏弄后的楚王如果再有了这个看法，他必倒向齐国无疑，张仪稳住楚国的战略目的就会落空，以后的时局发展就很难预料了。

张仪去不得，可不去又不行！秦惠文王左右为难，迟迟没向张仪开口。

张仪是何等聪慧之人，他知道秦王取舍难定，于是找到秦王先开口：

“大王，微臣自愿赴楚稳住怀王！”

“相国赴楚必是一死！怀王将你恨之入骨！”

“大王放心，怀王不敢杀我！”

“虽说相国计策高超，口胜雄兵，但你去楚毕竟是单身一人，怀王为什么不敢杀你？”

“怀王不敢杀我原因之一，是秦强楚弱。怀王心里对这点很清楚，他不怕杀了微臣秦国报复？目前楚国缺将少兵，如何能挡凶悍秦军！再说，两国相交，不斩来使，已成惯例，各国都照例而行，怀王就敢斩张仪，冒天下指责的风险?我看怀王还缺乏这个胆量。”

张仪的整个策划非常缜密，他已经料到了楚怀王可能会有这一手。

“本王想听相国原因之二。”

“微臣与令尹子椒、上官大夫靳尚私交甚厚，他俩能保我不死!”张仪自信自己公关能力很强，又自恃在楚国有人脉。子椒和靳尚都能帮他的忙，他俩是个是楚怀王的宠臣，且位高权重。

“相国就这样有把握？”惠文王还是担心。

“令尹子椒是怀王近亲，靳尚是怀王宠臣，很得怀王信任。特别是这个靳尚极会阿谀奉承，能讨怀王欢心，也讨王妃郑袖欢心，在楚国能讨楚王和王妃都欢心的，靳尚是唯一之人。”

“相国分析得有理。”

“原因之三，怀王宠妃郑袖对微臣印象颇佳，微臣精心挑选的礼物很受她垂青，而怀王对郑袖是言听计从，怀王若要杀我，臣只要进一步买通郑袖，她必不让怀王杀微臣！可以说，怀王身边有了这样三个人，是楚国的大不幸，可对大王是万幸！”

惠文王大笑：“相国对怀王的脉把得很准！”

张仪借机表忠心：“再说，就是臣被怀王所杀，大王能得楚黔中之地，张仪也值！”

惠文王马上收起笑容：“本王只要相国，不要黔中！有相国本王才有天下！”

“大王谬奖微臣了，微臣担当不起！”

“本王摆酒为相国送行！”

张仪临别咸阳前，又为子椒、靳尚、郑袖各备了三份重礼，并告之随行的相府总管：自己赴楚若遇不测，总管应立即将重礼送给三人，并告之张仪有难，请他们三位从中相帮。

张仪戏耍楚王之后，这是他第二次出使楚国，他是拿生命做赌注。然而狡猾的张仪用他的外交智慧再一次保全了自己，促使秦、楚两国重归于好。

张仪这次到了楚国郢城，既没大官相迎，更没宾馆居住，只有一队卫士等在城外，这些卫士不容分说，就将张仪五花大绑，丢进了郢城监狱。临抓前，张仪向总管递眼色，总管会意，忙赶着马队进了城。

当晚，楚怀王偕子椒、靳尚、陈轸到监狱见了张仪。

"张仪，你也有今天！"怀王冷笑。

张仪故作吃惊："大王为何抓我，微臣不知所犯何罪？"

"你戏弄本王，空口白话，说什么献秦川六里，一派谎言，今落本王之手，还不还我十万将士性命？"怀王说得气愤，神态凶狠，恨不得上去掐死张仪。

张仪微微一笑："大王，微臣和大王扯平了！"

"扯……扯什么平？"

"微臣戏弄大王一回，大王此次回敬秦王一回，不是扯平了么？"

子椒忙帮腔："大王，是扯平了，张仪戏弄大王，大王这次也不戏弄了秦王？要不，张仪也不会来楚下狱。"

靳尚也说："大王，是扯平了！扯平了！"

怀王自鸣得意："张仪你自以为高明，没想到本王也会演戏使诈？"

"大王，张仪此来，明知凶多吉少，为什么还来，就是上次戏弄大王，这次不惜冒生命危险来楚，就是不再戏弄大王，诚心诚意为两国友好。大王也许说我来楚是为楚之黔中，大王若这样想就错了。临行秦王说，为了两国重结友邦，本王愿奉还汉中一半，还稀罕什么黔中之地，为示秦王诚意，故在大王并未献出黔中时，张仪就已经来楚。张仪这番苦心，望大王体谅！"

陈轸大声说："张仪你就再别演戏了，花言巧语也掩盖不住你小人之心！"

张仪却突然大吼："哪有不顾生命危险来演戏的？明知是虎口，非向虎口跳，你陈大人行吗？"

陈轸不知道张仪会这样反问，一时语塞，不知如何回话。

靳尚抓住有利时机插话："大王，张仪若不是一片诚心，谅他也没胆量来楚国；楚人说得好，心中无鬼，畅行天下。希望大王明察。"

怀王又有点犯糊涂，神色又有点犹豫："先把张仪押起来再说，如何处置，等本王决定！"

靳尚离开怀王，刚从监狱回到家中，张仪的总管就连夜上门求见，并献上重礼买通靳尚，求他从中周旋；靳尚自然是见钱眼开，忙向总管表示一定帮秦相国脱险。他马上去找子椒，商量如何营救张仪出狱；刚收到张仪总管重礼的子椒正为如何求张仪而苦思良策，见靳尚连夜进府，求之不得，两人一拍即合——为救张仪，只能让郑袖出马，目前只有她的话，怀王才能听入耳。

两人决定当晚进宫见郑袖。他俩不怕撞上怀王？原来，靳尚早就买通了总管太监，对怀王每夜宿于何宫了如指掌，为的是好随时与郑袖取得联系，今夜，怀王夜宿海棠宫，就寝于王后处，故而他敢和子椒前来面见郑袖。

准备就寝的郑袖见他俩夜进深宫，必有要事，忙接见了二人，靳尚送上张仪的礼物，秦国产的檀香扇、稀世珍宝夜明珠及其他贵重珠宝石，还有一件貂皮披风，这一切让王妃爱不释手，于是问："张仪相国又来郢都了？"

"来了！可被大王下狱……"靳尚低着头说。

"为何？"郑袖一惊。

子椒便把张仪被抓下狱，他俩陪同怀王去监狱见张仪的经过讲了一遍。

"看来大王是要复仇！"郑袖沉吟。

"张仪上次戏弄大王，实属不该，但此次，张相国明知危险还登楚赔罪，若无诚意，断不可为！"

"大王把黔中之地给了秦国？"郑袖若有所思地问。

"未给，秦国反要归还一半汉中。"子椒说。

"这就表明了这次张仪是胸怀坦荡而来，决无欺诈！谁敢用性命作赌注骗人的！"靳尚说。

"二位大人言之有理！待大王明日回本宫这里，定当力劝大王放了张仪，别错怪好人，罪及无辜！"

"那我二人就先谢王妃娘娘了！"

"我们三人谁跟谁呀！说谢就显生分了！"

"王妃娘娘说得对！我们三人竭力同心，共保大王！不分彼此！"靳尚又恰到好处地说了几句。

第二天夜晚，怀王来到明妃宫，见迎驾的郑袖泪流满面，不知何故，忙问："谁惹爱妃伤心？"

郑袖小声地说："是大王。"

"本王多日未见爱妃，何事惹爱妃生气？"

郑袖颇有心机的反问："大王，妾妃近来容光焕发，身体愈发康健，是何原因？"

"嗨，那还不是本王宠幸的结果。"

"大王哪知这是妾妃吃了张仪所送人参之故。他从咸阳给妾妃送人参就一直没断过，像这样的有恩之人，妾妃还未报恩，大王却把他抓进了监狱问斩，妾妃于心不忍，故而落泪。"

"爱妃消息灵通嘛！"

“宫中此事传遍，妾妃怎能不知？”

“张仪戏弄本王，论罪当斩！”

“大王，身为人臣，各为其主，张为秦相，当为秦王效劳，戏弄大王虽罪不可赦，但毕竟是为秦王尽了做臣子的本分！大王不总是夸屈原忠心耿耿为楚国么？所以，张仪作为秦国大臣戏弄大王，也是无奈之举，所戏弄之罪，情有可原，屈原效忠大王，戏弄齐王，大王未必会降罪屈原？”

这一番话显然对怀王起了作用，她以屈原效楚来类比张仪效秦，所作所为都是各为其主忠心的表现，这样的忠臣不应该杀。

“你这张小嘴是越来越会说话了，本王爱听。”

郑袖偎在怀王怀里，泪水止不住往下流：“大王不是也戏弄了秦王么？他许诺大王秦川六百里不兑现，大王也许诺秦王楚地黔中，妾妃猜度，大王也是逛张仪之语，并无承兑之心。在大王黔中没付秦国的情况下，张仪大无畏地来到楚国向大王赔罪示好，他明知大王因他戏弄而得罪了大王，也明知此次赴楚凶多吉少，为什么他还是来了，这就表明了他的诚心，有哪个人明知送死还来送死？像张仪这样智慧的人不会为之，可是他居然来了，可见秦相心中无鬼，才能视死如归。大王，这样的忠臣，不可杀啊！”

郑袖边哭边说，其情凄凄，其声哀哀，怀王是重情之人，他在宫中众多妃子中独宠郑袖，为什么？除了郑袖“国色天香”、“天生丽质”之外，就是她会揣摸怀王的心情变化，极善于化解怀王心中烦闷，以致达到让怀王离不开她的地步，充其量隔一天不宿明妃宫，第二天必来宠幸郑袖，她过人的床上功夫，更让怀王舒心。她知道，怀王最怕她哭，她一哭，怀王就心软，哭中她提出的要求，怀王是没有不答应的，看起来，怀王也是个儿女情长的人，哪怕他贵为楚王，也是个情种。

怀王在政治上不是十分冷静、十分理性。怀王听了郑袖的话沉默不语，他不得不承认郑袖说得有理。如果说，张仪上次来戏弄他有罪，那么这次来求好而归还汉中之地就算有功，有功的张仪来到楚国就向他赔罪，这就表明张仪知错能改，力谏秦王归还汉中，也算他效忠自己的一种体现。自己非但未奖，反而要斩，于情于理，无论如何说不过去。张仪明知再次赴楚，无疑入虎穴，但他为了秦王，为了秦楚友好，把生死置之度外，毅然决然地来楚，张仪对秦王的忠心，为秦国利益而不惜赴汤蹈火的大无畏气概还真让怀王敬佩，他真的觉得这次抓张仪也许是抓错了。

见怀王沉思不语，郑袖知道自己的眼泪和动情的话在他身上产生了作用，于是抓住机会说：“张仪这次来楚，又给妾妃带来重礼，特别是那把秦国出产的檀香扇让妾妃爱不释手，那件貂皮披风可让妾妃再不惧楚国冬日严寒。”

“张仪这次来又送了檀香扇和貂毛披风？”

“这都是妾妃想要而未得的宝贝。”

“看来张仪还真是个有心人。”

“张仪不负妾妃，就更不会负大王！”

“爱妃说得对，本王明天上朝，就送他回国，并同意接汉中之地与秦国结好。”

“大王深懂妾妃之心！”

“本王不懂你谁又能懂你，更何况你说得句句有理！”怀王看起来是被说得心服口服。

第二天上朝，怀王就命人把张仪从监狱中放出，不仅没有杀他，还给他好多金银财宝，并在宫中盛宴招待张仪，两人又开始喝酒，重商秦国、楚国和好大计。席间怀王允诺秦若归还汉中之地，他会去咸阳与秦王会盟，签订两国永不为敌的友好条约，而张仪来到楚国之后大谈的就是秦国和楚国之间的合作，大谈对楚国如何如何有利，张仪投其所好，他的骗术是高明的。就这样，张仪的目的全部达到，欢欢喜喜地踏上归途。

张仪走了七天之后，屈原舟车劳顿地从齐国出使归来，听说张仪已被怀王放回，真是叫苦不迭，他马上面见怀王，开口就说：“放张仪走，就是放虎归山，张仪这种小人大王如何可信？”

“张仪做小人也罢，做君子也好，不都是为秦国，这样的忠臣就像屈子爱楚国。令本王佩服！”

“大王，屈原这次赴齐国，费了九牛二虎之力，才让齐宣王同意与楚重新联合，如果大王又与秦国友好，齐必恼怒，楚国不是失信于天下？”屈原仍是苦苦规劝。

“依屈子意见，本王还是应该把张仪抓起来？”听说屈原已和齐国谈好了重新联盟，怀王心又动了。

“大王就不该放他！”

“本王派景缺将军去追他，将他斩首！”

“只怕来不及了，张仪已远走高飞了！”

屈原果然没说错，景缺将军赶到楚秦边境，张仪已进了秦境烽火台。

张仪回到秦国，惠文王不负前言，决定退还所占汉中一半之地，邀请怀王会盟咸阳，签订归还协议，张仪还附信于怀王，已为他物色到一美艳秦女，叫怀王勿失良机，领土和美女的双重诱惑，再次让怀王昏昏然，决定会盟咸阳。临行前，满朝文武都来祝贺怀王虎威，让强悍的秦王不得不退还一半汉中，可祝贺的朝臣中,唯独不见陈轸与屈原,陈轸抱病请假,怀王不怪;可屈原为什么不来呢,怀王纳闷。

怀王为庆贺收复失地(这是明的),也为了自己即将得到秦国美女(这是暗的),临行前大宴群臣,君臣饮得半酣,只见屈原身着白色孝服,急冲冲进得殿来,声泪俱下。

怀王愕然地问:“屈子何故如此?本王去咸阳,收复汉中,是喜事呀!为何你却身穿孝服?”

屈原跪地叩头:“大王务必不能去咸阳,此去必凶多吉少!秦王正愁得不到大王,大王可千万不能自入虎口!”

怀王来不及回答,靳尚却先开口了:“左徒大人向来爱危言耸听,大王去秦会晤秦王,收复失地,国人皆喜,不知屈大人在全国欢庆的大喜日子里却身着孝服,是何用意?”

怀王点头:“对呀,屈子何意?”

“屈原怕大王一去不返,特意为大王送丧!”屈原痛哭失声:“秦王不怀好意,张仪凶险狡猾,大王去秦国,九死一生,屈原着孝服,上殿冒死急谏,请大王不去咸阳!”

子椒阴阳怪气地说:“屈大人不是为大王安危之虑,完全是咒大王早死啊,不然穿孝服干什么?急谏未必一定要穿丧服!闻所未闻!”

屈原正要与子椒、靳尚理论,无奈已被屈原一席话激怒了怀王打断:“本王去意已决,屈子不必多言!”

屈原哪里知道秦国美女在勾怀王的魂,还在一个劲苦劝:“大王去不得,去咸阳会盟是个陷阱……”

怀王不耐烦了:“把屈原轰出去!本王不想再见到他!”

卫士把连哭带喊的屈原轰出大殿,屈原痛心极了,站在宫门外面不忍离开,盼着怀王能醒悟过来,改变主意,以免给国家带来灾难。怀王坐上王车,在仪仗前呼后拥下出了郢城,到了咸阳,史载“秦王盛宴楚王,席间索地,楚王不允,被囚。”就是说怀王到了咸阳,秦王宴请了他,不但不归还汉中,反索要黔中之地,怀王断然拒绝,被秦王囚禁。

关于怀王在秦国之死,史料只有数字:“客死秦邦。”

野史倒有众多说法:一为“郁闷而死”。怀王被秦王软禁于一别宫小院内,“思家难回,思国更悲”,“郁闷成疾,不治而逝”,这是“病死说”。

二为“暴病因毒而亡。”怀王被囚后,秦王三番五次派人向怀王索要黔中,怀王“凛凛正气而拒”,秦王最后派人下毒,让怀王暴病而亡。这是“毒死说”。

三为“楚王逃，追而杀之”。怀王被囚后，设法出囚禁地，被秦王追回斩首，并把首级送到郢城，这是“斩首说”。

作者偏向第三种说法，即斩首说，怀王刚烈的性格一旦处于无望中，必会火山爆发，面对秦王索地高压，他必不会屈服，设法逃脱秦王软禁才是唯一出路；秦王发现怀王出逃，知其必无答应索地之任何可能，绝望之中，必追之杀之。这才是合乎常理的。

有史书记载，公元前278年，楚国国都被秦国攻破(一说秦王送还楚怀王首级)，郢城大悲，楚国上下一片悲伤，屈原既伤感又绝望，对楚国的眷眷深情和对怀王的一片忠心，让他不能苟且偷生，一生的抱负不能实现。一直支持着屈原人生的精神支柱——国家，就此坍塌了，屈原内心的孤愤随着国破山河碎而彻底泯灭，怀着绝望的心情他走向汨罗江，投江自尽，以身明志，以死殉国！

据传，屈原先生出生在公元前340年的农历寅月寅日，是王室熊姓后裔，他本姓熊，屈是他的氏。他生于硝烟弥漫的乱世，空负绝世才华和救世之志，却只能感叹报国无门，在一次次的打击和流放中体味忧世、忧生、忧民的精神之痛，这就是屈原的悲剧的一生。屈原二十多岁时受到楚怀王的信任，先后做过左徒和三闾大夫的官职，地位相当显赫，史载“入则与王图议国事，以出号令；出则接遇宾客，对应诸侯”，一度是楚国内政外交的关键人物。为挽救楚国的危亡，屈原提出了内修弊政，改革图强，外联齐国，抗秦图存的“美政”纲领。然而，在旧贵族的造谣中伤、陷害诋毁之下，他很快便遭到楚怀王的疏远，并在5年后遭受了人生中的第一次沉重打击，被流放到汉北。然而他绝不肯就此放弃。公元前292年，已回到楚国宫廷的屈原，因不懈坚持“美政”路线，而被再次放逐江南。屈原一生遭到楚王的两次放逐，过了二十多年颠沛流离的生活。评价屈原的一生，可以说他是一个伟大的诗人，又是一个怀才不遇的政治家。

据说，屈原被流放到了湘南以后，经常在汨罗江(在今湖南省东北部)一带徘徊，吟诵着伤感的诗歌。有一天，屈原在汨罗江边遇见一位打鱼的渔父。

渔父对屈原说：“您不是楚国的大夫吗？怎么会落到这种田地呢？”

屈原说：“我落到这个地步，是因为许多人都是肮脏的，只有我是干净的；许多人都喝醉了，只有我还醒着。”

屈原的人生之痛，造就了中国文学之幸。从《九歌》到《九章》，从《哀郢》到《离骚》，从《橘颂》到《天问》，屈原所有的痛苦、愤怒、哀怨、孤独都通过与楚地民歌相结合，而化为响彻天地的吟唱，回荡在时间的尽头，这就是“楚辞”。

后人把“楚辞”说成是一种在香草美人的意象中寄寓理想，在上天入地的境界中探索真理，在不拘一格的言语中抒写忧伤的崭新文体。由屈原“自铸伟词”

所开创的楚辞的天空一经产生便是群星璀璨，而《离骚》则是所有星座中最灿烂的一颗。《离骚》全长 373 句，2490 字，是中国文学史上第一首由诗人自觉创作、独力完成的长篇抒情诗。诗人屈原以自身为原型，从多方面树立了一个具有高尚品格和出众才华的抒情者光彩照人的形象。

透过屈原的作品可以感受到屈原伟大的人格和高尚的情操，他以国家兴亡为己任，追求"举贤荐能、修明法度"的美政理想。在《离骚》中，屈原对贵族统治集团争权夺利、贪婪嫉妒、仗势欺人、蔑视法度等腐朽现象进行了无情的揭露。屈原耿直的性格和他那国家利益高于一切的爱国思想在《离骚》中得到充分的体现，当他所崇拜、所忠诚的国君的做法不利于国家时，他也同样在作品中表现出自己的不满和愤怒。

因此，国人都说屈原是中国古代第一位具有爱国主义思想的浪漫主义大诗人，他开创了楚辞文体，形成了中国文学史中最早的浪漫主义文学流派，连同《诗经》一起构成了中国诗歌的两大源头，在中国文学史上占有极其重要的地位，对后世文学产生了无穷的影响。屈原的作品有自己独特的艺术风格，他大胆使用浪漫主义手法，运用神话传说，展开丰富的想象，抒发了自己奔放的情感和对美好理想的追求，表达了自己的政治理想，以及对腐败的统治者的不满和对人民的痛苦生活的深切同情和关怀。在反映现实矛盾，抒发内心感情时，屈原继承并发扬了《诗经》的传统，巧妙地使用比兴手法，委婉而且深入地表述自己的观点。屈原在诗歌的语言和表现形式上也做了变革，不仅加长了句子，还加大了篇幅，相对《诗经》来说，更有利于增加内涵，深入地表达思想。这是屈原对中国文学作出的无法替代的贡献。他的这一功绩可谓是前无古人，后无来者，永远被世人称颂。

话又说回楚国，在郑袖、子椒、靳尚操纵下，怀王的儿子熊横称王，是为楚顷襄王。秦王并没有放过这个年轻的楚王，准备大举向楚国进兵，楚顷襄王只得将自己的太子做人质，向秦国求和。鉴于太子年少，需要照顾，楚顷襄王命自己的弟弟子歇随行，这个子歇，就是以后有名的春申君，加速楚国灭亡的又一人。

怀王被张仪害得惨死，一定会很想知道张仪的结局。秦惠文王死后，秦武王继位，张仪仍是秦相，但武王从小就不喜欢张仪，认为他是"奸佞之人，诈术之士"，有意疏远他，冷落他，重大事情都不与张仪商量，与此同时，那些妒忌张仪"居功至伟"的一些也大臣纷纷向武王反映张仪功高盖主，让武王对张仪起了杀心。面对扑面而来的危险，审时度势的张仪想起了老师鬼谷子的临别赠言，猛然醒悟，便向武王告老还国，武王求之不得应允，张仪辞秦相归魏国，一年后病逝，也算落得了一个善终。

第二十七章　王权旁落　权贵弄政

面对强秦的步步紧逼，楚顷襄王将太子送往秦国为质。楚太子在秦都羁居十年后，在叔父子歇和亚父范雎的帮助下，逃回了楚国，后继任为王，是为楚考烈王。不久子歇几经艰险，也回到了楚国，并被拜为令尹，成为权倾一时的春申君。然而，春申君未料到的是，他会死在自己的门客李园的手下。

楚顷襄王面对秦国的进攻威胁，毫无办法，只得忍气吞声把太子熊元送到秦国做人质，七岁的太子由楚王的弟弟子歇陪同来到秦国，这人质一当就当了十年，在这段时间，子歇尽心尽力照顾太子，使太子对他依恋很深，并视其如父。

子歇年轻的时候曾四处拜师游学，见识广博，以口才出众深得楚顷襄王的赏识。子歇心里十分清楚，太子现虽为秦国人质，但回楚国后必是楚王。因此，他除了照顾好太子的起居生活外，还要尽量搞好与秦国的关系，多往秦国相国那儿走动，多送礼，以便让他对太子和自己有好感；一旦太子要回国时，秦相也好在秦王面前帮自己说说话，行事也方便。有了这个想法，子歇便叫太子认秦国相国范雎为“亚父”，子歇更把楚王每次给太子送来的东西，都让太子送一份给范雎，名曰进“孝心”。

子歇还叫楚国来人转告楚顷襄王，务必在年节给范雎送重金，打通关节。楚王接到子歇的信息，自然心领神会，每年年节，必给范雎送大礼，范雎很高兴，每次都是照收不误。小太子也玲珑乖巧，特别是嘴甜，哄得范雎很开心！所以，太子和子歇虽在秦国做人质，但并没有吃苦，在咸阳也是行动自由。

在太子十七岁那年，楚顷襄王病重，给子歇带信，叫太子返回楚国接替王位。太子熊元听说父王病重，归心似箭，便面呈秦王，想归国探视父王病情，不料被时任秦国国君昭襄王一口回绝，太子只得找子歇商量脱身办法。

“叔父，秦王不准，如何才能回到楚国？回不到楚国，父王必指定另外兄弟为王，我这个十七年的太子就是白当了。这十年的软禁罪也算是白受了！”太子哭丧着脸对子歇边哭边说。

“太子放心，叔叔一定让你平安回到楚国，你受了这么多苦，顶替你父王到秦国当人质，太子都当了十七年，不易呀！在这节骨眼上，叔叔不帮你帮谁！”

“叔父，你对我真是太好了，我若回到楚国当了楚王，一定让叔父当楚国一人之下、万人之上的令尹！”太子止住了哭泣。

“现在先别说这些遥远的事情，叔叔这就去找你的亚父范雎相国，让他给秦王求情，秦王也许会放太子返楚！”

“对呀！我光顾急了，怎么忘了亚父？”太子破涕为笑：“那叔现在就去找亚父！”

当天，子歇求见范雎，以前范雎每次见子歇，都是以礼相待，这次也不例外，设宴相迎。席间，子歇愁眉不展，欲说又止，让范雎好生奇怪。

“子歇大人有话要说？你我不是外人，何必吞吞吐吐？”范雎只得开口问，他俩在秦国相处已亲如兄弟一般，子歇在范雎面前是从来没有欲说又止的情况的。

“相国，楚王病重！……”

“啊！他应该让太子赶快返楚呀！”范雎也急了。他作为相国是最清楚不过了，诸侯国的国君一得重病，八成没救，国君位就要换人了，太子当然是法定人选。

“可秦王不让太子回去！太子当面呈报秦王，被秦王一口回绝。”子歇焦急道。

“哎呀！这就难办了，大王不批准，这事就……”

“相国，太子叫我来求你亚父，此事务必成全他！”

“这孩子在秦十年，做太子都十七年了，不容易啊，我是得想办法成全他才好。”范雎沉吟片刻，注视着子歇。

此时的子歇为太子深深担忧，他觉得如果楚顷襄王真的不幸去世，而太子又不在楚国的话，把持楚国朝政的王室宗亲必定会把自己的儿子立为新太子，这样，太子就不能继承王位了。

子歇见他仍在沉默不语，便又急匆匆说：“相国，太子回不回楚国是完全不同的两种情况。太子若回楚国，楚王驾崩，太子顺理成章地接位楚王，他当了楚王，必感谢你这个亚父在关键时候成全了他，必会制定亲秦的国策，楚与秦和，这是你相国与秦王的终极目的；如果太子不回楚国，楚王必另择他人继位，太子仍是一介布衣，留在秦国也失去了意义，新立的楚王仍否制定亲秦的国策，还是两说。”

“如此说来，太子还是速回楚国为好！回楚国太子可继位楚王，不回楚留秦，太子就是废人一个啊！”范雎闻言也心动了。

“就是！就是！你的义子在楚国当了楚王，相国无上荣光啊！你实际上就是楚国的国相！”

“你说得对。本相马上晋见秦王！求他放太子归国！”范雎快人快语。

“当越快越好啊！如果楚王宴了驾，那一切就晚了！”子歇急迫地说。

“我知道！我知道！我也急呀！”事不宜迟，范雎再无心饮酒，匆匆出了相国府去见昭襄王。

见到秦昭襄王后，范雎把子歇讲的话向秦王复述了一遍。秦王沉思了一会，问：“相国，你相信楚太子回国一定会和秦国缔结友好？”

“微臣以为太子会这么做。”

“相国理由何在？”

“楚太子来秦十年，大王待他不薄，让微臣招待他半月一大宴，七天一小宴，因此，他对大王感恩戴德。再说，这十年他拜微臣为亚父，微臣给他灌输亲秦的思想甚多，不能说在他脑中亲秦的思想已根深蒂固，但起码他对秦国颇有好感，这次若不是楚王病重，他决不会向大王提出返楚。再者，和太子同来的子歇，是个亲秦派，若太子回国当上楚王，必会重用子歇为令尹，那么他制定的政策，肯定对秦有利。”范雎怕秦王也回绝他，一口气说了三大理由。

秦王听得连连点头，心有所动，便问：“楚王派来报信的人回楚了没有？”

“还在秦国等大王的回复！”范雎听秦王的话觉得太子回楚有了希望。

“这样吧！让楚使先回，看看楚王病情发展，若楚王没有好转迹象，太子再返楚不迟！”

范雎见秦王终于松了口，太子回国的事情有了转机，心里自然十分高兴，连忙叫来子歇把好消息转告了他。子歇闻后陷入沉思，心想；秦王虽然松了口，但并没有同意太子马上离秦地，如此一来，这其中就有许多变数，如果楚王一口气接不上，那楚国国君就可能是他人了。所以，范雎带来的消息并没让子歇高兴，反而使他心情沉重。送走范雎后，子歇左思右想，突然急中生智，灵机一动；何不让太子混入楚使来人中回国，让秦王无法察觉。子歇把自己的想法告诉了太子，太子还是发愁：

“叔父和我同时离开咸阳，秦王不是会马上发现？”

“不！叔父不走，留下来应付范雎和秦王！”

“那叔父肯定危险！秦王见叔父让我逃走，他肯定迁怒于叔父，叔父会生命不保！”

“为了太子回国，叔父已顾不了那么多了！”

“叔父在上，受侄儿一拜！”太子听后涕泪双流，感激备至，双膝下跪。子歇忙扶起太子:“只盼太子回楚一帆风顺,若太子回楚,大王病体好转,替我问大王安;若大王不测,太子立即登王位,我心足矣!”

“叔父在秦保重!我若当上楚王,定全力救叔父出险境!”

叔侄第二天洒泪而别,太子扮着楚国特使家人,混出了咸阳,果然咸阳关卡让他们一行顺利过关。

太子走后,子歇仍是提心吊胆,生怕太子被秦军或秦地方官吏察觉,日夜茶饭不进,注意观察咸阳城及咸阳王宫动静,七天七夜,咸阳风平浪静,子歇估计太子已脱离险境,他明知太子回楚之事不能久瞒秦王,与其让他发觉后捉拿自己,还不如自己上殿自首为好。

于是子歇先进相国府,告诉太子已离开咸阳,范雎大惊:“子歇,你这是欺君死罪啊!”

“子歇为了太子能及时登位已在所不惜,今天来相府,就是请相国定罪!”

范雎低头思忖了一会,半晌才说:“哎!你为太子之事也是用心良苦,虽作法欺君,但也是不得已而为之!这样吧,随本相面见秦王吧。”

“秦王必发怒,罪斩子歇,到时,还望相国美言相救!”子歇惊诧地望着范雎。

“那是当然!不用你提醒!你为太子,就是为我义子,你有难,本相岂能袖手旁观?不过,本相要先把你绑了!”

“相国也是用心良苦啊!”

就这样,范雎帮着子歇上朝,秦王见此情景有些惊诧,便问:“子歇何故被相国捆绑上殿?”

“小臣放跑楚国太子归楚!”子歇镇静自若说。

“子歇你好大胆!不怕本王斩你?”秦王果然大怒。

“如果怕大王斩小臣,小臣就不敢用计放跑太子!”

“你这是欺君之罪!来人…!”

范雎见状大骇,赶忙上前劝阻:“大王,子歇不可斩呀!子歇已知罪,自缚于朝堂,并非臣之所为!”

“他是自缚?自缚本王也要斩!”秦王铁青着脸,怒气冲天。

范雎依然耐心劝说:“大王息怒,念子歇保太子不顾个人安危,一片忠心,太子继王位,念及子歇大恩,必委以令尹之职,子歇就职后,定感念大王不杀之恩,必会亲秦,他曾对臣言说,如他当令尹,定和秦国世代友好,永不为敌!”

秦王觉得相国的话有些道理,怒气也有些消了,于是把脸转向子歇问,口气和缓了许多:“子歇,你就这么有把握太子登位后,会让你当令尹?”

“太子亲口对小臣所言,想这十年,我俩情同父子,太子是知恩图报之人,他若登位，定不会失言！”

“你若登相位，也不会失言？”秦王认真地看着子歇。

“秦王对小臣恩重如山，范相国待小臣亲如兄弟，此情此恩，小臣铭刻在心，今后有望当上楚国令尹，定亲秦以作回报，决不虚言。”

秦王沉默了，少顷又说：“本王念你对太子一片真心，为人也算诚恳，这次就免你欺君之罪，你速回楚国，保太子登位！”

子歇喜出望外，叩头千恩万谢。当天，他就离开咸阳，马不停蹄往楚国赶，可毕竟是晚了一步，楚顷襄王五天前已咽气，太子已顺利登位，是为楚考烈王，楚王身着孝服，出郢城迎接子歇，子歇见到一身皇袍的楚考烈王，悲喜交集，悲的是自己终没能和大哥见上一面，喜的是自己辅保的太子终于称王。楚考烈王见到子歇，也顾不得君臣之礼，扑到他怀里失声大哭。既为父王病逝伤感，也因重见叔父生还而大喜。

楚考烈王在楚国国君中，是个没有作为的平庸之君，但他是个知恩报德的人。

因子歇设计使留在秦国作为人质的楚太子成功逃回楚国即位有功，楚考烈王自然滴水之恩当涌泉相报。楚考烈王上朝的第一天，当即发布了两个决定：其一委任子歇为楚国令尹，封号春申君。其二，赏春申君淮北十二县。全朝文武大臣之为震动。春申君受封后，楚考烈王把楚国的事务全交给他，让他当权主事。自己却在内宫声色犬马，乐得逍遥自在。

春申君通过援赵灭鲁，子歇在诸侯中的威望大增，也使楚国重新兴盛强大。于是春申君广招天下门客，门客最多时竟有三千多人。所谓门客，就是些怀才不遇，专门到高官人家的说客及食客，他们的任务是发表政见，评议时局，平日里高谈阔论，做起来一无实绩，说白了就是聚集豪门混饭吃的人。

在春秋战国，大家都竞相礼贤下士，招徕宾客，互相争夺贤士，辅助君王掌握国政。不少人以门客居多自傲，说明他财大势众，齐国的孟尝君、赵国的平原君、魏国的信陵君和楚国的春申君时称战国“四公子”，他们四人皆富可敌国，生活极端奢华，就连他们的门客都跟着沾光。

一次，赵国平原君派使臣拜访春申君，平原君的使者想在春申君面前炫耀赵国及平原君的富有，在拜会春申君时故意用玳瑁子绾插冠，还腰悬用珠玉装饰的剑鞘，春申君看后，只是淡淡一笑，用手击掌，掌声过后，春申君的门客多逞强好斗，奢侈浮华。此时鱼贯而入，赵使发现，春申君的门客足蹬嵌有珠宝的鞋子，腰悬金箔镶边的宝剑，赵使脸色为之大变，立即感到自己的装束太一般了，实是汗颜。

赵使说:“春申君,看了你的门客穿戴,我才明白了什么叫自惭形秽!汗颜!汗颜!”

更让赵使没想到的是,春申君用王筵招待赵使,除了饮酒器物为国王所用之物外,光上菜就是二十八道,为酒宴伴奏的全是王宫乐队,乐师都是王宫演奏者,就像今天我们国家领导人迎接外国元首的三军军乐团一样,这确实让赵使大开眼界,他在赵国什么时候看见过这种场面,看见赵使张口结舌的样子,春申君哈哈大笑,嘲讽地说了一句:“少见多怪!像这样的宴会在我春申君这里是家常便饭!”

赵使自惭形秽。叹道:“平原君不如也!”

在春申君当楚国令尹期间,大权独揽,容不得不同意见,顺我者昌,逆我者亡,让楚国朝堂听不到不同声音。如果他这种独断专行是政治的魄力体现,那他霸道还有可取之处,可他偏偏无所作为,仗着有秦国撑腰,醉生梦死,再也不思进取。在他当令尹长达二十几年里,简直难以数出他为楚国做了几件有价值的事,这样的君主再配上这样的臣子,楚国不更加走向衰亡才怪呢。

春申君获得淮北十二县,还不满足,他羡慕原吴国之地,那里山清水秀,吴语轻扬,美女妖艳,为了把吴地搞到手,他对楚王说:“淮北十二县,紧靠齐国,属于边境地区,很不安全,为对付齐国可能的进攻,大王应把这十二个县划为郡治理,微臣献出这十二个县于大王建郡,请大王把臣的封地改为江东。”春申君所提的要求,楚考烈王对他有求必应,这次也照样满足了他。于是,春申君就在吴国故都会稽修建城堡,大兴土木修宫殿,春申君所建楼台宫殿及官邸之豪华,超过了楚王及秦王宫殿,以满足他“不是大王胜似大王的生活。”过了一百多年之后的西汉时期,司马迁历游吴国故都还大赞:“春申君故都宫室,盛矣哉!”可以想象,这座建筑当时该是多么瑰丽奢华?

楚考烈王当楚王二十年,春申君就为他急了二十年,急什么?急他没有儿子!楚王娶王后,又娶了妃子,美人二十多名,宫中的嫔妃更是不计其数。但楚王几十年就是不生育,不但没儿子,就是一个公主也没有,楚王怪王后、妃子、美人不争气,没有一个能为他传宗接代,于是更加在民间物色美女。

春申君为此事没少动脑筋及出力。后来,春申君怀疑是楚考烈王本身有问题,那时的社会,虽不知道精虫质量低下和输精管堵塞是男性不育的主要原因,但春申君断定问题出在楚王自身,应该是有道理的,但他还是有侥幸心理,天天叫执事太监安排“大王宠幸妃子”,他还亲自为楚王物色美女,但依然是广种不收,这让春申君心如油煎;楚王无后,他认为是楚国天大的事,他觉得自己这个令尹不解决楚王的这个燃眉之急,是无能的表现。楚王委他重任里面就有一项是为楚国千秋大业，必须让楚王有后，他作为令尹，必须做出努力，在这件有关楚国前途的大事上倾尽全力！他为此下定了决心。

春申君有个门客叫李园，此人油嘴滑舌，一心攀高附贵，他听说楚考烈王四处寻妃，就想把自己的妹妹李杏送进宫去，他相信凭妹妹天姿国色的容貌，楚王一定会看中她。

李园是个颇有心计的人，他看楚王宠妃无数，可几十年没有一个妃子生育，就料定楚王生理上有问题，假如自己的妹妹进宫后也无生育，日久之后，她必失宠于楚王。为了让妹妹受到楚王专宠，而且还能持久，就必须为楚王生子，这是个非常让李园头疼的问题，于是他绞尽脑汁想计策，终于和妹妹李杏想出一条妙计，李园是个说干就干的人，想好计策就立即实施。

一天李园向春申君请假，说家里有急事，可到假期后春申君却不见李园前来销假，见到逾期而回的李园，春申君严厉地问："先生何故逾假不归？"

"令尹，齐王派使者来我家求婚，应酬诸多，故而逾期，请令尹责罚！"

他这句话立即引起了春申君重视，齐王竟派使者来他家求婚，他家被齐王求婚者定是个大美人，否则齐王岂能看中？这无形中抬高了李园在春申君心目中的地位，他李家竟有齐王看中的女子？看来这个门客也非等闲之辈。当时，春申君就是这么想的。

"你家何人出嫁？"春申君饶有兴趣地问。

"小妹李杏。"李园边答边观察春申君神色。

"嫁了吗？"春申君急切地问。

"未嫁。"

"为何？"

"我为令尹门客，受恩于令尹，小妹出嫁都不告诉令尹是为不礼，嫁前小妹没让令尹瞧上一眼是为不恭，不恭不礼之事，李园不可为之，所以小妹未嫁！"李园说得煞有介事，让春申君听得满脸笑容。

"难得你有这份心意，本君收你做门客，没看错人。不知现在见你妹妹是否方便？"

春申君这句话正中李园下怀："今晚可见，不过请令尹微服到李园寒舍见面。"

春申君想都没想便点了头，当晚身着便服的春申君只身一人到了李园的家里，见了他妹妹李杏，应该说春申君身边不缺美女，也见过不少天姿国色的女人，但见了李杏后，竟也看呆了，眼前出现的莫非是仙女？李园一看春申君的神态，感到计谋离实现为时已不远，便叫妹妹起身相迎令尹大人，李杏向春申君微笑着走近施礼，春申君立即感到有一股异香扑面；他春心荡漾，趁扶李杏之机，在她脸上捏了一把，李杏嫣然一笑，让春申君顿时酥了骨头。

“本君想叫你小妹今日随我回府”，说着说着，春申君拉着李杏的手，眸光在她胸前乳峰处扫描。

“令尹，那是我小妹的洪福呀！”李园喜滋滋地说。

就这样，李杏当晚便被春申君带回了令尹府同床共枕，从此，春申君和她日夜宣淫，不理朝政达数月之久，楚考烈王听说令尹“身体不适”，还派人送来高丽参。原来春申君不上朝的理由是“偶感风寒”，谁也不知道他正在府内寻欢作乐。

三月之后，李杏怀孕，李园借进令尹府探视妹妹的机会，决定让李杏实施计划的第二步，一同和妹妹商量了一个计谋。

李杏有了身孕，春申君才“病愈上朝”，一日春申君下朝回府，见李杏面有泪痕，忙问她：“小杏，你不舒服？”

李杏满眼含泪：“我这几日有一事越想越怕，又不敢对大人明言！”

“本君贵为令尹，一人之下，万人之上，我想不出有什么事让你怕成这样？”春申君不以为然地说。

“大王目前信任大人，胜过了自己的兄弟。如今大人当楚国令尹已二十多年，树大招风啊！况且大王至今无子，太子之位空悬，假若大王百年之后，只能立其他兄弟为王，如果新立的楚王重用他所信任的人，令尹之职必易他人，大人的高贵地位就不会长久，甚至还会带来杀身之祸……”

“没想到你有这般见识，连本君没想到的事，你都想到了！”春申君把李杏抱在怀里，思忖片刻，才忧虑地说：“你说的这个事还真是个大事，可大王无出，太子无人，也是没办法的事。本君正为此事苦恼无策呢！”

“我有一计，可保令尹富贵常在。”李杏借机说。

“快说与本君听！”春申君为之一喜，他用一种异样的目光望着眼前这个不同寻常的女人。

“妾身现在已怀上大人的孩子，而且妾身进令尹府外人不知，大人不如趁妾身刚怀有孕的机会把妾身献给大王，凭妾身的姿色和大王对大人的信任，大王一定会接纳妾身，将来如果我生个儿子，那么大人的儿子就是继位的楚王，这样，楚国实际上就是大人的了，你的儿子会保你永远尊贵，永享康泰，更何况这个儿子也是熊姓，也是王家血脉呢!？”

李杏的话突然打开了春申君思维的另一扇门，他仔细回味着李杏的话，越觉得她说得有道理，楚王不能生育是个大难题，而李杏已怀孕，就可解开这个死结，李杏若进宫与楚王交欢，所生之子必让楚王及熊氏家族欢喜若狂，更会感激他这个进献李杏之人，楚王对他更会器重。何况大王的儿子就是自己的儿子，楚国不就是在自己的手心之中？春申君兴奋地把李杏越抱越紧，直到李杏叫疼他才松手。

“我身为令尹，却想不出你这样的计谋，你是楚国最有心计的人！”

“妾身还不是为大人着想！”李杏娇滴滴地说。“这也是急中生智！”

“你这个智生得好，只是本君舍不得你！”

“大人要为楚国长远着想，不能儿女情长啊！”

“说得好！说得好！为楚国长远着想就得这么做！”

第二天，春申君便把李杏接出令尹府，安排她在高级馆舍住下，便立即上朝见考烈王说：

“臣为大王觅得一绝色奇女，美不胜收，特来献给大王！”

考烈王是美女不嫌多，更何况是令尹献的美女，当时就说：“令尹献的美女，定是绝代佳人，本王见，今天就见！”

当天，春申君带李杏见了考烈王，楚王见了李杏，也像春申君一样，心发痒，骨发酥，马上就笑纳了。这样李杏就成了楚王妃。她果然不负春申君和李园所望，生了个儿子，楚王喜出望外，为太子出世，大办庆生宴达十日之久，郢城的家家户户还为此张灯结彩，热闹非凡。因此，楚考烈王开始重用李园，使得李园很快就掌握了朝政。考烈王除了重赏春申君外，还把李园提升为左徒，从门客一下跨进高官之列，李园是神采飞扬，但狂喜之余，他担心春申君说漏秘密而更加骄横，就暗中豢养了刺客，打算杀死春申君灭口。

在春申君当令尹的第二十五个年头时，太子也已五岁多，考烈王病危，一天，正为考烈王病情着急的春申君突然听说门客中有个叫朱英的有急事见他，本想不见，又怕朱英说的“急事”与救楚王有关，还是接见了他。

“听说你有急事找本君，究竟何事？”

“有关令尹安危！”朱英开口就说。

“危言耸听！”春申君沉下脸，一副不耐烦的样子。

“令尹听小人把话说完。令尹是处在生死无常的关头。这个世上有意想不到的福，也有不期而至的祸，令尹不期而至的祸已来了！”

“先生是越说越玄了，本君何祸之有？”春申君简直是压着火气问。

“令尹为相二十多年，实为楚王，现大王病重，命悬一线，你辅佐幼王，如同周公一样等幼主长大成人，再把实权交给他，或令尹自己当楚王。这就是小人所说的意想不到的福！”朱英还是说得不慌不忙。

“那什么是本君所遇到的不期而至的祸呢？”春申君耐着性子问。

“李园是左徒，又是国舅，大王下世，他岂能容令尹专权，他必抢先入宫夺权，杀令尹灭口，他不管军事，却广招亡命之徒于左徒府，干什么？就是为杀人！杀谁？令尹你首当其冲！”

春申君听到此，突然哈哈大笑：“李园本是令尹府一门客，因献妹有功，大王才封他为左徒，此人生性软弱，胆小怕事，杀鸡都害怕，更别说杀人！况且本君对他有知遇之恩，他何故杀我？先生多虑了！”

“李园是小人得志，令尹不可不防，否则，大祸临头，悔之晚矣！”朱英知道自己的进言不被采用，恐怕祸患殃及自身，叹息地走出令尹府，临出门，他在心里直叹：“令尹死期不远矣！”

几天之后，考烈王病逝，李园果然如朱英所说，抢先入宫，并在棘门埋伏下刺客。控制了内宫，不等李杏母子发话，他便命太监去令尹府传大王病中口谕，宣令尹紧急进宫，有要事相商。春申君接旨不敢怠慢，慌忙进宫，早已埋伏在宫门的李园手下将他抓获，推到李园面前，春申君一见李园便怒不可遏：“李园你这个蛇蝎之人，本君没看出你歹毒心肠！”

李园皮笑肉不笑：“春申君，你别怪本官下此毒手，本官也是不得已而为之，你知我知的事，最好只有我知，令尹大人，你只好先走一步了！”

临死，春申君大叫：“悔不该不听朱英之言，才有今日之祸！这也是我挖空心思保富贵，到头来只落得杀身之祸！唉！”

李园怕他讲出妹妹隐秘之事，命刺客一剑刺去，春申君喷血而亡。灭了春申君的李园还不放心，又将他的头割下丢到棘门外，同时就派官吏把春申君家满门抄斩。

当年，春申君劝说秦昭王，以及冒着生命危险派人把楚太子送回楚国，是多么聪慧的高明之举啊！可是后来被李园控制，昏聩糊涂了。俗话说：“应断时不决断，反过来就要遭祸患。”春申君失却了朱英要击杀李园的机会，才落得如此悲惨的下场。

后来，在李园和李杏拥立下，李杏五六岁的儿子继位楚王，是为楚幽王。王号一起名就叫“幽”，这个楚王还能当得长久吗？

第二十八章　独木难支　楚国消亡

楚幽王年幼继位，未料十五年后即沉疴染身，只好将儿子熊负刍托付给大将军项燕。项燕虽然勇力过人，但终究难以抵抗强大的秦国军队。公元前223年，秦国攻入楚国，负刍撞柱而亡，楚国纳入大秦帝国的版图。

此时的楚国，已日薄西山，呈现败迹。太子继位后，李园取代春申君子歇，被任命为楚国令尹。楚幽王果然是个短命的楚王，在位十五年便一病不治，临终前，他把自己八岁的儿子熊负刍托孤给护国大将军项燕，面对泪流满面的项燕，楚幽王已气息奄奄，他拼尽最后的力气说："大将军，本王把王儿负刍托付于你，能扶则扶，不能扶将军可自立……"

项燕泣不成声："项燕承蒙大王厚爱，定当为大王，为楚国肝胆相照。末将定当辅保太子登位，永继熊家江山……"

"将军，秦国亡我之心不死……将军千万要警惕秦犯楚境……"楚幽王已开始合眼，力气已经用尽。

"大王放心，有末将在，谅秦国不敢妄为！"项燕忙安慰楚幽王。其实他心里十分清楚，秦朝国君嬴政当秦王后，由相国吕不韦出谋献策，已今非昔比，在诸侯国中已一支独大，秦王嬴政坚决按吕不韦"抓军扩地"的建议办事，狠抓了秦军战力的提高，秦军原本就剽悍，后经秦王嬴政狠抓军纪，布兵排阵与协同，配合作战，秦军的战斗力更是无人可敌。

在楚幽王后期，潜伏在秦军的楚细作向项燕报回情报；秦军已有战车万乘，"火箭手万众"，"车装铁甲，所向披靡"，已成"一支洪流"。强横不可一世的秦王嬴政按仲父吕不韦"先灭弱小诸侯"的策略，先后出兵数十万灭了韩国、赵国，后灭了魏国、燕国。从此，在古中国版图上，只剩下东方的齐国和南方的楚国，在瑟瑟发抖。秦王政锐利的目光，又投向了紧靠秦国的楚国，形势极为严峻。秦楚大战有一触即发之势，秦军在秦楚边境陈兵四十万就是力证。

既然形势严峻至此，项燕为什么还要说自欺欺人的话呢？究其原因有二：一是项燕不愿看到楚王带着恐惧离世，项燕对熊家忠心耿耿，虽出身豪门，且握有兵权，但无非分之想，所以他很能体谅楚幽王临死前复杂的心情，也理解他为楚国前途的担忧和焦虑，项燕只好安慰他，让他走得放心；二是太子负刍在托孤现场，项燕不愿让小太子心中无望，更不愿看到尚不太懂世事的小太子的眼泪，项燕虽为武将，但性情却很温和，善解人意，他不愿看到小太子还没登位就过上担惊受怕、终日战战兢兢的日子。

提起这个项燕，在楚国上下无人不晓，项家在楚国，世代为将。他本出身权贵，可投军时以一布衣身份入伍，18岁从一伍长干起，一直到最后被楚幽王任命为护国大将军，如果他没有实绩可考，楚幽王也不会叫他“护国”。史载：“燕每战必冒矢奋进，一骑当先，斩获无数，深得军心。”楚国野史更说他“勇力过人，力可举鼎，武艺精纯，数十人不得近身，以少从军，由伍长升为护国大将军，非俗将所能为也！”

项燕在军中步步荣升的时候，楚国的时运却每况愈下，这种颓势非项燕一人能回天，面对“超级大国”秦国随时可能发起的攻势，项燕也感到自己力不从心，在楚幽王病逝时，项燕手下能指挥的战车三千乘且“破损较巨”，步卒三万，也就是说项燕的兵力连骑兵和步兵共三十万人，可他面对的却是百万秦军，而且秦军的战车“新而巨”，士兵的武器“戟锐刀锋”，就是说秦军都是最新武器，两军对比，谁强谁弱，项燕能不清楚？中国历史上的忠臣都有这个特性，明知不能为之，也要为君王尽忠到底，直至最后献身，有人说：明知不能为却偏要为，是“愚忠”，诸不如这“愚忠”里却具有多么伟大的英雄气节！为了应付秦国可能发动的进攻，项燕作了最大努力，他抓紧时间修补战车“复原”，招募“楚人入伍”，集中“匠人制器”，让铁匠赶制兵器。

楚幽王病逝后，项燕马上立太子负刍为楚王，小楚王登位伊始，就任命项燕为大司马，中军元帅，统军御敌。别看负刍小小年纪，可魄力尽显，只可叹这个本可大有作为的君主生于楚国末世，纵有雄才，却无济于事，难阻楚国衰亡的命运，是一位心有余而力不足的帝王。即使他有项燕这样英勇盖世的将才忠心辅佐，也无力回天，楚国的官僚机构已彻底腐朽，国力和军力已空前衰弱，这恐怕是任何人也无法改变的现实，往日庞大的楚国只能走向日暮途穷的归宿。

在楚王熊负刍登位四年时，秦王嬴政决定对楚国发起全面进攻，秦王嬴政对楚国的进攻十分重视，为此，他专门召开了作敌会议，以往他在灭韩、赵、燕、魏时只派兵攻打就行了，可这次他对从西周时期就称霸上百年的超级大国——楚国却不敢掉以轻心，为了把对楚作战动员进行得深入彻底，他在王宫召集满朝文武与会。

在动员会上，年轻气盛的秦王嬴政开场白就与众不同，发表了激昂慷慨的战前演说：

"本王为了统一华夏，就要发动对楚作战。有人会问本王：大王下令打就是了，我们令行禁止！可你们不知本王为何如此对楚国另眼相看！要知道我们面对的是比秦国版图还大的楚国！以前秦国对楚国仰而望之，它建国长达八百余载，地域辽阔，北涉黄河，东到江南，西控巴蜀，南制闽粤，甚至辖摄百越。想当年楚庄王是何等威风！争雄中原，称霸四海，盛极一时，如今楚已呈衰势，是本王发兵讨伐的大好时机。"

"但秦国也不能小看楚国，而只能平视，为什么？就是楚国仍有实力，瘦死的骆驼比马大。但本王统一华夏主意已决，任何人不能阻挡，为了让各位对楚国作战做到心中有数，现在请相国介绍楚国近况，各位听了相国介绍楚情，就明白了本王为什么说不能朝下看楚国，而只保能平视的原因！"

相国吕不韦一板一眼地说："刚才大王的言辞气壮山河，让我等振奋，也让我等清醒，楚国是秦国统一华夏的劲敌，主要对手，各位千万不能轻敌，本相说不能小视楚国，原因如下：楚国地大物博，建国历史悠久，楚人雄风由来已久，形成楚人自骄的资本，这种资本能激励楚人与秦决一死战！楚国虽已国力军力大减，但往日雄风尚存，虽大王实力远胜楚王，但要防备楚王困兽犹斗，此战必将惨烈，秦国与秦军必须要有充分的思想准备！原因之二，楚军元帅是项燕，此人文武全才，力可举鼎，勇猛盖世，他从步卒荣升为元帅，过人之处，自不待言，此人正值盛年，气壮如虎，各位将军与他对敌，未必能稳操胜券？原因之三，楚人每遇外族入侵必同仇敌忾，共同对敌，这将会给进楚境秦军制造更多的意想不到的麻烦和困难。

"鉴于此上三个原因，本相决定，挂帅出征的秦将只能智取楚军，不可死战，要给楚军留有活路可走，要知道赶狗逼巷反被狗伤的道理。第二，每占楚一地，必出榜安民，化解楚人对秦军的仇恨，严禁烧杀淫掠。违令者是军士，将军斩之，若将军违令、本相斩之！"

六十高龄的秦军大将王翦微微笑道："相国是否把楚国和楚军实力估计太高了，想那项燕空有虚名，何足为惧！只要大王派末将出征楚国，定马踏楚国山河，让其灭亡！"

吕不韦击掌道："大将军勇气可嘉，但决不可轻视项燕，就凭大将军的年龄和项燕的差距，大将军也不能轻敌啊！"吕不韦明显是用的激将法。

"相国是嫌王翦老了！要知道本将如今还没廉颇老哩！"

"大将军哪里话来，只是年龄不饶人啦！"吕不韦说得好像很真诚，实则还是在激将。

"相国休要再言，末将向大王请缨伐楚，不灭楚国，大王就斩了王翦！"

秦王嬴政击掌道："大将军壮志不已，雄心未老，可喜可贺！本王就命你统六十万秦军杀向楚国，不胜不还！不知道将军还对本王有何要求？"

"大王请派蒙武为末将副将！"

"本王准奏，蒙武将军随王翦元帅出征，一定提醒元帅对楚军只能智取，不可力战！"

之前秦楚一战，项燕率领大军大败秦军，这也几乎可以算是整个战国时期，楚军唯一一次大败秦军。因此，这次秦王嬴政换上了经验丰富的老将王翦，秦王把倾国的兵马六十万拨给王翦，浩浩荡荡向楚国压来。

蒙武将军出班答道："请大王放心，蒙武定和元帅精诚团结，一致对敌，不胜不还！"

"好！好！不知元帅还有何请求？"

"若末将胜楚之后，大王赏臣良田美池。"

此言一出，朝内皆惊。大臣们都知道王翦为将清廉，爱兵如子，从不为已贪功贪地，今日为什么一反常态，主动向秦王邀功请赏？

秦王也觉奇怪："元帅有功，还怕本王不赏你么？"

"大王，我年事已高，不得不为子孙着想啊！"此言更让秦王和大臣们愕然，王翦身为朝中大将军，从不为子孙贪利，他今天的反常行为，确实让人费解。

"本王准元帅之所奏，得胜还朝，本王就赏！为示本王诚意，先赏良田三百亩！"

"谢主隆恩！"王翦俯身便拜。

"元帅和副帅出征之日，本王在坝上为将军送行！"

三日之后，秦王果不失言，在王翦和蒙武率六十万精锐之师出征那天，秦王率文武百官到坝上为王翦送行，王翦沟壑纵横的古铜色脸膛异乎寻常地冷峻，白发与黑斗篷在秋风中随风飘舞，然而利落劲健全然没有显现出丝毫老态。在这瞬息之间，秦王看到了一个真实的龙虎勃勃的王翦，心下突然一热，就要拜倒在草地上。王翦飞步过来，利落地扶起了嬴政，秦王抓住了王翦的双手，眼中不期然溢满了泪水："元帅，本王的三百亩良田已兑现，元帅应该是无后顾之忧了！"

元帅王翦一拱手道："三百亩良田怎及封侯，武将即使战死疆场也是难以封侯，臣有自知之明，不能封侯，就请大王封地！"

秦王瞬间平静下来，对王翦深深一躬，过来扶住了王翦登车。

一路南下，王翦灭楚的吼声响彻秦军上下，也伴随着黑压压的大军洪流淹没了沿途郡县。如此进军声势，是秦军历史上从来没有过的。就这样王翦带着人马奔向秦楚边关墟地。

王翦为什么敢在秦王面前讨封，是他知道秦王要重用他，就必赏他，他也知道秦王嬴政为人心胸狭窄，生性多疑，对每个大臣都持审视态度，即使对相国也不例外；为了怕自己灭楚后功高盖主引起秦王疑心猜忌，他出征前就把自己变成贪小利之人，在政治上毫无抱负，只知俯首帖耳地按秦王的指令办事的具件事务者，这不能不说王翦有勇有谋，极具先见之明。他这种以贪小利而保己身的策略，显示出王翦很高的政治智慧。

说起这个王翦，在秦朝中极有威望，在灭诸侯各国中他屡立战功，直至在攻楚前被秦王任命为宫前都尉、殿前大将军。王翦文韬武略，和项燕比毫不逊色，而且他还能与官兵打成一片，每次行军，他不骑马，而和士兵“谈笑风生，结队而行”，每次作战必“身先士卒，奋不顾身，全身创伤七处”，所以深受秦军喜爱。他严训士兵，却从不打骂士兵。他关心士兵冷暖，把自己“琼浆于兵”，就是把自己的酒分给士兵喝，故而士兵们跟着他打仗愿意卖命，这也是秦王格外看重他的原因。他不但打仗勇敢有方，而且操守廉洁，身为大将，却只有小府一座，家丁数人。他的榜样力量让秦军效仿，所以他带领的秦军战斗力极强，这样的部队碰上贪污腐化成风的楚军，高下已不言自明。

王翦到了边关墟地后，又五次上书秦王，叫秦王封他更多的地。秦王也极具智慧，对相国吕不韦说：“元帅防本王疑心，故作贪小利之人，其心可赞可叹！”吕不韦明知秦王嬴政疑心甚重，可他却这样说，“大王胸怀四海，岂是多疑之人？王元帅多虑了！”

“本王选对帅了，楚国必亡王翦之手！”秦王嬴政兴奋地说。

吕不韦问：“大王选的帅还有错么？”

“王翦不但勇无二人可比，就是政治智慧秦将中也无人可及！”

项燕遇到王翦这样有勇有谋的秦军主帅，这一仗就更难打了。项燕不糊涂，当他听说王翦率六十万精兵即将对楚国发起进攻时，他立即向楚王负刍建议，让他把远离边境线的寿春作为都城，自己在郢城一线集结重兵迎击楚军，伺机破敌。哪知小负刍却说出一番惊天动地的话：“大司马是担心本王安危？楚国江山破碎至此，本王已把生命置之度外，本王誓与大司马共守郢城，王翦得到的只会是一具楚王僵尸！”

项燕闻言大惊，楚王熊负刍小小年纪，已对生死如此淡定，说明他对眼下楚国时局看得非常明白，对楚国前途已不抱幻想，早就有了以死殉国的思想准备。

“大王，此言不吉利！大王刚登王位，怎能言及生死，有项燕在，就有楚王！有项燕一腔热血，定保大王无恙！”

在项燕的再三劝说下，楚王负刍终于离开了郢城，去往寿春新都，为加强对楚王负刍的保卫力量，项燕特叫大将胡通随驾而行，还让带走了三万楚军护驾，楚王没想到他们君臣在郢城一别，竟成永诀！

王翦和蒙武率秦军进楚境后如入无人之境，这让王翦有些迷惑，他忙派出四路细作去楚国腹地打探楚军动向，不久，四路细作报回来情报：项燕已在郢城一线部署兵阵，严阵以待，欲与秦军决战，大将胡通护驾与楚王去寿春建新都。王翦听到此情报，连说："天助王翦灭楚！"

王翦深入楚国，转战多时，虽然胜多败少，但也渐渐兵力疲惫。

蒙武不知主帅为何如此高兴，便问："攻楚多日，末将未见大帅如此高兴，何故？"

"楚王率三万人马去寿春，我等不正好可以偷袭之？俗话说，擒贼先擒王，只要捉住或杀死楚王，必给楚军士气以极命打击，军无斗志，就是项燕再是英雄，也定然抵挡不住秦军数十万铁骑的攻势！"

"末将愿率部去寿春擒拿楚王负刍！"

"将军率五万人马奇袭寿春，本帅在此吸引项燕主力，不得让他回援寿春！"

"大帅想在郢城和楚军决战？"蒙武说。

"非也，在郢城与项燕决战，天时、地利、人和都对我不利。先谈天时，目前阴雨天气较多，道路泥泞，不利秦军前进，长途跋涉赶到郢城，秦军必是疲惫之师，而项燕以逸待劳正好攻我们软肋；再说，郢城城高壕深，易守难攻，若旷日持久与项燕对峙，我军数十万人马的粮草补给必很困难；郢城乃楚国故都，为保都城，楚国军民必会和秦军死战，一个楚军能挡数名秦军的进攻，这样势必给秦军带来巨大的伤亡，本帅不愿看到从秦川来的健儿有来无回！故而必须把项燕调离郢城！"

"大帅洞察战事总比常人高明许多！不过，末将就怕项燕不中计。"

"本帅自有办法！只盼将军在寿春速战速决，将军在寿春得手，项燕的楚军必全线瓦解！"

蒙武按王翦的布置，不久就带兵奔赴寿春，而王翦为了掩护蒙武的军事行动，大张旗鼓地向楚地陈邑、平与一带进攻。

项燕统率大军抗秦。对项燕而言，这场关系国家生死的战斗才真正刚刚开始。与六十万彪悍勇猛的秦军决战意味着什么。或许，借着之前战胜秦军的旺盛士气，足以在血战中挫败强敌，保全国家吧。他也调集了全国的兵力，与秦军针锋相对的摆开阵势，杀奔营前挑战。他决定诱敌深入，在郢城一线再与秦军决战的战略。无疑项燕的战略是正确的，因为无论军队数量及武器装备，楚军都不如秦军，明知不能抵挡汹涌而来的秦军于国门之外，还不如将他们放进来，再利用楚人同仇敌忾的光荣传统，聚歼骄狂一世的秦军。如果事情真按项燕的战略发展，那两军决战的结果就不会是楚军一边倒的局面，问题是，项燕遇到的秦军主帅不是一般的对手，而是足智多谋的王翦，面对士气正旺的楚军，他竟然下令坚守壁垒，不许出战！为把楚军主力诱出郢城一线，他在秦军攻占陈邑、平与后便按兵不动，并命令秦军挖壕筑垒，作出准备长期坚守的态势，项燕使足劲打的一拳，如今打了个空。项燕陷入深深的痛苦中。他不敢轻易分兵去攻击秦国其他地方，因为这会削弱主力，遭到王翦的各个击破；他也实在找不出合适的人担任主将。但就这样耗下去，何时是个头呢？与此同时，王翦又严令蒙武尽速发起对寿春的进攻。只要寿春被秦军攻陷，项燕就会在郢城沉不住气，必会出郢城与他决战，这样他就有了聚歼项燕主力的机会。

蒙武所部在奔袭寿春的途中，遇到了楚军地方部队顽强的抵抗，楚人也自发地组织起来反击秦军，因为他们都知道，楚王就在他们身后，为保楚王只能拼死抵抗，寿春沿线楚军的告急文书纷纷报到了郢城，项燕得知蒙武一支轻骑突袭寿春，想立即派兵回援新都，但到寿春，必经陈邑、平与，项燕只好挥军向王翦所率秦军杀来，这样王翦调项燕出郢城的目的就达到了。

蒙武所部官兵都知道打下寿春就可活捉楚王，所以斗志昂扬，虽遇楚国军民的顽强抵抗，还是挺进到寿春城下，由于寿春是临时立为楚都，城墙设施都不及加固，尽管大将胡通带领三万楚军作了决死抵抗，但还是寡不敌众，胡通战死，寿春被秦军占领。楚王负刍在秦军攻入王宫前，叫太监总管携带楚王金印潜逃出城，嘱咐他务必将楚王金印亲手交给项燕大将军，太监总管刚携金印逃出寿春不久，蒙武就带秦军冲进了王宫。蒙武看见王宫大殿金椅上坐了一个十多岁的身着楚王服的少年，料定他就是楚王负刍，忙上前下拜："想必殿上坐的就是楚王，秦国副帅蒙武拜见大王！"

坐在殿上的负刍毫无惧色，神色镇定地问："蒙副帅，楚国已经战败，不知将军如何发落本王？"

小小年纪，面对潮水般冲进大殿的秦军面不改色，镇定自若，负刍的表现令蒙武吃惊，也让他起敬："蒙武保大王赴秦国咸阳！"

"想让本王做亡国之君？囚禁本王？"

"蒙武不敢，只是奉秦王之命行事！"

"本王与秦王不共戴天，焉能够与将军同赴秦都！"

"大王不去，本帅怕管不住下属，发怒的士兵是什么事情都会做出来的！"

“你这种话对本王已毫无威慑！本王早已抱定与寿春共存亡的决心，胡通将军已殉国，本王岂会偷生！”楚王缓缓站起来……

“大王切莫做出莽撞之事！”蒙武已觉事情不妙。

负刍走了几步，猛然一头向宫殿大柱撞去，顿时脑浆溢出，鲜血四溅，一命而亡。

蒙武把负刍抱着怀里，仰天长叹：“楚王还是孩子啊！苍天何故如此！”

蒙武是秦朝的大忠臣，也许有感于楚王临死不降，而惺惺相惜吧！他此时大概不可能想到他这个秦朝忠臣的后代蒙恬大将军会死于赵高秦二世之手吧？

蒙武把楚王负刍寿春之死快马报于王翦，王翦马上把这消息告诉了秦军，秦军欢声雷动，欢呼声惊动了与秦军相持的楚军大营，项燕听到楚王死讯，起先以为是秦军有诈，以图瓦解楚军斗志，后从寿春逃回的楚军口中得知楚王已死的准确消息，当时就昏死在帅帐，经众将救醒，他泪流满面地说：“项燕有负楚王，是楚国第一罪人！”他擦干眼泪，咬住牙关，吐出几个字：“三日后向秦营进攻！”

众将本想让项燕冷静，避秦军锋芒，撤回郢城一线，从长计议，但大家看到项燕因楚王遇难而悲痛欲绝的样子，谁也不忍心开口。

楚王负刍在寿春以死殉国的消息在楚营传开后，让楚军无不义愤填膺！所以项燕下达三日后向秦营进攻的命令后，个个摩拳擦掌，巴不得马上冲锋陷阵，杀敌复仇。他们虽也知道对面是五十多万秦军，但复仇的火焰烧得楚军们无所畏惧，只等项燕一声令，全军便像猛虎下山扑向秦营。

项燕为什么下令三日后向秦营发起攻击？是因为留三天时间为全军置办孝服祭品，为楚王吊丧。接到项燕三日后与秦军开战的通牒，王翦知道楚军是来复仇拼命的，虽然他知道秦军的凶悍并不逊于楚军的骁勇，但从来爱惜士兵生命的王翦却不同意秦军和楚军死拼，他当即对阵形作出调整，调三万名弓箭手为前阵，一千乘战车为中阵，步卒作为后阵，他明确命令全军，不准主动出击，当楚军攻来，前阵弓箭手只准放箭，不能出击，待楚军阵形因避弓箭而大乱时，一千乘战车才可出击向楚军进攻。对于王翦临阵调整部署，项燕毫无所知，他孤注一掷，幻想复仇心切的三十万楚军激发的斗志，能击垮五十万之众的秦军，他企盼楚军此战创造战争的奇迹，可他遇到的对手太强硬了，王翦是不会让项燕谋划的战争奇迹出现的。

三天之后，楚军全着孝服，全营皆白，士兵个个眼中喷火地瞅着秦营士兵，那阵势十分悲壮！项燕一头汗水一身泥土，斗篷甲胄灰蒙蒙不辨颜色，脸颊似乎还有一道血痕。项燕擂罢三通鼓，王翦也回应了三通鼓，可项燕却不见秦军有进攻的迹象，于是他下令楚军进攻，楚军个个怀着为楚王复仇的决心，狂呼乱叫地向秦阵杀来，眼看楚军进入了弓箭手射程范围，王翦等的就是这一刻。他嘴角轻淡地抽出一丝冷笑，立刻下令，全军出动，向楚军总攻击！长期的相持不战，耗尽了楚军的精力，却让秦军积蓄了饱满的杀气。加上吃得饱，练得好，勇猛更加了三分。王翦下令“放箭！”三万支飞蝗一拨又一拨地射向楚军，楚军不避让，不退缩，前仆后继向前冲，那场面真叫一个惨烈，项燕一看情形不对，王翦是在诱楚军进攻，为减少伤亡，项燕鸣锣收兵，楚军听到锣号，才恋恋不舍地退出战场。可王翦并不想就此收兵，他趁楚军回撤队形混乱之际，命令弓箭手让开通道，叫一千乘战车投入战斗，项燕叹息一声，一时痛彻心脾，泪水如泉涌而出。项燕根本没想到王翦趁楚军回撤出击，本还想压住阵脚，但秦军战车来势凶猛，楚军顿时被冲得七零八落，只得人自为战，车自为战，楚军本来人数就处于劣势，刚才又受到秦军的弓箭打击，惊惧未定，现在又经秦军猛冲，楚阵自然大乱，众楚将死战，才保住项燕突出秦军重围，退到广丘，项燕才算摆脱了秦军追击，清点人马，楚军已损七八，只剩不足三万人马，其余的数十万人马不是死于秦军的弓箭之下就是死于秦军战车的刀戟车轮之下。

面对楚军的残兵败将，项燕心痛如绞，痛哭失声，一股绝望求死的念头油然而生，众将看到主帅神色不对，都怕他产生了自尽的念头。所以在项燕拨出腰中剑欲自杀时，众将一拥而上，抢下他手中的宝剑。有一位不知名的将军说：“楚军尚有数万，元帅还可东山再起，不如暂回郢城从长计议！”

面对众将苦苦哀求，项燕猛然为之醒悟，恢复楚国的重任，目前全靠自己了，自己若死，复国何望！于是他决定返回郢城，他前脚刚到，王翦追兵就至，将郢城团团围住。项燕清楚死守孤城郢城就是守死，他听从了部将建议，撤出郢城去淮南投靠楚王负刍的近亲昌文君，依靠昌文君的力量，说不定能让楚国东山再起。

秋月照着水面，映得山顶一片亮光。山风习习。项燕乘夜逃出郢城南门，带着仅剩的数万人马投奔淮南的昌文君，昌文君听了项燕兵败，楚王负刍自杀的情形，悲痛难忍，当场吐血。

项燕说：“主公节哀，楚国要复国不能一日无主，项燕拥立主公为楚王，竖旗复仇复国！”

众将也附和：“我等愿随元帅共扶主公为楚王！”

“本公是负刍至亲，复仇复国责无旁贷，从今日之起，我就是楚王，各位就是复国之功臣！”

项燕和众将异口同声：“愿为楚王效力！”

就这样，昌文君成为新楚王，继续在淮南竖旗抗秦。

王翦进驻郢城后，没有继续追击项燕，而是派人回咸阳向秦王嬴政汇报了攻下寿春和击败项燕的经过，有人会问：王翦为什么不乘胜追击？秦王不是让他消灭楚国么？作为一个老臣，王翦当然知道战国时诸侯国中的一个不成文的规矩，也就是今天我们所说的“潜规则”，就是：如果一国国君新丧，另一国不能对它发兵，即使已向该国发兵，进攻方也应该退兵，楚王负刍自尽之后，王翦就顾及这个规矩，不准备向项燕总攻，若不是项燕主动向他挑战，他还真不准备马上消灭楚军。

秦王嬴政接到王翦从郢城发来的战报后，大为振奋，忙通报了相国吕不韦。王翦不负秦王重托，经过一年的苦战终于灭亡了楚国。?

“相国，本王离消灭夙敌楚国巨无霸只差一步之遥了！”

“恭喜大王称霸华夏的愿望即将实现，消灭了楚国，诸侯国中最后的齐国厄运不远矣！”

“可楚将项燕拥昌文君为楚王，据淮南抗秦，仍为本王之心病。”

“何不让王翦、蒙武二帅继续向淮南进攻？他俩的兵力对楚军是占绝对优势呀！”

“王翦可能念及楚王负刍在寿春新丧，故而暂缓了向项燕发起最后的攻击。”

“王翦可别做了那个农夫？”

“相国以为楚国是冻僵的蛇么？”

“大王，百足之虫，死而不僵！对楚人不能发善心，若等他们有了喘息机会反扑回来，那才真是大王的心腹之患！”

“相国说得对，对楚人不能发善心，必须穷追猛打！不过说心里话，本王对楚王负刍还是有些敬意，小小年纪，宁死不降秦，要是楚庄王以后的历代楚王都有如此气节，楚国何至于亡！”

“大王说得好啊！如果进入战国后的历代楚王都能励精图治，那楚国还真可能成为巨无霸，可叹可笑他们的国君们却是小富即安，没有大王统一华夏、建立帝业的凌云壮志！”

“本王可叹小楚王熊负刍，生不逢时！他当楚王，遇到本王执掌大秦帝国，这是他的不幸啊！”

暮色斜阳之下，遥遥一支马队伴着沙哑的喊声从东南飞来。吕不韦遵照秦王口述，向王翦和蒙武下达了穷追猛打、最后歼灭项燕于淮南的命令。接到秦王令的王翦、蒙武兵分两路向淮南楚军杀来，进军之神速出乎昌文君和项燕所料，他们只有仓促应战，本来项燕及昌文君的兵还可抵挡一阵从正面攻来的王翦，没想到蒙武率兵从淮南后面攻击楚军，项燕长吁一声，脚下一软，几乎要瘫倒在地了。项燕面临王翦、蒙武前后夹击，只得且战且退，混战中昌文君死于秦将戟下，昌文君的死对项燕是个致命打击，让他仅存的复仇复国的信心完全丧失。

朝阳之下，一条大水依山蜿蜒而去，水畔林木中依稀显出一片灰瓦屋顶。林外山坡是大片已经变得苍黄的草地，山坡破庙后飘荡出一片弥漫河谷的青烟。绝望中的项燕在这样一个夜黑风高的破庙里痛哭昌文君后挥剑自刎。可叹一代名将项燕，就这样结束了自己的戎马一生，好在他的部将保护他的儿子项梁逃出淮南，终为项燕保住了复仇的种子。

项梁后来在楚地起事，实践了楚人所说的心愿“楚虽三户，亡秦必楚”，他的侄儿项羽和沛公刘邦共同努力，推翻了秦王朝。

朦胧星月之下，嬴政踽踽独行，悠悠沉思，思绪飘向了远方——天降王翦于秦，何其大幸也！

嬴政与众不同的性格显露出来，他知错就改、用人不疑的品性，使他赢得了部下的信任，肯为之卖命。秦王嬴政灭楚，在楚地建立了长沙郡，九江郡。王翦在平定江南各地反叛后，又建立了会稽郡。不久，秦王又灭了齐国，终于统一了华夏建立了庞大的大秦帝国，秦王嬴政也从此成了千古第一帝。

秦始皇——开始了中国有皇帝统治的封建王朝的历史。

附录:兴亡之道

写完本书的最后一章,作者的心情极为复杂,纵观楚国长达八百年的历史,回味楚国兴亡的一幕幕情景,作者百感交集、五味杂陈。

楚国由一偏僻的"南蛮"小国,发展到楚庄王鼎盛时期的大国,称霸中原,威震华夏,雄极一时,不仅在政治、经济、军事、外交、农业、冶炼等领域引领风骚上百年,更为重要的是,楚国人为中华民族创造了灿烂的文化艺术,可圈可点。这里有什么经验可寻?楚国进入战国时期,盛极而衰,历代国君都无法扭转楚国江河日下的颓势,最后终被秦国所吞灭,这其中有些什么教训可找?庞大的楚王国,竟在短短的几年里,被秦国势如破竹,简直连招架之功都没有,委实让作者惊讶,也不禁令我们反思。

楚国这个庞然大物在华夏大地的最后消失,历史学家们曾有过不少评判,作者通过深入研究剖析楚国历史以及在撰写《楚国兴亡记》的过程中,对楚国兴亡也有了自己的粗浅的见解。

楚国从熊渠、熊通称王,到楚庄王称霸,是楚国的鼎盛时期,这段时期内,楚国政通人和,拓展疆域,兵员剧增,民富强国,居然能四面出击而无往不胜,让一个不被中原诸侯国瞧得起、看得上的"南蛮部落"发展成为威震华夏的"楚人之邦",在政治、经济、科学技术和文学艺术等诸多方面都取得了在华夏大地数一数二的成就,让世人刮目相看。这里面必定有值得肯定的过人之处,而这些过人之处正是楚国从弱小到强盛的历史发展的必然原因。

作者以为,楚国这段时间的过人之处至少有以下几点值得肯定:

首先,楚国时期内的君王有理想有抱负而且治国思想明确,从而制定了一条行之有效的争霸的政治路线和军事路线,从熊渠、熊通不满楚人只是"南蛮不开化部落"而自立为王起,就显露了熊氏王朝不甘平庸、不甘屈人之下的心态和雄心,他们不但有争上游的雄心,也有争上游的办法。到了楚成王、楚庄王时,他们就把这种雄心变成了实际行动。正是由于春秋时期楚国国君有了争霸的雄心壮志,所以激励楚国不满足现状,不断进取、不断图新,使楚国才得以日益强大。一个国家有没有不甘落后、力争上游的精神状态,并有把这种争强好胜的精神状态变为争雄的实际行动,实在是太重要的头等大事,落后就要挨打,就要受强者欺凌。春秋时的楚国领导者对这一点都有比较清醒的认识,他们是一股新生向上、有朝气、有活力的力量,这股力量必然不满足楚国落后的现状,必然会想方设法改变“南蛮”现状,必然会使楚国由小变大、由弱变强,最后称霸也就成为必然的发展趋势。

其次,中央领导和各级官员同心同德。春秋时期楚国上层处于君贤臣能的最佳领导状态。不说熊渠、熊通执政时期的势头凶猛,也不说楚成王横刀立马的威风,只讲楚庄王登位以后的所作所为,就可看出君贤臣能对于一个国家的强盛是何等重要。楚庄王不但胸怀四海、素有大志,而且聪慧敏锐、极具韬略,他不沉湎于酒色,不荒淫于后宫,勤政理朝,励精图治,精于管理,他择贤任人,组织路线正确,重用“贤官能臣”孙叔敖当令尹。孙叔敖对庄王崇拜有加,为贯彻楚庄王的争霸方略,他在楚国实行了一系列“新政”,在较短时间内,让楚国的军事实力和综合国力得到大幅度提升;正是有了孙叔敖卓有成效的鼎力支持,才得以让楚王最后成为诸侯国中的霸主,让楚国威风八面。

第三,官场廉洁,反腐肃贪。楚成王任用的令尹子文、楚庄王任用的令尹孙叔敖都是楚国有名的“清官宰相”。子文任职期间,“勤于政务”,“对已廉洁”;由于自己身正,就敢抓官场的腐败之风,在他当令尹期间,文官不敢贪,武官不怕死,楚国上下廉洁盛行;孙叔敖更是廉洁出名,“官宅没有一府”、“地无一垅”,要不是庄王给他一间府邸居住,他就只能住“茅屋三间”,他不要楚庄王给的令尹高俸,只拿大夫薪水,他以身作则的榜样力量,无不感染和影响着当时的楚国,楚国上下官衙“无不清风”、“不敢逾矩”。正是由于楚庄王的官场廉洁,让百姓信服、君臣同心倡廉的结果,也让当时的“楚人民风纯正”。

第四,建立强大国防军队,加强国家武装力量的建设。中国春秋战国的历史,实际上就是一部战争史。当时的时代主旋律就是对内争权,即争王权;对外动武,即打仗。不用多言,没有强大的国家军队,一切都是空谈。

第五,藏富于民。楚成王、楚庄王都赞同两位令尹“民富才能国强”的理念,也同意他俩发展农业以提高百姓生活的主张;他俩当令尹期间,均采取了一系列利农措施,让百姓得到了诸多实惠,楚国人普遍提高了生活水平。当时是“农有所耕”、“水有所治”,老百姓生活富了,科学、文化、艺术诸多方面取得长足的进步了,楚国整体国力自然增强了,综合国力的增强和百姓生活的幸福指数的不断提高,又反过来让楚军的实力也随之增强。当时的楚国军队是诸侯国中最有战斗力的部队,这些自然为楚庄王争霸提供了物资基础。

综观以上原因,我们可以看出春秋时期:政治路线正确让楚国方向明光铮亮、君贤臣能,让楚国国力上升势头迅猛;官场廉洁,保证了楚官僚体制健康,藏富于民，让楚国整体实力特别是军事实力明显提升。这样的楚国，哪能不兴旺。所以，古代著名历史学家司马迁说：历史上“兴必有因，亡必有原”。

进入战国时期的楚国为什么日益衰落，有些什么“原”让楚国走向灭亡之途？当时的形势是“合纵则楚王，连横则秦帝”。这就是说战国初期的楚国还是具有较大实力的。在诸侯国中也有一定威望，是仅存的华夏两巨头之一；政策对头，楚国称王，政策失误，则让另一巨头秦国称帝。这么具有竞争力的楚国为什么在战国中后期一落千丈、处于落后挨打、令人宰割的地步？作者从中也大致理出了楚国衰亡的“原因”：

第一，楚国国君不明华夏大地发展的大势。进入战国后的华夏发展大的趋势就是消灭诸侯割据，中华走向统一。秦朝国君首先意识到了这一点，秦孝文王启用商鞅变法，实行“车同轨、书同文、量同衡”，就表明了一统中华的雄心，他们不满足“连横则秦帝”愿望，开始了一统中华的“野心”；有了这个“野心”，他们就有了前进的目标和动力。而反观此时的楚国，既失去了争霸的雄心，更没有一统华夏的概念，故步自封、不求进取、不谙发展趋势的致命弱点，让他们丧失了进取心，也丧失了朝气与活力，战国时期的历代国君都乐于“偏安一隅”，“小富即安”，坐享其成、不图发展，虽具有和秦国竞争的实力，却无有与其竞争的理想、信念和勇气，不进则退。在诸侯国弱肉强食的国际化竞争氛围中，楚国最后只能沦落到一个被人宰割的命运。

第二，君昏臣贪、官场腐败。战国中后期的几代楚国君王昏庸且带头腐败，沉于酒色后宫是家常便饭，疏于朝政，几日不朝是寻常事，以楚怀王为例，自他当上楚王后，三宫六院，嫔妃盈门也还不能满足他的淫心，他从国外召来妓女，以满足他的性欲。他宠信王妃郑袖（即所谓南后），对她言听计从；郑袖真是“一笑让他忘魂，二笑让他亡魄”。楚怀王不仅昏庸，而且还重用奸臣，他重用的令尹子椒、上官大夫靳尚都是吹牛拍马、才学俱无的人，而对忠心耿耿、才华横溢、具有治国能力的大夫屈原，怀王高兴起来就小用一阵，一旦屈原的意见与之相左、不合他意，他不是不采纳就是动怒，再不就是干脆将屈原贬官发配边远地区，弃之不用。君王荒淫，大臣贪腐，上行下效，官场必然贪污腐败成风，这样的国家上层领导机构必然失去对国家、对军队、对百姓的影响力、号召力和凝聚力。有人说：“战国后期的楚国就是一盘散沙，枯木朽株”，这话一点不假。更有甚者，楚幽王宠信春申君，让他挥霍无度，个人富可敌国，这样的令尹领导楚国达二十多年之久，楚国怎么会思变进取？这样的国家遇到强大的秦国进攻，不灭国才怪呢！

第三，改革不力。战国中后期的楚国君王饱食终日，无所用心，压根不提改革变法之事，虽战国初期，楚悼王起用吴起变法，让楚国呈现了一线难能可贵的转机；可悼王死后，反对变法的王公贵族立马杀了吴起，中止了变法，让刚有起色的楚国又变得死气沉沉。

想春秋时期，楚成王和楚庄王启用子文、孙叔敖“新政”，实际上就是在楚国变法，所以才使楚国日新月异，而进入战国的楚国国君们完全没有变法意识，面对秦孝公起用商鞅变法而带来的秦国巨变，他们也熟视无睹，表现得麻木不仁，因为他们觉得楚国目前这般局面就很好，足够让他们熊氏王朝传宗接代、享受荣华。这个极易满足的心态源于他们对战国时期诸侯国的发展大势看不清；你楚国硬要抱残守缺，夜郎自大，故步自封，不思进取，逆潮流大势而动，亡国就是必然的结果。

综上所述，历史的兴亡，必有它的客观规律存在。这个问题十分复杂，不是一本书就能够说得清楚明白的。

后 记

曾记得诺贝尔文学奖得主、大文豪泰戈尔说过:天空尽管没有留下翅膀的痕迹,但鸟儿毕竟飞过了。这句话看起来很朴实,但含义深刻,且可以作多种理解。我们两个楚人后裔创作这部《楚国兴亡记》之初,就想起了泰戈尔老先生这句话:一方面,为我们的祖先,特别是像春秋五霸之一的楚庄王及那些曾在中国历史上挥洒了精彩人生的君王们,像屈原那样在中国文学史上创造了至今无人能及的巅峰的先贤们,像申包胥那样为国图存不惜一切、成功之后不要一切的志士们,林林总总,都已越来越被世人淡忘。

在当今泛娱乐化的时代里,历史迟早会被割断(也许是我们杞人忧天而已);另一方面,为我们自己,尽管学识浅薄,笔力不盛,也可以说是人微言轻,可总想为社会、为自己、为后人留下一点什么。因为到目前为止,我们还没有发现在书架上有像《楚国兴亡记》这一类的书籍。

我们不知这本书会给自己带来什么样的命运:也许一鸣惊人,也许石沉大海,也许出版之后,被束之高阁,无人问津,不痛不痒。尽管我们有如前所述那样的良好愿望,但也许事与愿违。然而,不管怎样,我们都会平静地对待,因为我们一个已年过半百,一个已逾六旬,只求于繁花物海中隐于一隅,做自己所喜欢的事!

我们深知:人生的成功或幸福首先来自于一颗踏实安静的内心:没有上下不定的忧虑,没有左右为难的惶惑;没有瞻前顾后的算计,没有患得患失的犹疑;没有担惊受怕的恐惧,没有低声下气的巴结;顶天立地,浩然正气,安稳笃定,从容淡然,不以物喜,不以己悲。只有真正做到定如山岳,宽如海洋,坚如馨石,和如春风,才能追求到最高的人生境界。这是我们在这个"跋"里要表达的第一层意思。

其二,既然这本书写的"楚国兴亡",就离不开历史的范畴。说到历史,还得费点笔墨:在中国,历朝历代都有修史官,中国的二十五史,大多是官方修成的。封建王朝中设立的翰林院(以前或许不称此名),就是官方的修史衙门,通常是当朝给前朝修史,当朝给被推翻的、被取代的王朝写史。当然御用修史官在给自己的敌人写史,虽然也强调公正、客观,秉笔直书,但要能真正做到这一点,却又是很难的：

历史文字与历史本身是有距离的，历史被写成文字时，是有选择的。有些历史记忆会被忽略或被遗忘，有的会被误记或被扭曲，有的会被修饰或被篡改，有的会被加工或者捏造。正因为此，鲁迅先生就曾说过这样一句话：中国的历史每个字都很可疑。然而，我们从另一个角度看问题，就不得不承认这样一个历史事实：不同时代的人必定会遇到不同的问题，于是就必然会有不同的兴趣，于是也就会有不同的眼光，心目中自然而然地就有不同的历史。

说到这里，我就想起英国著名历史学家卡尔先生有一个著名命题："历史就是与现实不断地对话"。卡尔先生说过："并非所有的有关过去的事实都是历史事实，或者都会被历史学家当做事实加以处理"。历史学家的历史事实是一个主观与客观相互妥协的产物。如果说到历史与现实的关系，那就更加复杂了。简而言之，历史与现实是密不可分的。所以也有人讲：一切历史都是当代史，现实是历史的延续，历史是今天的未来，今天是历史的重复，历史与现实有着惊人的相似，现实的一切都可以从历史中找到答案。更有甚者说，历史就如同一个美丽而无知的少女，可以凭人摆布。如此等等。那么，到底历史是什么呢？

正确的答案只有一个："历史就是历史"。历史，是客观存在的事实，历史真相只有一个。人们可以用很多形容词形容它，也可以给它下很多的定义，但说一千道一万，历史就是历史。令人遗憾的是我们两人都不是历史学家，无法对楚国历史进程进行更为深入的考证，只能做到蜻蜓点水，点到为止。但我们知道，如果只是将现实与历史做一个简单化的比附，那是不明智的或者说是愚蠢的。只有进行文化与人性的挖掘，只有进行政治人格与道德品格的批判，才有可能找到历史根源。这是我们在这个"跋"中要表达的第二层意思。

其三：还要顺便交代一下我们写作本书的取材手段。在创作本书之前，我们没有完全采信正史，虽然看过《史记》《左传》《春秋》等多种诸子百家的古籍和像《中国通史》之类的历史教材，但也广泛收集了各种野史记载和民间传说，采用了自己认为可信的历史素材，所以说我们没有戏说历史，也没有颠覆历史，更没有恶搞历史。说得好听一点，我们是在历史记忆与民间记忆的走廊里穿行。用现在流行的一个关键词叫混搭。我们认为历史属于社会学的范畴，理性的东西，往往容易被历史书籍记录；历史更是人的历史，而人是感情动物，因此历史不是也不可能是干瘪的、腐朽的木乃伊，而恰恰相反，历史是有生命的、有血气的。这本《楚国兴亡记》，无疑是带着我们浓厚的个人感情的，是我们的一家之言——但愿这一家之言，不是胡言乱语。

诚然，作为两个喜好舞文弄墨的人，我们多么想成为一名勇士，身披铠甲，从历史的迷雾中呐喊着，拼杀出来，让世人刮目相看；

我们多么想成为一名孤独的探索者，独驾扁舟，在历史的长河中乘风破浪，一路漂流，让世人肃然起敬；

我们多么想成为一个深夜雨巷中蹒跚的行者，撑着一把破旧的油纸伞，为同路的旅人提一盏朦胧的纸灯，照亮前面的荆途！

可我们两人都做不到。我们缺乏独到的见解与深邃的思考，更没有从平实中看见深刻的真功夫。

我们也知道司马光先生在谈及他当年编撰《资治通鉴》一书的目的时，曾经说过一句话："鉴前世之兴衰，考当今之得失。嘉善矜恶，取是舍非。"于是他才会在写书时做到"专取关国家兴衰，系生民休戚，善可为法，恶可戒者"。我们写《楚国兴亡记》也是如此，只是限于水平，我们没有做到。但至少我们还有自己的浅见和思考，尽管这种思考是肤浅的、幼稚的、一般性的，甚至是可有可无的。这是因为我们至今没有成为被时下风气异化的软体动物，更不是哗众取宠的名利之徒、花拳绣腿的江湖枪手与媚俗成癖的御用文人。

总而言之，作者写作本书的出发点是好的。由于作者的能力不够，因此，不可能把楚国兴亡之道写得全面而深刻、细致而准确、客观而具体，请读者诸君见谅。如果通过阅读本书之后，也能够对楚国历史有个大致的了解；若是楚人之后裔，能对自己的祖先曾经有过的辉煌与屈辱、荣光与伤痛、沉重与悲怆、兴盛与衰亡，从而引起些许崇拜、某些敬畏、一丝思索或一点联想，进而对那段历史有些思考，那作者就心满意足了。

作者

2012 年 2 月 28 日